THE FOOD
OF
FRANCE

THE FOOD OF FRANCE

法國
美食傳奇

Waverley Root

韋弗利・魯特 著｜傅士玲 譯｜陳上智 審訂

dala food 009

法國美食傳奇

The Food of France

作者：韋弗利‧魯特 Waverley Root

插畫：華倫‧查佩爾 Warren Chappell

譯者：傅士玲

審訂：陳上智

主編：洪雅雯

校對：金文蕙、韓書妍（法）

美術設計：楊啟巽工作室

內文排版：邱美春

行銷企劃：李蕭弘

企劃編輯：張凱其

總編輯：黃健和

法律顧問：董安丹律師、顧慕堯律師

出版：大辣出版股份有限公司

　　　台北市105022南京東路四段25號12樓

　　　www.dalapub.com

　　　Tel：（02）2718-2698 Fax：（02）8712-3897

　　　service@dalapub.com

發行：大塊文化出版股份有限公司

　　　台北市105022南京東路四段25號11樓

　　　www.locuspublishing.com

　　　Tel：（02）8712-3898 Fax：（02）8712-3897

　　　讀者服務專線：0800-006689

　　　郵撥帳號：18955675

　　　戶名：大塊文化出版股份有限公司

　　　locus@locuspublishing.com

台灣地區總經銷：大和書報圖書股份有限公司

　　　地址：248020新北市新莊區五工五路2號

　　　Tel：（02）8990-2588 Fax：（02）2990-1658

　　　製版：瑞豐實業股份有限公司

　　　初版一刷：2021年6月

　　　定價：新台幣700元

　　　ISBN 978-986-99496-8-2

THE FOOD
OF
FRANCE

推薦序 Introduction

法國的美食冒險

文｜張伯倫（Samuel Chamberlain，1896-1975美食專欄作家）

　　造訪過法國的人都知曉，這個國家的人十分頑固難搞。法國人偏就不要看法一致，不論是服裝、禮貌或政治問題，最後一個尤其嚴重。這種獨立思考性又非比尋常地，體現在食物與飲酒上。認為法國餐點有所謂「典型」的人，可能會感到很驚訝。然而，真正的法國美食絕對很個人主義，繽紛如織錦畫，一個省分跟另一個的差異突兀得很。然而真正的法國菜絕對是一種個人主義的嘗試，讓一位旅者從追尋美食，到深深迷戀法國「非典型」的況味。

　　在法國並沒那麼容易邂逅地方菜。較有規模的酒店很愛大放「國際」美食煙霧彈，混淆美食家的視聽，杜絕人家一探地方特產。諸如「白醬燉小牛肉」（Blanquette de Veau）、「火上鍋」（Pot-au-Feu）、「布根地紅酒燉牛肉」（Bœuf Bourguignon），這類法國廚藝裡的候補美食被認為太粗鄙，不夠格擺進高雅精緻的菜單。很多酒店大打安全牌，固守牛、雞或小牛肉這類方便易做的菜色，深怕唐突了對蝸牛、豬腳、牛肚、「卡昂牛肚鍋」（Tripes à la Mode de Caen）很感冒的客人。法國的「美食冒險」需

要有人帶領、需要哲學家和才華橫溢的美食家嚮導，食客才能了解在旅途中等待他的高貴菜餚的珍稀之處。這正是作者韋弗利‧魯特（Waverley Root）在這本緊湊又豐富的法國美食寶典中要彰顯的重點。

本書在知識上的淵博與製作素質，令人不得不由衷佩服；更不用說他花了三十年的時間在法國公路上壯遊經歷，以及隨之品嚐到的美味食物了。這本資訊完整且考證嚴謹的學術作品不是一步登天，本書1927年開始：他長年擔任必須出差頻頻的新聞通訊記者工作，或許就這樣催生了這本發人深省的副產品。他諳熟法國，澈底而全面且深情款款，不僅了解法國的烹飪之道，也熟悉其歷史與地理。因此，認真專注的本書讀者，將能領受到他的美食探險之旅背後蘊含的豐富資訊。本書無疑是閱讀法國美好事物及了解它們如何生成的入門書。

不過，本書並非法國地方菜食譜，雖然作者寫了一些與地理位置息息相關的特產，光憑作者引人垂涎的描述，出色的廚師就能燒出那一道道佳餚來。然而，作者更深入剖析了知名法國特產的歷史。譬如，「美式龍蝦」（Homard à l'Américaine）的神祕命名由來，腸肚包（Andouille）和小腸肚包（Andouillette）的區別，從孜孜不倦地預備到如何製成完美的肥肝醬，如何養殖與肥化貝隆（Bélon）[1]和馬雷訥（Marennes）[2]生蠔，以及朗格多克（Languedoc）三種不同卡酥萊砂鍋（Cassoulets）料理之間的微妙差異，從此這三種砂鍋菜再無神祕可言。至於充滿爭議，海龍王湯（Bouillabaisse）[3]到底該不該加龍蝦？他用心良苦花了數頁功夫仔細陳述它那古色古香的材料，以及上桌時宛如加冕皇冠卻鮮為人知的番紅花蒜泥蛋黃醬（Rouille）。

引人入勝的法國葡萄酒主題，波爾多和布根地的傑出佳釀，以及樸實無華的酒，作者皆以老練的侍酒師技巧來處理。香檳酒的故事，來自德高望重的唐‧培里儂修士（Dom Pérignon）的偉大發現。作者也給出

---

1. 貝隆蠔全名「Huître de Bélon」，原產自法國貝隆河近布列塔尼海岸鹹淡水交接處，號稱「蠔中之王」，是一種狀似扇貝的扁型蠔。
2. 馬雷訥（Marennes）位於法國西南海岸，是世上最大也最知名的生蠔養殖場。
3. 海龍王湯（Bouillabaisse）一般通稱「馬賽魚湯」，但精確來說不然，因為各地都有魚湯，但各有巧妙不同。

一份每一種酒區最好的年分清單。讀罷本書，干邑（Cognac）和雅馬邑（Armagnac）[4] 這兩支法國兩大白蘭地也不再神祕兮兮。以令人激賞的手法傾囊詳述，說明干邑和雅馬邑白蘭地：如何從白葡萄酒蒸餾出白蘭地，如何在利穆贊（Limousin）橡木桶中陳釀，也詳細地說明了「V.S.O.P.」和「Extra」這些令人費解的分級字樣。

在帶你走近法國鄉鎮省縣之前，作者先祭出一篇發人深省的歐洲食物研究專文。為什麼貧窮的國家都種馬鈴薯、蕪菁，養豬、山羊和鵝？為什麼英國人沉迷於豐盛的早餐？為什麼法國人運用奶油和橄欖油的手法比他的鄰國們更高明？翻翻本書前幾頁就能找到答案。

十分驚人的是，這部美食探索之旅起點在都蘭（Touraine），這個地方的烹飪不具任何明確的地方色彩，不過在這個操著「法國花園」口音的地區，呈現的是純粹的法式烹飪手法。各式各樣歷史雜聞軼事，都在這篇探討食物的文章裡表露無遺。在裡面還會驚鴻一瞥弗朗索瓦・拉伯雷（François Rabelais）、弗朗索瓦・克盧埃（François Clouet），還有葬身於昂布瓦茲（Amboise）的達文西。你會知道葡萄樹的「剪枝」（Taille de Vigne）是如何在四處流浪咬葡萄藤的驢子的騷擾下發展出來的。作者以冷峻的幽默口吻訴說著黛安・德・波迪耶 （Diane de Poitiers）[5] 大膽的沐浴習慣，講述了波迪耶普及馬鈴薯的過程，還有「soupe」（湯）這個字的起源。在拜讀這個篇章時，會感受到一股難以抗拒的慾望想直奔城堡之鄉，看看雪儂梭城堡（Château de Chenonceau）、阿澤勒麗多城堡（Château d'Azay-le-Rideau）和希農堡（Château de Chinon），點用一份噴香的「羅亞爾河炸小魚」（Petite Friture de la Loire），配上清涼的夏丘城堡白酒（Château Moncontour）。除了少數美食享樂氣息公認較為淡薄的地區，這種感受在讀完每一篇文章後始終不斷重複。

作者以他獨到的方式給法國的省分做分類，他將普瓦圖（Poitou）、安茹（Anjou）、貝里（Berry）、奧爾良（Orléanais）、法蘭西島（Île-de-France）歸入美食的「黃金新月區」（Golden Crescent）。他以不疾不徐的

---

4. Armagnac又譯雅文邑、雅瑪邑，出產於法國西南部，是法國最早的白蘭地，早於干邑大約200年。

5. 法王弗朗索瓦一世（François I）和其子亨利二世（Henry II）共有的情婦。

語氣，時不時漫步於法蘭西島畫作裡的遙遠他方，去看柯洛（Corot）[6]、多比尼（Daubigny）[7]、莫內（Monet）[8]、西斯萊（Sisley）[9]，以及看巴比松畫派（École de Barbizon）與那些狂熱者。你會學到盧泰西亞（Lutetia）[10]，亦即羅馬時代給這個後來成為巴黎的殖民地的命名，全然不是讚美之詞；你也會了解到雲雀醬（Lark Pâte），在過去兩百年來，始終都還是由皮蒂維耶（Pithiviers）[11]同一家糕點店製作。你知道金雀花王朝這名字是因昂熱城（Angers）的富爾克（Foulques）家族有在帽子上戴石南花（Bruyère）[12]的習慣嗎？像這類的驚人片段本書俯拾皆是。

對美食家而言，法國北部的平原乏善可陳，作者也幾乎沒花什麼時間探索這裡，除了「世上最馳名」的香檳。但來到了諾曼地（Normandy／法 Normandie），豐富的鮮奶油、奶油、乳酪、蘋果和大海的恩賜，又是另一番風景。作者用了很多篇幅訴說這個維京人（Viking）的前哨站，以及在最終成為法國領土之前，統治這裡的跳梁小丑，還有更多篇幅描述著卡門貝爾乳酪（Camembert）、蘋果白蘭地（Calvados）、比目魚佐諾曼地醬（Sole Normande）。

布列塔尼（Brittany／法Bretagne）看似一片荒蕪，卻充滿了健壯的漁民、蘋果酒（Hard Cidre）、蠔蛤貽貝、堅硬的煎餅（Pancakes）和在鹽沼中餵養的羊群。你會學到甜美的李子（Prune Reine-Claude）是以弗朗索瓦一世脆弱的妻子命名的，還有，「貝殼流放制度」（Ostracisme）一詞為何和美食有深厚淵源，以及布列塔尼的果農在威爾斯賣產品時為何不需要通譯？

波爾多無疑地開啟法國葡萄酒的盛世，本章對1855年的葡萄酒分級進行了詳細討論，你會知道為什麼木桐堡的標籤上寫著「Premier ne puis,

---

6. Jean-Baptiste-Camille Corot，法國巴比松畫派（École de Barbizon）知名大師，擅長鄉村風景畫，被譽為十九世紀最出色的抒情風景畫家。
7. Charles-François Daubigny，法國巴比松畫派畫家，印象派的重要先驅之一。
8. Oscar-Claude Monet，印象派代表畫家。
9. Alfred Sisley，法國印象主義畫家。
10. 盧泰西亞是高盧時期的羅馬殖民地，一般稱之為「史前巴黎」。名字源自拉丁文lutum，意思是「泥巴」或「沼澤」。
11. 位於法國盧瓦雷省（Loiret），是知名杏仁千層派（Pithiviers）發源地。
12. 一種小型灌木植物，花朵顏色粉紅或白色，生長在岩石區域。。

second ne daigne, Mouton suis.」。波爾多偉大的葡萄園是經年累月造就的結果：酒質精妙的梅鐸區（Médoc）[13]，口感渾厚的聖愛美濃區（Saint-Émilion）[14]，還有金色的蘇玳貴腐酒（Sauternes）[15]。另有幾個段落專門說明著名的干邑產區夏朗德省（Charente）（本區就在波爾多北方）。

在強大的布根地公國裡，可以窺見久遠以前命運不濟的維欽托利（Vercingetorix）[16]和羅馬人的歷史。羅馬式建築在此區自成一格，文中詳述了克呂尼鎮（Cluny）、弗澤萊市（Vezelay）、羅亞爾河畔拉沙里泰（La Charite-sur-Loire）[17]多彩多姿的建築風格，以及本篤會（Bénédictine）僧侶變化多端的烹飪技巧。這塊土地也是布根地蝸牛（Escargots de Bourgogne）、夏洛萊牛（Bœuf Charolais）、第戎芥末醬（Moutarde de Dijon）的地盤，這裡有用於火腿料理的葡萄酒肉汁醬（Saupiquet）[18]。並且，眾所周知，布根地生產的葡萄酒光彩無與倫比。作者沿著葡萄酒世界最出名的金丘（Côte-d'Or）悠閒地遊覽，從第戎向南穿過薄酒萊（Beaujolais），沿途中作者發出一個不太禮貌的聲音，因為他大口灌下了布根地的紅色氣泡酒……

接著我們被帶往山區，那裡據說原住民寧可老婆廚藝精湛，好過美貌出眾。弗朗什－康堤大區（Franche-Comté）最為卓越的是小龍蝦、羊肚菌、梭子魚丸「可內樂」（Quenelles），這裡盛產的葡萄酒色如紫洋蔥皮，酒名就叫做「洋蔥皮」（Pelure d'Oignon）。這裡同時也是法國生物學家巴斯德（Louis Pasteur）的故鄉，他說過許多關於葡萄酒有益健康的論點，這裡也是法國乳酪鍋「Fondue」的重鎮，你也一定知道美味的乳酪鍋有多麼吸引人！在這裡你會感到驚訝無比，法國皇太子稱為「海豚」（Dauphin）。到了阿爾卑斯山區，你會遇到「多菲內焗烤馬鈴薯」（Gratin Dauphinois）[19]這種名聞遐邇的馬鈴薯烹煮方式，還有最高級的湖

---

13. 梅鐸是波爾多酒區裡的精華區。
14. 聖愛美濃是波爾多最古老的酒區。
15. 蘇玳是波爾多的貴腐酒產區，所產的甜白葡萄酒號稱世界上最具陳年潛力的葡萄酒之一。
16. 高盧阿維爾尼（Arverni）部落首領，曾領導高盧人反抗羅馬統治失敗被擄，遭凱撒處決。
17. 羅亞爾河畔拉沙里泰位於法國涅夫勒省（Nièvre）西南。
18. 「Saupiquet」是法國知名罐頭品牌。
19. 法國東南古區多菲內（Dauphine）的著名菜色，焗烤鮮奶油馬鈴薯。

魚白鮭（Féra）、突唇白鮭（Lavaret）、北極紅點鮭（Omble Chevalier）。

這一路你都徹底徜徉在以奶油做菜的國度裡。現在翻山越嶺進入阿爾薩斯（Alsace）與洛林（Lorraine），你會突然走進了豬油的地盤，提供油脂的是穀倉養著的兩大可靠之輩：豬和鵝。在這裡，第一次感受到烹飪帶有異國風格。長久以來，德國的飲食跨過萊茵河而來，所以你現在來到了香腸和酸菜、豬舌捲，還有鑲乳豬的地盤。這裡也有更細緻的菜餚，包括藍鱒魚（Truite au Bleu）、美味得更令人驚豔的肥肝等最負盛名的法國珍饈。你會知道為什麼阿爾薩斯鵝要增肥讓肝臟生長過大，以及阿爾薩斯如何因伊爾河（Ill）而得名。隔鄰的洛林區對美食新領域貢獻缺缺，不過洛林鹹派（Quiche Lorraine）是公認的經典。

豬脂繼續向南君臨法國中部高地，但是美食旅人在這裡可能會覺得沒有那麼興奮。在簡樸的奧弗涅（Auvergne）大區，食物量大飽足但毫不起眼，甘藍菜、羊肉和大蒜獨挑大梁。利穆贊大區對美食家是個淒涼之地，相反地，附近的佩里戈爾（Perigord）卻是全法國最優質的美食殿堂之一，出產著與城市同名的上等食材。這裡是漂亮的黑松露之鄉，也是肥碩的土魯斯鵝（Oie de Toulouse）故鄉；土魯斯鵝的肝臟與其阿爾薩斯表親齊名。鄰區魯埃格（Rouergue）產製全球最知名的藍黴乳酪「洛克福」（Roquefort），該篇描述羊乳如何在山洞裡轉化成乳酪。

精力充沛的作者接下來帶他的讀者走進朗格多克（Languedoc）大區，說明它的命名來源，並介紹它的美麗城鎮：阿爾比（Albi）、卡爾卡松堡（Carcassonne）、土魯斯（Toulouse）、蒙彼利埃（Montpellier）。此區獨霸一方的一道菜是馳名的卡酥萊砂鍋，作者娓娓詳述了它那三款經典版本，令人難忘。

作者顯然在普羅旺斯時最開心吧。這裡是橄欖油、大蒜、茄子、番茄、地中海魚鮮和豐富辛香料的據點。本書最為詩意的段落都留給了普羅旺斯的橄欖園，以及它們所產製香氣馥郁的濃稠食用油。讀者會學到很多關於「普羅旺斯松露」（其實是大蒜）的故事，還會知道在這裡蓬勃發展的多位畫家，有塞尚（Cézanne）、梵谷（Van Gogh）、雷諾瓦（Renoir）、馬諦斯（Matisse）和畢卡索（Picasso）。很難為這篇熱情洋溢的長文畫重點。你會學到「普羅旺斯燉菜」（Ratatouille）和大蒜蛋黃醬

（Aïoli）、油蒜鱈魚羹（Brandade）、「蒜泥蛋黃醬燉魚」（Bourride），以及魚湯「Soupe de Poisson」和「Soupe aux Poissons」有何區別，這相當重要。狼鱸（Loup）要以葡萄藤枝條烹製，還有，要記住紅鯔是兩種地中海魚類。至於普羅旺斯最光芒萬丈一枝獨秀的名菜是：不朽的海龍王湯（Bouillabaisse）。作者先來一篇長達數頁篇幅的精湛論文，這才帶你在蔚藍海岸走了一趟美食享樂之旅，終點站來到尼斯的古代市場。在這裡，異國影響映入眼簾，這一回是義大利的風格。跨越邊界而來的披薩（Pissaladière）、捲麵（Cannelloni）和麵疙瘩，馬上就在尼斯伯爵領（Comté de Nice）找到了安身立命之所。

這本不可思議包羅萬象的書沒有遺漏任何不可或缺的訊息，就連常受到忽略的科西嘉島也不例外。你被作者帶到這座蔥翠多山的島嶼，除了本地產的龍蝦，這裡的食物毫不突出，不過風景與海港卻教人難忘。科西嘉島民吃黑烏鶇，而且愛不釋口，也不掩飾對野豬的熱情。

法國還有一個不可遺漏的地方就是庇里牛斯山（Pyrénées）。西班牙的影響在這裡明顯易見，還有那群講著神祕語言的黑髮民族巴斯克人也是。這趟山區壯遊從巴斯克自治區啟程，這裡的火腿、巧克力和當地稱為托羅（Ttoro）的魚湯名滿天下。你會學到「bayonet」（刺刀）的衍生字，還會學到如何做巴斯克燉菜（Piperade）——說不定這是西班牙歐姆蛋的前身。

在毗鄰的貝亞恩（Béarn），我們深入到亨利四世的地盤，見識錦衣玉食和風流倜儻。你會看到為什麼這位浪蕩君王把烤雞丟進情婦加布里埃爾（Gabrielle d'Estrées）的床底下，還會讀到他那句政治價值非凡的「家家鍋裡有隻雞」名言。貝亞恩的「醃肉菜湯」（Garbure）是堪為一頓飯的一道湯，描寫得鉅細靡遺令人垂涎。最後在人煙罕至的魯西永大區（Roussillon），這部學術巨著的作者訴說了加泰隆尼亞（Catalan）飲食的影響：用大蒜與香料植物煮出馥郁噴香。

這是一部傳世之作，可堪流芳數十載。這是首部以英文書寫這樣一個令人著迷又心動的主題，現在與未來的美食家與旅者都將因這部權威巨著大感歡欣鼓舞。

這是一部紙上的
美食節目

文│陳上智Patrick（本書審訂，WSET葡萄酒與烈酒教育基金會
Diploma文憑持證、多國葡萄酒產區公會國際課程講師與產區大使、
飲食文化研究者與作者、侍酒師與餐廳訓練顧問）

2003年，我進入了飲食行業，主要接觸的都是歐美系統的食材，特別是歐洲經典菜式中會使用的高階及傳統食材，為要直接面對末端消費者（特別是廚師與餐廳們），為了想知道為什麼很多食材與葡萄酒總是與地名和人名有關，我就必須學習且消化這些很有名但不多中文資料的食材。當時的台灣沒有太多的相關書籍，連上網都不見得查得到，外文書成為一個較有效的管道，於是我上網買了很多書，其中包括本書《法國美食傳奇》（*The Food of France*）。

這本書的第一版在1958年出版，按理來說我應該買新一點的書，但在我看了網站上的簡介後就立即下單了。時光荏苒二十年，這本書一直在案頭，在我學酒學食的時候偶爾翻閱，少時是為查找資料，更多時是為了文字樂趣。

這是一部紙上的美食節目，我都可以想像真的化成影像有多緊湊有趣，多位歷史人物栩栩如生，你甚至可以想像他們的語音是憤怒還是嬌憨，牛與羊在牧場漫步，豬與鵝在野地撒潑，各式風味大不同的菜蔬欣欣

向榮，前人如何料理這些生鮮，如何做出葡萄酒與乳酪，鄉紳名流吃喝時如何享受又如何犯蠢，酒杯何時舉起何時飲盡，無不況味津津。我從文字得感受，從感受到投入，這本書早不只是工具書，而是在視野在思考上助我良多。

當我們談法國飲食。甚至是全球精緻餐飲時，大部分人不清楚某種風味、某個廚師或某些手法發展的脈絡，而只是專注在眼前在舌上的感覺，用我們的知識、背景與經驗去評判美食之美。沒什麼不對，只是可惜，可惜的是那些瑣碎的歷史、傳統與軼事雖不會改變你正在吃的食物，卻會改變你的感知深度。

作者從1920年代開始在法國各地遊歷，寫作的時間剛好是在一戰後到二戰後，這段日子歐洲的變化很大，作者雖不多著墨一戰二戰的事件，但書裡對歷史戰役或勢力消長的描述卻很有即視感。

這本書是他三十年的飲食遊歷紀實，也是多方採集並查證梳理的結果，寫得很有趣，不只是歷史的堆疊，作者是真的去了這些地方然後有自己的觀點。我想就算不把它當飲食書，書裡各處的考證與比較仍極具價值，且不論這些美食你是否知道或是吃到，聞著書中的飲食香氣四溢，當這本書是法國的歷史小品也是很可以的。

雖說以史為鑑可以知興替，但這本書並沒要扣上一頂大帽子。旅遊作家、美食作家所在多有，古有徐霞客，今有安東尼‧波登，同樣生而為人，他們的五感與我輩無異，差異是在更多學習和更多的思考辨證，是顧盼過往時光後鍛鍊出的「第六感」。

能夠推薦這本書在台灣出版，並且參與編譯與審訂，我很開心，也很榮幸。而誠如原書美食專欄作家張伯倫推薦序中斯言：「這是一部傳世之作，是翔實可靠同時長留後代的作品，可堪流芳數十載。」這個預言已一再實現，如今就在你的手上，著實使人欣喜萬分！更希望作者的一生壯遊與真誠吐露，能化為讀者諸位領略飲食及世界萬物的養分，能在這個看似遙遠的實則切身的主題上作見證。

Contents

Part 2

脂肪之鄉

THE DOMAIN OF FAT

200

꩜

Part 3

橄欖油之鄉

THE DOMAIN OF OIL

256

Part 4

庇里牛斯山：「諸」油之鄉

THE PYRÉNÉES: Butter, Fat, Oil

316

前言 Preface

奶油、豬油與橄欖油
Butter, Lard, and Oil

　　早在有史以來，在如今稱之為法國的這片土地上，大家關心食物的味道更甚於營養。就像這個民族一樣，古代所謂的美味儘管一直都有點粗糙不堪，但仍是量大奢侈的。凱爾特人愛用葛縷子（Caraway seed）[1]。高盧人有一款味道很嗆的醬料，以樹脂、薄荷、胡椒和蜂蜜混合而成，十足顛覆味蕾；用這款醬料搭配當時一些菜餚，譬如蒼鷺和睡鼠，是想當然耳的事。等到法蘭克人進入高盧時，他們接收了當地的烹飪方式；這或許是因為法蘭克人是一個更為粗魯不文的種族，並無自有的庖廚傳統，也就不排斥他們發現的那套方法。但更可能的原因是，食物本就是土壤機能的成果，因此每個國度自然而然有適得其所的食物。

　　所有東西與其出產地都有一股和諧的關係。看到北京狗何需知道它的名字才能聯想到它源自中國？孔雀，還有一般的雞，顯然產自印度。除了澳洲，尤加利樹又能來自何處？食物也是這個和諧整體的一環。除了極

---

1. Caraway seed，一種草本植物的果實，可作為香料。

少數的礦物質，食物幾乎都是由某一方土地所孕育的活物——蔬菜或動物——製成，而該地的人們亦然；用最字面上的意思來說，人是由他們所吃的食物塑造而成。同樣用最字面的意思來說，烹飪風格不太是由它們的食用者生成的，因為是烹飪風格形塑了食用者。

的確，土地會將它的土壤所能生產的食物種類，不由分說塞給它的居民，並以其氣象條件誘使他們順應天候，根據所需食物的形式與分量去攝食；但住民當然也會在準備食物時「強加」一些屬於住民的更微妙特質，這樣的「加工」可能會使一個民族認為他們的發展是獨立於食物供養的功能。在凱爾特人、高盧人和法蘭克人的時代，法國食物的種類多半全憑國家的自然環境決定，而且大致上借鑑羅馬人的烹飪手法。但到了黑暗時代（Dark Ages）[2]，倘若再不對自然產物有所作為，那麼人類的感覺，包括感官就會遲鈍呆滯，因此烹飪不再是自然力量所促成的自行發展結果了。到了公元750年墨洛溫王朝 （Merovingian dynasty）[3]晚期，烹飪和其他的知識一樣，只有在修道院與教會中得以傳承發展，因為這裡是當時唯一能找到書籍或覓得像樣飯菜的地方，這個事實正好說明了史載中為何有「快樂的」修士和「嬉鬧的」女修道院院長這類刻板特徵。修道院自己種葡萄，自釀葡萄酒與啤酒，許多修道院至今如故。我們這些「較光明時代」的人，在吃完本篤會（Ordo Sancti Benedicti / Bénédictines）或熙篤會（Chartreuse）[4]修道院的一頓飯後，從未曾多想餐點名稱有何含意。每當休耕時間結束，文學便從修道院裡冒了出來，烹飪也是，而且絕不摻雜其他教會的風味。鄉野的每個迴廊裡各長著適得其所的菜。土地不斷生成食物，而食物始終與該地的地理、氣候、歷史、居民、文化緊密交織，簡單說，就是與整個環境難分難捨。

鄉野與其烹飪手法之間最明顯的相互關係就是，菜色內容取決於這片土地自然供應的食物種類。烹飪方式最根本的其中一個差異就是，鄉野的

---

2. 黑暗時代：西歐歷史上從西羅馬帝國的滅亡到文藝復興之間的時期，大約是五至十五或十六世紀之間。
3. 法蘭克王國的第一個王朝，約481至751年。
4. 本篤會是天主教的一個隱修會，創立於義大利，盛行於中世紀。熙篤會奉行隱修苦行，以素食為主。

基本穀物是稻米、小麥或玉米之類的糧食，而其最現成可用的形式就是麵粉。當然，構成這個或那個飲饌內容的，最初並非出於人類的選擇，而是出於大自然的「最佳解」。有無魚鮮或獸肉，有無特定水果或特殊蔬菜，不用說，對菜色的影響顯而易見。但有時這類影響力並不明顯。比方說，美洲的烹飪方式往往偏甜，是否有部分原因是美洲印第安人用楓糖取代鹽巴做調味所造成的？

同樣名稱的食物在不同地方，口味可能形形色色大不相同。風土條件對食物的這種影響，比產地與廚房之間的親屬關係更妙不可言——我猜你可能會把這個稱之為地理與飲饌之間的「生態關係」（Ecological Relationship）。葡萄酒農對所種植的葡萄品種十分謹慎以對，但事實上，土壤的性質、葡萄園的座向、日照量、雨量，對成品風味的影響，都遠大於葡萄親株。當年根瘤蚜疫病（Phylloxera）[5]肆虐法國葡萄園時，法國以具免疫力的加州葡萄藤取而代之。原生葡萄釀製的酒，與移民品種釀成的葡萄酒，如今已相去甚遠。現在在法國的葡萄園到處都是加州的葡萄藤砧木，加州的葡萄藤早已「高盧化」（Gallicized）了。

有一種理論認為，由於在地水質的差異，有些地區能生產上等啤酒，而有些地區只釀得出劣質啤酒。同樣地，乳牛飲用的水有時候也影響乳汁製成乳酪的品質。牧草會影響肉類的味道，人人皆知。法國有些最珍貴的羊肉產自濱海的「鹽沼」（Prés-Salés）[6]；如果菜單上標示了鹽沼，就代表所供應的動物肉食來自這樣的產地。我曾在佛蒙特州一個農場裡養了一對豬，在牠們生命的最後兩個月裡，每天給每頭豬餵食兩頓各14公升的蘋果。我有生以來沒吃過比這更棒的豬肉。它有股淡淡水果味——內建的蘋果醬汁！

土地給它的食物賦予了滋味，也往往把自己的名稱給了食物。最基本的食物，名稱往往就是它們的產地名。在歐洲各地，工人或農民的午餐盒裡裝的都是麵包、乳酪、香腸和葡萄酒。麵包會分布在廣大的區域，可能

---

5. 根瘤蚜是一種寄生於葡萄藤的害蟲，原產於北美東部，商旅將它帶回歐洲，在十九世紀下半葉對歐洲葡萄園造成致命的影響。
6. 在菜單上使用「Prés-Salés」時，指的是使用在鹽沼放牧的羊肉而不會是其他肉食。

是因為它（有時）簡單且性質單一，容易普及廣泛的區域，因此和勞動人口午餐的其他內容相比，不太可能帶有地名，儘管我們確實會講法國麵包和維也納麵包。不過，對於葡萄酒、乳酪和香腸來說，食物名稱取自原產地名，這是一條規則。

對葡萄酒更是如此；葡萄酒的風味是如此緊密地取決於它生長的地方，因此以地名來命名就是在描述這款葡萄酒。任何常喝葡萄酒的人都能分辨出布根地葡萄酒和波爾多葡萄酒有所不同。一瓶酒拿給葡萄酒鑒賞家，他可以告訴你葡萄酒來自哪個村莊。一瓶酒拿給專業侍酒師，他會告訴你這瓶酒來自哪個村莊的哪一塊特定園地。

大多數乳酪的名字都是取自地名：林堡（Limburger）、切達（Cheddar）、格呂耶爾（Gruyère）、帕馬森（Parmesan），還有洛克福（Roquefort）；這些產品來自五個不同的國家，但都指向它們的發源地。香腸通常會標示著出產地，即使它被外國模仿，而外國生產者早已忘記法蘭克福香腸是法蘭克福發明的，波隆納香腸是波隆納發明的。香腸的表親火腿也常常標示原產地名稱——維吉尼亞（Virginia）、帕馬（Parma）、約克（York）、西伐利亞（Westphalia）。這些全都是地名，在很大程度上是給眾所周知的食物加上地方差異性，而非描述特定加工方式。比較有人工鑿痕的地名，則是為了給某道精緻菜餚加上具地方特色的烹調手法，以作識別；譬如在法國菜單上會提供各種烹煮風格的鴨肉：阿爾薩斯式（Alsace）、南特式（Nantes）、波爾多式（Bordeaux）、尼姆式（Nîmes），尤其是盧昂式（Rouen，我有一本烹飪書就羅列了二十四種鴨肉食譜，全都是盧昂式）。

在某個時候，地理和經濟因素會共同決定一個地區的食物種類；一個貧窮的國家，無論金錢匱乏的窮抑或土地貧瘠的窮，都傾向於攝食那些投入最少但產出最多的食物。貧窮地區最喜歡的蔬菜多半是又大又重的馬鈴薯，但出色的廚師卻可以用它創造奇蹟，只是一般來說，烹煮馬鈴薯難有什麼改良空間，蕪菁也差不多這樣，菜色乏善可陳。山羊的環境適應力強，可以存活於會餓死綿羊的土地上，因此綿羊自然容易被山羊取而代之。豬是效能最優異的「機器」，牛不是，因為豬可以用最少最差勁的飼料生產出最多的肉。在貧窮的國家，所謂的家禽就是鵝，因為生產1公斤

火雞肉需要耗費4公斤糧食，生產1公斤雞肉需要3公斤穀物，可是生產1公斤鵝肉只需0.6公斤糧食。只要氣候溫暖，橄欖樹可以在很多貧瘠的土壤中欣欣向榮，許多國民美食便都因而成形。

大自然不僅決定了任何地區的飲食內容，也往往決定了要從各式各樣的可能性當中做哪些選擇，以及食物如何烹調。

飲食習慣也很容易是氣候影響的結果。我小時候家住在新英格蘭，從沒覺得早餐吃牛排、炸馬鈴薯和肉餡餅有啥奇怪，至少冬天一定得這麼吃。但我現在早餐不這樣吃了，而且即使以今天的價格，就算買得起牛排當早餐，我也懷疑有人會這樣吃。會這樣吃大概只有寒冬清晨冷到全身包緊緊的日子吧。新英格蘭的氣候儘管某些時節難以置信地難熬，但在過去五十年來已經越來越暖和，中央空調暖氣也越來越普及奏效，不再需要給皮囊底下或表面鋪上禦寒的厚墊。在不列顛群島終年如一的潮濕氣候中，雖然氣溫可能比新英格蘭高一點，但夾帶濕氣的寒意刺骨，所以重量級早餐仍屹立不搖。至於蘇格蘭的天氣，需要的是燕麥粥。荷蘭人也暴露在潮濕和寒冷中，因此飲食中脂肪含量很高（而且還是得穿著長袖衛衣褲），前臨海岸身處典型大陸性氣候的德國人也是如此。但是更靠近大西洋海岸，當然還有整個地中海沿岸，這些臨海地區氣溫穩定，吃的是歐陸式早餐，配可頌麵包和咖啡，餐點裡很少用到脂肪，或起碼不用動物脂肪，也少放糖。

提到脂肪，我們的話題就進入到烹飪的另一大分界。我們早已發現，麵粉與米飯這兩大穀物界之間有一道壁壘。一般來說，米飯稱霸於亞洲和北非，麵粉在歐洲一枝獨秀。歐洲（潛入東方的東南角不算在內）在這道糧食壁壘裡，發展出三大烹飪門派，而這一次是根據脂肪來作分界的：歐陸被分成奶油地盤、豬油地盤，還有橄欖油地盤。法國烹飪獨霸一方的原因之一，雖不是最重要的原因，是因為在法國境內有大片區域各採用這三種油脂的其中一種作為其烹飪形式。雖然每個區域往往忠心耿耿固守它自己的門派，但沒有哪個門派對其他門派是毫無所知的。因此在一開始，法國烹飪就與生具足多彩多姿。

嚴格來說，所謂的「法國烹飪」通常是指分類裡的第一個：奶油地盤（奶油門派），它的領域占據了法國絕大部分地區，包括我認為最具法國

本色的地區，也就是羅亞爾河口穿越都蘭省（Touraine），直上法蘭西島（Île-de-France），一路延伸至北部疆界。這片區域裡有兩大葡萄酒產區：波爾多和布根地，而葡萄酒當然會影響並很大程度改變烹飪的本質；同時涵蓋了布列塔尼半島和瀕臨大西洋的諾曼地海岸周邊地帶，以及法蘭德斯（Flanders）地區與地形上綿延相連的北鄰，還有侏羅（Jura）和阿爾卑斯山區。奶油地盤的烹飪有兩大分支。其一是「Haute Cuisine」，也就是高級美食，它已成為國際酒店和餐館的烹飪主流，無所不在於世界各地的餐廳菜單上，這些菜單上的法語常常拙劣地模仿該烹飪手法可能真的會有的東西。另一大烹飪分支是「Cuisine Bourgeoise」，你大可將它翻譯成家常菜，雖然其實源自許多餐館。家常菜是豐盛雄厚真心誠意卻欠缺獨創性的農家菜，食之令人大為滿足，但也常遭勢利眼之輩鄙視；火上鍋（Pot-au-Feu）、白醬燉小牛肉（Blanquette de Veau），還有紅酒燉牛肉（Bœuf Bourguignon）都屬於這類美食。

法國烹飪三大門派裡的第二大派是「橄欖油地盤」，基本用油是橄欖油，主要地區在普羅旺斯（Provence）、蔚藍海岸（the Riviera）和科西嘉島（Corsica）。橄欖油之鄉的烹飪與菜式，與義大利有些有趣的關連。

至於第三大門派，我在前面使用了「豬油」代稱此區慣常使用的動物性油脂烹飪，不說「動物油」是為了避免純粹主義人士會跳出來說奶油也是動物油。豬油地盤裡，豬油和鵝油屬於同類用油，都是貧窮鄉野裡的動物，不僅如此，而且這兩種用油，在處理時方式相同，而且也是同一種佐餐食品。我們可以藉由豆類食物來證明這一點。

在烹煮食用前去莢的豆類作為主食而非配菜時，得用上這兩種用油。比方說，波士頓焗豆（Boston baked beans），當然得配上肥豬肉一起燉才成。豆類菜餚，尤其是作為主菜時，若沒有動物脂肪幾乎是做不出來的。而法國版精心巧製的豆類主菜，只會出現在使用豬油或鵝油的地區。在阿爾薩斯－洛林（Alsace-Lorraine），你可以找到這樣的菜式，譬如阿爾薩斯火鍋（Potée Alsacienne），以紅芸豆燉煮各種各樣豬肉製品和香腸。在肥鵝的國度裡，可以吃到美味的卡酥萊砂鍋（Cassoulets），裡面會放一種小一點的黃色豆類，還有些食譜用的全是豬肉，而在土魯斯（Toulouse），砂鍋燜肉則會放鵝肉或鴨肉。順便一提，我喜歡大砂鍋煮的波士頓焗豆，

豆子與肥豬肉和糖蜜（Molasses）[7]一起慢慢地煮一整夜，尤其要佐以正宗的黃芥末泡菜（Piccalilli），不是餐館裡那種。在此我應該聊表歉意，不該把波士頓焗豆和卡爾卡松燉肉（Cassoulet de Carcassonne）相提並論，因為人家卡爾卡松燉肉用的可是新鮮豬肉、火腿、豬蹄膀、豬油渣、香腸、羊肉和鷓鴣。

我認為，鵝油、豬油與豆類搭配得如此天衣無縫，正是兩種用油基本上屬於同一類的最佳力證。在奶油地盤裡，我想不出來有任何類似的豆類菜式。在那裡最可能吃到的，頂多是四季豆加一點奶油和切碎的荷蘭芹，就是配菜而已，不是主菜。同樣的烹飪方式也適用於那些很少見的帶莢豆類如蠶豆（很像利馬豆[8]，但法國沒有），還有通常和羊肉一起吃的一種白色豆類蘇瓦松豆（Soissons）[9]。在橄欖油地盤也罕見帶莢豆類做的菜，這裡是鷹嘴豆（Chickpea）的天下，搭配其他食材精心組合做成複雜的佳餚。

法國使用動物油的中心地帶在阿爾薩斯－洛林區和中央高原區（Central Plateau）。阿爾薩斯－洛林區這裡的美食近似萊茵河對岸的德國，但骨子裡還是法國的。而中央高原裡的佩里戈爾區（Périgord），是法國極富盛名的美食重鎮。豬是阿爾薩斯的美食霸主，鵝緊隨其後名列第二。但在佩里戈爾的美食中拔得頭籌的是鵝。不論是阿爾薩斯大城史特拉斯堡（Strasbourg），還是佩里戈爾區的佩里格市（Périgueux），皆以松露肥肝醬（Pâté de Foie Gras à la Truffe）[10]名聞遐邇；松露肥肝醬是通力合作的產物，鵝提供肝臟，而豬挖出松露來點綴它。

食物的性質，在很大程度由烹煮時用的油決定，但法國不是要故意「三者通吃」的。歐洲其他國家的基本用油通常比較單一：丹麥、荷蘭和比利時使用大量的奶油，其中比利時菜用的奶油多到你會怕；德國菜廣泛使用豬油和鵝油；希臘、義大利和西班牙則縱情享受橄欖油。怎麼會這樣？為何這些國家的菜竟不如法國用三種油那般好？

---

7. 糖蜜是製造蔗糖或甜菜糖的加工製程裡的液體副產品，顏色棕黑質地黏稠。
8. 利馬豆（Lima Bean）就是俗稱的皇帝豆。
9. 蘇瓦松豆（Soissons）類似白花豆。
10. 肥肝醬可用鵝肝或鴨肝，或兩者混合製成。

這之間的差異是因為大自然讓路給人類做主宰。法國美食之所以成為法國美食，很大程度上是大自然安排使然，但同時也是因為法蘭西人天性，以及他所浸淫的文化使然。這裡的「法蘭西人」一詞必須理解成是一種綜合體，假想的，而且不論在哪一種情況下都不可能存在的個體。「法蘭西人」是一種多面向的個體，我的意思是世上有眾多非常不同的法蘭西個體，因此當你想把他們集合起來放進某個單一概念裡時，會得出繁複又極其前後矛盾的結果。你想想看，法國境內有多少不同的種族，更重要的是，他們竟被歸納在這樣一個單一的文化模式裡：布列塔尼的凱爾特人講著幾乎與威爾斯語相同的方言；諾曼人（Normans）源自斯堪地納維亞（Scandinavia）；阿爾薩斯人講的土話來自德文而非法文；奧弗涅人（Auvergnats）典型的黑皮膚或得自撒拉森人（Saracen）的血統（可能有誤）；蔚藍海岸和科西嘉島講的是義大利式法語；加泰隆尼亞人用的是一種和西班牙有關的語言；巴斯克人（Basques）的語言跟任何地方都沒有關係；甚至有一些缺乏較精確描述的人，只能被定義為法蘭西人。所有這些大相徑庭的元素，甚至那些強烈的地方文化，譬如巴斯克人和布列塔尼人，今日都由法語和法國文化模式主導，結合在了一起。

或許，這種混合又極多樣化，可以說明今日法國文明的最基本特徵，也就是傳統法式「尺度」──要遵循黃金律，避免過度與鋪張浪費，秉持協調均衡之道。一個文化進入法國文化主流時，都會遇上另一個與它對立的文化，每個文化都在牽制另一個文化。法國人的生活似乎都是由對立所組成，不分地區，不分領域。也許有人會希望某種文化除掉另一種，實則沒有；它們彼此豐富了對方。

巴黎人是最城市化的人，這是其來有自的。但巴黎人是深深扎根於土壤的都市人。法國城市人都有那麼一塊與他淵源深厚的土地，這塊土地還往往是他退休後的夢土。每個法國城市人的皮囊底下都有一副農民魂。農民就住在食物來源處，雖然不在意生活上的舒適便利，但通常都吃得很好。沒有哪一家城裡的餐館可堪媲美法國農家「火上鍋」（Pot-au-Feu）這道菜餚；在爐上的大鍋菜已經燉了多年，從來沒有停過火，按時令季節不斷添進新食材。文明進步對這道菜餚是一大威脅。柴火在鄉村是廢棄物，用來終日不熄煮著菜，毫不浪費。倘若以瓦斯或煤油或電氣取而代之，長

生不熄的火上鍋也就一去不回了。

　　城市裡的法國人都保留了一定程度的鄉村根源：法國家族的典型情況，是血緣「關係緊密」但人員「分布廣泛」，鄉下務農的家人與移民到城市的血親並不會失去聯繫，甚至可以說就是因為各個家族家庭都可以自給自足，法國人幾乎不到外面冒險的。家族家庭的成員就可滿足個人所有的社交需求。法國人最臭名遠播的，就是鮮少邀請非家族成員——那些他在咖啡店或餐館結識的人——到家裡面。但是自己家族的聚會卻量大頻繁得緊。而且在所有鄉野村鎮裡，舉凡家族團圓的場合都得大擺宴席。因此，城市化的法蘭西人會在堅不可摧的鄉村菜傳統，以及視做菜為喜慶的習慣裡，增添城市風格裡的優雅精緻，就這樣，為偉大的廚藝打下了基礎。

　　還有許多事物也是由於法國人性格裡的矛盾而誕生的。從海外人士的角度來看，法國是西方文化與文明的領導者。它也確實當之無愧，不過遠觀只能看見冰山的尖角，察覺不到隱蔽底下的龐然巨底。假如法國是天下品味最高尚的國家，那麼你該如何解釋法國旅館的俗氣壁紙呢？事實上，法國不僅是世上最偉大的藝術與知識之邦，也是舉世中產階級最多的國家之一。這兩大趨勢是如此互相牴觸，卻在廚房裡完美融為一體。有什麼比美食更能直接服侍中產階級的舒適生活理想？

　　法蘭西人骨子裡崇尚個人主義，其反面就是自私和自我中心（每一種美德都伴隨著不可分割的邪惡），因此若遇到差勁的服務，根本難以饒恕。哪怕這是他最喜歡的餐館，已經在這裡吃了上千頓飯，如果第一千零一次令他不滿，他也會怒氣沖沖站起來斥責餐廳無能。多希望我在場的時候法國人不會這麼做，但我很高興法國處處可見這樣的人，因為這些難搞的傢伙，才能鞭策著法國廚藝精益求精。但觀光客在法國各地自己發現的完美小餐館，可就不會訓練有素能雞蛋裡挑出骨頭來。一旦這類小餐館發現輕而易舉便能擺滿一桌菜，壓根兒不需廚房費力舞刀弄鏟，就能換來客人熱烈回報讚不絕口——其實是因為資訊不足之故——自然而然，廚房也就能省事就省事起來。我們需要令人生氣的美食來維持水準步步高升啊。受到經濟變遷影響，高檔餐館接二連三關門大吉，餐館水準快速一落千丈。弗祐（Foyot）收掉了，瓦贊（Voisin）收掉了，巴黎咖啡館（Café de

Paris）昨日陣亡了，拉呂（Larue）一直痛苦掙扎不已，它那至高無上的尊榮，據說就要被一家像咖啡館卻自稱皇家貴婦（Queenie）的店所庖代。但如今，即使味覺過人，誰能嚐得出個中差異？又有誰會堅持，用茴香枝火烤狼鱸（Lou）時，必須淋上產自大香檳區（Grande Champagne）的干邑白蘭地，不得拿普通白蘭地料酒充數？我們無論如何難逃必須放棄一些超細緻美食的厄運，因為沒人付得起錢吃。這是美食依附其身處社會的又一個例子。

人類對美食的感受或是鑑賞能力，依賴於所處社會的美食傳統及教育。每個國家都擁有它應得的佳餚，也就是說萬分激賞想擁要有的那種美食。我曾以為，蹩腳透頂的英國料理可以拿來當反例作對照，因為英國的廚子之所以這麼不會做菜，純屬技術不足，才始終無法掌握廚藝。但自從我發現英國人之所以這樣做菜，是因為他們就是愛這樣做，我驚呆了。這簡直讓人無話可說，因為我認為對沒有味覺的人——就是字面上的意思——來說，也不必討論食物好不好吃這回事。

社會習慣因此也可以解釋美國大半地區為何飲食單調。我去過一些地方，這些地方的牛排、馬鈴薯和蘋果派等標準餐，幾乎毫無差異——各自出色，但一日吃上兩頓，每週來個七天，到頭來應該也味同嚼蠟毫無滋味。說不定這樣才是典範。我曾在紐約工作，同事是一位青年才俊，他的午餐千篇一律——一個花生醬加果醬的三明治。我一度勸誘他換換口味，但他對這種攝食習慣的釋疑，是我有生以來第一次聽到的最佳解釋。你猜他說什麼？「吃什麼有差嗎？」他反問我，「我又不喜歡吃東西！」真是一個對於無聊飲食的好解釋。

「缺乏冒險精神」是我在研究美國食物時得到的結論之一，和美國人自詡有著拓荒冒險的精神根本相反。不過我們也得要公平一點，美國人談論其他議題時倒不會這樣，但是美國人害怕食物中毒，因為美國歷史中食物中毒的例子太多了。還記得，有位美國女士到麻省羅克波特（Rockport）與我共進晚餐，她對享用的法國菜讚不絕口，看得出來，她是真心喜歡這道菜，不同於很多美國人在餐桌上吃到不熟悉的食物那樣。但她不知道這道法國菜是什麼。當她問我菜名的時候，我其實想要是說響尾蛇，但我老實回答她兔子。當下她的臉色就真和食物中毒沒兩樣。

感恩節後的第二天，我在法國的濱海自由城（Villefranche-sur-Mer）遇到一位美國海軍的妻子。就算在法國，美國人仍維持傳統，吃火雞配蔓越莓醬，只不過蔓越莓在法國不那麼容易買到；法國的確有蔓越莓，但我還沒有遇到知道它名字的法國人；長在沼澤地上的叫小紅莓（Canneberge），長在旱地的是漿果（Airelle）。所以我問她是否吃了火雞。她說沒有，她一家子吃了鴨。我表示，鴨子在法國是道高貴的菜餚，但是我從小受的教育就是感恩節要吃火雞，如果沒火雞吃，我會覺得沒過節。她也同意，但解釋說她下訂太晚了，商船的罐頭食品只剩下鴨子。我震驚不已，「罐頭鴨？」我說，「你是說你家在感恩節吃鴨肉罐頭？尼斯的市場上到處買得到新鮮鴨肉，還有雞、鵝、珠雞、鵝肝，要什麼有什麼！」

　　「哦，我們沒人在這兒買東西！」她告訴我，「海軍的老婆沒人敢去！我們不敢！結果我們還是拉肚子。」

　　「你覺得是什麼原因？」我問。

　　「你知道的，」她很老實地回答，「這就是最蹊蹺的事！我們就是搞不懂。我們吃的所有東西都是船上的。」

　　我想我們在西部已經把冒險精神統統用光了。

　　不論在心理或生理上，飲食習慣是社會習慣的一部分，是我們文化的一部分，是環境的一部分。在這本書中，我打算把法國食物看作是孕育它的整個社會模式中，一個完整又不可分割的成分。

Part 1

奶油之鄉

THE
DOMAIN
OF
BUTTER

Chapter 1

都蘭
Touraine

　　都蘭（Touraine）[1] 地處法國心臟地帶。和別的地方差不多，這裡也孕育而生美妙清晰又雅緻的現代法語，更適得其所發展出現代法國妙不可言的精緻專業廚藝。法國引以為榮的事不可勝數，這僅是其中兩件，而這兩件也是都蘭自豪之處。在法國聲名遠播的事物裡，都蘭占了很多樣。

　　都蘭是個小地方，就位於現在安德爾－羅亞爾省（Indre-et-Loire）境內，面積不過區區6150平方公里，不到法國總面積的九十分之一，但周邊尚且有餘裕涵蓋了一小部分的安茹（Anjou）[2]、普瓦圖（Poitou）[3]和奧爾良（Orléanais）[4]。

---

1. 都蘭（Touraine）是法國歷史上的一個行省（已於1789年被取消），首府為土爾。
2. 安茹是法國古法貴族封號，中世紀時成為舊法蘭克王國下的伯爵領地，繼而是公爵領地，疆域大致相當於現在曼恩-羅亞爾省（Maine-et-Loire）。十二世紀後半葉安茹伯爵的兒子繼承英格蘭王位成為金雀花王朝（House of Plantagenet）的亨利二世，因此亨利二世所繼承的法國安茹公國便成了法國史上被英王統治的安茹王朝。
3. 普瓦圖（Poitou）法國中西部的一個行省。
4. 奧爾良（Orléanais）法國中北部城市，位於羅亞爾河畔。

法國有太多天賦異稟全薈萃於這一小方天地裡。思及法國沾了都蘭這麼多光，法國國土沒稱作都蘭，首都不在土爾（Tours），實屬意外。

　　或許，關鍵性意外就在塞納河（Seine）裡，現在名之為巴黎（Paris）的島，此島大得足夠成為一處聚居地，但又夠小可以作為堡壘，把塞納河當成天然的護城河。土爾只有一側可受到羅亞爾河（Loire）庇護防禦，可是羅亞爾河是一條任性的河流，常常乾涸得只剩涓涓滴滴流漫過河床底沙。但羅亞爾河是法國最長的河流，事實上如果塞納河在史前時期不曾脫離羅亞爾河，今天的塞納河說不定要叫羅亞爾河。羅亞爾河曾流經現在的盧因河（Loing），亦即塞納河的一條支流；這是塞納河曾是羅亞爾河的一條支流的證據。

　　定都於巴黎的是法蘭克王國的國王克洛維一世（Clovis I，466-511/513），他在都蘭歷史上也隱約可見。公元500年，克洛維一世在距離都蘭27公里的昂布瓦茲（Amboise）與西哥德王國（Visigoths）的阿拉里克二世（Alaric II）聯手舉辦了一場慶祝盛宴，七年後，克洛維一世卻在都蘭南邊的普瓦圖殺了阿拉里克二世。

　　法國有多位國王在都蘭建造皇宮。在哥倫布發現美洲的這一年，查理八世（Charles VIII，1470-1498）建了昂布瓦茲堡（Château d'Amboise），並也就終老於此。昂布瓦茲堡還深獲弗朗索瓦一世青睞。他在內苑首創的奇觀包括野獸格鬥；一次野熊從競技場上脫逃跳進城堡內，遭國王親手以尖矛一舉刺死。路易十四（Louis XIV，1643-1715）將昂布瓦茲堡當作監獄。今天這座城堡屬於皇室財產，因為它的堡主是巴黎伯爵（Comte de Paris）[5]，他是名義上的假法王，在巴黎沒有皇宮。

　　十五世紀上半葉，希農（Chinon）是朝廷的官邸。路易十一（Louis XI，1423-1483）在此建造了朗熱堡（Château de Langeais）；查理八世在此與布列塔尼女公爵安妮（Anne de Bretagne）成婚，取得了法國的公爵頭銜與領地。路易十一後來駕崩於普萊西城堡（Château de Plessis-les-Tours）。瓦盧瓦王朝（Maison de Valois，1328-1589）統治的兩百年間，從1364年即位的「英明的」查理五世（Charles V，1338-1380），到在位終老的亨利三

5.　巴黎伯爵是最後一位法國國王路易‧腓力一世（Louis Philippe I）的直系後裔。

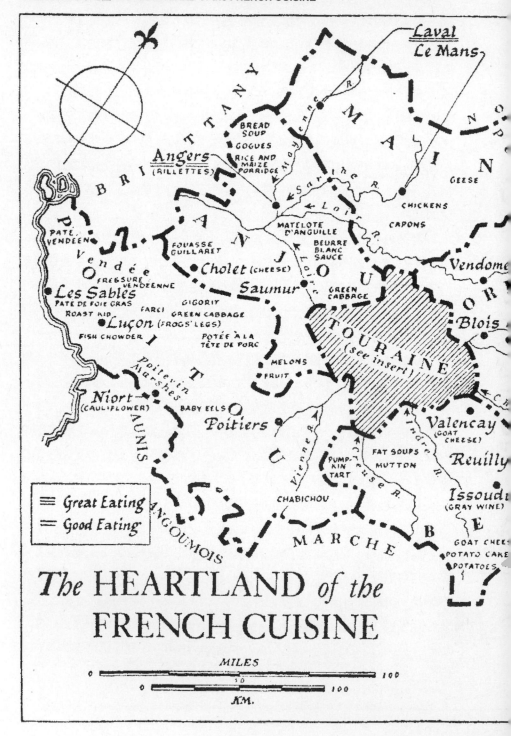

The HEARTLAND of the FRENCH CUISINE

Beauvais (MATELOTE)

Chantilly
Senlis
Compiègne
Pierrefonds

Chartres

CHATEAUBRIAND
WITH FRENCH FRIED
POTATOES

Soissons
Laon
(PARTRIDGE PÂTÉ)

ILE DE FRANCE

CRÊPES SUZETTE
BUTTON MUSHROOMS

ASPARAGUS

BEANS

HARICOT DE
MOUTON

WHEAT

BOEUF
BRAISE

LARK
PÂTÉS

PARIS

POTAGE PARISIENNE
SAUCE BEARNAISE
HOMARD A LA AMERICAINE
SOLE MARGUERY
PRESSED DUCK
POTAGE SAINT · GERMAIN
SOLE NORMANDE

Melun

Fontainebleau

Pithiviers
(LARK PÂTÉS)

VOL·AU·VENT

Orléans

HONEY

GIGOT DE MOUTON

SOLOGNOTE
ARAGUS

Vierzon
(LAMPREYS)

Bourges

PANCAKES

OURBONNAIS

Chinon

Richelieu (CHARCUTERIE)

Ste. Maure (GOAT CHEESE)

Tours (RILLETTES)

Fontevrault

CARDONS AU GRATIN
CHOU VERT
STUFFED·FISH

Vouvray
Amboise

COQ·AU·VIN

ROAST PORK WITH PRUNES

GREEN WALNUTS IN
GRAPE JUICE

Montlouis

Chenonceau

SANG DE POULET
AUX OIGNONS

Loches

Azay=le=Rideau

TOURAINE

MILES

0   50   100

0   50   100

KM.

世（1551-1589），倚重都蘭的程度都不亞於巴黎。

1204年，時值法王腓力二世（Philip Augustus）在位期間（但1584年都蘭終於不再是公國，成了法國行省），都蘭首度成為法國王室領地，而土爾被併入巴黎，不是巴黎被併入土爾，原因不僅是因為法蘭西島（Île-de-France）本身在當時兼併了奧爾良和貝里，使得領土連綿直抵都蘭之故，還因為歷史上的一次偶發事件所致。在此前五十年間，都蘭一直都屬於英國所有。純粹是肇因於金雀花王朝的一次爭吵，腓力二世才矢命從英格蘭國王「無地王約翰」（John lackland）手中，收復都蘭（以及諾曼地）。

有人認為，巴黎之所以自然而然取代土爾，是因為巴黎一直都隸屬法國，而都蘭卻有長達半世紀之久落入英國人的統治，針對這一點可能會有人回答，在1429年時，英格蘭的亨利六世（1421-1471）擁有巴黎國王（King of Paris）的封號，而法王查理七世（Charles VII，1403-1461）[6]只不過是布爾日國王（Roi de Bourges）。那一年，查理七世被聖女貞德（Jeanne d'Arc）扶上王位；聖女貞德在眾多朝臣中指認出這位變裝的國王，激勵他拿起武器反抗英國人。可以說，此時此地，就在都蘭的希農堡，現代法國誕生了。

第一次「三級會議」（États Généraux）[7]於1302年在巴黎召開，第二次於1308年在土爾舉行。土爾曾兩度成為法國皇城：一次是1870年，當時法國政府遭普魯士人（Prussian）逐出巴黎；另一次是1940年，法國政府遭日耳曼人逐出巴黎。在這兩次事件中，定都於土爾的政權國祚都很短。不過，都蘭大可誇口，國難當頭之際，是土爾以核心地帶守護住法國政府。

因而，在早期法國史上，都蘭是個古老而充滿榮耀的名字。在塑造法國文化的眾多元素當中，法國烹飪絕非無關緊要的一項，而且發源地就在這裡。為此，我們的故事得從都蘭開始講起。

法國的面貌變化多端。阿爾卑斯山脈（Alpes）尖石裸露，積雪不化即使夏天亦然；庇里牛斯山脈（Pyrénées）峻峭陡直粗獷結實；孚日山脈

---

6. 瓦盧瓦王朝第五位國王，1422-1461年在位。
7. 法國舊制裡，不定期為國事召開的人民代表大會，分第一級的神職人員、第二級的貴族與第三級是前兩級以外的人民。

（Vosges）山坡林木繁茂；侏羅（Jura）[8]深淵裂谷滿眼墨綠。群山交會於蔚藍海岸（Riviera）臨海揮灑出暖色調一片熾熱；布列塔尼冷灰色蒼穹下，洶湧的漩渦狂暴拍擊著海岬嶙峋的岩石；工業化的北方處處礦渣髒汙，而在南方普羅旺斯（Provence）[9]海岸山脈背後半乾旱區，青草叢生細膩合奏成灰綠色的大地交響樂。朗德省（Landes）[10]籠罩在參差不齊的松林下。多姆山省（Puy-de-Dôme）[11]的山頂上高原光禿乾涸。卡馬格（Camargue）[12]鹽沼之上蘆葦風中搖曳。但這些都不是你印象中的法國鄉村景致，不是綠油油的田園風光，白楊樹（Poplars）夾道，微笑溫柔迎人。都蘭，常被喚作法國花園，這才是法國鄉村的縮影。

這片小小的土地由四條河流灌溉而成，河流的名字對於那些熱愛法國的人，珍貴程度不下於任何耳熟能詳的一條河。可能只有塞納河，堪與此處羅亞爾河、謝爾河（Cher）、安德爾河（Indre）和維埃納河（Vienne）這四條河相提並論。隆河（Rhône）雄偉，但不易親近，而且是外來河川，它的源頭在瑞士。馬恩河（Marne）[13]戰火煙硝聲隆隆。萊茵河（Rhin）是德國的；還有些人喜愛悠然蜿蜒沙特爾城（Chartres）[14]山腳的厄爾河（Eure），抬頭仰望岸上搗衣浣紗女身後凌空的宏偉大教堂塔樓，雙雙嵌在一幅簡約卻令人難忘的畫面裡。嘉德河（Gard）[15]流淌在跨越它的羅馬水道橋跳躍式的拱洞底下。多爾多涅河（Dordogne）奔流於幽暗的史前人類洞穴旁。但這些沒有一條能有都蘭河流的那股法國鄉村魅力：沉著清澈，優雅靜謐。

偉大的羅亞爾河並非始終那般平靜。它被自身的淤泥阻塞，自從船運從海口直抵奧爾良開航以來，便也日漸衰老，但那也不過約莫半世紀時間

---

8. 侏羅（Jura）位於法國東部與瑞士交界的山區。

9. 普羅旺斯（Provence）位於法國東南部，曾是古羅馬行省，毗鄰地中海和義大利接壤。

10. 朗德省（Landes）是法國西南方濱臨大西洋的行省。

11. 多姆山省（Puy-de-Dôme）位於法國中部大區奧弗涅（Auvergne），是歐洲最大的休火山群。

12. 卡馬格（Camargue）是法國南部隆河注入地中海的三角洲，法國少見的水稻區。

13. 馬恩河（Marne）流經法國巴黎盆地東部的河流，一次大戰的馬恩河戰役（1914年）便是發生在此。

14. 沙特爾城（Chartres）法國中北部城市，中世紀朝聖地沙特爾聖母院大教堂（Cathédrale Notre-Dame de Chartres）就在這裡。

15. 嘉德河（Gard）位於法國南部，上有古羅馬所建造的知名嘉德水道橋（Pont du Gard）。

罷了（十九世紀末到二十世紀初）。那段高盧－羅馬時代裡五十年的輝煌歲月如今何在？如今的航運，除了低於200噸能定錨於昂熱（Angers）的船隻，其餘早已無法超出南特（Nantes），現在，到了夏季就連奧爾良也到不了。甚至在土爾，簡直是一灣沙子，只餘中間絲絲涓流。而在奧爾良，水流速度可能不超過每秒19立方公尺。

等秋天降雨，或逢寒冬冰雪融化，滿布沙子的河床方才消逝無蹤。此時在奧爾良的每秒水流量高達6000立方公尺，是旱季的三百二十倍，水量與河岸路面齊高，輕快滑行而過，還時不時沖刷拍岸。這時節流出法國花園的羅亞爾河混濁綠褐，曾幾何時光禿禿的河道滾滾奔流，河水高漲淹沒兩岸林木，孤零零的樹頂在湍流中載浮載沉。不像隆河，羅亞爾河如今極少氾濫，上一回發洪災已是1910年的事。

羅亞爾河的每一條支流都別具一格。最先注入都蘭的是謝爾河，平凡無奇穿過青草地，緩慢而平靜，無牽無掛。它似乎是天然生成的鏡子，專門為了映照高踞優雅拱橋上的雪儂梭堡（Château de Chenonceau）。但河水氾濫不時沖刷拱橋，漩渦翻滾於橋墩邊，洶湧的泡沫朝著深陷失控洪水的城堡咆哮肆虐。此時河床再無餘裕容納他物，洪水瞬間高漲衝出兩岸。然而旅人所見到的謝爾河多半像漣漪不興的玻璃，雪儂梭堡與拱橋倒映在河面，閃亮晶瑩。

安德爾河從未忘卻它身負鏡子的功能。它為岸邊的阿澤勒麗多城堡（Château of Azay-le-Rideau）善盡職責。終年滿盈，滿盈但徐徐輕緩，輕柔得連生長在水面的睡蓮根莖絲毫不會被扯斷；垂柳枝條沉溺在平靜的水中；老舊的磨坊處處可見，水車輪子沉浸水坑，讓懶散的河水不得不以一種在這如夢似幻的溪流中無處可用的力道，墜落在水車葉片上。

最後注入都蘭的是維埃納河，有時稱為小羅亞爾河，它是一條寬闊平靜的小溪，但不像謝爾河那般悠哉，鮮綠發亮，繞著都蘭的西端優雅滑過希農堡風化的古城牆。

這些河流的流域，在法國歷史占有非常重要的一席之地。

史前時代也浮現在都蘭的這些河流中。每次想到距離法國南境800多公里的佩里戈爾的史前人類時，首先映入腦海的莫不是萊賽斯洞窟（Les Eyzies）和拉斯科洞窟（Lascaux）的歐洲野牛和野鹿壁畫。但是，石器時

代的人也生活在羅亞爾河的山谷裡。有兩千多件史前人類的工具，就陳列在大佩斯基西尼村（Le Grand-Pressigny）的博物館裡。後來，高盧－羅馬時期將大多數遺產都賜予都蘭，在巴黎只留下寥寥幾個遺跡，譬如呂特司競技場（Arènes de Lutèce）、原址在克呂尼博物館（Musée Cluny）[16]的古代浴場遺跡。眾多遺跡當中，有一堆奇怪的石頭，用途成謎，以當地地名稱為「五首火星堆」（Cinq-Mars-la-Pile），很可能是個界碑。有個高盧－羅馬的軍營和水渠，是呂伊內鎮（Luynes）滿口誇耀的遺跡。還有同時期的一座圓塔，是土爾古城牆的殘跡——土爾的名字，不消說，源自「塔」（Tour）——被劃歸藝術館的庭院內。

都蘭從很早期就在塑造法國精神，在宗教影響力一事上扮演主導要角。高盧最偉大的聖馬丁（Saint Martin），最初是以羅馬軍團成員身分來到高盧。他最廣為人知的故事是將斗篷一剪為二分給一名乞丐。法國人為紀念他的暖意善行，將入秋第一次霜凍後大地暫時回暖的現象，也就是美國人所謂的「印第安之夏」（American Indian summer）[17]，稱之為「聖馬丁之夏」。聖馬丁的名字與土爾關係密切。他所成立的第一座修院雖是建在土爾南方的普瓦圖，但不久都蘭人就懇求他出任都蘭主教，而他答應了。聖馬丁在都蘭一帶所建立的教堂與小禮拜堂仍屹立至今。就在靠近土爾處，旅客可以參觀他在岩壁為馬爾穆蒂耶修道院（Abbaye de Marmoutier）修士修鑿而成的居室。就是在這裡，聖馬丁留下美食史上不朽盛名。根據地方傳說，修院的驢子跑出馬廄，吃光了葡萄藤上的葉子。修士正哀嘆著葡萄園遭此浩劫，不料隔年卻發現災情最嚴重的葡萄藤上結出了最出色的葡萄。從此，釀酒葡萄的剪枝技術普及於羅亞爾河的葡萄園。

法國人會告訴你，世上最純正的法語不在巴黎，而是在土爾。還有什麼比培養作家更能為國家文化效命的？都蘭從最開始就在這方面效力於法國，因為都蘭是法國第一位偉大作家的誕生地和終老地。

若你到訪希農，不妨走走郊區，參觀位於拉德維尼雷村（La

---

16. 今改名，中世紀國家博物館（Musée National du Moyen Âge）。
17. 亦即華人所謂的十月小陽春（立冬至小雪，大約是農曆十月）。

Devinière）的拉伯雷（François Rabelais）[18] 故居。故居最引人矚目的特徵是屋子底下寬敞的酒窖。而拉伯雷在希農鎮上的另一故居，原址現在是一家名叫「卡岡都亞」（Gargantua）[19] 的餐廳。他的第三個故居在朗熱鎮（Langeais），是一幢文藝復興時期留下的古宅。

拉伯雷堪稱吟遊詩人時代之後最重要的作家，同時期文壇巨星還有巴黎的詩人維永（François Villon）[20]，以及瓦朗謝訥（Valencienne）[21] 的作家傅華薩（Jean Froissart）[22]。法國文學因拉伯雷而始於都蘭，實非偶然。只有在活躍的知識氛圍下，才能在如此漫長歲月裡滋養如此之多作家。有些人和拉伯雷一樣，天生就是都蘭公民，而有些則是受都蘭卓越文化吸引而留下來成了當地人。還有些人來來又去去，受到都蘭魅力誘惑，將此地寫成故事的背景。都蘭曾是文學作品的題材，也是文人的家園。

拉伯雷與弗朗索瓦一世的姐姐瑪格麗特公主（1492-1549）生逢同一年代；英國人稱瑪格麗特公主為「納瓦拉的瑪格麗特」（Margaret of Navarre），但法國人稱她為「瓦盧瓦的瑪格麗特」（Marguerite de Valois），或「奧爾良的瑪格麗特」（Marguerite d'Orléans），或「安古蘭的瑪格麗特」（Marguerite d'Angoulême），最常見的稱號是最後一個，因為她出生於土爾以南240公里的安古蘭，而她頻繁棲居在昂布瓦茲堡[23]。1524年，也就是瑪格麗特公主去世前二十五年，愛情詩人龍薩（Pierre de Ronsard）出世。他雖土生土長於都蘭北部的旺多姆（Vendômois），但這裡還算處於土爾的文化腹地範圍。因醉心於都蘭最偉大的城市，遂移居土爾，在此寫作，於此終老，1585年安息於「聖科斯馬斯修道院」（Priory of St. Cosmas）[24]。

---

18. 全名弗朗索瓦・拉伯雷（François Rabelais，1494-1553），法國文藝復興時期作家，也是人文主義代表人物。代表作《巨人傳》（La Vie de Gargantua et de Pantagruel）。
19. 「卡岡都亞」（Gargantua）是拉伯雷代表作《巨人傳》裡巨人父親的名字。
20. 維永（François Villon，1431-1474）十五世紀末法國著名詩人，死後作品出版才為人所知。
21. 瓦朗謝訥是法國北方城市。
22 傅華薩（Jean Froissart，1337-1405）是法國十四世紀末作家，作品《大事記》（Chronicles）記錄十四世紀英格蘭王國和法國騎士復興的故事。
23. 瓦盧瓦王朝有兩位瑪格麗特公主，另一位是弗朗索瓦一世的孫女，兩位公主封號相同，但後者更廣為人知的稱號是「瑪歌皇后」（La Reine Margot，1553-1615），在哥哥亨利三世去世後，被母親安排嫁給了表哥波旁公爵，也就是後來法國波旁王朝創始者亨利四世。
24. 聖科斯馬斯修道院也稱為龍薩修道院，因龍薩離世前二十多年都住在修院，他是天主教神父。

最偉大的法國古代作家拉伯雷是都蘭人，最偉大的法國現代作家巴爾札克（Balzac）更是土爾在地人。1829至1837年間，巴爾札克居住在著名的阿澤勒麗多（Château d'Azay-le-Rideau）附近的薩榭城堡（Saché）。你不妨一訪他的工作室，一切盡可能保留他離開時的樣子。他的短篇小說《土爾的教士》（Le Cure de Tours）書名就銘記著故鄉芳名。另一部作品《幽谷百合》（Le Lys dans la Vallée）所指山谷就是安德爾河谷。在梧雷（Vouvray）則有一座雕像紀念一位子虛烏有之人：巴爾札克創造的旅行推銷員高底沙特（Gaudissart），他最喜歡的梧雷作為故事背景。

都蘭也有引以為榮的藝術家可與作家分庭抗禮，其中至少有兩位在法國繪畫史上赫赫有名。一位是法國藝術的開創者尚·富凱（Jean Fouquet），十五世紀初出生於土爾。約莫一個世紀後，法蘭西斯·克盧埃（François Clouet）呱呱墜地，繼承父親尚·克盧埃（Jean Clouet）志業，成為弗朗索瓦一世的宮廷畫家。老克盧埃是弗拉芒人（Flemish，日耳曼民族之一），但小克盧埃土生土長於土爾。這座城市也誕生了多位名氣較小的藝術家，比方說，十六到十七世紀畫家克勞德·維農（Claude Vignon）在土爾的美術館裡有他深受卡拉瓦喬（Caravaggio）[25]影響的油畫作品。同在美術館展出的還有十七世紀雕刻家亞伯拉罕·博斯（Abraham Bosse）的作品，以及二十世紀雕塑家弗朗索瓦－萊昂·西卡德（François-Léon Sicard）的創作。雕塑家米歇爾·科隆比（Michel Colombe）的大作查理八世孩兒的大理石棺木，就放置於聖加蒂安大教堂（Cathédrale Saint-Gatien de Tours）。還有許多不知名的畫家，他們的羅馬式壁畫裝飾著塔旺鎮（Tavant）的教堂以及利蓋特熙篤會修道院（Chartreuse du Liget）是十二世紀時，英王亨利二世（Henry II）為謀害坎特伯雷大主教湯瑪斯·貝克特（Thomas Becket）贖罪而建。

但是藝術領域有史以來最偉大的名字，前無古人後無來者與都蘭有關的那一位，並非土爾人，而且甚至也非法國人。這位曠世奇才現身在此，見證了都蘭頻繁的文化生活，吸引他離鄉背井而來，即使故鄉的環境也相當輝煌燦爛。他就是達文西（Leonardo da Vinci），史上最頂尖的藝術家

---

25. 卡拉瓦喬（Caravaggio，1571-1610）義大利畫家，巴洛克畫派。

之一。弗朗索瓦一世把達文西帶來了昂布瓦茲，達文西在那裡過得很稱心如意。起碼直到辭世，他一直住在克洛呂塞城堡（Châeau du Clos Lucé）裡面莊園大屋內，與昂布瓦茲堡平台屋頂咫尺相望[26]，至今仍開放參觀。達文西長眠之地不在義大利，而是在都蘭昂布瓦茲堡的聖于貝爾小禮拜堂（Chapelle Saint-Hubert）裡。

都蘭最卓越的藝術作品是城堡，不過這些城堡通常沒有特定建築師具名。它們並非我們今日所謂的建築師的作品，而是多方頭腦眾志成城的成果，包括城主、承包商、工匠和許許多多藝術家戮力而成，其中也包括達文西。大家的匿名貢獻自然被珍藏於這些著名建築的一些局部構造裡。

在羅亞爾河的城堡當中，人盡皆知有四座格外出眾，其中兩座在都蘭：阿澤勒麗多堡和雪儂梭堡。這些都屬於晚期城堡，不再是從前那種堅不可摧的軍事要塞，通常居高臨下可看見敵人靠近，而敵方攀登困難重重。現在的城堡是宮殿，它的塔樓和城牆是徒具過去武裝工事耀武揚威氣勢的裝飾品，窗戶加寬，不再是一條狹縫──只有弓箭手才看到河流和美麗的河谷，在承平時期，城堡也建在谷地較低矮處。不過，都蘭尚可見許多早期戰火連年時那種高聳的城牆和塔樓，比如呂伊內堡（Luynes）、朗熱堡、希農堡、洛什堡（Loches）。

與其說是建造城堡，不如說重修。每一個新上任的國王或領主或堡主，都會增建新的側翼，也會拆除舊處，或修復、重新裝潢、更新和修改。舊的城堡建築中，通常只有部分結構是黷武窮兵年代的遺跡，可憑弔城堡烽火連天的冷酷歲月。建於十五世紀中期的朗熱堡，是最後一批為軍事目的建造的城堡，因而至今仍是保存得最好的城堡之一。它的庭園裡有據信是法國最古老的石造地牢，建於十世紀末。呂伊內堡的主體更加古老，建於十三世紀，遠望氣勢雄渾威風凜凜，建築體龐大雄踞一方，曾因岌岌可危謝絕訪客進行修復[27]。希農堡和洛什堡，引人矚目的不單是城堡本身，而是整座城鎮，因為希農與洛什兩個城鎮的整個街廓都保留中世紀的建築，觸目皆是都蘭跌宕的歷史痕跡──這些也是法國的歷史。

---

26. 達文西故居的克洛呂塞城堡與昂布瓦茲城堡相距僅500公尺，兩處還有地道相通。
27. 目前已開放參觀。

希農早經確認是聖女貞德指認查理七世的所在地。它也是其他歷史事件的現場，其中好些是不幸的災難。1321年，城裡所有的猶太人被活活燒死。同樣的厄運也發生在聖殿騎士團的五百人身上，聖殿騎士團因為過於富有，過於有權有勢，過於傲慢，騎士們遭到解散並羈押在希農。獅心王理查（Richard the Lion-Hearted）[28]駕崩於希農。樞機主教凱撒·波爾吉亞（Cesare Borgia）帶著教皇的詔書，來到希農宣告路易十二（Louis XII le Père du Peuple）與法國的讓娜（Jeanne de France）離婚，這樣他就可以和布列塔尼的安妮（Anne de Bretagne）[29]結婚，以確保布列塔尼和布根地兩大公國留在法國版圖裡。希農堡實際是三座城堡組成的建築群，曾是樞機主教黎希留（Cardinal Richelieu）[30]的財產。

洛什堡同時也是獅心王理查精采的人生旅程中的一個里程碑。他僅用三個小時就攻破了固若金湯的洛什堡，驚天動地。歷史也在這裡展現了它陰暗的一面。洛什堡是路易十一打造他委婉稱之為「他的女兒」（Ses Fillettes）的鐵籠之處，鐵籠用來禁閉他特別不喜歡的囚犯，最舒適的鐵籠是0.17立方公尺（約170公升容量），最不舒適的鐵籠小到囚犯難以直立也無法伸展肢體。更殘忍的是，有些關了囚犯的鐵籠會吊在天花板，懸掛在半空中。這些「迷人」的發明是出於修道院院長德拉巴盧樞機（Cardinal de la Balue）的構想，而天道輪迴不偏不倚，德拉巴盧生命中的最後十一年，就是在其中一個囚籠裡度日的。

洛什堡還有很多關於阿涅絲·索蕾（Agnès Sorel）的故事；這位不同凡響的情婦替查理七世（Charles VII，1403-1461）[31]運籌帷幄統治法國，並為他生了四個女兒。阿涅絲不僅是都蘭城堡的居民，而且是本地人。她廣為人知的稱號「美麗貴婦」（La Dame de Beauté），一般人都誤以為是來自她貌美，其實是因為查理七世將皇家的美麗城堡（Beauté-sur-Marne）

---

28. 即理查一世（Richard I of England，1157-1199），英格蘭王國國王，勇猛善戰遂被譽為「獅心王」。

29. 安妮是查理八世的第二任妻子，也是布列塔尼公爵弗朗索瓦一世的唯一繼承人。而查理八世是讓娜的弟弟。

30. 法蘭西王國路易十三的樞密院首席大臣及樞機，在他當政期間，法國專制制度得到完全鞏固，為路易十四時代的興盛打下了基礎。

31. 瓦盧瓦王朝第五位國王，贏得百年戰爭，開創法蘭西王國此後數世紀的強盛。

當作禮物送給了她。她隨法國皇室住在當地。然而，當王儲也就是後來的法王路易十一（Louis XI，1423-1483）[32] 當眾賞她耳光時，她離開了希農堡搬進洛什堡。在她去世後，路易十一為羞辱她做了補償。阿涅絲一直希望身後葬在洛什堡的小禮拜堂，因此她對當地神職人員出手闊綽，但是她作古後，教會卻躊躇不決，最後仍以她惡名昭彰否決她長眠於神聖的小禮拜堂，並要求路易十一將她葬在城堡。路易十一的回覆是，他很樂意照辦，但阿涅絲送給教堂的禮物應該連同她的遺體一起移交給城堡。路易十一這番作法讓教會回心轉意，教會高層決定滿足阿涅絲的虔誠願望，最終將她安葬在城堡裡的聖烏爾小禮拜堂（Chapelle St-Ours）裡。十分弔詭的是，後來的反教權主義革命卻讓教會得償夙願。無知的士兵們誤以為墓上雕像是聖人的，砸爛阿涅絲的屍骨肆意丟棄。日後遺骸被拾回重新葬在重建的紀念碑下；這座紀念碑是十五世紀的一件傑作，由無名氏操刀雕刻，位於城堡的一座塔樓內，一直保存至今。洛什堡今天還可看到布列塔尼的安妮的演講廳，她是這座城堡的另一位名人。

　　法國別無他處像雪儂梭堡這般繚繞著法國史上跋扈情婦的香氣，因為雪儂梭堡常被稱為六個女人的城堡。第一個女人是凱瑟琳·布里昂內（Katherine Briçonnet，1494-1526），十六世紀初她為丈夫監造了現代所見雪儂梭堡的主體建築；她的丈夫托馬斯·波希爾（Thomas Bohier）是查理八世、路易十二和弗朗索瓦一世的稅官。第二個女人黛安·德·波迪耶（Diane de Poitiers，1500-1566）是亨利二世的情婦，但若以為她是個虛情假意嬌滴滴的宮廷美人，那真是帶著偏見誤會了。她很吃苦耐勞，在沒有中央空調年代裡，刺骨寒冬黎明便起，冷水沐浴，騎馬兩三個鐘頭，從不抹粉點朱唇的一個女人，然而在六十七歲辭世時樣貌身材卻一如三十年華。第三個女人是亨利二世的王后凱薩琳·德·梅第奇（Catherine de Médicis，1519-1589）；亨利二世因決鬥落敗遭長槍刺死後，她就立刻將情婦波迪耶掃地出門。第四個女人是亨利三世的路易絲王后（Louise de Lorraine-Vaudémont，1553-1601），亨利三世被暗殺身亡後，從此路易絲意志消沉，穿著喪服在偌大的城堡長廊中漫無目的遊走，哀悼中度過了生

---

32. 查理七世之子，瓦盧瓦王朝國王，據說為人工於心計，有「無所不能的蜘蛛」稱號。

命的最後十一年。第五個女人是杜邦夫人（Madame Louise Dupin，1706-1799），她對啟蒙時代的眾家天才們開放了雪儂梭堡，包括伏爾泰、孟德斯鳩、盧梭等人，也是喬治桑（George Sand，1804-1876）[33] 的祖母。第六個女人是1864年買下雪儂梭堡的瑪格麗特・佩洛茲夫人（Marguerite Pelouze），她將自己的一生奉獻給了城堡的修復，全世界都應該感謝她。

本書篇幅不足以盡述都蘭的其他城堡。可以說，都蘭遍地「長」滿了城堡。昂布瓦茲堡最近一次歷史性用途是，十九世紀軟禁流亡的阿爾及利亞宗教軍事領袖阿卜杜卡迪爾（Abd-el-Kader）。昂布瓦茲堡最血淋淋的篇章是1560年的「昂布瓦茲陰謀」（Conjuration d'Amboise）[34]，當時數百名新教徒密謀叛變被捕，飽受凌虐後吊死在城牆上，再裝進麻袋扔進羅亞爾河、斬首或五馬分屍。阿澤勒麗多堡徒有美麗面貌卻沒有故事。宇瑟堡（Ussé）銀光閃閃的白色迷人塔樓和砲塔，激發了佩羅（Perrault）靈感，寫下童話睡美人的故事；路易十四的堡壘建築師沃邦（Vauban）[35] 也常住在這裡，因為當時宇瑟堡的堡主是他的女婿。維朗德里堡（Villandry）擁有法國僅存的十六世紀庭院，經過精心修復恢復了外觀數百年前的風華。庭院為三層複式結構，第一層是水景園，下面是花園，最底層是菜園——但沒有馬鈴薯，因為十六世紀時馬鈴薯還不是法國的蔬菜；1540年來自新大陸的馬鈴薯是觀賞植物，所以很可能是種在花園裡。要等到1737年藥學家帕門捷（Antoine Augustin Parmentier）降世後，才以食用為目的種植馬鈴薯；為了永垂不朽紀念他的貢獻，法國有道菜叫做「帕門捷蘋果」（Pommes Parmentier），就是奶油煮馬鈴薯塊，撒上碎荷蘭芹。

城堡是都蘭建築的亮點，但城堡不是這方土地上唯一的傑出之處。事實上，論及雄偉的哥德式大教堂，都蘭不得不向法蘭西島和北方其他地方俯首稱臣。土爾的大教堂聖加蒂安主教座堂（Cathédrale Saint-Gatien）是不折不扣的哥德式教堂，學生對它格外感興趣，因為它是長型建築，而

---

33. 十九世紀法國女小說家，喜著男裝，本名Amantine Lucile Aurore Dupin。
34. 「昂布瓦茲陰謀」指十六世紀崛起的新教結盟宗（Huguenots，也譯作胡格諾派）密謀綁架當時的法王弗朗索瓦二世。
35. 全名是Sébastien Le Prestre de Vauban（1633-1707）。法國元帥，著名的軍事工程師。著有《論要塞的攻擊與防禦》、《築城論文集》等。

且各個不同的構件組成了一部風格史，甚至以文藝復興風格的塔樓作收尾。話雖如此，它仍維持單調枯燥的滯重結構。得往北移步137公里才能飽覽哥德式教堂中最為美麗絕倫的沙特爾聖母主教座堂（Cathédrale Notre-Dame de Chartres）；這座教堂幾乎是一整部的哥德教堂史。不懷好意的人或許會說，土爾的教堂盡是有史以來最糟糕的哥德式作品，唯沙特爾聖母主教座堂是經典之作。土爾在另一個領域也不如沙特爾聖母主教座堂。土爾的教堂向以十三、十四和十五世紀的彩色玻璃著稱。沙特爾聖母主教座堂也有十三世紀的彩色玻璃，非但精美，簡直一流。在沙特爾聖母主教座堂跟前，聖加蒂安主教座堂在各方面都矮了一大截。

但這並不意謂多方面都這般法國風的都蘭，其哥德式建築一無是處。其實在一些較小的建築形式中仍有許多出色的例子。十二至十三世紀的坎德教堂（Candes）就是教會與軍事建築合為一體的壯觀標本；在教會偶爾不得不變身避難堡壘的年代裡，許多功能引人矚目的強大防禦性建築應運而生，例如獨樹一格的阿爾比主教座堂（Basilique Cathédrale Sainte-Cécile d'Albi）。都蘭還有諸多羅馬式建築範例，比方說洛什堡的聖烏爾小禮拜堂，也不缺文藝復興風格，不妨去參觀十六世紀的蒙特雷索（Montrésor Castle）。但這一帶首屈一指的建築，無疑地，非楓特孚羅修道院（Abbaye Royale de Fontevraud）[36]莫屬。

楓特孚羅修道院始建於十一世紀，從此開啟了風馳電掣的歷史，但如今已走出世界焦點：它是一座監獄。遊客參觀部分建築物時往往驚訝於犯人在內部被移送的通道，這通道連接之處在中世紀可是女修院、男修院和醫院。建築裡有些只對國家級賓客短暫開放的管制區，當中有一處是精美的十二世紀羅馬式修道院；這座修道院出現在這裡意謂著，都蘭作為真正的法國文化核心，是個不爭的事實。這個觀點認為，雖然哥德式風格是法國天才的主要成就之一，但都蘭沒有大規模哥德式偉大作品並非缺陷，因為都蘭有的無疑是更多的包羅萬象，這一點是更為根本的法國精神，在都蘭遍地開花，體現得比他處更澈底。

那麼，羅馬風格的楓特孚羅修道院，與周遭哥德式建築的消長又有何

---

36. 楓特孚羅修道院已被法國政府文化部保護，並在1985年對外開放。

相關？

這麼說吧：楓特孚羅修道院是羅馬風格的北界。大堂的四個穹頂，風格類似於南邊教堂的款式，但迥異於北邊的。同樣地，哥德式風格在都蘭的衰微正代表著這裡是它的南界。除了類似土爾的布爾日（Bourges）唯一一個例外，法國所有傑出的哥德式大教堂都座落在都蘭的北部；布爾日大教堂（Cathédrale Saint-Étienne de Bourges）由於沒有耳堂，又有五個大堂，根本不是典型的哥德式教堂建築。

因此不妨斷言，根據楓特孚羅修道院和土爾聖加蒂安大教堂，可以證明都蘭是南北法建築風格重疊的地方，兩種風格都是這裡的本地產物，但無一達到顛峰，因為卓越的哥德式風格都在法國北部，而出類拔萃的羅馬風格都在法國南部。都蘭非北亦非南，它是法國的京城，它就是法國本尊，毋須贅述。在都蘭，哥德風和羅馬風都未臻化境，但誰也沒缺席。都蘭的天縱英才皆愛戴兩者，爭的是誰更博大精深，更兼容並蓄，而非更像北方或南方，也非誰更像法蘭西島或朗格多克（Languedoc）[37]，比起任何其他省分，都更加澈底，更為包容，更不偏不倚。

漫步楓特孚羅修道院，你必會注意到建築物附帶著怪異的圓錐形結構，像一堆圓塔，矮墩墩，往上逐漸收尖，好像戴著女巫帽的砲塔。它的功能令人不解，除非你猜出這些小圓塔全是煙囪。此處是修道院的廚房。廚房屋頂上的這二十根煙囪底下，分別是五口各自獨立的爐灶，你應該也猜到了，每一口灶分別效勞於修道院原本的各區：男修院、女修院、非神職女性庇護所（有些高層女性在此避靜懺悔，但因為罪行太嚴重不宜與修女同住），還有一間瘋瘋病人隔離所，以及一間普通病房。即使不是最大要角，但都蘭可說是法國烹飪的主要發源地之一，而此處尚存的法國唯一羅馬式廚房，正象徵著都蘭在法國烹飪的地位。

當然，並非只有都蘭才是法國美食的源頭，巴黎和法蘭西島隨後也加入開發法國美食的行列。在烹飪即將成為一門藝術之際，各地早已同步在政治上完成全國一統大局，若非如此，庖廚之藝將難以發揚光大。

當烹飪成為一門藝術的時候，烹飪的發展就已經與政治聯繫在一起

---

37. 法蘭西島也稱「巴黎大區」、「大巴黎」或「大巴黎地區」，在此處意謂法國北部，以巴黎為中心。朗格多克是法國南部大區。

了。皇朝不斷搬遷，帶著御廚，從塞納河岸到羅亞爾河岸，來了又去、去了又來。可以說，都蘭、貝里、奧爾良和法蘭西島，加上後來的安茹和普瓦圖，形成了一個烹飪聯盟，即使時至今日，這個聯盟區內的烹飪方式，差異性仍不大。這些城市的美食一同發展，為法國料理打下基礎，而這也就是為什麼旅客來到這些地方，想找尋地方特產品嚐截然不同的異國風味，很容易失望。在這個區塊裡，的確能親炙一些最棒的法國美食，但卻根本難以動心，因為都是眾所周知，很熟悉、公認的標準法式料理。美食家曾說過，法蘭西島沒有地方菜，而且也可能這麼說都蘭菜。可是由於這個區塊的美食太優越，成了整個法國的第一名美食，此後也就成了全世界一流酒店和國際餐廳的美食。

雖然法蘭西島的烹飪藉由巴黎的影響力在世界各地開疆拓土，但在美食發展上，都蘭與法蘭西島都居功厥偉。有充分證據顯示，拉伯雷書中巨人卡岡都亞（Gargantua）的國度是最推崇廚房的古城。光是昂布瓦茲堡就曾出現兩則攸關美食的小道消息，可以驗證當地對飲饌重要性的覺醒。一則是關於都蘭的氣氛對路易十三的影響；人盡皆知，路易十三在各地出巡時只願吃御廚準備的食物。當他來到昂布瓦茲打獵時，一時興起，闖進廚房做菜。他的口味很簡單，又或許他的廚藝不過爾爾。無論哪種原因，他常給自己做洋蔥蛋卷，佐以少許當地紅酒。另一則和昂布瓦茲堡有關的八卦或許更有意義：就在這座擁精采歷史的城堡裡，第一具雞蛋人工孵卵器於1496年開機使用。

相較於法蘭西島，都蘭有一定優勢，它的資源更豐富。首先，這裡是葡萄酒鄉，而最棒的美食都在葡萄酒區，罕有例外。誠然，在法國料理蓬勃發展的期間，法蘭西島也栽種葡萄，而且至今猶遺留一些後裔，譬如巴黎蒙馬特山上的知名葡萄園，還有楓丹白露的葡萄架，這些葡萄每年仍在拍賣競標之列。自1285年以來就在政治上依附於法蘭西島的香檳區也有葡萄藤。可是香檳區蒼白的陽光下難以成熟的酸葡萄是無法與羅亞爾河媲美的，香檳區生產氣泡酒則是在十七世紀才開始。不過香檳好喝，香檳區卻沒有發展出相對應的美食，是為例外。

都蘭比起北方也享有更多美食上的優勢。羅亞爾河與其支流的漁獲，比法蘭西島的小溪流更富饒。彼時，法國各地野味俯拾皆是，但是都蘭現

在和從前一樣，獵人的斬獲向來都比巴黎人多。而且，家禽和牛肉的品質也超群。今天很多人也會引用這裡是「法國花園」佐證其果蔬繁多，不過這個因素並未影響早期的法國烹飪發展。在中古時代和文藝復興時期，人們可是肉食性動物，不是雜食性動物。除了蛋類以外，人多半以肉維生──魚鮮、禽類、野味，很少食用肉舖的產品。餐桌上也罕見蔬菜，即使有，也僅僅只是水煮（一如今天英格蘭依然如此）。那個年代男性攝取的維生素很少，罹患痛風是常事。早年的烹飪必然簡單，但願僅僅只是因為受限於當時的廚房設備不夠。烤箱很是稀罕，所以幾乎不烘焙。在基本上只是在煙囪底座加大的廚房裡，烹調繁瑣的菜餚太不切實際，不如簡單做個燒烤或用大鍋熱水將肉和禽煮熟，也往往扼殺了可能性。

在那些古老的歲月裡，法蘭西島最受歡迎的菜餚，早已碩果無存，但在都蘭，古早味仍屹立不搖。這是否表示，都蘭因為是這個地區飲饌的鼻祖，比起其他地方，這裡的古老庖廚傳統更為根深柢固，也因此較不易被後來的巴黎精緻宮廷菜所取代？

這些珍貴古早味的另一個特點是：無論是在傳承下來的法國烹飪技能，還是那些今天存在於與都蘭相隔遙遠處的菜式，都顯示出其發源地在羅亞爾河：這些菜餚裡有太多都大量使用葡萄酒。很少有葡萄酒能像希農和布戈憶（Bourgueil）的佳釀紅酒那般能與肉類完美結合。至今猶盛行全法國的熱門菜紅酒燉雞（Coq au Vin），要用羅亞爾河的葡萄酒風味才最純正。比起布根地葡萄酒，用希農葡萄酒燉野兔更妙不可言。這些菜在任何地方都吃得到，但離開土爾卻很難再遇像樣的燉肉佐紅酒醬（Rôtie au Vin Rouge），至於另一道中世紀老菜洋蔥血雞（Sang de Poulet aux Oignons），今天幾乎見於羅亞爾河谷。

洋蔥血雞這道菜之所以在大巴黎區的餐廳銷聲匿跡，興許是因為在較為不都市化的羅亞爾河，更易取得菜名裡的關鍵材料雞血。直白來說這道菜當然就是雞血配洋蔥，但其實這個菜名有所偏頗，未盡述全貌，只說明了用來慢燉基本食材雞丁的醬汁。為了調製醬汁，幾乎無可避免要買活雞，在殺雞時盡可能保留雞血，迅速加入數匙紅酒以免雞血凝固（醋或檸檬汁也有同樣效果），雞血可使醬汁濃稠，必不可少。先以奶油烹炒雞肉塊和碎雞肝，煮熟後先取出雞肉塊，然後鍋中加入洋蔥、培根丁和蘑菇，

按順序加入一點麵粉、大量紅酒，還有一些高湯，然後調味、撒上香料，再放入雞肉塊回鍋久煮慢燉，最後要起鍋前，才倒入之前加了紅酒還是液狀的雞血。為了更精緻，上桌前可以淋上白蘭地，點燃火光熊熊。

坊間商店很難買到雞血，但這並不是都蘭以外的餐館沒有洋蔥血雞的主因，因為儘管名稱有雞血，但不用雞血也能做出這道菜。力求純正的人可能堅持一定要有這個材料，而且雞血的作用似乎是為了質地而非風味，對整體味道幾乎沒有加分，但作為稠化媒介卻很重要，因此，是可以被別款中性黏合劑或增稠劑取代的，味道不會差太多。其他地區沒費力保留都蘭仍流行的功夫菜，就表明這道菜在都蘭具有他處無法比擬的傳統意義。根據考證，洋蔥血雞發源於都蘭，年代可以遠溯到中世紀。

都蘭地區傳統糕點可追溯到中世紀：繩索鬆餅（Cordés）[38]、炸甜麵包（Russerolles）[39]、乳酪小麵包（Cassemuses）[40]、灰麵餅（Fouaces）[41]。其中兩個在拉伯雷的著作中曾提及：他把乳酪小麵包稱作「鼻子凶器」（Casse museaux），由此可窺知這玩意兒有多硬。灰麵餅則讓人覺得它的中世紀版比現代版更好吃。在拉伯雷時代，灰麵餅使用了蛋黃、番紅花和多種香料製成，但如今它只是一款粗糙無味的麵餅，多半沾食日常餐酒吃。現代版或許是反璞歸真回到它的第一大特性上：最初灰麵餅是利用壁爐灰燼餘溫烤製的簡單麵餅，難免沾染「焦灰」（Focus），因而得名。在法國其他地方，這款麵餅被稱為佛卡夏（Fougasse），這個詞更貼近其原本的形式。

綜觀一頓飯菜所涵蓋的不同單元，會發現，開胃菜（Hors d'Œuvre）在都蘭飲饌發展之初就占有重要地位。法國盛產熟食（Charcuterie），嚴格來說這個字眼僅限於豬肉製品，但如今則包括各種各樣的肉製品，香腸、肉派（Pâté）、肉糜卷（Galantines）和醃鹹肉等。都蘭最馳名的熟食是肉醬（Rillettes），還有它的姐妹版鴿肉醬（Rilions）[42]和鹹五花肉片

---

38. 杏仁做成的鬆脆餅乾，類似華人的核桃酥。
39. 口感類似甜甜圈，但形狀像小型雙胞胎。
40. 乳酪小麵包（Cassemuses）在當地嘉年華會上大家會把它往別人臉上丟，讓乳酪黏在鼻子上。
41. 中空的餅，類似華人的火燒或阿拉伯人的袋餅。
42 布盧瓦鎮（Blois）的鴿肉醬最知名。嚴格來說，Rillettes最初也是以鴿肉製成，因此法國文學作品裡經常提到Rilions是Rillettes的別稱。

（Rillauds）。法國任何餐廳只要菜單上有熟食肉醬，通常會明確標示著「土爾肉醬」（Rillettes de Tours）以作為品質保證。肉醬是用豬油煮熟的豬肉絲製成的冷食，一般都有點油膩，但土爾肉醬只選用豬頸肉，再加上精心調配的肥肉與瘦肉，精緻美味遠勝他處。在法國麵包上抹一點肉醬當前菜，飲一口當地鄰里梧雷（Vouvray）釀造的葡萄酒，真讓人脾胃大開。無獨有偶，昂布瓦茲也以高品質的肉醬而聞名。

香腸也是本區特色菜，尤其以梧雷與希農最負盛名，但發源地都在諾曼地。偏軟的小腸肚包（Andouillette）[43] 以腸衣灌入豬或牛內臟製成，通常一大長條捲成水管狀，買回來要煮過才能切片上桌。腸肚包（Andouille）[44] 偏硬，販售時已煮熟，可即食現吃，類似義大利香腸（Salami）。

黎希留小鎮（Richelieu）因熟食而名聞遐邇。諸多產品當中，又以各式各樣的肉派最膾炙人口，尤其是美味可口的禽肉火腿（Jambons de Volaille）。「火腿」一字放在它的名稱裡有誤導之嫌，其實禽肉是去骨雞腿填入餡料後，以葡萄酒煮熟，放涼後冷食。而火腿一詞放在另一道黎希留名產「野味火腿」（Jambon de Gibier）上，就正常多了，這種火腿泛指將野生動物的腿，例如野豬製成火腿。

法式白腸（Boudin Blanc）[45] 堪稱熟食中的巨星，菜單上可見它名列開胃菜，雖然它其實比較像是主菜。法國全境都有這道菜，特別是在聖誕節和新年假期裡，白腸和血腸（Boudin Noir）是傳統年夜飯（Réveillon）[46]的菜色（不幸，在聖誕節和新年商業化炒作下，這兩道菜逐漸消失無蹤，貴得離譜的餐廳業者習慣拿過節當正當理由，犧牲誠懇的古早味，改供應他們認為更優雅也更貴的新菜）。和法式血腸一樣，白腸也是偏軟的香腸，舉國上下多數地區都以大量麵包做它的餡料，只有都蘭用雞胸肉取代麵包。也因此，都蘭的白腸是眾多形形色色法式白腸中的佼佼者，甚至還有一款精緻版稱為「雞肉白腸」（Boudin de Volaille à la Richelieu），其法文

---

43. 以豬的結腸做腸衣，塞入碎豬雜，包括切碎的豬腸。
44. 傳統成分主要是豬腸、豬肚、洋蔥、酒和調味料，通常灰色具獨特氣味。
45. 法國白腸加了牛奶、洋蔥、蛋白，白腸口感綿密香滑軟嫩，不同於德國白腸。
46. Réveillon原意為在聖誕節到聖凡倫泰節（情人節）之間舉行的長時間晚宴，從晚上直至翌朝黎明。名字源於réveil，意為「醒著」。法國人在法國大革命之後採用為除夕的定義。

名稱中的「Richelieu」就是前述那個小鎮黎希留（儘管美食名氣驚人，人口卻不足兩千）；雞肉白腸以雞肉、松露和蘑菇三種材料攪成光滑細膩的醬汁狀灌成香腸。成品簡直是精緻的雞肉料理，根本難以稱之為香腸。

還有一道非比尋常的開胃菜發源於都蘭，而且僅都蘭有，獨一無二。它叫做青核桃仁（Cerneaux），是以等量的碎青核桃與白葡萄汁一同浸泡，再點綴些許碎細葉香芹（Chervil，也稱山蘿蔔），作為前菜，滋味酸鮮，可以撩撥味蕾引人垂涎。

奇怪的是，在法國的大多數的地區，湯品是一項彰顯地區風格的指標，標示其與標準法菜的差別之處，然而，都蘭卻沒有屬於自己的湯。也許這是因為在法國烹飪發展之初，也就是都蘭料理萌芽時，湯無足輕重。中古時代所謂的湯，其實比較近似我們現在所謂的粥。也說不定，如果我們以現代的觀點誤解古代對那個字眼的定義，那麼我們根本不知道要稱那個東西為湯。

在古法文著作裡（比如拉伯雷的作品），「soupe」（湯）這個字指的是燕麥粥在中世紀時的眾多前身之一，若我們誤將它翻譯成燕麥粥，那就是犯了以偏概全的錯誤。對拉伯雷而言，「soupe」並非粥，而是在湯裡放一塊麵包同煮，這是當時很常見的菜餚。這個古字，只在拼字上有少許改變，仍存在於英文裡，而意思半分也沒變：「sop」（動詞意為浸泡，名詞意為麵包片）。但在法文裡確有了變化。首先，它可以用來泛指水煮肉，而不是指煮出來的肉湯，只意謂肉本身。中古時代並不推崇肉湯。肉湯似是煮肉的附帶副產品，一般都視為敝屣棄之不用。要歷經好一段時間，廚子才發現肉湯是好東西。曉得肉湯是好東西後，從前只用來形容在肉湯裡煮的肉塊的這個字，就轉而形容肉湯，於是出現了「soupe」，也有了現代所具有的意義，而「soup」又經過第二次轉換成英語，有了另一種拼音，另一番意思。

等到廚子開始有意識注重湯，視湯為湯時，民間烹飪也在同時期逐漸退出法式料理的心臟地帶。各地專業廚師紛紛開發各種湯品，成為這整個區域的共同美食資產，但難以辨認是都蘭、奧爾良或巴黎的湯，因為沒有所謂的內在特徵，只是碰巧知道某位名廚創做出某道別具一格的湯，才會標上他的出身地名。所以說，都蘭的湯沒有一款在名稱上斬釘截鐵寫著都

蘭或任何其他地方的名稱。

但是魚鮮菜餚可就別開生面。羅亞爾河與其支流魚產豐饒：小螯蝦（Écrivisse）、白斑狗魚（Brochet）、烏魚（Mulet）、西鯡魚（Alose）、鯛魚（Brème）、鮭魚（Saumon）、鯉魚（Carpe）、鰻魚（Anguille）等等。當地美食家認為，羅亞爾河的鯡魚最好，謝爾河的白斑狗魚最出色，安德爾河的鯉魚最優異，但是當謝爾河與安德爾河匯流注入羅亞爾河時，就不講究這些區別了。2.5到5公分長的小魚通常裹上麵包屑整條油炸，就是名菜「油炸羅亞爾河」（Friture de la Loire）。鯛魚像鯉魚但體型較大卻更扁，通常在魚肚填入餡料做成「鑲烤鯛魚」（Brème Farcie，通常餡料是熟料）。都蘭地區最受歡迎的兩款河魚料理並非當地原產：一款是奶油白醬（Beurre-Blanc），一般用來烹調白斑狗魚、烏魚，以及出產於鄰近安茹行省的鰣魚（Shad）；另一款是「葡萄酒燉鰻」（Matelote d'Anguille）或燉煮別的魚（都蘭地區用的是陳年酒），這種作法據說是法蘭西島發明的——可能是因為在當地甚獲青睞，而成了那裡的特色菜。

再來說主菜，主菜最能讓我們清楚認識都蘭烹飪獨一無二的特質：簡樸、真誠、不做作。都蘭和法蘭西島的菜餚同樣都是以「布爾喬亞烹飪風格」（La Cuisine Bourgeoise）[47] 為基礎，是好胃口食客的豐盛美食。都蘭則稱心快意於此。法蘭西島在這樣的基礎上發展出專業至上的高級料理，征服了全球厲害的酒店和餐廳，也成了外國人心目中的法式料理。然而從根本上來說，最純粹的法式料理是都市化程度較低，較不複雜，更多鄉土氣息的都蘭料理。這不是說都蘭沒有法蘭西島那類專業廚藝大師（其實，眾人皆知，巴黎和法國其他地方很多卓越主廚都是都蘭人），而是因為都蘭更愛廚藝而非廚技。

耐人尋味的是，在土爾的四星級餐廳裡，菜單上的主廚特色菜沒有一道鋪滿精妙的醬汁，就是國外以為是法國典型的那類醬汁。土爾最佳餐館的主打的菜色是梅第奇焰燒牛菲力（Tournedos Flambé Médicis）[48]、

---

47. 布爾喬亞（Bourgeoise）指中產階級，多半住在城市，相當於我們常說的白領階級。布爾喬亞常與波希米亞（Bohème）做比較，波希米亞相對有熱情、自由與藝術的意思。

48. 梅第奇（Médicis）是義大利銀行家族，家族為了鞏固勢力，將當時身為義大利佛羅倫斯公國的公主凱薩琳·德·梅第奇（Catherine de Médicis）嫁給瓦盧瓦王朝國王，也就是法國王儲亨利二世，凱薩琳將眾多義大利廚師與廚藝帶到法國，被奉為法國烹飪之母。

庫斯山谷炒小牛腎（Rognons de Veau Sautés Valleé de Cousse）、鴨絨凍肉卷（Dodine de Canard en Gelée）[49]和豬肉佐酒漬洋李（Noisette de Porc aux Pruneaux）。基本上，這些都可以說是鄉村菜，只是不再粗糙，所以也可以稱之為家常料理，沒錯，用的就是這個法國字眼，但要拿掉它缺乏想像力又冷漠的那部分負面含意。這類精緻菜餚當然是屬於高度重視舒適與幸福的一群人。在這裡要以最高規格來理解「舒適」，差不多等同於「奢侈」，而非「懶洋洋」。

　　都蘭的所有餐廳都有前述這些佳餚，若非如此講究手法與技藝，大可稱之為家常便飯。說都蘭是烤肉之鄉是有特殊意義的。烤肉很基本卻很難真的做得好，很簡單，雖然只烤一塊肉時程序看似如此。沒啥好留一手的，濃稠醬汁也救不了烤壞的肉。最一目了然的調味料，最稀薄的肉汁，令人發揮空間受限。可是只要每樣東西不夠精確，瑕疵就會很礙眼。都蘭的烤肉技藝再次證明，這裡是法國菜的發源地。翻越庇里牛斯山到西班牙會遇到同樣的現象。西班牙菜的基礎幾乎就是卡斯提爾菜（Castile）[50]，而卡斯提爾的特色菜就是烤肉。

　　前述地方菜色當中有一道豬肉佐酒漬洋李。這是典型都蘭菜，但是曾有一度卻不是典型法國菜。都蘭菜裡以水果烹肉有好幾種組合方式，可能是因為這一帶盛產優良的水果使然。只是，法國菜不愛甜味和甜膩的口感，除了經典的豬肉佐蘋果醬，出了都蘭一帶這類菜色就不常見了。

　　野味是都蘭相當受歡迎的另一類菜式。有些野味來自當地，因為都蘭本就是出色的野味之鄉，不過，都蘭的野味廚房在索洛涅森林（Sologne），就位於都蘭的西部，位置便利。特別受歡迎的是野兔料理，野豬和鹿肉用都蘭紅酒烹製也大獲好評。野禽，特別是野鴨，會經過某些誘人的特殊時髦手法處理，比如將鴨去骨後重新塑形的肉派（Galantines）。此外，奶油燉雞（Fricassée de Poulet）也是都蘭的特產。

　　如果遵循法國人在肉品後才單吃蔬食的習慣，就會發現，都蘭這座法

---

49. 鴨絨凍肉卷（Dodine de Canard en Gelée）：將鴨骨取下，以鴨皮捲起鴨肉、豬肉等材料塑形後經長時間烤熟，切片冷食，類似肉醬作為前菜，是非常費工的經典菜。

50. 卡斯提爾（Castile）在伊比利半島的中部與北部，是古代卡斯提爾王國所在地，後來與亞拉岡王國合併形成今天的西班牙。以烤羊肉（Cordero Asado）、烤乳豬（Cochinillo Asado）著稱。

國花園出產一些特別罕見的蔬菜。舉例來說，如果你對都蘭不熟的話，肯定沒聽過刺菜薊（Cardons）。刺菜薊看起來像肥大的西洋芹，實際上它屬於薊類家族；菜單上大概會寫著「土爾刺菜薊」（Cardon de Tours），因為品質公認最好的刺菜薊就出產於土爾一帶。最受青睞的刺菜薊烹飪方式就是焗烤（au Gratin）。

綠甘藍（Chou Vert）[51] 隨處可見，但都蘭的品質格外優異。一般甘藍的菜葉都像結球甘藍（Head Cabbage）層層緊裹，但都蘭的這種綠甘藍，菜葉像倒掛鈴鐺般散開。道地的吃法非常簡單，什麼都不放，只澆上融化的奶油。

都蘭還盛產兩樣蔬菜，雖然不是這裡的獨有特產：蘑菇（Champignon）與蠶豆（Fève）。都蘭的蘑菇個頭很大，在地人吃大蒜奶油（Beurre d'Escargot）時，是用菇傘代替吐司塗滿大蒜奶油上桌的，異常美味！奶油主要以大蒜調味，混入融化的奶油、青蔥末和荷蘭芹末，不愛大蒜的可別嘗試。至於蠶豆，外觀和口感都類似美國的利馬豆（Lima Beans）[52]，但對於農人而言蠶豆更易栽種，因為利馬豆比較嬌弱，性喜天熱，需要溫暖的土壤，生長期很長，而蠶豆習性像豌豆，耐寒，一旦春回大地就頭一個冒芽滋長。在美國，蠶豆的英文名字是「Fava」，其實就是它的義大利文名字；外行的園丁都被告誡別把蠶豆弄進廚房，因為蠶豆要脫兩次殼：第一次是剝除豆莢，第二次是剝除每顆豆子的硬膜。目前還未發明可以完成這道手續的小工具，所以美國人都不想用蠶豆做菜。但法國廚師願意不辭辛勞做出滿意的成品，所以法國的蠶豆料理遠近馳名，而都蘭的又出類拔萃。

本區還有很多其他蔬菜也非常不錯，品質優秀和其他產區的難分軒輊。比如說，楓特孚羅附近小村莊坎德（Candes）專門生產蘆筍，如果你在餐廳菜單上看到「坎德蘆筍」（Asperges de Candes）這道菜，可千萬別錯過。的確，點用產地名稱命名的蔬菜準沒錯。蔬菜之所以冠名產區必有道理，不消說，就是某個產區的某種蔬菜特別不同凡響。

---

51. 高麗菜學名是結球甘藍，也稱捲心菜、高麗菜、包心菜或玻璃菜，廣東人稱包菜。
52. 利馬豆又稱白扁豆、皇帝豆、棉豆、黃油豆。

以葡萄酒鄉來說，都蘭的不尋常處在於它出產的乳酪種類極少。乳酪可以奇蹟般的帶出上等紅酒的完整風味，而紅酒又在口中強調出乳酪的滋味，以至於兩者必在同一地區產製。不過，這條準則例外太多，多過於出色的酒鄉必是出色的美食之鄉。諾曼地可能是法國最大的乳酪單一產區，但沒有葡萄酒。

就都蘭而言，原因很簡單：這片土地太肥沃了，不適合放牧，連飼養乳牛也不適合，更不宜牧羊[53]。但這樣的土壤卻難能可貴適合產製葡萄酒、蔬菜和水果，以至於都蘭人寧願進口乳製品。所幸都蘭距離一些卓越乳酪產區不遠，菜單上應有盡有：北邊奧爾良，東邊貝里，還有西邊安茹的乳酪。都蘭人認為這些都算在地乳酪。

然而，有特例值得一提，就是聖莫荷羊乳酪（Sainte-Maure）[54]，產地就是聖莫荷，做成柱狀，12月到4月間不是最佳賞味期，千萬敬而遠之。

都蘭也是優良水果之鄉，當地果園大多各自專精於種植一個品種。土爾近郊以洋李聞名，自然，洋李乾也不錯。「Gros Damas de Tours」是都蘭最棒的洋李乾之一。而都蘭和阿讓（Agen）[55]所產的洋李乾同為法國數一數二的特產，是坊間常見洋李乾酥餅（Pruneaux Fourrés）的主材料。普勒伊利（Preuilly）的洋李乾也很出名，希法漢（Rivarennes）以洋梨乾（Poires Tapées）著稱，阿澤勒麗多（Azay-le-Rideau）最聞名的是雷內特蘋果（Pommes de Reinette）[56]，羅什科爾邦（Rochecorbon）也有產地冠名的洋李。遍觀都蘭，處處皆有上好甜品白葡萄夏斯拉（Chasselas）。而品名叫聖凱薩琳（Sainte-Catharine）的這種洋李要吃新鮮的，不製成果乾。法國人很推崇的一種黃澄澄的「威廉梨」（Poires William），風味不凡又大，但很容易腐爛，必須把握8月中旬至9月中旬產季大飽口福。都蘭的桃子雖不是法國人心中的鮮果首選，但佐以濃郁香甜的鮮奶油，做成當地甜

---

53. 畜牧通常盛行於土地較貧瘠的地區，土地貧瘠代表不適合農耕。
54. 聖莫荷山羊乳酪（Sainte-Maure）在1990年列入AOP管制，現名為Sainte-Maure-de-Touraine，是一款山羊生乳、未煮未壓榨有黴菌外皮的乳酪，最特別的是外觀如一截小圓木，當中插著一根黑麥桿。
55. 阿讓位於法國西南部，阿讓梅乾（Pruneau d'Agen）遠近馳名。
56. Reinette 是法國的一個蘋果品種，英文叫 Rennet，Reinette 一字源自reine（女王），加字尾 ette 意謂「小」，所以這種蘋果也稱「小女王蘋果」。

點皇家都蘭桃（Pêche de Touraine à la Royale）卻是一絕。

如果喜歡以糕點當甜點，都蘭一樣能滿足你。

我們已經看過都蘭最古老的一些法式糕點。還有好幾樣屬於迷人的「舔嘴呫舌」（Pourlècheries）類糕點。就字面上來看，意謂著得不斷舔著吃，就像小朋友會舔著餡餅滴下來的糖汁果液，或舔掉杯子蛋糕上的糖霜那樣。這類糕點既甜又多汁，能給成年人帶來兒時吃棒棒糖的歡欣。我們又發現都蘭有好幾個城鎮專精於各種糕點，其中有兩處出產的蛋糕還冠上地名：土爾蛋糕、洛什蛋糕，分別出自土爾與洛什。土爾的餅乾和大麥糖（Sucre d'Orge）也很有名，洛什還以前述的酥餅（Cordes）著稱。利蓋爾（Ligueil）的酥餅也很出名，但更膾炙人口的是蛋白杏仁餅（Macaroons），與科梅希修道院（Abbaye de Cormery）[57] 齊名。

在都蘭上館子菜色豐富，在地葡萄酒雖然選擇有限但佐餐卻綽綽有餘：白酒、粉紅酒（Rosé）和紅酒、干型和甜型都有，甚至氣泡酒，應有盡有。今天的都蘭人喜歡在菜單上印一小段都蘭的古代名言，如果我沒記錯的話是拉伯雷說的：「乾了你的酒杯，喝光了就倒滿；不管你的酒杯是空的還是滿的，我都受不了。」

如果你不想喝餐前調酒，那你可以在餐前來一杯梧雷白酒，這是少數毋須佐餐也能暢快飲用的葡萄酒。而且，如果你習慣使然，也可以餐後來一杯梧雷的天然氣泡酒（Pétillant）[58]——換言之，它們有細緻的氣泡，但不像香檳那樣是被強制產生氣泡的。有些梧雷酒款會經過香檳釀造法，加工改造成香檳代用品，稱之為傳統氣泡酒（Mousseux）。餐罷，仍可以從都蘭有限的酒單裡來一杯生命之水（Eau-de-Vie）[59]。前述盛產羊乾酪的聖莫荷小鎮，也出產渣釀白蘭地（Marc）[60]。這款蒸餾酒是以壓榨釀酒葡萄

---

57. 位於土爾東南方，據說八世紀時發明了馬卡龍前身，類似蛋白杏仁酥餅，不同於後來巴黎的馬卡龍有夾餡。
58. 氣泡酒（Pétillant）是以古老釀造法製成，在葡萄酒第一次發酵結束前先裝瓶，不再添加酵母或糖。這種古法較簡單豪邁，瓶蓋也非軟木塞，而是類似啤酒用的金屬瓶蓋。（Méthode Traditionelle傳統法是指香檳的標準釀造方法，以瓶中二次發酵的方式產生氣泡並留於瓶中。）
59. 生命之水（Eau-de-Vie）是法國對蒸餾酒的通稱。
60. 法國名為「Marc」，義大利稱「Grappa」，西班牙是「Orujo」，葡萄牙是「Bagaceira」，都是以釀酒所餘的葡萄渣再蒸餾而得的烈酒。

的殘渣製成，包括壓碎的果皮、子、果梗和殘汁再次蒸餾而成。別輕蔑以為它聽起來像是劣質酒，千萬先嚐過再說。

上等的渣釀白蘭地色澤金黃，喉韻瀰漫著謝天謝地的無窮回味，低聲絮語著核桃和葡萄乾的氣息。優質渣釀白蘭地比好的白蘭地易得；一般白蘭地有時候是從相當劣質的葡萄酒蒸餾而成的。但是，除非一開始就取得優異的葡萄，否則酒商根本懶得產製渣釀白蘭地，因此市場上充斥劣質白蘭地，卻很少有劣質渣釀白蘭地。

整個都蘭地區都是酒鄉，而且羅亞爾河谷地亦如是。不過此區最出色的佳釀出自四個非常小的區域──或者可說其實是兩個區塊，但各自被羅亞爾河分隔成兩區。雖然如此，兩區內河的南岸與北岸所種植的葡萄卻有明顯差異。

前兩區就座落在土爾的東邊，其中梧雷酒區在北岸，蒙路易（Montlouis）[61] 酒區在南岸，兩者都是都蘭的白葡萄酒產區，而梧雷著名。冠名梧雷的葡萄酒可能產自梧雷本身，也可能來自鄰近酒區，如努瓦澤（Noizay）、韋爾努（Vernou）和羅什科爾邦（Rochecorbon）；羅什科爾邦的酒往往都會在酒標上註明產地名，因為它是僅次於梧雷的佳釀。

梧雷葡萄酒堪稱無所不能。如前所述，既可以製成無氣泡酒也能做成氣泡酒，它的氣泡不像香檳那般嗆。有些梧雷酒款，就連酒商也無法保證你買到的有沒有氣泡，每一瓶酒都不同，有無氣泡只有開瓶才知分曉 [62]。若是以加工方式將梧雷酒製成氣泡酒，那大致上無異於法國其他地方產製的絕佳氣泡酒。但，是又如何？香檳酒迷不會找廉價替身瓜代真貨。沒人會這樣。假如你喜歡香檳酒款，就只買香檳，而且非最好的不可，畢竟坊間多的是劣等貨。

若要找一個名號形容所有的梧雷葡萄酒，大概就是「清爽」。梧雷葡萄酒輕盈迷人，酒精含量低。也許稱不上是精采絕倫，但誰會天天喝精采絕倫的葡萄酒？

有些梧雷葡萄酒相當干冽，可以搭配那些適合干型白葡萄酒的菜餚，

---

61. 蒙路易（Montlouis）酒區在2002年更名為Montlouis-sur-Loire AOC。
62. 可能是發酵未完成即裝瓶，等到氣溫升高時又啟動了發酵，二氧化碳因而留在瓶中形成微氣泡。今日的法規已明確規範靜態酒、微氣泡酒與傳統法氣泡酒的區別。

像是生蠔。半干型的梧雷葡萄酒是夏季恩物，與「油炸羅亞爾河」是絕配，因為炸小魚和葡萄酒都曾共飲同一條河。還有，梧雷的甜型葡萄酒甜得像蘇玳（Sauternes）甜白酒，適合作餐後甜酒。

遊覽梧雷是非常舒爽愉悅的。葡萄酒貯放在天然洞穴內，洞穴位於河岸旁聳立的白堊土峭壁裡，洞穴上方台地就是葡萄園。有些山洞已經改建成能湊合的餐廳或品酒檯，供你開一瓶酒，配一點當地的麵包、乳酪或香腸。過去，朝聖梧雷是閒散安逸的行程，不幸的是，自從二次大戰結束以來，這裡到處是觀光巴士，如果想要享受梧雷的魅力，務必避開旅遊旺季。也由於觀光蓬勃，有那麼一、兩家洞穴餐廳名不副實變成了危機四伏的綜藝秀場，釀酒師身兼藝人，引誘客人買酒。這些都不是採買上等佳釀的好地方。

羅亞爾河南岸的蒙路易酒鄉，最著稱的是聖馬丁勒博（Saint-Martin-le-Beau）和以蒙路易命名的葡萄酒，可謂梧雷的副牌。

在這兩個重要產區外圍，有一兩個偏僻村落的白葡萄酒可媲美梧雷與蒙路易，酒標除了都蘭一般還會加註村名。這些酒鄉有土爾東南方、離蒙路易不遠的聖阿韋坦（Saint-Avertin），阿澤勒麗多附近的薩榭（Saché），還有座落在都蘭與安茹邊界的坎德。

另外兩個著名葡萄酒產區在靠近安茹的方向，遠在土爾以西但未超出都蘭邊界，一個是羅亞爾河北岸的布戈憶（Bourgueil），另一個是南岸的希農。兩處皆以紅酒聞名。

這兩地所產都是土香型（earthy）葡萄酒。專家一致同意，兩者之別在於希農酒有股淡淡覆盆子味，布戈憶酒散發草莓味。要嚐出希農的覆盆子味很容易，但要品出布戈憶的草莓味，不是得有挑剔的味覺，就是得有更敏銳的想像力。有個輕而易舉的辦法：希農酒較清淡，布戈憶偏厚重，套句酒鬼的話來說就是，布戈憶酒更「corsé」，這個字可翻譯成「更濃郁豐厚」。兩岸葡萄酒個性南轅北轍，如果你有一隻野兔，一瓶希農和一瓶布戈憶，最好用希農酒燉野兔，用布戈憶酒佐餐。

酒瓶上冠名布戈憶的葡萄酒還包括附近的產品，比方黑斯蒂涅（Restigné）和羅亞爾河畔舒澤（Chouzé-sur-Loire）的酒。但最出色的布戈憶葡萄酒產自聖尼可拉（Saint-Nicolas），酒標會寫上「聖尼可拉布戈

憶」（Saint-Nicolas-de-Bourgueil）。希農葡萄酒多半只會標示希農，但這表示這些葡萄酒不僅止於希農本地，還包括呂耶（Ligré）、博蒙維宏（Beaumont-en-Véron）、於伊斯梅（Huismes）、克拉旺萊科托（Cravant-les-Coteaux）[63]。

都蘭的粉紅酒清爽自然，通常不會標註特殊地名[64]，只寫著通稱如都蘭，或甚至羅亞爾河葡萄酒，也全無特定標誌。

一如大多數低酒精度的葡萄酒一樣，都蘭的葡萄酒不長命的，千萬別買來擺在酒窖裡陳放，它們是即飲和日常用的餐酒。你幾乎不會想喝比以下這些年分更老的都蘭酒。1952年的葡萄酒，尚可，但已經開始走下坡；1953年也是好年分，1955年更好。1959年和1961年也是好酒，當然還不算太老。[65]

不要被上述葡萄酒年分表上「傑出」（great）一詞誤導。都蘭當然有其「傑出」年分，但都蘭葡萄酒從不是絕美佳釀；適合日常飲用，而非特殊場合，而且和它們的產區地方菜相得益彰，因為它們的特色無疑地有助於塑造都蘭美食──真誠扎實又雅正，垂涎且開胃；這種飲饌風格與法國之心的個性契合得令人心服口服。

---

63. 今日此區的葡萄酒官方標示為Chinon AOC，可以加註村名但是為數不多。
64. AOC名稱中出現Touraine都可以釀製粉紅酒，風格亦相近。
65. 本書第一版發行於1958年，因此作者才會舉例推薦大約當時的葡萄酒，之後章節所舉的產區年分酒亦同。

Chapter 2

黃金新月區
The Golden Crescent

普瓦圖**Poitou**・安茹**Anjou**・貝里**Berry**・奧爾良**Orléanais**・法蘭西島 **Île-de-France**

　　塞納河（Seine）是一個神奇的名字。這條河在世人記憶裡光芒四射：它或流淌在巴黎的橋下，或繞行聖路易島（Saint-Louis）和西堤島（Cité）擦身而過，或舒展於巴黎與盧昂（Rouen）之間的鄉野，平靜盤旋穿越一片碧綠村莊，緩緩入海。它是一條溫柔的河，平緩規律，絕不是一條大河，規模在法國諸多大河裡排名墊底。塞納河的發源地何在？參考書都說，在朗格勒高地（Langres）[1]東坡，但巴黎市卻在市區立了一座「水澤仙女」（Nymph）[2]的雕像，或許是做標記，也或許是為了平息對發源地的爭議。對於距離塞納河河口最遠才夠資格稱得上源頭的是哪條小溪，各方地理學家莫衷一是，意見很是分歧。要確定答案很為難，因為不同時節，會有不同專家的說法是對的，端賴當地降雨量造成水位高低而定。塞納河的發源地可說一條微不足道的河，夏季乾旱時，從源頭直到沙蒂永

---

1. 朗格勒（Langres）是法國東北部的市鎮。
2. 希臘神話裡掌管山川河海的精靈，通常也譯作寧芙仙女。

（Châtillon）[3]——至少到水澤仙女雕像——整整長達50公里，可能放眼一片乾涸。

塞納河最奇怪的地方，在於它乖僻任性，完全不同於一般河流。尋常河流會隨著時間向下切割河谷，但今天的塞納河卻比第三紀（Tertiary Period）[4]末還高出約24公尺。原因眾說紛紜，但是最合理的解釋或許是因為在第四紀（Quaternary Era）[5]初期，冰川融化使海平面上升，淹沒了現在的塞納河流域與河床，而且在整個區域覆蓋了厚厚一層淤泥。可以說，現在的塞納河還在重新開鑿它的渠道。

若在第三紀末，從瓦茲河（Oise）[6]的源頭，由北而南沿著河谷天然形成的路線前行，會直下一小段塞納河谷，並穿過盧因河谷（Loing）[7]，很有可能，在遇到地形開始升高舉步越來越艱辛時，水流轉而朝西穿過山谷，進入今天的羅亞爾河道。這條河道涵蓋了一個類似新月形區域。它並非是真的是天然形成的地貌，因為它以直角方式注入塞納河。比對現在法國的地勢圖，你會期望看到巴黎延伸到諾曼地、法蘭德斯（Flanders／法Flandre），或甚至更遠些的流域，應該有一些文化區。奇怪的是，這塊新月形區域內有一個文化實體，恰與往昔一個地形要素不謀而合，儘管這個區域早在人類出現前就不復存在，也不見有過文化蹤跡。

新月區域大概始於北部瓦茲河上游，法蘭德斯北界與平原一帶，切過塞納河，南下沿著盧因河谷地，再順著羅亞爾河河谷，最終繞了個彎奔流注入大西洋。幅員涵蓋了法蘭西島、奧爾良和貝里的幾個省分，之後橫跨過都蘭，嵌入安茹和普瓦圖。這一路上景致相當一致，是個鬱鬱蔥蔥肥沃多產之鄉，綠油油的田野，山陵起伏，溪流如織。自羅馬時代以來，它們就有類似的歷史，命運相互交織。最重要的是，基於本書的主旨，這幾個地方的飲饌極為相似，雖則整個黃金新月之鄉內仍保有地域差異，譬如普瓦圖文化是最獨到，但沒有人會覺得有哪一處的地方菜特別奇異。整個區域的美食可說大同小異，也非常美味。

---

3. 沙蒂永小鎮位於法蘭西島上，屬於塞納省，算是巴黎的近郊。
4. 第三紀是古近紀及新近紀的舊稱，第三紀末為五百三十三萬至兩百六十萬年前。
5. 第四紀大約距今260萬年前延續至今。
6. 今日的瓦茲河源頭在比利時，最後匯流於塞納河。
7. 當時的盧因河是羅亞爾河的分支，現在是塞納河的支流。

歷經近千年歷史，法國其他地方逐漸整併，形成了法蘭西島這個核心地。這裡包含了埃納省（Aisne）、瓦茲省、塞納省、塞納－瓦茲省（Seine-et-Oise）、塞納－馬恩省（Seine-et-Marne），以及一部分的索姆省（Somme）[8]。但此次卻不是法國的起點，而巴黎，非但不是那個法國的首都，當時甚至不算在內。巴黎還不叫巴黎，叫露特西亞（Lutetia），名字是羅馬人起的，覺得頗悅耳動聽？那是你剛好不曉得這名字是形容它是座「泥巴城」（City of Mud）。

　　法蘭西王國一開始的核心「法蘭西區」（Pays de France），至今猶存。它就在首都巴黎的北部和東部地帶，是一塊不受重視的台地，北起巴黎以北11公里處的聖但尼（Saint-Denis），向北延伸20公里到呂扎什（Luzarches），東抵達馬丹戈埃勒（Dammartin-en-Goële），大約巴黎東北35公里處。巴黎是它的「鄰鄉」，稱為巴黎區（Pays de Parisis），得名自後來留駐在這個市鎮的部族。之後，隨著卡佩王朝（Capétiens）的統治領域拓展，成了法蘭西公國（Duché de France），領土擴及塞納河流域到羅亞爾河流域。直到十三世紀中葉，「法蘭西島」這個名字才出現，十五世紀時是個行省名稱。到了法蘭克王國（Royaumes Francs）成立之初，很少定都巴黎，王國首都更多時候是在蘇瓦松（Soissons）[9]和貢比涅（Compiègne）[10]。即使到了聖女貞德時代，也不曾定都法蘭西島，首都是在香檳區；聖女貞德堅持要查理七世在漢斯（Reims）[11]登基，奉他為國王而非維埃諾瓦王太子（Dauphin de Viennois）[12]——意謂皇太子。

　　法蘭西島的名稱由來，是因為它不過是陸塊被河流環繞框隔出來的區域，更像是河中島嶼：西北邊是埃普特河（Epte），對岸就是諾曼地；西南邊厄爾河（Eure），河面倒映著沙特爾聖母主教座堂（Cathédrale Notre-Dame de Chartres）著名的塔樓；東南方是約訥河（Yonne）[13]，河岸是奧塞

---

8. 一次世界大戰中規模最大的一場會戰「索姆河戰役」就發生於此。
9. 蘇瓦松為法國北部城市，位於埃納省。
10. 貢比涅位於上法蘭西大區瓦茲河畔，隸屬瓦茲省。
11. 漢斯為法國東北部城市。
12. 即法國皇太子的正式頭銜。Humbert II出售他的海豚莊園給腓力六世，從此法國的王位繼承人有了海豚（Dauphin）的稱號。
13. 約訥河（Yonne）是塞納河的主要左支流。

華（Auxerre）和桑斯（Sens）的哥德式尖塔；東邊是馬恩河（Marne），法國政局曾在此河岸兩度顛覆；東北邊是埃納河（Aisne），又是一條征戰不休的河流。

　　這個外廓柔美惹人憐愛的溫柔之鄉，激發十九世紀下半葉到二十世紀初眾多藝術家靈感，造就了法國成為世界畫家之都。你得見過法蘭西島的暮色與秋光，方能充分領略柯洛（Corot）[14]畫作裡的詩意與迷濛，柯洛畫過法蘭西島六處角落：巴黎郊區阿夫黑（Ville d'Avray）的池塘被他一畫馳名；布吉瓦爾（Bougival），軍事藝術家梅森尼爾（Meissonier）[15]曾定居在此，這裡也是畫家的必爭之地，莫內（Monet）、雷諾瓦（Renoir）、貝特・莫里索（Berthe Morisot）都難敵它的情調，貝胡斯（Berlioz）也曾住過這裡。還有巴比松村（Barbizon）[16]，塞奧多・盧梭（Théodore Rousseau）在這裡創立巴比松畫派[17]，其他畫家居民還有達米埃爾（Daumier）、米勒（Millet）、庫爾貝（Courbet）以及雕刻家卡普圖（Carpeaux）[18]；阿讓特伊畫派（School of Argenteuil）[19]也是，成員莫內（Monet）、馬奈（Manet）、竇加（Degas）、西斯萊（Sisley）[20]與雷諾瓦（Renoir），無不致力於捕捉法蘭西島在塞納河面的綺光幻影。出生於此的野獸派畫家布拉克（Georges Braque）畫作不見塞納河倒影，但他為後進畢沙羅（Pissarro）和離開艾克斯（Aix）前的塞尚（Cézanne）奠定了畫風基礎。巴黎近郊的馬里勒魯瓦（Marly-le-Roi）[21]，則是畢沙羅和西斯萊畫布上的背景。西斯萊也曾流連於莫雷（Moret），莫內終老於吉維尼（Giverny），也是在此創做出偉大的油畫〈睡蓮〉（Nymphéas），畫作掛在巴黎杜樂麗花園的橘園美術館（Musée de l'Orangerie）。陶比內

---

14. 尚－巴蒂斯・卡密爾・柯洛（Jean-Baptiste Camille Corot），是法國巴比松畫派大師，被譽為十九世紀最出色的抒情風景畫家，風格自然、樸素，充滿迷濛的空間感。
15. 作者注：出生於里昂，既不是風景畫家也不是法蘭西島的畫家。
16. 位於巴黎南郊約50公里的楓丹白露森林（Fontainebleau Forest）附近。
17. 作者注：巴比松畫派創立者不是杜安尼爾（Douanier）。
18. 巴黎歌劇院前的「水澤仙女」雕塑就是卡普圖的作品。
19. Argenteuil位於巴黎西北郊。
20. 西斯萊（Alfred Sisley）本是英國人，出生於巴黎，後來恢復英國籍但終生住在法國。
21. 馬里勒魯瓦（Marly-le-Roi）位於巴黎西郊，是法國中北部法蘭西島大區裡一個小市鎮。

（Daubigny）在瓦茲河畔（Auvers-sur-Oise）[22]，而流連忘返於普羅旺斯的梵谷也曾在此創作，並與堅決支持這位荷蘭畫家的親弟弟西奧（Théo）合葬在這裡。至於在巴黎，莫內是最出類拔萃的畫家；點描派畫家秀拉（Seurat）與多位追逐法蘭西島綺光幻影的畫家，也活躍於此間。然而，土生土長的巴黎人高更（Gauguin），在前往南太平洋前，反而更喜歡在布列塔尼作畫。然而功勞也未必全歸屬巴黎，吸引更多藝術家前來的，是這些因法蘭西島精神而齊聚一堂的藝術家們，從羅特列克（Toulouse-Lautrec）[23] 到西班牙來的畢卡索（Picasso）；在畢卡索的眾多扭曲變形作品中，他幾乎畫遍所有事物，就是沒畫大自然，還是，更準確地說，畢卡索除了「畫畫」之外，什麼都沒畫？

　　法蘭西島的現代藝術家承襲了本地悠久的藝術傳統。弗朗索瓦一世把達文西帶到了都蘭的昂布瓦茲堡，並傳喚文藝復興大將本韋努托‧切利尼（Benvenuto Cellini）進駐法蘭西島的楓丹白露宮，還要求把達文西的〈蒙娜麗莎〉（Mona Lisa）掛在楓丹白露宮（這就是為什麼這幅畫作如今在羅浮宮而不在義大利）。法蘭西島是王室的直屬領地，受到各大諸候公國守護，他們都是繪畫、雕塑、音樂、建築和烹飪藝術的庇主。因此，法蘭西島及周圍滿布這些藝術天才的墳墓與城堡，他們的庇主對於此區成為最壯觀的法國哥德式大教堂重鎮，居功厥偉。巴黎聖母院（Notre-Dame de Paris）是公認全法最瑰麗的哥德式教堂；羅亞爾河流域的奧爾良有沙特爾聖母主教堂；以哥德式拱門拔天聳立高達43公尺傲視群倫的博韋聖伯多祿主教座堂（Cathédrale Saint-Pierre de Beauvais），筋疲力盡的工匠再無餘力多建一個同樣高聳入雲的本堂；桑利斯聖母院（Senlis）比姊妹作巴黎聖母院早完工二十年；位於皮卡迪（Picardy）的亞眠主教座堂（Cathédrale Notre-Dame d'Amiens）有著名的淺浮雕（bas-reliefs）；蘇瓦松主教座堂（Cathédrale Saint-Gervais-et-Saint-Protais de Soissons）陳列魯本斯的〈牧羊人的崇拜〉（Adoration of the Shepherds）[24]；拉昂主教座堂（Cathédrale

---

22. Auvers-sur-Oise在巴黎西北郊區。
23. 羅特列克全名亨利‧馬里‧雷蒙‧德‧土魯斯－羅特列克－蒙法（Henri Marie Raymond de Toulouse-Lautrec-Monfa），後印象派畫家。
24. Peter Paul Rubens是法蘭德斯畫家，巴洛克畫派早期代表人物，強調律動、色彩和感官。

Notre-Dame de Laon）有雄偉的四塔結構；香檳區內有十三世紀起造今日主體建築的莫城聖斯德望主教座堂（Cathédrale Saint-Étienne de Meaux），以及名氣稍小的十二世紀的諾永聖母主教座堂（Cathédrale Notre-Dame de Noyon）。同在大巴黎範圍內的聖德尼大教堂（Basilique Cathédrale de Saint-Denis）有一千兩百年來所有法國國王的陵墓，只有六個例外：奧爾良家族的君主們都葬在奧爾良德勒（Dreux）的皇家禮拜堂（Chapelle Royale Saint-Louis），離沙特爾不遠。拿破崙則最終長眠於在巴黎的榮軍院（Les Invalides）[25]圓頂下，一如他自己所說的「在塞納河兩岸，在我深愛的法國人民中」，諷刺的是，他也是讓百萬「我深愛的法國人民」戰死沙場的皇帝。至於城堡，這裡至少有兩座屬於龐巴度夫人（Mme de Pompadour）[26]，一是香舒曼堡（Champs），一是拉塞勒－聖克盧（La Celle-Saint-Cloud）拉切樂城堡。另有一個達內城堡（Château d'Anet）是亨利二世的「首席情婦」波迪耶所建；由切利尼（Benvenuto Cellini）以及多愁善感的雕刻家讓・古戎（Jean Goujon）等人負責裝潢。杜巴利伯爵夫人（Mme du Barry）[27]的城堡靠近布吉瓦爾（Bougival）[28]。這裡還有，拿破崙的皇后約瑟芬的故居馬爾梅森堡（Malmaison）。在皮耶楓（Pierrefonds）有一座拿破崙重建的巨大中世紀封建式城堡。朗布依埃城堡是今日法國總統的夏季行宮。巴黎郊區的聖傑曼昂萊堡（Saint-Germain-en-Laye）在法國史上影響長達八百年，特別是跟亨利四世關係密切。尚蒂伊堡（Château de Chantilly）隸屬財雄勢大的孔蒂家族（Conti）所有，家族無人當上國王，但都是皇族血脈。楓丹白露宮是占地最廣闊也最精緻、最雄偉驚豔的一座城堡，絕無僅有，無疑是法國最壯麗城堡經典作。但在法蘭西島，楓丹白露宮卻得向凡爾賽宮（Versailles）和羅浮宮（Louvre）俯首稱臣。

參觀法蘭西島的雄偉城堡時，會看到皇室居所、優美的樓梯、舞廳、藝廊、小禮拜堂、裝潢精美的房間，但不見有廚房，雖然很難不注意到廚房。在這些宏偉的建築或建築群裡，活動的人之多不亞於一座小城，烹飪

25. 榮軍院（Les Invalides）位於法國巴黎第七區，是巴黎一座重要的古蹟。也稱傷兵院。
26. 法王路易十五著名的首席情婦。
27. 法王路易十五的情婦。
28. 法國中北部法蘭西島大區內一個市鎮，有名勝印象派步行大街。

應該是件大張旗鼓的要務。在路易十四（Louis XIV）時期，凡爾賽宮有兩萬人左右；其中大約有九千士兵，在兵營裡吃飯；五千名僕役和其他雇員，住在城堡各個附屬建築裡，多半情況下都有自己的飲食安排。而在城堡本身裡，住著一千名貴族和四千名僕人；另有一千名地位較低的貴族也住在城堡內，經常在宮殿廚房裡的桌子用餐。最有意思的是，今天還能看到凡爾賽宮裡廚房的原本器具，因為它們代表著法國烹飪史上的一個紀元。中世紀烹飪只使用少數簡單庖廚工具，到了路易十四時終於能用上更多更完備的器材，而且是較為複雜的烹調用具。這可是太陽王的輝煌世紀，所以城堡內的所有東西，甚至一切廚房用具，都得盛大隆重，因此，沒多久，偉大的皇宮廚房連鍋碗瓢盆都是採銀製，至少有兩個非皇宮等級的豪邸的規格也一樣，一個是孔蒂親王的尚蒂伊堡，另一個是尼古拉・富凱（Nicolas Fouquet）[29]的沃樂子爵城堡（Vaux-le-Vicomte）[30]。這兩座豪邸在美食方面還有另一層關係：兩者都曾聘用華泰爾（François Vatel）。華泰爾是宴席大師，但不幸的是，他在兩處的付出卻換來災難。

在大家的印象中，華泰爾是因為訂給路易十四的魚沒有送達而自殺的廚子，但事情並非如此，華泰爾從來都不是廚子，而是宴會的流程管理者，也的確，有人認為，這個故事就足以證明華泰爾根本不是廚子，因為天賦異稟的大廚有能力用現成材料完成任務。卓越的大廚不會因為無魚可煮而自殺，他會做出一頓無人會注意到缺了魚的大餐。

華泰爾負責的首次歷史悲劇盛宴是在1661年8月17日，法國首席稅務官富凱要為沃樂子爵城堡完工落成舉行晚宴，由華泰爾負責張羅宴席。當時的徵稅慣例就是在收來的稅金裡攢一點差額中飽私囊再交給國庫，身為首席稅收官的富凱是個中高手，這使他有能力過上最豪奢的生活。晚宴當天他邀請了正出巡於附近楓丹白露宮的國王路易十四，儘管有人早就勸他別當著國王的面太炫富。一千五百名賓客中，身分較顯赫者入座於八十人的長桌。其他人在另設的三十處場地使用自助餐。絕大多數餐桌上都使用銀器餐具，但國王用的是純金的。路易十四對此相當不悅，因為他才剛

---

29. 路易十四時期的法國財政總管，在默倫（Melun）附近兩個山谷匯合處買下沃樂子爵領地。
30. 也稱沃樂維康宮（Château de Vaux-le-Vicomte），位於巴黎東南方55公里處。

剛被迫熔掉自己的金銀器皿，來支付「三十年戰爭」[31] 的花費。莊園內以一千兩百座噴水池與瀑布為幕，他怒視著芭蕾舞劇、音樂會、水舞秀、戲劇演出，觀賞了煙火表演，但拒絕在為他準備的城堡房間就寢，返回楓丹白露宮。國王不難猜到富凱何以能富可敵國，若非皇后勸阻，路易十四早就當場逮捕了這名稅務官。不出三週，富凱就淪為階下囚；建造沃樂子爵城堡的工匠轉而服務國王，接下重任打造凡爾賽宮，而華泰爾獲釋轉而服侍孔蒂家族，長達十年之後，華泰爾又再度回來服侍路易十四，卻犯下相反的錯事。上回給了太豐盛，這回給的不夠吃。

　　路易十四確實給華泰爾出了大難題。他帶來滿朝文武，足足五千人，住了三天；這五千嬌客習慣一天很帶勁地吃三餐。第一天晚餐，六十桌賓客有兩桌沒吃到烤肉，這讓掌理孔蒂親王口腹之欲的餐飲總監悲痛不已。隔日早上，華泰爾聽到魚還沒送來，便走回自己房間，將劍柄抵在牆上，一劍刺死自己。幾分鐘後，魚送到了。

　　豪邸內能張羅如此盛宴的管家，可能覺得不宜讓人看到備餐的廚房，但廚房有個構造卻幾乎遮掩不了——廚房結構裡必不可缺的大批煙囪。凡爾賽宮[32] 的設計太拘謹，要滿足這個需求為時已晚；通風管很實用的，但要事後增設會讓很多構造看來俗麗凌亂。楓丹白露宮的輪廓就設計了很多煙囪，和亨利八世在英吉利海峽對岸的倫敦漢普頓宮（Hampton Court）一樣。一比較兩處就可以看出，法國烹飪已經比英國烹飪更為繁複。雖然如此，但倫敦漢普頓宮的禮堂（Great Hall）正中央有個火爐，上方屋頂有排煙孔，這在法國還是很少見的設計。1609年，就在亨利三世離世不久，楓丹白露宮就建了單獨的建築作為廚房，將四個有大爐灶的舊廚房合併在一起（漢普頓宮也有單獨的廚房建築，目前保留原有設備並開放參觀）。因此，楓丹白露宮屋頂上冒煙的大多數煙囪，不是為了做菜，而是為了宮裡中央空調前身的大量壁爐供暖。

　　法蘭西島既是皇城轄地，而烹飪是朝廷與貴族豪門專屬的一門藝術，因此法蘭西島也就成了精緻美食的國度。法蘭西島很久以前就意識到烹飪

---

31. Thirty Years' War，1618至1648年，神聖羅馬帝國引發的大型內戰。
32. 凡爾賽宮的雛形是路易十三打獵時的行宮，原始的設計並沒有考慮要住這麼多人。

是門藝術。第一本法國烹飪書《膳人》（*Le Viandier*）[33] 大約寫於1373年至1380年間，作者是宮廷御廚泰馮（Taillevent）。泰馮是瓦盧瓦王朝腓力六世的首任御廚，之後是查理六世治下「首位廚房的封爵鄉紳與法國駐軍廚房的大廚」。這個時期或許標誌著法國精巧烹飪的誕生，但不意味法國美食已臻精緻水準，就連在法蘭西島的皇宮與豪門亦如是。珍饈佳餚即使晚至路易十四的時代也尚未得見；路易十四習慣隨身攜帶馬桶放在餐桌旁，至於其他沒這款配備的賓客，還慣於挨著凡爾賽宮宏偉的台階就地方便。

現代人對泰馮年代的烹飪意見如何，可以從當時一道流行菜餚的名稱變化窺見一二。這道菜是由羊肉末或雞肉末，加上碎洋蔥以肉汁燉製，名之為「剩肉燉肉」（Galimafrée）。這個法文字至今猶存，但意思有所不同，要翻譯成「貧民窟」。

十四世紀宴席精緻不足，但分量十足。在泰馮為查理六世籌辦的宴席中，有場用的開胃菜是包括閹雞佐肉桂醬、藥草香料烹雞、甘藍菜（這裡甘藍菜的作法算是法國正式蔬菜料理的開端），還有鹿肉。開胃菜之後，僕役們端上各式各樣的烤肉、孔雀、野兔、閹雞肉醬和其他精巧美味。吃完這些，賓客胃口開始逐漸變小，吃起鵪鶉、鴿子、鹿肉餡餅，配著果凍。最後甜點則有奶油布丁、梨子餡餅、水果塔和杏仁豆。

值得注意的是，如此豐盛的御膳裡沒有魚，但其實在十四世紀時，法國人就吃魚，最常見的作法就是「酒燉魚」（Chaudemer）：先將淡水魚烤熟，再用葡萄酒做成的醬汁燉煮而成。這道菜就是現在「葡萄酒香草燉魚」（Matelote）的前身，它的發源地通常被認為是法蘭西島。

弗朗索瓦一世在位時期，魚類料理出現得比較頻繁。當時仍然很少吃蔬菜，肉舖的肉類也極少，大多食用野味。就在這個時期，義大利也同時對廚房與藝術產生莫大影響。文藝復興精神不僅激發了法國的主要藝術，也大大影響微不足道的事物。亨利二世的凱薩琳皇后、亨利四世的瑪麗皇后將義大利廚師和糕點師帶進法國宮廷，更強化了這些影響力；這些義大利糕點師當年可都是天下一等一高手。這些移民讓亨利四世有利可圖，他宣布要讓家家都有雞吃，在廚藝與政治皆都名留青史，當時負責掌理

---

33. 作者注：當時法語的viande指食物總稱，今日法語viande指的是肉。

於克塞萊侯爵（Marquis d'Uxelles）廚房的主廚瓦雷納（François Pierre de la Varenne）[34] 加官晉爵後——如果這樣措辭得當的話，從廚子變政客——也服膺國王的精神。然而，縱使大受義大利薰陶，法國仍稱不上精湛，不過亨利四世在聖日耳曼昂萊堡（Château de Saint-Germain-en-Laye）[35] 宴請的賓客大概很希望宴會的主人把「精緻」用在餐桌上就好。客人在一個義大利人設計的機關洞窟中進餐，亨利四世的惡趣味是吃到一半啟動機關用人造暴雨把客人們淋成落湯雞。

當時曾鬧過一個轟動的玩笑。朗布依埃堡（Château of Rambouillet）堡主請紀希伯爵（Comte de Guiche）[36] 晚餐，款待了一大盤蘑菇，伯爵邊吃邊聽各種怪異的蘑菇中毒故事。隔日一早紀希伯爵起床時，發現自己腫得穿不下衣服，一開始他以為自己中毒。後來才知曉，原來是堡主前一晚拿了他的衣服，讓僕人連夜拆線改小。

雖然路易十四是大胃王，難成美食家，但他改革了飲宴流程，使之更為井然有序。也正是他下令要求御膳各式菜餚一道道分開上菜，迥異於前述查理六世的舊有飲饌型態：在一個盤中不加選擇地添入各種不同食物的老習慣形成了鮮明的對比。路易十四還設計了肉間甜點（Entremets）[37]，為何甜點會冠上「肉間」二字？這是在飽食分量驚人的大餐之間端上的甜點。連番上陣的菜餚會使大食客們喪失鬥志，甜點上桌算是個喘息，不是休息，因為在這些甜點之後還有更多肉食，大家重新開動大吃，最後才以其他甜食和水果劃上句點。在套餐中途多加一道甜點，而且比餐後甜點更精緻，並非偶一為之而是慣例，這都歸功於路易十四嗜甜如命；他駕崩時牙齒早已掉光光，不論甜鹹皆枉然。

這種填鴨式大吃大喝開始有所轉變，或許是因為食客的興趣從餐桌轉移到廚房，愛上烹飪過程所致。在攝政時期[38]，如果某紳士興趣高昂屈尊

---

34. 瓦雷納是法國精緻烹飪的奠基者，所著《*Le Cuisenaire François*》與《*Le Pâtissier*》兩書被視為中世紀烹飪與文藝復興烹飪的分水嶺。
35. 位於巴黎以西10公里。二次大戰時這裡曾是德軍的法國總部。
36. 十七世紀法國有名的花花公子。
37. 法文entre意為兩者之間，met意為meat。
38. 攝政時代是指1811至1820年間，英王喬治三世因身體不適，由其長子，當時的威爾斯親王，之後的喬治四世，出任國王代理人作為攝政王。

俯就庖廚，問題就大了。富蘭克林（Benjamin Franklin）曾記載，聽說攝政王舉行小型的至親晚宴時，賓客經常闖入廚房幫忙做菜，或起碼很愛裝出他們是在幫忙的假象，結果就是毫無節制煮了一大堆。有一份當時的這類小型宴客菜單可以作證：前菜有鹹牛肉、胡蘿蔔和馬鈴薯，接著上了兩種湯，配上鴨肉，再來連上兩道魚，十道主菜，包括羊肉、雞肉、鵪鶉、小牛肉、野豬、鰻魚、蝦、鱸魚、梭魚和德國酸菜，以及奶油煮牡蠣（今日美式牡蠣燉湯的前身），還有兩道肉間甜點，再來一道澈底違背路易十四依序上桌皇令的菜：炸河魚、禽肉、比目魚和野鴨共濟一盤（當時的法國套餐主菜裡沒有魚），而後又上了四道沙拉、四道甜點和四道熱的點心。這頓「小宴」晚餐是十二人份的。

攝政王的一眾賓客對下廚興趣濃厚，用的是銀製鍋碗瓢盆，比起巴黎拜金女瑪麗皇后（Marie Antoinette）在凡爾賽宮內小農莊（Petit Hameau）操辦農莊生活，更貼近烹飪藝術現實。瑪麗皇后甚至為了逗自己開心，在朗布依埃堡給乳牛擠奶，愛把務農當休閒活動的路易十六在此建了一座國營綿羊牧場，牧場迄今仍在，目的是生產羊毛而非肉食。比較務實的廚師是路易十六的表哥彭賽弗公爵（Duc de Penthièvre），當時他就住在朗布依埃堡，一日，路易十六不期而至，發現公爵身穿大圍裙，在廚房攪拌著熱氣蒸騰的大鍋，施捨食物給附近窮人，他喜歡親手燉湯賑濟貧苦。

喜愛下廚，不論真心還是假意（正是在這一時期，開始出現了常困擾美食家的「勢利眼」），至少發揮了一種作用：使一流大廚的許多發明名聲大噪，菜餚冠上名人字號。這也催生了很多傳奇附會說某道菜是名流庇主發明的。這根本就不是事實，菜名實際上往往是廚師對某位名人的恭維，就像作家把著作題獻給某位權勢顯赫的庇主一樣。倘若沒有冠名題獻，那麼風光就如曇花一現。舉例來說，「皇后起酥盒」（Bouchée à la Reine）仍是法國餐廳菜單上的常客，但幾乎沒什麼人知道，這道美食得名自路易十五的皇后瑪麗·萊什琴斯卡（Marie Leczinska）[39]。

當然，並不是人人都能享用到位高權重者一親芳澤又冠名的美食。早期的美食早之所以看似王公貴族宴會的流水帳，而非日常飲食紀錄——至

---

39. 瑪麗·萊什琴斯卡皇后出身波蘭公主，是在位最久的凡爾賽宮女主人，熱愛繪畫。

少在法蘭西島這塊權貴地盤上是如此——很大原因是大家認為只有這些盛宴值得記載下來。但也可能是因為，有很久一段時間，不如這般水準的幾乎沒什麼值得一記的。這個時代裡大多數人是幸運的，因為總有得吃。吃得最好的老百姓是在朝廷或豪邸供職的人，有機會吃到主人的剩菜。那個年頭沒有餐廳菜單傳世，因為沒有餐廳。但是，美食家薩瓦蘭（Jean Anthelme Brillat-Savarin）提供了一份1740年代中產階級的十人晚餐菜單。前菜是燜燒小牛肉：先喝肉湯，再吃肉，配上一份語焉不詳的開胃菜。第二道菜是火雞、蔬菜、沙拉和卡士達醬，最後第三道是乳酪、水果和蜜餞。順道一提，當時最傑出的廚師之一卡漢姆（Antonin Carême）對薩瓦蘭的評價並不高。卡漢姆自己也寫了很多食譜書，他曾受聘於英國攝政王羅斯柴爾德男爵（Baron de Rothschild）——後來的喬治四世，以及俄國的亞歷山大皇帝。卡漢姆被譽為法國高級美食鼻祖。卡漢姆曾不屑一顧說薩瓦蘭「根本就不懂吃」，喜歡「強勢庸俗之物」，除了「填飽肚子之外什麼也不會。薩瓦蘭先生是個埋頭苦吃不講話的大吃貨，他的消化能力可以把自己的腦袋都消化掉，我看過他吃飽就睡死了。」

餐館是在路易十五時期誕生的。當然，在這之前，旅店照例會供應飯菜給房客，但沒得選，店家給什麼就吃什麼，所以沒必要提供菜單。早年坊間沒有餐館的原因之一，是因為中世紀時有公會特權壟斷，如果公會至今仍在，很可能會因為壟斷限制貿易被告上法院。當時想在外面用餐的人只有兩種選擇：去旅店或去專門的熟食店（Traiteur）[40]，他們是食品銷售的獨賣商，根據他們的職業法規，不論什麼肉，都必須整塊出售，不得分切零賣，有點像是大盤商。

當時禁止賣方分切零售的熟肉，但不禁止零售煮熟肉而得的肉湯。有個名叫布蘭傑（Boulanger，意謂麵包師）的肉湯商，在第一次有明文記載的銷售廣告宣傳中，給他的肉湯起了個名字叫「Restaurants」，類似今天「刺激品」一詞。他在廣告上宣稱這是「天堂般美味的刺激品」，更訴諸古文「凡勞苦擔重擔的人，可以到我這裡來，我就使你們得安息。」[41]

---

40. Traiteur是一個有多重角色的職業，可以是屠夫或肉類熟食的商家，或是類似餐飲總監的角色。

41. 原文「Venite ad me omnes qui stomacho laboratis et ego vos restaurabo」，為拉丁文，出自《新約聖經》。

「restaurants」一詞在現代意義被確定之前就已經蜚聲國際成了通用詞,因為布蘭傑並未發明「餐廳」一詞。他想讓清湯增加某種充實感,但受制當時對熟食店獨賣權的保護法,於是想出一個點子,用白醬煮羊蹄做成一道菜。熟食店以非法銷售燉肉為由對他提告。但布蘭傑堅持,白醬羊蹄不是燉肉,這場論戰一路延燒到議會,最後議會通過一條法規,宣布白醬羊蹄不是燉肉,無論這道菜到底是不是燉肉,至少在法規下不是。

好奇的大眾急於想一嚐這道新菜,包括路易十五。路易十五點了一次吃,僅此一次而已。作為一個美食家,路易十五顯然同意布蘭傑的觀點,認為白醬羊蹄事實上不是燉肉,而且算不上食物。但不論大家怎麼想,這項創舉幾乎打破了當時的壟斷,「餐廳」於焉誕生。布蘭傑也開創了一門專業。

這類新的機構如雨後春筍。薩瓦蘭指出,很多餐廳能蓬勃興盛主因都是因為有某些特色。「犢牛頭」(Veau Qui Tette)因羊蹄而聞名,「普羅旺斯兄弟」(Les Frères Provençaux)有蒜燒鱈魚而聞名,「韋里」(Véry)有各式松露菜色,「埃內弗」(Henneveux)因其位於四樓的神祕包廂而聞名。對於一個新興行業來說,這些餐廳贏得殊榮實至名歸。比方說,韋里的菜單上每天有十二種湯、二十四道開胃菜、十五到二十種牛肉、二十種羊肉、三十種禽肉或野味、十六到二十種小牛肉、十二種糕點、十五種烤肉、五十種主食,還有多不可勝數的甜點。

大家原本以為法國大革命會嚴重打擊餐飲業,結果卻恰恰相反。誠然,相較於遭汰換的奢靡傲慢貴族,大家覺得飲食要走清苦之道才更為合宜。但是跟著流離失所的,還有廚藝精湛的數百名貴冑豪門廚師。他們廣開館子,就連服侍過多位國王和皇帝的卡漢姆也主持了一家大眾食堂整整六年,為從未嚐過如此美味的普羅階級展示御膳手藝。大廚的手藝大受青睞,為法式高級美食的傳播開闢了康莊大道,為皇親國戚精心烹調的「上等料理」(Haute Cuisine),與起源於永不熄滅的爐火和燉鍋的「市民料理」(Cuisine Bourgeoise),從此並駕齊驅。

從這時開始,借鑑法蘭西島美食的廣義法國料理,就與法蘭西島料理沒特別明顯的區別。法蘭西島在美食史上有過一件怪事,而且名過其實:普法戰爭期間[42],首都巴黎遭團團包圍陷入「饑荒」。但其實巴黎並不像

史學家說的那般糟，真正「飢荒」僅止於一個月，當時，譬如在拉維萊特屠宰場（La Villette）買一隻烏鴉得花兩個半金法郎，可是那些有夠多金法郎的人即使在這種時局下，也買得到牛肉。二次大戰被德國占領期間，法國人經歷的日子難捱多了。史學家卡萊爾（Thomas Carlyle）[43] 曾寫道，法國人是出色的廚師，連薊草都能做成一道菜，但很遺憾，肉舖買不到好肉。他肯定從未懷疑過薊草能煮來吃，不過在德國占領期間，還有過一整本食譜書都在介紹以麵包粉做菜，物盡其用絕不浪費一丁點切麵包剩下的碎屑，在這期間，南法菜真能把薊草做成菜。

順道一提，法國肉舖有的是好肉，可是卡萊爾也許不知道：如果屠夫以法式宰割法分切一頭牛取最好的部位來煮或燉，就無能同時分切出英美式分割所需的牛排和烤肉。倫敦蘇活區就有一家法國肉店，肉的分切法是法式不是英式作法，以饗那些渴望吃到正統火上鍋的顧客們。

以料理來看更是如此，法蘭西島比都蘭更少地方色彩，原因是這個特殊之地的美食早已遍及全國──也普及全球。甚至有此一說，這個地區並未創造自有的菜色。非也，而是因為法蘭西島的廚藝起源很早也留傳到外地，以至於大家都忘了發源地是何處。前述也提過，「葡萄酒香草燉魚」的發源地就是法蘭西島，它是第一個烹製出這道菜餚的地方。這道菜是將淡水魚或鰻魚切塊，以酒、蘑菇和洋蔥燉煮而成，而其他省分以此為基礎做出的姊妹版則會冠上當地地名。

還有一道菜可能也是法蘭西島的原產菜餚：「奶油酥盒」（Vol-au-Vent）──千層酥皮塔，上面填充妙不可言的奶汁燴炒什錦蘑菇餡料。如果再冠上「巴黎式」（à la Parisienne）字樣，就表示還會搭配什蔬，裡頭會有「巴黎馬鈴薯」（Pommes de Terre Parisiennes）：字面意思是指最小的塊莖，小如榛果，以小牛肉汁炒製再撒上洋香菜末。這裡的特產還有油炸（Deep-Fat Frying）手法。

巴黎和法蘭西島在菜色發明上沒有獲得該有的讚譽，還有另一個原因是，巴黎身為首都吸引無數名人移居而來，往往把非巴黎的名字加註

42. 1870年7月19日到1871年5月10日。
43. Thomas Carlyle（1795-1881）是英國維多利亞時代重要的史學家與哲學家。

在巴黎的菜餚上。比方說，若你要美食饕客說出庇利牛斯山小城貝亞恩（Pays de Béarn）的一項特產，大多數人會立刻得意洋洋地說伯那西醬（Béarnaise）；這是最美味的肉類佐醬，也是最難做好的一種醬汁。然而，這道醬汁的發源地卻不在巴黎，而是在聖日耳曼昂萊（Saint-Germain-en-Laye）[44] 的「亨利四世閣」（Pavillon Henri IV），醬汁的名字是為了紀念出身於貝亞恩的亨利四世。雖有一失但也有一得，聖日耳曼昂萊的名下有一道香傳千里的豌豆濃湯，但其實發明這道名湯的發源地卻是附近的聖克盧（Saint-Cloud）。一個出了名的例子是「法式番茄龍蝦」（Homard à l'Armoricaine），原本名叫「美式番茄龍蝦」（Homard à l'Américaine），但講究純正的人士認為這是訛誤，應該是布列塔尼沿海一帶盛產海鮮的阿摩里卡（Amorique），誤植成美國。不過，正宗派似乎都不是美食家，要不然他們只要看看菜餚本身，就知道它根本與布列塔尼扯不上關係，而是普羅旺斯菜，以油和大量番茄烹煎龍蝦。而且直到十九世紀中葉，同樣的這樣一道菜實際上名叫「普羅旺斯龍蝦」（Homard à la Provençale）。最合理的解釋就是，如今不復存在的一家巴黎餐廳名叫「Américain」，這是它的特色菜。這道菜在特質上比較像是法蘭西島的菜色，不像布列塔尼菜。但是它現在的名稱和呈現的形式卻比較像是巴黎菜。至於「諾曼地比目魚」（Sole Normande）[45] 則無疑是法蘭西島菜，因為這是葡萄酒燉魚的作法。今天很多菜單上寫成「諾曼地式比目魚」（Sole à la Normande）是不正確的，應該是「諾曼地比目魚」，意謂在諾曼地海岸捕到的比目魚，而烹製手法是巴黎式。

　　雖說，似乎菜餚太過簡單會難以找到發源地，但搭配炸薯條稱之為「夏多布利昂式」（Châteaubriand）的牛排[46]，一般都公認是法蘭西島菜餚。而法蘭西島也是法國最負盛名的甜點「橙酒火焰薄餅」（Crêpe Suzette）[47] 的發明地；這是一種非常薄的煎餅，佐以利口酒（通常是

---

44. 巴黎西部的一座城市。
45. 這道菜將烤魚流出的精華以蘑菇、奶油及白葡萄酒收汁成醬，沾食魚肉。
46. Châteaubriand是法式分切的牛肉部位名，包括但不完全是菲力（Tenderloin）。在法式料理中，這個字的意思是烤牛菲力切片，而不是煎牛菲力。
47. 據說，Suzette是一位法國美女，英王愛德華七世邀她來用餐時，因廚師失誤而發明這道甜點。

Cointreau君度橙酒）點火燒製的醬汁。有個故事說火焰薄餅是意外發明的，有個粗心的廚師打翻香檳灑在薄餅上，起先以為搞砸了（又是意外？），沒想到他將香檳酒點燃後，發明了一道新菜。我不相信這個故事，因為以我所知橙酒火焰薄餅的食譜裡從沒有香檳，況且香檳很不易燃，努力要點燃也是枉然。

橙酒火焰薄餅全面展現了法蘭西島美食的典型特色：單獨發明，刻意創造。如前所述，法蘭西島是精緻烹飪之鄉，吸引四面八方名廚及素人，一個又一個大廚在這裡創造了很多知名佳餚。但嚴格來說，這些「名菜」並不是地方菜。它們不是數以百計專業或業餘的廚子，遵循單一傳承（通常取決於當地能取得何種原料）共同貢獻自然而生。這些名菜皆「自成一類」（sui generis），是某位藝術家的創作，或在法蘭西島或在他處。也因此，今天會有很多菜單上的佳餚名稱可以追溯到法蘭西島，但卻不具備法蘭西島的烹飪特色。耐人尋味的是，不妨注意一下前述這類菜餚的名單，包括格外大量的湯品，大多不會出現在都蘭的菜單上。湯品是最能考驗廚師藝能的一道菜。誰都能煮出過得去的湯，只要盡可能保留煮肉後的肉湯就行。可是，比起菜單上的其他品類，大師傅卻更有能耐在湯裡畫龍點睛添加微妙的變化。初來乍到陌生的法國餐廳，要測試廚藝水準最好的辦法就是在主菜之前先嚐一道湯。如果餐廳能端出好湯，你就安全無虞了。湯，是餐廳水準的試金石。

法蘭西島有許多湯品都冠了發源地的地名，除了前述的聖日耳曼昂萊豌豆濃湯之外，當然還有最重要的巴黎濃湯（Potage Parisien），它是以馬鈴薯、韭蔥、胡蘿蔔等煮製的蔬菜湯；另有一道巴黎雞湯（Consommé à la Parisienne）則是一種清雞湯。還有其他冠名克里希（Crécy）、貢比涅（Compiègne）、蘇瓦松（Soissons）和阿讓特伊（Argenteuil）的湯；阿讓特伊馳名的是蘆筍濃湯，因為這個印象派繪畫重鎮的蘆筍聲名遠播。法蘭西島用馬鈴薯做湯很受歡迎：馬鈴薯韭蔥湯（Potage Parmentier）是一種馬鈴薯濃湯，好老婆湯（Potage Bonne Femme）是馬鈴薯和韭蔥合煮，健康湯（Potage Santé）是馬鈴薯韭蔥湯的進化版。至於單一大廚發明的湯，有一道酸模濃湯（Potage Gimerny），是早已歇業的英國人咖啡館（Café Anglais）主廚杜凱黑（Dugléré）所發明，以蛋黃、奶油與新鮮酸模葉

（Sorrel）[48] 煮製，略帶酸味，口感微妙。

　　也有許多其他主食的名字都暗示著與巴黎或法蘭西島有關，更不用說那些「真的」源自巴黎或法蘭西島的美食了，雖然都姑隱其名。菜單上的開胃菜有幾種熟食都出自法蘭西島：「喜歡巴黎」（Friands Parisiens，蘑菇肉醬酥皮塔）、巴黎豬頭肉酥皮卷（Hure de Porc à la Parisienne）、巴黎豬肉醬（Pâté de Porc de Paris）、巴黎熟火腿（Jambon Glacé de Paris）。菜名裡若有貝西（Bercy）這個字的就洩漏它是巴黎菜，貝西是巴黎運河的碼頭與大型倉儲區。巴黎銀塔餐廳（Tour d'Argent）的特色名菜「榨鴨」（Pressed Ducks）[49] 有巴黎人注入的靈感。另一道名菜海鮮白醬比目魚（Sole Marguery）菜名來自發明者瑪格麗餐廳（Restaurant Marguéry）；瑪格麗餐廳位於巴黎林蔭大道（Grands Boulevards）[50]，如今早已潦倒的那一帶，我最近才有幸在發明本菜的地方品嚐這道菜，裹住魚排的白醬裡還有又粉又嫩的蝦子。在首都之外，有許多地方特色菜都冠上城市名，比如說，博韋式葡萄酒香草燉魚（Matelote de Beauvais）和貢比涅與埃唐普蛋糕（Gâteaux de Compiègne and d'Etampes）。禽肉醬常會冠上出產城鎮的名稱，例如拉昂（Laon）鵪鶉、烏當雞（Houdan），還有埃唐普（Etampes）與沙特爾（Chartres）雲雀。

　　有些法國菜名會以比較簡明易懂的慣用語，避開那些艱澀的字，但有時候這類鳩占鵲巢的作法卻令人費解，法蘭西島的蔬菜燉羊肉（Haricot de Mouton）就是個好例子。這道菜材料有羊肉、蘿蔔、馬鈴薯和洋蔥，而「Haricot」意謂豆子，但根本沒豆子。Haricot在這裡取代了過時的Halicot一字，Halicot的意思才是燉肉。

　　法蘭西島土地肥沃物產豐富，成為出色的美食之鄉自不在話下。以沙特爾（Chartres）[51] 為省會的法蘭西島西南邊陲地帶，是法國富盛名的農業區之一。博斯平原，是左拉（Émile Zola）《大地》（La Terre）小說裡的背景，它的農產品卻不見於菜單上，因為這裡的主要作物是小麥。但巴黎

---

48. sorrel，蓼科多年生草本植物，歐洲和西亞多數草原皆有，可作藥用。
49. 本道菜源自盧昂，但巴黎銀塔餐廳在桌邊壓榨鴨骨髓製作醬汁讓這道菜名聲大噪。
50. Marguéry已停業，原址現為Le Delaville餐廳，它宣稱承繼當年Marguéry的風格。
51. 沙特爾法國中北部城市，中央－羅亞爾河谷大區厄爾－盧瓦省的省會。

就是一座精細的園藝場，各色蔬果應有盡有，卡車載著滿滿的果蔬，夜夜隆隆作響穿梭於巴黎大街小巷，從四面八方齊聚燈火通明的巴黎中央市場「大堂廣場」（Les Halles），堪稱奇觀，遊客切勿錯過。來此一遊目標請鎖定名滿全法的小小鈕釦菇「巴黎蘑菇」（Champignons de Paris）[52]；還有白豆，通稱為「蘇瓦松豆」（Soissons），雖說絕大多數產自附近的諾永（Noyon）而非蘇瓦松；還有阿讓特伊、拉昂、洛里（Lauris）的鮮美蘆筍，克拉馬（Clamart）的鮮嫩豌豆，巴尼奧萊（Bagnolet）的四季豆；阿爾帕容（Arpajon）的花椰菜；克里希的胡蘿蔔；拉昂的朝鮮薊。尤其，以蔬菜著稱的阿爾帕容，每年都會舉辦一次「豆類博覽會」，除了豆類也展出許多其他種類的蔬菜。據說，豆子之所以在阿爾帕容成為熱門菜色，是因為阿爾帕容是特有種雪佛蘭（Chevrier）[53]綠色小芸豆的發源地。除非你的眼力和聽力夠敏銳聽得出音調差異，要不然你準以為這些豆子只能給山羊當飼料。事實上這個名字得自1878年首次種出雪佛蘭豆的園藝家。

　　法蘭西島也盛產優質水果。這裡的標準栽種方式是密集種植，稱為「樹牆棚」（en Espalier）又稱樹籬整枝、樹牆式整枝，簡單來說就是將樹冠枝條整理成垂直扁平的形狀，像是一堵牆壁一樣，故稱為樹籬或樹牆，經過這樣的強硬修整方式，果樹看起來像是灌木或蔓藤。（我見過梨子以這種方式栽種，簡直是水果藤而不是果樹了。）這種手法似乎能促進果實生長更茂盛，個頭更大，因此到了收成季節，樹牆格架看似密密麻麻長滿果實，樹葉全遮住幾乎看不見了。這裡過去是葡萄酒區，釀造過一些葡萄酒，但由於始終稱不上佳釀，所以經濟價值更高的蔬果擠掉釀酒葡萄，僅剩少許食用葡萄。例如也曾是葡萄酒區的阿讓特伊，如今蘆筍取代了葡萄，只留下一些釀酒葡萄的嫁接樹苗，供應國內其他葡萄酒區之用。

　　在楓丹白露宮的院子裡，仍可見到「國王葡萄棚」（Treille du Roi），它的由來是因為弗朗索瓦一世在法國西南吉耶訥（Guienne）的卡奧爾（Cahors）的經歷，他偶然在卡奧爾吃了葡萄，發現葡萄很好吃，於是弗

---

52. 現今法國的鈕釦菇最重要產區就在羅亞爾河。Champignons泛指菇菌類，特指蘑菇則一定要說champignons de Paris。
53. 拉丁文學名是菜豆屬，豆莢中的豆子為腎形，叫芸豆、花豆等，是法國園藝家Gabriel Chevrier在巴黎郊區培育出來的。Chevrier一字也可指牧羊人。

朗索瓦一世在楓丹白露宮種下了葡萄樹。在這件事發生之前，葡萄僅供釀酒而非供作食用。直到現在「國王葡萄棚」收成的葡萄每年仍上拍賣會，各界爭先競價，盛況非凡[54]。這種葡萄是法國最棒的食用白葡萄「楓丹白露黃金夏斯拉」（Chasselas de Thomery）的祖先。1730年，托姆里小鎮（Thomery）移植一批楓丹白露宮國王葡萄棚的夏斯拉（Chasselas）葡萄。今天的托姆里已經被這種葡萄「占領」了，葡萄藤爬滿牆壁和房屋，每當葡萄藤長大茂盛時節，建築物全都被遮蔽，穿街走巷宛如探索葡萄叢林。這裡大多數的葡萄都在種在朝南的葡萄棚上，倘若將這種樹牆連成一直線，可長達240公里。托姆里鎮民發現，葡萄採收時若連同枝條採下，枝條插入水中，保存在溫濕度適當的室內，能保鮮至次年5月分。

離巴黎很近，地鐵可達的帕萊索（Palaiseau）以草莓而聞名，布里蘇福爾日（Briis-sous-Forges）也是，而且還盛產豆類與種子。格羅萊堡（Groslay）是水果的大產區，平原上極目所見盡是果園。亨利四世的大臣敘利公爵（Duc de Sully）建造了羅斯尼敘爾塞納城堡（Château de Rosny-sur-Seine），聘請十六世紀農業專家奧利維耶（Olivier de Series，名字意謂「溫室的橄欖樹」）前來照管八千棵桑樹。敘利公爵曾說過，「農牧是哺育法國的兩大奶頭。」此話深獲那些滑稽又浮誇的演說家青睞。

在法蘭西島的東南部有一區的食物特色完全毋庸說明，因為該區名稱就自動解釋了一切。這就是布里（Brie）乳酪之鄉，產區直抵鄰近香檳省，因此有法蘭西布里乳酪（Brie Française），也有香檳布里乳酪（Brie Champenoise）。這個區域出產世上最著名的乳酪之一，還有出名的伯瑞犬（Briard）。布里乳酪是法國最傑出的乳酪之一，或該說，布里乳酪是個乳酪家族；布里乳酪絕非法蘭西島唯一的乳酪（譬如楓丹白露出產同名的奶油乳酪，通常與糖一起當甜點食用），但卻是法蘭西島的殊榮。

歷史相當古老的布里乳酪早在十五世紀，就已經是路易十二的父親奧爾良查理一世（Charles d'Orléans）[55]的最愛了。白色黴菌外皮有著略帶紅色的斑點，是起調節發酵作用的微生物所造成，乳酪內部是淡黃乳脂

---

54. 現在這項拍賣已不再公開舉行。

55. 也是奧爾良公爵（Charles Ier de Valois），奧爾良第二王朝的公爵，也是法國史上最偉大的宮廷詩人之一。

狀，質地軟糊，但只要完全熟成就不會流動。有人覺得，和默倫布里奶酪（Brie de Melun）[56]比起來，類似的科羅米爾白黴乳酪（Coulommier），或是普羅萬布里乳酪（Brie de Provins）更美味。但你會發現，默倫布里乳酪終年品質穩定，其餘兩種只在10月至5月之間才是最佳賞味時間。默倫布里乳酪比其他兩種味鹹而濃郁，而且鹽有防腐作用。布里乳酪[57]的主要消費市場是莫城（Meaux）[58]和默倫；莫城也廣泛經營穀物和牲畜，默倫還出產穀物和禽肉。

法蘭西島的南部是奧爾良，大致包含羅亞爾河流域的三個現代省分：盧瓦雷省（Loiret）、盧瓦－謝爾省（Loir-et-Cher）和厄爾－盧瓦省（Eure-et-Loir）。盧瓦雷得名自一條見異思遷的河，它其實並非一條獨立的河，而是羅亞爾河的支流。人們在命名時並沒有意識到這一點，因為盧瓦雷河水雖從羅亞爾河流出，但水流又潛入地底流回羅亞爾河。在地底河道伏流一段距離後，盧瓦雷河又冒出地面，維持12公里後再度重返母河匯流。

奧爾良是個歷史悠久的地方（眾所周知，聖女貞德解除了英軍對奧爾良的圍攻，她也被寫進了羅亞爾河大區的史冊），但在此毋須贅述，因為奧爾良本就是連接巴黎和土爾的陸路橋梁。奧爾良在1198年成為王室直轄領地，它很早就與前述地區關係密切。奧爾良也屬於肥沃的「黃金新月」，更是巴黎和土爾等大城的腹地，一直以來這裡都是城市食物的重大產區，儘管數百年來食物性質早有所改變——野味變少，雖然仍有一席之地，而養殖肉類和蔬菜的比例變大。

羅亞爾河流域中規模最大的古堡香波堡（Château de Chambord）就座落在奧爾良，這凸顯了奧爾良在肆意狩獵的年頭裡，作為野味重鎮舉足輕重。香波堡是凡爾賽宮的先驅；凡爾賽宮的建築規模超過香波堡，不過基地面積卻沒有。環繞香波堡莊園周圍的城牆，是全法最長的，長達32公里。

---

56. Brie de Melun為法國列入原產地保護的AOP乳酪，以生產地Melun平原命名。
57. 莫城布里也受原產地保護的AOP乳酪，其實比默倫布里更出名。莫城布里乳酪曾在1815年比賽中打敗其他國家的乳酪，贏得「乳酪之王」稱號。
58. 莫城（Meaux）法國中北部城市，法蘭西島大區塞納－馬恩省（Seine-et-Marne）的一個市鎮。

如果弗朗索瓦一世並非為了狩獵而建造香波堡，那就很難解釋為什麼他把城堡蓋在一個與世隔絕的偏僻沼澤地。在當時，將狩獵小屋擴充成宏偉城堡的例子並不罕見，楓丹白露宮就是一例。無論如何，不管最初的想法是什麼，香波堡主要是為狩獵而建。城堡有巨大的露台，供女眷在此觀看獵人們出發與歸來，鳥舍裡養著三百隻獵鷹。香波堡在眾多以狩獵為功能的城堡中，最特出之處是它有很多煙囪，一根代表一日，總共三百六十五根煙囪，構成了城堡的主要外廓。

香波堡至今仍維持狩獵傳統。城堡的莊園，已經成為國家野生動物公園和野生動物保護區。

之後建於1634年的謝韋爾尼堡（Château de Cheverny），同樣彰顯了此區是重要的獵場。謝韋爾尼堡如今是狩獵博物館（Museum of Hunting），館內收藏二千套鹿角。

奧爾良今日依舊是野味之鄉；位於東南角的索洛涅公認是法國最好的獵場，那裡是森林獵場，鳥類眾多。而且，這裡的飲食傳統也能證明這一點。最著名的是皮蒂維耶（Pithiviers）的雲雀肝醬[59]，兩百年來一直是由同一家糕點店格林戈爾（Gringoire）以玩偶模型製成。皮蒂維耶的杏仁味糕點也很馳名。

奧爾良地區的其他城鎮也有各種野味肝醬，比如鵪鶉、畫眉、兔子等。索洛涅陶罐兔肉（Lapereau à la Solognote）是當地人烹調兔崽的方式，而陶罐野兔肝醬凍肉派（Lièvre en Terrine）是另一款作工繁複的野兔料理。但野味絕不是奧爾良的唯一食材，這裡還有很多優質的養殖食用肉，尤其是在佩爾什（Perche）；嚴格說來佩爾什不在奧爾良，而在西北部緬因省。佩爾什以畜牧聞名，你也許覺得自己沒聽過，但你應該聽說過佩爾龍馬（Percheron）[60]。就連索洛涅獵區也生產優質的家畜，索洛涅烤羊腿（Gigot de Mouton de Sologne à l'Eau）[61]相當受歡迎。從法蘭西島延伸到奧爾良的博斯平原則盛產牛肉，別錯過了博斯式燉牛肉（Bœuf Braisé à la Beauceronne）。博斯平原同時也是優良的禽肉產區。

---

59. 肝醬（Pâté）通常是指以禽類肝臟與肉製成的熟肉抹醬。
60. 佩爾龍馬是法國最出名的馬種，可以用做勞役與肉食用。
61. Sologne也是綿羊名。

這一整個地區都種植著上好的蔬菜和水果。很多餐廳的菜單上都有旺多姆（Vendôme）的蘆筍，但據我所知，早在索洛涅的蘆筍還未躍上菜單成為特產時，索洛涅在二十世紀初就開始生產法國最好的蘆筍了。有一回，我去參觀當地很是引以為傲的一座蘆筍農場，蘆筍田幾乎沒什麼可看的，放眼望去一片光禿禿，土地上只有溝渠和堤壩交替起伏。地表不可露出半點綠，至少在白蘆筍採收季是如此。蘆筍完全生長在地底下，再以泥土攏起壟溝，採收時採摘者們用驚人的靈巧手法，用一種類似木作鑿子的特殊工具，鑽進土裡，探出蘆筍的莖，將工具滑下，把蘆筍夾在凹進去的一側，用手腕輕輕一扭，自根部俐落切掉。蘆筍完全生長在地底，目的就是為了保持整個莖桿又白又嫩。

　　奧爾良還有一個很不尋常的特產是番紅花（Saffron），產於皮蒂維耶附近的布瓦內（Boynes）。番紅花常用於普羅旺斯的烹飪中，但在奧爾良卻好像格格不入。之所以種植番紅花，可能是因為一道美味的地方菜以番紅花烹煮梭子魚。或許，番紅花也許是本地知名加蒂奈蜂蜜（Miel du Gatînais）[62] 帶有特殊風味的原因；加蒂奈蜂蜜在法國隨處可見。

　　如果有機會問博學的法國美食家，奧爾良是不是葡萄酒鄉，他會說不是——即使他應該記得法國有些最好的葡萄酒醋產自奧爾良，也就應該可以假設，當地的葡萄酒不至於全數拿去釀醋才對。事實上，這裡仍出產一些酒體輕盈宜人的葡萄酒，但只有到產區才喝得到。奧爾良的兩邊，在羅亞爾河谷的山坡上，有一些葡萄酒產區，莫恩（Meung）、布瓊西（Beaugency）以及敘利（Sully），年分佳釀都相當好喝。而在盧瓦－謝爾省，因為鄰近都蘭酒鄉，有小型的自然釀造紅葡萄酒莊，如布萊索瓦（Blaisois）、雪兒河谷（Vallée du Cher）、旺多姆，而白葡萄酒產區在特羅（Trôo）、拉瓦爾丹（Lavardin）和蒙圖瓦爾（Moutoire）一帶[63]。

　　位置橫跨奧爾良和貝里的索洛涅，是兩地之間的橋梁。貝里差不多就在今日的雪兒河谷和安德爾省（Indre），是農業地帶，也是當年羅馬人的交通衢道，但如今卻是旅客罕至。遊客的目的地是布爾日（Bourges），

---

62. Miel du Gâtinais的風味應來自於另一種植物sainfoin而非saffron。
63. 這些地方的葡萄酒現今大部分屬法國的IGP等級。

去參觀西面擁有五扇壯麗大門的布爾日大教堂[64]，但沒多少人會真正深入到鄉鎮；這些鄉鎮大多使用當地方言，不講法語，因此馬鈴薯厚煎餅（Husky Pancake）在這裡稱為「飢餓的馴服者」（Matefaim），衍生自煎餅「matafan」一字，而馬鈴薯叫「Trucbes」或「Tartouffes」[65]。此區很是推崇馬鈴薯，對於一個講究豐盛鄉村菜的地方，這很理所當然；馬鈴薯經常出現在濃稠的農家蔬菜湯中，有些人家裡一日三餐都喝湯。當地有一種湯叫「Soupes Grasses」，意思是肥油湯，的確如此，特別是加了鹹豬肉煮的湯。還有一道馬鈴薯餡餅（Truffiat）。我一直以為，南瓜派是不折不扣的美國特產，在法國沒得吃，但卻在貝里發現了一種南瓜餡餅叫「Citrouillat」[66]。然後我也在法國其他地方找到了這類南瓜派。

除了盛產美味的野味和淡水魚類——維耶爾宗（Vierzon）七鰓鰻特別有名，貝里也以品質優異的羊肉揚名立萬。當地人煮豆子綿羊肉一定用肋排。至於山羊，在法國較平坦的地區一般不飼養山羊，但在貝里山羊數量繁多，因此出產極好的山羊乳酪，比如夏維諾山羊乳酪（Chavignol）[67]，而夏維諾這個名字讓老饕們念念不忘的原因還有另一個：夏維諾的葡萄美酒（文豪巴爾札克非常欣賞）。夏維諾的羅亞爾河鄰居桑塞爾（Sancerre）也出產好酒。這些酒運送到各地銷售，甚至在巴黎也能喝到；走筆至此之際，香榭麗舍大道上的富凱餐廳（Le Fouquet）正供應一款極好的桑塞爾白酒佳釀，盛裝在水晶瓶裡佐餐用。在雪兒河谷、昆西（Quincy）和勒伊利（Reuilly）也有一些絕美佳釀，而伊蘇丹（Issoudun）也產酒，但名氣不大。貝里最好的是白葡萄酒，帶有一股明顯的燧石氣息，頗為濃烈。這裡也出產珀蒂格里斯（Petit-Gris）粉紅酒（Gray Wine）[68]，口感濃稠粗糙，但並不難喝。這裡的葡萄酒常都有一股土味，在法語中稱為風土（Terroir）味，但在貝里方言中則改稱黑土（Terre noire）味。近年的絕佳

---

64. 布爾日大教堂（Cathédrale Saint-Étienne de Bourges）建於十二世紀，1992年被列為聯合國世界文化遺產，是哥德式建築。
65. 法文的馬鈴薯叫「pomme de terre」，意謂地裡的蘋果。
66. 南瓜的法文Citrouille。
67. Chavignol是一款以山羊乳製成的白黴乳酪，於1976列入AOP 管制。
68. Petits Gris使用Pinot Gris白葡萄釀製，Pinot Gris雖是白葡萄但皮的顏色較深，可釀出粉紅色或銅色的酒款。Gris在法文意為灰色，但在葡萄酒字彙中多指的是粉紅色。

年分是1947年、1948年、1949年、1952年和1953年。

　　從貝里往西，溜過已經探索過的都蘭南部，就走入古老的普瓦圖省（Poitou）。就是在這裡，公元732年查理・馬特爾（Charles Martel）[69]從薩拉森人（Saracens）[70]手中拯救了歐洲，1356年黑王子愛德華（Black Prince）[71]擊敗法國約翰二世（Jean le Bon）[72]，取得今天的德塞夫勒省（Deux-Sèvres）、旺代省（Vendée）[73]和維埃納省（Vienne）等領土。與安茹一樣，普瓦圖、都蘭也有一段受英國統治的時期，都曾是「阿基坦的愛莉諾」（Aliénor d'Aquitaine）[74]的嫁妝（這位王后的婚姻故事非常精采）。腓力二世在1203年贏回這塊土地，但未能守住它，查理五世在1369年又奪回一次，但直到1416年查理六世第三度奪回，才總算真正歸屬法國。

　　雖然普瓦圖很值得一遊，但遊客卻對它不太熟；普瓦圖的首府普瓦捷（Poitiers）自四世紀以來就是一座建築博物館；1170年獅心王理查在普瓦捷被晉封為普瓦圖伯爵，1429年聖女貞德在這裡遭到大學[75]神學博士們審問。普瓦捷南邊的利居熱（Ligugé），是聖馬丁（Saint Martin）來到高盧創立獨身修行主義（Mérovingiens）[76]的所在。在普瓦捷稍微偏東的紹維尼（Chauvigny），是學子們研究前羅馬式和羅馬式建築的聖地。這裡往南或往東都行；往南走可達錫沃（Civeaux）與它的墨洛溫王朝（Merovingian）公墓[77]；往東行至聖薩萬（Saint-Savin），可遊覽獨一無二的十一世紀羅馬式壁畫。如果從普瓦捷直下西偏南，就會來到所謂的「綠色威尼斯」

---

69. Charles Martel意譯為鐵鎚查理，是法蘭克王國宰相。

70. Saracen原指今天的敘利亞到沙烏地阿拉伯之間的沙漠，廣義上居住在此地的部族都泛稱Saracens，也譯作古阿拉伯人。狹義的薩拉森人專指中世紀橫行於地中海的阿拉伯人海盜。

71. 全名是Edward of Woodstock（1330-1376），英王愛德華三世，英法百年戰爭初期的主將之一。

72. 別名好人約翰，法蘭西王國瓦盧瓦王朝第二位國王。

73. 旺代省是法國羅亞爾河大區所轄的省分。

74. Aliénor d'Aquitaine是阿基坦（Aquitaine）女公爵，父親為阿基坦公爵威廉十世，嫁給法王路易七世但婚姻被判無效，後又與英格蘭國王亨利二世結婚。

75. 1431年普瓦捷大學成立，笛卡爾、拉伯雷等大師都曾在此就讀或任教，是法國文藝復興大本營之一。

76. 作者注：法國作家休斯曼斯（Huysmans）曾在《希丹的聖利德溫》（*Saint Lydwine of Schiedam*）（1901）書中對利居熱有所描寫。

77. 當地傳說這些是法蘭克王國戰士的墳墓，507年與西哥德人戰爭中捐軀。

（Venise Verte）地區，另一個較不詩情畫意的名字是普瓦圖沼澤（Marais Poitevin）；沼澤始於邁勒澤（Maillezais），大地上湍急溪流錯綜交織，飛濺穿梭在濃密不見天的樹蔭下，想通行此處多半得搭乘平底船。若是往西北方探索，取道旺代河通往出海口，可能會來到萊薩布勒－多洛訥（Les Sables-d'Olonne）[78]，一個以婦女穿短裙聞名的漁村。

和附近的貝里一樣，普瓦圖也有許多農家菜，有些菜色數百年來作法始終如初，而且使用的材料會令膽小的食客特別坐立難安。比方說，旺代燒豬雜（Fressure Vendéenne），是將豬肺、豬肝、豬心和豬脾切碎，混以凝固的豬血塊，以豬油慢火細燉。這是一道冷盤，別懷疑，就是「冷血」菜。再來還有，燉豬頭肉火鍋（Potée à la Tête de Porc）似乎很有貴族風範，將切成小塊的豬頭肉放在湯裡煮，先吃掉肉塊，而剩餘的雜肉再沾以岩鹽與醋吃。豬頭肉也可以和葡萄酒、豬血燉煮成陶罐豬雜燉（Gigorit）。普瓦圖的鑲菜捲（Farci）是很古老的菜，將豬胸肉（梅花或胛心肉）與雞蛋、酸模葉、蒜青、萵苣一起切碎，混合各式各樣辣味香料，以萵苣葉捲起來慢慢煮成，可以熱吃也可以當冷盤。旺代肉醬（Pâté Vendéen）則是以野兔肉、兔雜混合豬雜燴做成的凍肉類熟食。

普瓦圖沼澤有一道這個小地方的獨家私房菜叫鰻魚燉湯（Bouilliture d'Anguille），將幼鰻以白葡萄酒、洋蔥、大蒜和蛋黃燉煮數小時。如果來到海岸地帶，就會吃到當地版本的海龍王魚湯（Bouillabaisse）——但凡海邊似乎都有一道出名的海鮮湯——名喚雜燴（Chaudrée）[79]。這道魚湯主要材料是比目魚與鰻魚，加上白葡萄酒、洋蔥、奶油、大蒜和香料烹製而成。這道菜在旺代省南部拉羅謝爾（La Rochelle）一帶的奧尼斯（Aunis），特別受非普瓦圖人士歡迎，但美食家不置可否。普瓦圖菜的特色就是慢火久燉，如這道菜就是（一如法蘭西島菜有其特徵「深鍋油炸」），因此無論拉羅謝爾是否地處普瓦圖[80] 行政區內，雜燴魚湯都算是普瓦圖地方菜。

---

78. Les Sables-d'Olonne是重要的軍事港口，也是今日法國羅亞爾河河口海岸區的交通樞紐。
79. Chaudrée原指大鍋，延伸為分配給漁船船長和船員「大鍋」中的那部分魚獲。
80. Poitevin這個字可以指涵蓋Poitou與Poitiers的地區，也可以指稱這個地區的文化或傳統或人民，甚至是當地方言。

如果一直都在等待有利時機品嚐蛙腿，這裡也是個好地方，有當地特色的燉蛙腿（Grenouilles à la Luçonnaise）值得一試。你可能以為不可食用的山羊幼崽（kid）也十分著名。其實，那可是道絕妙美食，而你很可能早在自己國家裡吃過，只不過名稱叫小羊肉。絕大多數人分不清小山羊肉與小綿羊肉，所以在對小山羊肉有所偏見的地方，索性給它改個名字。這裡將小山羊肉稱作「Chevreau」，多半以青蒜和酸模葉燜炒來吃。本區的禽肉亦美味可口，特別是珠雞；還有，野味裡的鷸鳥、鶴鶉或水雞尤其不該錯過，錫夫黑（Civray）的肥肝醬格外美味，鴨肉餅（Duck patties）也很受愛戴。

　　普瓦圖地區著名的蔬果有上好的洋蔥、栗子和核桃，還有尼奧爾特（Niort）的花椰菜、旺代的綠甘藍、瑪哈克（Marac）的白豆。這些蔬果成就了當地一些特色菜，例如奶油燴綠甘藍或旺代白芸豆（Mogettes）[81]。旺代也有一款鑲菜捲，稱為「Far」，大概是為了區別普瓦圖以菜包肉的版本，「Far」是什錦蔬菜：甜菜、捲心菜、菠菜和韭蔥，先以鹽水煮熟再擠掉水分後切碎，與肥豬肉、培根丁和洋蔥一起入鍋細火慢燉，最後混入蛋汁和鮮奶油而成。

　　這裡也盛產山羊乳酪，尤以夏比丘（Chabichou）[82]最負盛名，有一款「焦炭乳酪蛋糕」（Tourteau Fromagé）[83]便是以這種山羊乳酪製成。李子派（Pâtés de Prunes）也是當地知名甜點。這裡有一些小型的葡萄酒莊，就在現場即飲非常美妙，如拉弗耶蒙喬（Le Foye Monjault）或朋普依（Pompois）的紅酒，盧丹（Loudun）或圖阿爾（Thouars）的白酒。在普瓦圖產區以外不太能見到普瓦圖葡萄酒，但布雷澤（Brézé）可能是個例外，其葡萄酒等級堪與都蘭產區媲美。

　　普瓦圖和都蘭以西是安茹省，這裡是都蘭的延伸地帶，幾乎所有關於都蘭的一切，安茹都有。安茹同樣綠意盎然，果園、蔬菜園和葡萄園比比

---

81. 原產於美洲的白色腎形豆，口感光滑細膩，屬於菜豆（Phaseolus Vulgaris，俗名芸豆）家族，普瓦圖當地方言稱Mojhette。

82. Chabichou為地名，Chabichou du Poitou則為乳酪名，但一般也將這款山羊乳酪簡稱為Chabichou。Chabichou du Poitou於1990列入AOP管制。

83. 這款蛋糕表面烤成一片焦黑，看似巧克力但不是，一般俗稱黑蛋糕，是北法知名甜點。

皆是。羅亞爾河到了河道接近終點處逐漸變寬，到昂熱（Angers）入海；但昂熱不在羅亞爾河口，而是在位於曼恩河（Maine）注入羅亞爾河處。就在羅亞爾河與曼恩河交會處，還匯聚了馬耶訥河（Mayenne）、薩爾特河（Sarthe）、盧瓦河諸河，此處無航運，但從昂熱往下游才有頻繁水運交通。曼恩河的上游並無同名溪流，這條寬闊的小溪只有10公里長。

安茹的歷史與都蘭緊密相連，包括同時處於英國王室統轄時期；事實上，都蘭的命運掌握在安茹伯爵（Comté d'Anjou）手裡，他從布盧瓦伯爵（Comté de Blois）手中奪取了這塊領地。安茹統治家族的一名成員，安茹伯爵富爾克（Fulk，法語是Foulques）是家族繼承人，將安茹的這個名字傳到英格蘭王朝去，開枝散葉個個聲名顯赫，上自聖人下到魔鬼不一而足。其頭號代表人物好人富爾克（Fulk the Good，法語le Bon）是十世紀時的安茹伯爵，他熱愛在教會唱詩班歌詠並投身教育工作，當時大多數君主都把讀書寫字這類苦差事留給傳教士去做。

第二號人物是黑富爾克（Fulk the Black，方言作Foulque Nerra），這個綽號和他的殘暴性格相得益彰，但其實這麼一個稱號是得自他黝黑的膚色。黑富爾克很早就登基，十七歲襲了伯爵頭銜，直到七十歲，不論是安茹人，抑或曾是他手中敗將的敵國如南特（Nantes）、土爾、布盧瓦（Blois）和勒芒（Le Mans），無人不懼怕他。對此罪大惡極黑富爾克自責萬分，三度前往耶路撒冷朝聖，次次受鞭刑藉以贖罪，最後一次贖罪鞭刑後重傷，返國途中不治，令其忠心臣民們如釋重負。

還有一位富爾克的傑佛瑞（Geoffrey of Fulk），十六歲時就娶了征服者威廉（William the Conqueror）二十九歲的孫女瑪蒂達（Matilda），是個紈褲子弟，帽子上總是插著一枝金雀花（Genêt）。傑佛瑞的兒子娶了路易七世（Louis VII）的下堂妻，亦即阿基坦的愛莉諾，兩年後即位成了英王亨利二世（Henry II of England），因此英格蘭的領土擴及安茹王朝的屬地，涵蓋曼恩、都蘭、諾曼地、普瓦圖、佩里戈爾、利穆贊（Limousin）、昂古穆瓦（Angoumois）、聖東日（Saintonge）、吉耶訥、加斯科涅（Gascony），並統治奧弗涅（Auvergne）和土魯斯伯國（County of Toulouse）。這個英格蘭王朝的名稱取自亨利二世父親慣常配戴的植物——金雀花。

安茹在地理、物產、歷史和文化方面與都蘭關係密切，在美食方面似乎和都蘭沒什麼差異，事實上兩地的關係也確實密不可分：土爾特色菜肉醬也是安茹的特色菜，前述的葡萄酒燉鰻魚也是。我也說過，都蘭喜歡用奶油白醬（Sauce au Beurre Blanc）搭配羅亞爾河的河魚，這種作法就是借鏡發源地安茹而來的。都蘭菜常用的綠甘藍，在安茹甚至更無處不在，當地人親切稱之為小甘藍（Piochous），用來做奶油煮甘藍（Chôuée），還有以奶油翻炒焦化而成的甘藍燉肉（Fricassée de Choux Verts），這是「Fricasser」這個古字留下的意思，如今只適用於以這種方式烹煮雞肉；不過在法國西南佩里戈爾有類似菜色；佩里戈爾燉肉（Fricassée à la Périgourdine）則是將蔬菜先在火上鍋中煮半熟取出，放入油鍋炒至焦黃，再放回火上鍋煮食。

儘管安茹和都蘭的菜餚非常相似，但還是看得出來有差異。不知何故，安茹的烹飪似乎展現出一種比較鮮明的地域特色，雖然很難說明何以都蘭菜看起來就是不偏不倚的法國菜，因為都蘭完全處於法國烹飪主流，流露出數公里外的安茹特質，會提醒我們即使是國際菜色也曾是地方菜。可以這麼說，安茹菜比都蘭菜柔滑溫和清淡，不像都蘭菜那般「專業」（而都蘭菜又比法蘭西島菜不那般專業），因此安茹菜更接地氣，保有最初發明時的面貌，或可說少了貴族氣，比羅亞爾河更上游一帶多了些純樸友善。

當然，安茹有很多菜餚都帶有明顯的鄉村風味，比加內（Bijane）甜酒麵包是麵包塊與紅酒煮成的濃湯。米利耶（Millière）是米與玉米煮成的粥，戈格斯（Gogue）是以香料植物製成的酥皮肉布丁。還有各種質樸的糕點，鄉村風味十足，也許風味不怎麼華麗，譬如拉伯雷曾提及的通風麵包（Fouace）和奶油蛋卷（Guillaret），但這些配上當地優質葡萄酒卻非常惹人垂涎。

據說，昂熱的鮭魚比土爾好，因為昂熱更靠海，魚更肥碩。安茹用奶油白醬烹製梭子魚和鯡魚的方式，取法都蘭，但料理鱸魚和鯛魚則多了些手續：魚肚中要先填入酸模葉調味。安茹的禽肉品質出眾，牛肉亦然，尤其紹萊（Cholet）有道應運而生的名菜牛舌凍。這裡還有一些頂級乳酪，譬如舒澤（Chouze）的卡耶博特凝乳（Caillebotte）、昂熱與索米爾

（Saumur）的奶油乳酪克雷米茲（Crémet）[84]，這些乳酪通常佐糖當甜點吃。

安茹也是葡萄酒鄉，經常外銷，比方說索米爾的輕盈白葡萄酒，有些帶氣泡像香檳，但我不予置評。也有粉紅酒，安茹粉紅酒（Rosé d'Anjou）在巴黎餐廳的酒單上常自成一類。還有慕斯卡德（Muscadet）[85] 白葡萄酒充滿果香氣息，與當地的奶油白醬梭子魚特別相配。萬萬小心，別放縱暢飲安茹葡萄酒，以為安茹酒清淡如天然葡萄汁就毫無節制，它們潛力無窮後勁十足。出身安茹的美食家亨利‧科坦（Henry Coûtant）曾寫道，「安茹葡萄酒恰似安茹居民的性情一樣，淡泊而散發無與倫比的香氣，但對於那些不知如何招架葡萄酒反覆無常的人來說，安茹葡萄酒也會是惡毒且奸詐的。」品飲安茹葡萄酒時，不妨搭配安茹糕點，樸實的食物可以抵消縱情痛飲後腹中的動盪不安。

如果從都蘭啟程順著羅亞爾河往下游走，第一個到達的葡萄酒產區是羅亞爾河左岸（南岸）的索米爾。沿著同一邊的河岸繼續西行，會先到奧本斯丘（Coteaux de l'Aubance），大約就在羅亞爾河畔昂熱的對岸，稍微往上靠近曼恩河。過了這裡，還沿著河岸，但朝南一拐，在奧本斯丘背後，再繞回到索米爾，就是萊昂丘（Coteaux de Layon）。奧本斯丘的葡萄酒是干型或半干型，萊昂丘的葡萄採摘時間晚，遲摘的葡萄遭受到貴腐菌（Pourriture Noble）的感染，這也是波爾多地區蘇玳葡萄酒之所以甜美的原因。這裡的貴腐酒口感同樣如天鵝絨般輕柔軟滑甜如蜜。出了這些酒的產區，可能再也難遇這些年分佳釀。如果有幸一訪，這裡絕美佳釀的產區有卡爾特肖姆（Quarts de Chaume）、邦尼舒（Bonnezeaux）、僧侶岩（La-Roche-aux-Moines），特別是庫倫塞蘭特（Coulée de Serrant）。

安茹葡萄酒產區的極西端是羅亞爾丘產酒區（Coteaux de la Loire）[86]：沿著羅亞爾河兩岸，延伸至曼恩河直抵昂熱。從這裡往東北是盧瓦丘產區

---

84. 原文為Cremêts，應為Crémets或Crémets d'Anjou。
85. 慕斯卡德即Muscadet AOC（法定產區），釀酒葡萄品種叫做Melon de Bourgogne。Muscadet不是麝香葡萄家族（Muscat，義大利文是Moscato）的某個品種；還有一種香味類似麝香葡萄的密斯卡岱（Muscadelle），也不是麝香葡萄家族成員，而是一款古老的釀酒葡萄。
86. 現代名稱為Anjou-Coteaux-de-la-Loire AOC。

（Coteaux du Loir）[87]，兩岸都是酒莊。這些葡萄酒主要是半干型的清淡白酒。從行政區劃分上來看，南特（Nantes）周圍所產的慕斯卡德葡萄酒並不算安茹葡萄酒，因為它們栽種範圍跨過了布列塔尼邊界，但從地理與美食上來說，從安茹一直延伸到羅亞爾河口的這一整個區域應視為一體。這裡偶可邂逅一款胡傑（Rouget）[88]紅酒，色澤介於粉紅酒與灰葡萄酒的棕粉之間。

安茹葡萄酒近來最好的年分是1947年，1949年和1945年也絕佳，1952年和1948年相當好，1950年還不錯。1953年、1955年、1959年和1961年也值得一試。

---

87. 今日Coteaux du Loir AOC可生產紅酒、白酒與粉紅酒。
88. Rouget是葡萄品種黑皮諾（Pinot Noir）的別名。

Chapter 3

平原地帶
The Flatlands

皮卡第Picardy・阿圖瓦Artois・法蘭德斯Flanders・香檳區Champagne

　　橫亙於法國北緣，抵著比利時邊境，是法國最平坦的一片土地，從海岸延伸直到阿爾薩斯－洛林區的山丘。無盡的平坦單調，似乎也讓崇高國度的廚師，還有藝術大師，望而卻步。試想一下美國中西部的食物和文化，不正如此一片荒蕪嗎？平原之國荷蘭，人們吃得既多且頻繁，但我不信他們的烹飪技藝稱得上精緻。在丹麥，食物比較充滿想像空間，可是再怎麼誘人，卻老是把食物統統變成單片三明治（Open-faced sandwich）。

　　法國北部地帶水源不豐，而有水的地方，又多在平地流速緩慢。溪流平緩，連帶顯然也影響到當地的「精神」。法國北部地帶的西半部土地，是全法最悶的所在。這裡的城市也難激起人們的興致，大多是欠缺特色的工業城鎮，譬如，里耳（Lille）是大型的冶金和紡織中心，它的兩位芳鄰魯貝（Roubaix）和圖爾寬（Tourcoing）也是成衣中心，還有康布雷（Cambrai）、貝蒂訥（Béthune），以及有座精美教堂的聖康坦（Saint-Quentin）。這些城鎮對法國經濟非常重要，但對法國文化生活卻無足輕重。儘管經過兩次戰爭，阿哈斯（Arras）還倖存了一些迷人的佛蘭芒式

（Flemish）建築，但戰爭的打擊使阿哈斯與周圍大部分地區變得一樣沉悶。可悲的是，沉悶是這個地區的特色。這股沉悶甚至跨足到飲食，這裡堪稱法國飲食最不具特色的地區。

這片平原地區，還深受地處葡萄酒區以北無酒可飲的不利之苦。此處盛行飲用啤酒，無法為精緻美食奠定良好基礎。得一直往此區極東境抵達法國的香檳區（Champagne）才終見起色，雖是最不易與食物結合的香檳，但只要有葡萄酒，都有助於緩解北法相對而言的了無生氣。而在極西境濱海區，烹飪直接受惠於大海雄渾狂放的恩賜，人類的精神有了比平坦原野更趣味盎然之所依。

構成這個地區的四個省分中，西部的三區在地理和歷史上都相互交織在一起。最北邊的法蘭德斯省（Flanders / 法Flandre）沿著比利時邊境，直達敦克爾克（Dunkerque）海岸；現代的諾爾省（Nord）完全等同於比利時建國後留給法國的法蘭德斯。最南端的皮卡第（Picardy / 法Picardie）及其港口加萊（Calais）和布洛涅（Boulogne），西面與法蘭德斯接壤，向南掃過半個圓圈，繞回東面與法蘭德斯會合。因此，阿圖瓦（Artois）被包裹在法蘭德斯與皮卡第之中，像水果的果核，四面八方皆不靠海。

隨著法國的邊界緩慢往北擴張，這些領土才漸次被併入法國，為時大約兩世紀之久。皮卡第與其首府亞眠（Amiens）[1] 逐漸拓展，兼併了今天的索姆（Somme）和部分的加萊海峽省（Pas-de-Calais），還有埃納省（Aisne）和瓦茲省（Oise）。自1477年以來，皮卡第一直不間斷隸屬於法國。位於現代加萊海峽省內的阿圖瓦，與加萊海峽省首府阿哈斯，則是1559年併入法國，而法蘭德斯遲至1668年。

座落在這些省分以東，同時也位於法蘭西島與部分奧爾良東邊的領土，是幅員相當大的香檳區。儘管早在1285年就併入法國，但香檳區有自己的一段重要歷史。很多人以為香檳的首府是漢斯（Reims），實則不然，是特魯瓦（Troyes）。這個地區包括現代的奧布省（Aube）、上曼恩省（Haute-Marne）、曼恩省（Marne）和阿登省（Ardenne）。香檳其名，字意單純就是指遼闊的平原，字源來自拉丁文的「champ」（平原），因

---

1. 亞眠在1982至2015年間是皮卡第大區的首府。

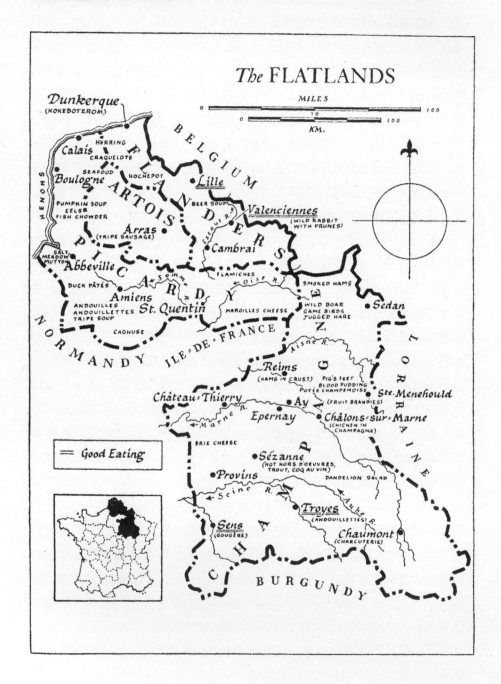

The FLATLANDS

MILES

0   50   100

0   100
KM.

BELGIUM

Dunkerque
(KOKEBOTEROM)

HERRING
Calais   CRAQUELOTS

SEAFOOD   HOCHEPOT
Boulogne

FLANDERS

Lille

BEER SOUP

Valenciennes
(WILD RABBIT
WITH PRUNES)

PUMPKIN SOUP
EELS&
FISH CHOWDER

ARTOIS

Arras
(TRIPE SAUSAGE)

Cambrai

SALT
MEADOW
MUTTON

Abbeville

PICARDY

DUCK PÂTÉS

Somme

FLAMICHES

Oise R.

SMOKED HAMS

Amiens

St. Quentin

ANDOUILLES
ANDOUILLETTES
TRIPE SOUP

MAROILLES CHEESE

WILD BOAR
GAME BIRDS
JUGGED HARE

Sedan

CAGHUSE

NORMANDY

ILE=DE=FRANCE

Aisne R.

LORRAINE

Reims
(HAMS IN CRUST)

PIG'S FEET
BLOOD PUDDING
Potée CHAMPENOISE

Château=Thierry

Ay

(FRUIT BRANDIES)

Ste.Menehould

Marne R.

Epernay

Châlons=sur=Marne
(CHICKEN IN
CHAMPAGNE)

CHAMPAGNE

BRIE CHEESE

Sézanne
(HOT HORS D'OEUVRES,
TROUT, COQ AU VIN)

DANDELION SALAD

Provins

Aube R.

Seine R.

Troyes
(ANDOUILLETTES)

Sens
(GOUGÈRE)

Chaumont
(CHARCUTERIE)

BURGUNDY

= Good Eating

此法國有幾十個地方都以香檳為名，其中有一處格外令外國人不解，那就是干邑（Cognac）白蘭地酒瓶上「Grande Fine Champagne」（高級特優香檳）[2]的標示特別讓外國人感到困惑，當然香檳酒與干邑白蘭地是沒有什麼關係的。我們所在意的香檳區可細分為兩區：白堊香檳區（Champagne Pouilleuse）[3]和潮濕香檳地區（Champagne Humide）。前者地形平坦單調，主要為貧瘠的白堊土，適合牧羊。後者土質主要是黏土，間或點綴著水塘與樹林，面貌近似肥沃的法蘭西島，而此區與法蘭西島接壤的山坡地，正是釀製香檳酒的葡萄產地；釀酒葡萄向來不喜歡平地。

倘若我們的平原美食探索之旅要從海邊啟程的話，我們不得不注意到皮卡第幾乎不運用到它的近海物產。但在這個通則裡有兩處例外，第一個例外是濱海避暑勝地貝爾克（Berck-Plage，今稱為Berck），它有幾款夏季特色菜：葡萄酒香草燉康吉鰻（Matelot de Conger）、鰻魚凍（Jellied Eel），以及海鮮雜膾湯（Chaudrée）姊妹版「湯鍋濃湯」（Caudière）；在本書最後一章裡，海鮮雜膾湯是指奧尼斯省（Aunis）的魚湯，是皮卡第這款濃湯的近親。第二個例外是布洛涅（Boulogne）[4]，但不是以美食觀點來看，而是從商業角度來講，根據漁港產業最古老的文獻記載，這裡從公元809年以來就是重要的漁港，主要漁獲是鯖魚和鯡魚。

其他濱海城鎮均產製魚餅製品，也食用一種稱為「蒼鷺」（Hénons）的鳥蛤，別處稱之為「殼」（Coques）。蒼鷺鳥蛤外殼看起來有點像扇貝，被譽為「窮人的牡蠣」。然而，這裡最大的海洋恩賜卻在陸地上——濕草原上放牧的綿羊，牧草飽經海風吹拂飽含鹽分，海風造就了名為「鹽沼」（Prés-Salés）的鹹羊肉[5]。但這絕非皮卡第獨有特產，因為布列塔尼的鹽沼鹹羊肉更備受推崇，只不過它確實是皮卡第的特色菜。皮卡第的食物多半是複製別處的發明而非原創。在眾多最出色的特產當中，有亞眠和阿布維爾（Abbeville）的鴨肉醬，不過當然無一是原創。還有，這裡的牛

---

2. Fine Champagne 表示至少 50% 釀酒葡萄來自大香檳區。
3. Pouilleuse意謂土質貧瘠。
4. 全名是Boulogne-sur-Mer（濱海布洛涅）。
5. Prés-Salés指的是羊因進食鹽沼的牧草造成傑出的生鮮肉質，不是鹽漬羊肉。目前有Prés-Salés de la Baie de Somme及Prés-Salés du Mont-Saint-Michel兩項已列入AOP管制。本段指的羊肉是屬Prés-Salés de la Baie de Somme AOP。

肚腸（Tripe Sausages）和牛肚湯（Tripe Soup）都是借鏡諾曼地而來，不過皮卡第的牛肚湯使用了更多豬雜，包括豬頭肉、豬耳、豬心、豬脾和其他一些通常被丟棄的部位。皮卡第追隨諾曼地，大量飲用上好的蘋果酒和啤酒。可算得上是當地菜的大概是洋蔥燉豬腿肉（Caghuse）。有一道顯然是當地發明的菜餚是韭蔥奶油酥皮餡餅（Flamique或Flalmiche），名字似乎來自於當地民族佛蘭芒人；這是一種蔬食餡派（不加糖），可以用洋蔥、南瓜，尤其是韭蔥做成。但放在派皮裡的韭蔥，其運用方式可謂無邊無際狂熱無比，因為派皮與韭蔥──韭蔥放進湯裡更大受皮卡第人歡迎──皆有更多誘人的發揮餘地。這裡還有別處較少見的南瓜湯。而除了紅甘藍沙拉之外，本區的蔬食特色菜並不突出，因為大部分的土地都用來生產在餐桌上樸實無華的小麥與甜菜了。皮卡第出名的乳酪是瑪花乳酪（Marolles或Maroilles），這是一種由全脂牛乳製成並以啤酒擦洗的洗皮乳酪。

內陸省分阿拉斯（Artois）面積極小，但曾顛簸輾轉於太多統治者，在不同時期流連於英格蘭王國、布根地公國，甚至奧地利等諸國股掌間，以至於並未發展出自成一格的飲食，儘管當地有一些上等蔬果、牛羊肉，還有溪中鮮物鱒魚和鮭魚。阿哈斯有一道特產腸肚包（Andouillette），也就是用牛肚等內臟灌製成香腸，但當然不是當地人發明的。阿拉斯主要食物型態都是皮卡第和法蘭德斯式；皮卡第和法蘭德斯雖隸屬法國領土，但烹飪卻非法式流派。這是本書頭一回遇到異國飲食歸化成法式料理，當然不會是最後一次。

法蘭德斯雖然海岸線只有皮卡第的四分之一長，卻從海洋受惠良多。前述皮卡第的布洛涅是重要的鯡魚港口，但法蘭德斯才是鯡魚饕客聚集帶的起始點：從法蘭德斯往北順著北海海岸延伸，一舉囊括比利時人、荷蘭人、德國人和斯堪地那維亞人進入鯡魚同好圈；荷蘭人甚至改寫了「一日一蘋果，醫生遠離我」的說法，改以鯡魚取代了蘋果。

法國他處對鯡魚的喜愛平平，但鯡魚在法蘭德斯卻有相當重要的地位，儘管其烹飪形式不如上述諸國那般無處不在，也不那般變化萬千。在法蘭德斯，鯡魚只簡單經鹽醃漬或煙燻處理以利保存，製成名為「薄脆」（Craquelot）或「鹹魚」（Bouffi），因為加工單純保留最多天然風味。此外還有我們熟悉的鹽漬鯡魚（Hareng Salé），褐色堅韌的燻鯡魚（Hareng

Fumé），又戲稱為「警察」（Gendarme），因為燻魚硬邦邦如警察；又或者剖開煙燻的「半剖醃魚」（Hareng Kipper），以及白葡萄酒漬鯡魚、油漬燻鯡魚等等變化。

大海精進了法蘭德斯的飲食，里耳市最好的餐廳「蚵田」（l'Huîtrière）[6]就是最佳例證。它也是法國巴黎以北地區最好的餐廳之一，主打海鮮料理。但遺憾的是，和所有海鮮餐廳一樣，蚵田餐廳每逢8月皆公休，而8月又是觀光旺季。不過，法蘭德斯內陸地區的特色美食也都比皮卡第豐富，雖然菜色並不是很多。以織造蕾絲聞名的瓦朗謝（Valenciennes）也算得上美食天堂，有一道李子或葡萄燉野兔（Lapin de Garenne aux Pruneaux / Lapin de Garenne aux Raisins）很是膾炙人口。

這類菜餚既是法國菜也是佛蘭芒菜，但敦克爾克的特色美食葡萄乾奶油蛋卷（Kokeboterom）就明顯不是法國菜；它是一種用雞蛋、奶油，再點綴葡萄乾做成的甜麵包。

而既是佛蘭芒菜也是十足德國菜的，就是啤酒湯。有些人覺得啤酒和奶油同煮成湯甚是美味，但我的味蕾不愛。不過我倒很欣賞佛蘭芒經典下酒菜小鍋燉肉（Hochepot），這像是廚房有什麼就加什麼的一道濃湯，食材有豬耳朵和豬尾巴、牛胸肉、羊胸肉和羊肩肉、鹽漬豬肉、包心菜、胡蘿蔔、洋蔥、韭蔥和馬鈴薯。這的菜名歷史悠久，但十四世紀時的版本是另一種不同的美食：小牛肉、雞肉或兔肉，裹以麵包粉燉煮而成。而現代版本北移一路變化，到了荷蘭菜名叫蔬菜馬鈴薯泥（Hutspot），以馬鈴薯、胡蘿蔔和肉類燉製，傳統上是在10月3日食用，因為這道菜起源於1574年10月3日萊登圍城（Beleg van Leiden）期間就著戰敗西班牙人倉皇棄置的篝火煮湯。另一種說法是：「Hutspot」或「Hochepot」源自佛蘭芒語動詞「hutsen」，意謂劇烈震動，因為煮這道湯時得搖晃鍋子或攪動馬鈴薯。佛蘭芒語「hocher」的另一個意思是搖晃，譬如「hocher la tête」意謂點頭。

跨越法蘭德斯東境進入香檳區，就會立刻遇到截然不同的烹飪方式，回歸到相對熟悉的標準法國飲食。

---

6. 餐廳在2015年3月已歇業。

香檳區的飲食理應是法式，因為它的歷史與法國息息相關，儘管香檳區在羅馬時期隸屬於比利時高盧行省（Gallic Belgium），它的主要大城漢斯當時還是比利時高盧行省的首都；羅馬人甚至在公元三世紀建了一座凱旋門。接下來，在墨洛溫王朝這裡成為公國，到了查理曼大帝及其後裔諸王朝時，又變成一個縣。1285年美男子腓力四世（Philip le Bel）繼位後，香檳區成了法國的一個行省；香檳省裡的漢斯與桑斯（Sens）有一段很長的時間，地位都高於巴黎：漢斯是公元496年聖勒彌（Saint Remi）為克洛維一世（Clovis）領洗的所在，也是之後歷代法王加冕的聖地，聖女貞德也是在查理七世於漢斯加冕後才肯稱臣。而直到1622年，大主教區始終設在桑斯，不在同一教區內的巴黎。巴黎保存至今的三座中世紀私人府邸之一的「桑斯宮邸」（Hôtel de Sens）是1500年桑斯大主教薩拉扎（Tristan de Salazar）所建，為離開其首都前往巴黎暫住用的行宮，僅具象徵意義。

　　香檳區和布根地一樣，都是中世紀教會鬥爭最厲害的舞台，紛爭起於第二次十字軍東征時的傳教士聖伯爾納德（Saint Bernard），與理性主義人士阿伯拉爾（Abelard）之間。聖伯爾納德一度是神祕主義派，他的明谷修道院（Clairvaux）如今幾乎全毀，僅存殘跡後來重建成為一所監獄。阿伯拉爾的聖靈修道院（Le Paraclet）[7]現在也同樣淪為廢墟。這兩個陣營之間的教義之爭在教會史上相當重要，但對香檳區現代史影響至大的是另一個修道院——奧特維萊爾（Hautvillers）。奧特維萊爾修道院正是唐·培里儂修士（Dom Pérignon）在十七世紀發現將普通葡萄酒改造成氣泡酒的所在，此舉也將香檳這個名稱從行省名變成了酒名。

　　但是，別以為葡萄酒在未變成氣泡酒之前乏人問津。教宗良十世（Pope Leo X）、弗朗索瓦一世、亨利四世、神聖羅馬帝國皇帝查理五世，以及英王亨利八世，都在阿伊（Aÿ）擁有私人產業，而早在唐·培里儂誕生前，這些地方就廣植葡萄。誠然，在更久以前，此區葡萄酒便已深受青睞，乃至於公元92年時羅馬皇帝圖密善（Emperor Domitian）下令剷除香檳區和法國其他酒區所有葡萄藤，以防止高盧葡萄酒搶過義大利酒的風頭。當時，禁酒令成效不彰，一如既往，兩個世紀之後，羅馬帝國的普

---

7. 作者注：聖靈修道院是隱修會，院長哀綠綺思（Heloise）因與老師阿伯拉爾相戀育有一子而遭世人唾棄傷害，兩人雙雙出家。

羅布斯皇帝（Emperor Probus）廢了禁酒令。後來政策驚人逆轉，羅馬人在法國種起了葡萄，不再剷除它。

雖然香檳區在法國史上地位顯著，但在法國料理上卻非如此。事實上，法國境內重要的葡萄酒產區，只有香檳區沒有地方美食得以匹配當地美酒，這真是有違常理。可能是因為香檳很難在烹飪過程中與食物結合又保留風味。由於將葡萄酒香檳化，費心所得的氣泡特質，一經烹飪就蕩然無存，加上這樣的製程相當昂貴，都成了不用香檳做菜的最大原因。但也非聞所未聞，凡事總有例外。馬恩河畔沙隆（Châlons-sur-Marne）[8] 有一道用香檳烹煮的雞肉，而用香檳做成醬汁配上當地優質鱒魚很是相得益彰，還有牛腰與梭子魚以香檳煎煮也頗佳。不過，香檳區從未發展出以香檳酒為基礎的烹飪流派，事實上香檳區根本沒有特有的烹飪流派。唯一毫無爭議的地方菜，是蒲公英葉子和培根丁做成的溫沙拉。香檳區裡的城鎮特色菜，似乎都是周邊其他地區跨界流傳過來的。因此，比方說，靠近洛林邊境的聖默努（Sainte-Menehould）的地方菜很有意思：豬蹄、兔肉製的黑血腸（Boudin Noir），還有香檳燉鍋（Potée Champenoise，但沒用到香檳酒），顯然靈感來自更著名的洛林燉鍋（Potée Lorraine）。這裡還盛產水果白蘭地，例如櫻桃白蘭地（Kirsch）與黑刺李利口酒（Prunelle），而這兩款酒也是阿爾薩斯－洛林（Alsace-Lorraine）的名產。

香檳區南面沿著布根地邊界一帶，有著名的奧布泡芙（Gougère de l'Aube），是以乳酪和蛋烤成的糕點，熱食冷食皆宜，它和布根地乳酪泡芙（Gougère de Bourgogne）模樣像兄弟。有一種說法是，泡芙（Gougère）起源於桑斯，但這種說法又與布根地泡芙產生矛盾，癥結點就在，今日隸屬香檳區的桑斯，以前究竟屬於香檳區還是布根地？不管怎麼解釋，桑斯位於兩地邊界上，在兩地被併入法國領土之前，這道疆界移過來又移過去歷經數百年之久。法國旅遊局公正不阿令人欽佩，在香檳區與布根地區的旅遊手冊中都列入了桑斯。

最後，香檳區與法蘭西島接壤處，食物特色也就和對面相差無幾。如前所述，重要的布里乳酪產地橫跨兩區，或者也可以說布里乳酪是兩區的

---

8. 原本叫馬恩河畔沙隆（Châlons-sur-Marne）在1998年已改名為香檳沙隆（Châlons-en-Champagne）。

一個結合，兩邊都是產地。舉例來說，塞扎訥（Sézanne）離法蘭西島不遠，有許多菜色都讓人想起法蘭西島烹飪的特色：當開胃菜吃的熱食小點心香檳酥皮餡餅（Friand Champenois Chaud en Croûte）、虹鱒佐小龍蝦醬（Ruite du Petit-Morin au Coulis d'Écrevisses）、布吉紅酒燉雞（Coq au Vin de Bouzy）——應該比較像是都蘭菜而非法蘭西島菜以及馬恩布里（Brie de la Marne）。順道一提，布吉村（Bouzy）同時也是一款香檳「紅」酒，或許你從不知道——我當然不是在說特地為英美人士釀製的粉紅香檳，至少在法國我沒見過有粉紅香檳。錫勒里（Sillery）和韋爾澤奈（Verzenay）兩款葡萄酒也是紅酒，一如所有香檳區葡萄酒，在十七世紀中葉以前都是紅酒[9]。

　　香檳區沒有原創特色菜，也沒有對標準菜有什麼原創姊妹版。雖然香檳區沒有自己的「標準菜」，但香檳人可以自豪地說他們把別人的食物做得特別好，這是因為香檳區本來就是優質的農牧生產地帶，特魯瓦知名的腸肚包就是個例子。這道菜在許多地方都有，但特魯瓦（Troyes）的腸肚包，無疑是唯一夠格宣稱拯救了一座城市的腸肚包。十六世紀末，保皇黨軍隊攻入特魯瓦，先占領了城中的聖但尼區（Saint-Denis），剛好是腸肚包特產區。饑餓的士兵大啖腸肚包，正當放心大嚼之際，得到喘息時間的衛戍部隊開始反擊，可能是因為保皇黨吃得太飽鬥志渙散，也可能吃撐了昏昏欲睡，總之保皇黨三兩下就被守城衛兵殲滅。

　　香檳區的羊肉都很美味，因為香檳區土地貧瘠不宜栽種菜蔬，卻能長出羊群愛吃的肥美牧草。亞爾丁（Ardennes）是一片林木繁茂的高原，座落在香檳區、洛林和比利時的交界，是富饒的獵場，這裡的田鶇（Grive）備受推崇。沙勒維爾（Charleville）和梅濟耶爾（Mézières）以野豬肉醬和陶罐野兔肉（Civet de de Lièvre）聞名千里。深受比利時－亞爾丁區歡迎的亞爾丁火腿甚至從勒泰勒（Rethel）[10]輸出邊境。漢斯會在火腿外層捲上酥皮，它還有一道名菜鴿餅。風景如畫的古城普羅萬（Provins）是巴黎遊客喜愛的遊覽名勝，梨卷（Poire Tapées）聲名遠播。

---

9. 早期香檳區主要釀酒葡萄品種是黑皮諾，所以在氣泡香檳酒問世前，整個酒區產製的都是紅酒。今日Bouzy、Sillery，Verzenay均為香檳葡萄酒產區分級中的特級園Grand Cru。
10. 勒泰勒位於漢斯的東北，接近比利時邊境。

香檳酒可謂世上最馳名的一款葡萄酒，說也奇怪，在我看來它根本不算是葡萄酒，但純屬個人意見：我認為葡萄酒是佐餐的飲料，一頓飯沒有葡萄酒就不算完整；沒有食物相伴，喝不了葡萄酒。從字意來看，能不搭食物單獨飲用的開胃酒或餐後酒，譬如雪莉酒或波特酒，可自成一類。於我而言，香檳也應如此，它能獨飲毋須佐餐，至少我是這麼覺得，佐餐無助於香檳風味猶如錦上添花。香檳有其特有價值觀，譬如在字意上總讓人聯想到節慶場合，因此無論何地，飲用香檳總帶來一股歡慶氣氛，這些意義和波爾多或布根地葡萄酒的價值截然不同。我懷疑，香檳其實更適宜獨飲毋須佐餐，導致香檳區是法國唯一未能創造出眾烹飪流派的原因。另一個原因或許是，香檳酒並沒有特定匹配的食物類型，這種「中立」的消極美德使它得以搭配任何食物，似是如此。有些地區的餐廳很聰明，正餐菜單上只提供香檳酒佐餐，我在倫敦曾吃過一餐這樣的晚飯，烤牛排佐香檳酒。香檳酒事實上和烤牛肉不是很匹配，但也並非完全格格不入——它和所有東西既不相配但也不衝突。所以說，我對這頓晚餐的失望，毋寧是遺憾錯失良機，餐廳未能供應和上等烤牛肉能互相增益風味的紅酒。總體而言，這頓餐酒於我猶如吃飯配白開水。這飲料只能解渴，非為增益滋味。

我從不以香檳佐餐，但會用自然香檳（Champagne Nature）[11]搭配一些美食。自然香檳是干型無氣泡葡萄酒，輕啜一口，高酸口感提醒我們這款酒產自釀酒葡萄生長極北線，搭配生蠔完美無瑕。我喝氣泡香檳從不搭配食物，因為獨飲時香檳是絕佳飲品，特別是在暖和的季節裡，也會啜飲清爽的香檳薇姿（Champagne-Vichy），這是一種以香檳與天然礦泉水各半調成的飲料。除了香檳，別的酒我不會故意兌水喝。

對於那些不是特別著迷戀香檳的人，不論他們的意見如何具有參考價值，我自己最喜歡的產區是一些香檳狂熱者會過度渲染他的品評，在失真的意見中要找到具有參考價值的並不容易，而我自己最喜歡的產區是阿伊（Aÿ），而且我喜歡越干越好的香檳——Brut（不甜），別無多餘的糖分。我的香檳品酒經驗還不夠多，無法描述不同年分酒的品質如何，所以在此謹引述一位專家所做的評量，但我不做評論：昂博奈（Ambonnay）

---

11. 今日Champagne Nature不再用於香檳區靜態葡萄酒標示而使用Coteaux Champenois為標示。

如奔放的香水，阿伊像一束鮮花，布吉柔軟，克拉芒（Cramant）均衡柔順，韋澤奈清新鮮爽。

在香檳零售商的分級裡，昂博奈、阿伊、布吉、梅伊（Mailly）、韋澤奈和維茲（Verzy）是黑葡萄釀製的頂級酒（維茲也產白葡萄釀造的酒款，但不那麼出名），而白葡萄香檳的佼佼者有克拉芒（Cramant）、艾維茲（Avize）和奧傑（Oger）[12]。我認為香檳的年分不那麼舉足輕重，那不過是酒商希望我們採信的說法而已。慣常作法是，香檳在最終裝瓶之前歷經大量處理過程，常常將新酒與過往數年的儲備酒混調，以製造穩定一致的產品。通常，越好的香檳，若標籤上註明特定年分[13]，混調其他年分儲酒的比例就越少。但不管怎麼說，近年最佳年分香檳是1952年、1953年、1955年及1959年。最後，喜歡的話，可以購買1.5公升Magnum[14]的瓶裝香檳（容量是標準瓶750毫升的兩瓶），甚或3公升的Jéroboam、4.5公升的Rehoboam、6公升的Methuselah、9公升的Salamander、12公升的Balthazar，或15公升的Nebuchadnezzar，分別等於四瓶、六瓶、八瓶、十二瓶、十六瓶或二十瓶的容量。超過四瓶以上的香檳很少見，何況除非為了特殊節慶之故，別多費事找麻煩，因為難以證明大過兩瓶裝的大容器香檳品質更佳。

香檳地區也產製餐前酒或餐後酒。當地有一款名叫香檳果酒（Ratafia）的餐前開胃酒，是果渣釀的白蘭地，由釀製香檳的葡萄第一次壓榨出汁的果渣，發酵後蒸餾製成，又名渣釀白蘭地（Marc de Champagne）[15]。

---

12. 本段所有地名均是現今香檳葡萄酒產區中的特級園分級Grand Cru。
13. 依據現行法令，年分香檳需100%來自標示年分，不可混入其他年分。混調不同年分的香檳需標示「Non Vintage」（NV）。
14. Magnum源自拉丁文，意為「偉大的」；3公升以上的瓶裝名稱均為《舊約聖經》的人名。
15. 現代的Ratafia de Champagne是一種利口酒，通常酒精含量約18％，由家庭式小規模商家釀造，加入了白蘭地、藥草和果汁，口感帶甜。還有一種是酒汁白蘭地，是換桶後的殘餘酒汁再次蒸餾而成，稱為「Fine de Champagne」。

Chapter 4

諾曼地
Normandy

　　九世紀末，主要來自挪威與丹麥的維京盜匪襲擊大不列顛群島，遭英王阿佛列大帝（Alfred the Great）擊潰，轉而就近攻擊法國，而法國諸王則一而再、再而三花錢消災。到了法蘭克國王禿頭查理（Charles II le Chauve）[1]在位期間，為免這些諾曼部族進犯給錢籠絡，但卻有一個分支不承認前人之間的這筆帳。他們駕著長達24公尺無甲板帆船，划著槳靠著風力，逼近海岸一路進犯溪流上游，公元886年甚至攻占巴黎，拿出諾曼人壯碩強健的活力搜刮焚城大肆屠殺。戰到後期，唯恐自己要落敗，諾曼人為求保命接受基督教洗禮──必要時無妨。當時法王胖子查理（Charles III le Gros）[2]除了付出高額獻金，還慨允對方掠奪布根地，可是諾曼人覺得法國西北邊更合宜。最後「糊塗王查理」（Charles III le Simple）[3]──

---

1. 禿頭查理亦即查理二世（Charles II）。
2. 胖子查理亦即查理三世（Charles III），是加洛林王朝的東法蘭克國王（公元876年起）、西法蘭克國王（公元884年起）和神聖羅馬皇帝（稱查理三世，公元881年起）。
3. 西法蘭克國王糊塗王查理（公元898-929年在位）。他屬於已衰落的加洛林王朝，是國王路易二世的遺腹子。

他的稱號在當時是沒有貶義的——出於權宜之計，也為了捍衛一直遭受對方摧毀荒蕪的領土，和維京領袖羅洛（Rollo）相約埃普特河畔聖克萊河（Saint-Clair-sur-Epte），此河至今仍是諾曼地（Normandy／法Normandie）與法蘭西島的分界，也因此以河為界隔開自己的勢力與羅洛的武力，將這塊備受蹂躪的土地送給這個新的附庸國管理。公元911年，羅洛晉封為第一任的諾曼地公爵，而諾曼地本身也成了斯堪地那維亞半島在法國土地上的前哨站。

「糊塗王查理」做的這筆買賣，沒能保住天下太平，反而成了戰爭的根源。十九世紀法國史學家盧卡希爾（Achille Luchaire）曾寫道，「在此諾曼地前線，腥風血雨之駭然不下於東境邊界。」再則，承襲羅洛爵位的諾曼地公爵們恃強凌弱，沒把法王的宗主權放在眼裡：長劍威廉（William Longsword）、無懼王理查（Richard the Fearless）、賢良王理查（Richard the Good）、理查三世、寬宏王理查（Richard the Magnificent，也叫惡魔王理查，端看觀點為何），以及征服王威廉（William the Conqueror），他可是在黑斯廷斯之役（Hastings）打敗勇猛王撒克遜（Harold the Saxon）才贏得此稱號，之前他被稱為雜種王威廉（William the Bastard，他是鞋匠女兒的私生子）；還有，短襪王羅伯特（Robert Short），使諾曼地變成英屬地而非法屬行省的儒雅王亨利（Henry Short Mantle，即亨利二世），而他的女兒瑪蒂爾達皇后（Matilda the Empress）嫁給了安茹伯爵傑弗瑞五世（Geoffrey Plantagenet），使得安茹伯爵同時是諾曼地公爵也是英格蘭王。此後安茹伯爵身兼英王的有：短披風王亨利（Henry Short Mantle）、獅心王理查（Richard the Lion Hearted）、無地王約翰（John Lackland）。1204年，無地王約翰遭法王腓力二世擊敗，諾曼地才毫無疑問地回歸法國統治，直到今天。

但是，諾曼人的性格並未在法國迷失，直至如今猶然，體現在諾曼式堅若磐石的建築上，不講究優雅，沒有綴飾。自維京人進犯終結而諾曼地公國成立，便開始進行大規模施工，並且政局相對穩定，因此得以建造宏偉的修道院，無懼半途遭侵略摧毀。這就是「羅馬式風格」時期，它的風格與諾曼人的個性完美契合。羅馬式建築的半圓拱特徵，意味著厚重的屋頂與堅固的牆壁，正符合諾曼人對魁偉的口味。而在更靠南法的羅馬式風

MATELOTE
À LA NORMANDE

(SOLE)

CLAMS

Dieppe

ourg

MUSSELS

Fécamp

WELONTE
D'EPERLANS)
(BENEDICTINE)

Pays de Bray

Courseulles

Le Havre

CHEESE

D

OYSTERS

DUCKS

(BUTTER)

Seine R.

Rouen

ayeux

OYSTER FRITTERS

Deauville

VEXIN NORMAND

CREAM

Caen

Pont L'Evêque

Les

Andelys

(ANDOUILLETTES)
(TRIPE) CHICKEN

Pays d'Auge

CALVADOS

DUMPLINGS

Livarot

A

Suisse

Normande

CAMEMBERT

re

SOUFFLE NORMAND

M

ILLES) CATTLE

GRAISSE NORMANDE

CATTLE

POULTRY

O

Perche

E DE LA.
LARDE

La Ferté Macé

(TRIPE)

MILK

Alpes Mancelles

E

N

BUTTER

Mayenne

Laval

GRAIN

I

N

VEGETABLES

M

Le Mans

A

Sarthe

NJOU

ORLÉANAIS

MILES

0 ———————— 50 ———————— 100

0 ———————— 50 ———————— 100

KM.

格——比方說，安古蘭主教座堂（Cathédrale Saint-Pierre d'Angoulême）的立面，雕塑和裝飾本身就與羅馬式圓拱和諧並存，而諾曼式牆壁則保有未經修飾裸露簡單的基本樣貌。諾曼風格的大教堂往往有個典型特徵，就是有沉重有力的中央塔樓高高聳立俯瞰著十字形的耳堂，哥德式教堂則通常會在耳堂建造蕾絲般精雕細琢的尖頂。這類沉重有力的中央塔樓也見於庫唐斯大教堂（Cathédrale Notre-Dame de Coutances），雖然這座教堂本就是哥德式風格，不是羅馬式。和別處相比，更雄渾的哥德式風格在諾曼地無所不在，或許只是因為這裡的建築開發早。譬如就在諾曼地邊界外可充作模糊分界的厄爾河畔的沙特爾大教堂，其古老塔樓歷史都比許多偉大的羅馬式教堂來得早，儘管它讓人聯想起諾曼式建築的樸實無華，但它那高聳的塔樓偏就不是諾曼風。沙特爾大教堂的兩座塔樓有如教學實物，是諾曼部族對哥德式教會建築的貢獻，塔樓展示了諾曼人如何建造結實的結構，爾後哥德人再增添照明與裝飾，成了新塔樓的所展現的面貌。在哥德式風格晚期，諾曼地並未停止建造哥德風格的建築。諾曼地首府盧昂（Rouen）堪稱不折不扣的華麗哥德建築之都。盧昂位於上諾曼地（Haute-Normandie），以距離而言，更靠近法蘭西島而非下諾曼地（Basse-Normandie）的科唐坦半島（Cotentin），這裡可以見到更多華麗的哥德式建築，代表了法國人和諾曼人創意精神的融合。諾曼烹飪在盧昂發展成顛峰，以至於盧昂與巴黎、里昂、土爾、第戎和波爾多並稱法國六大美食之都，難道這一切純屬巧合？

儘管諾曼人幾乎完全同化於法國文明，但諾曼人體型仍壯碩如初，在文字拼寫上也保有某些特殊用法。如果有法國人將「Henri」拼寫成「Henry」，那可確定他必定是諾曼人。諾曼人往往比一般法國人骨架大，體格也更結實，而且和法國其他地區相比更為高大，眼睛湛藍毛髮色淺，不過諾曼人歷經多代交融，金髮也已非絕對。諾曼人做事傾向深思熟慮，小心翼翼一如他們的原鄉斯堪地那維亞人。但過去一千年以來，甚至有些頑固，有些比較火爆的法國人會指責他們頭腦遲鈍；而且諾曼人還以牛脾氣著稱。

諾曼地是個大區，相當於半個法蘭西島，下轄五個省分：濱海塞納省（Seine-Maritime）、厄爾省（Eure）、卡爾瓦多斯省（Calvados）、芒什

省（Manche）和奧恩省（Orne）。除了奧恩省，其他省分都靠海。諾曼地是一個多樣化的地區。北邊就開始靠海，海岸線沿著蘭德斯區的皮卡第下方，大約始於海濱度假勝地勒特雷波爾港（Le Tréport），白堊峭壁筆直聳立入海，與英吉利海峽對岸地貌一模一樣。這樣的地貌一路延伸到塞納河口的勒阿弗爾（Le Havre），懸崖峭壁才消失無蹤，變成了低緩的細沙海灘，成了避暑的夏季度假勝地，其中最為享譽國際的是多維爾小城（Deauville）。再下去，雄偉的科唐坦半島伸入大海，海岸崎嶇多石，往西南直到布列塔尼。

科唐坦半島與法國本土接壤處，就是聖米歇爾山灣（Bay of Mont-Saint-Michel）。海灣覆蓋著細沙，幾乎難以察覺的坡度卻有著法國最大的潮汐變化。漲潮時，無人不知的聖米歇爾山四面八方全泡在浪潮裡，宛如一座小島，僅靠一條人工堤道與陸地相連。退潮時分，聖米歇爾山周圍乾涸一片。這裡的高低潮差可超過14公尺，而且漲潮速度極快，散步的人漫不經心就會被淹沒。退潮時會露出近16公里長閃閃發光的潮間帶，潮間帶表面稀鬆有很多流沙。宛如諾曼地和布列塔尼之間地界的庫斯農河（Couesnon），在這片幾乎呈水平的大地上流淌注入海灣。庫斯農河經常變更河道，其中一次改道的出海口從聖米歇爾山北邊，移到了南邊，因此造就出諾曼地擁有全法國，甚至堪稱全球最偉大的建築瑰寶。隨著該河下游如今已經築了堤壩，河口不再改道，諾曼地確保長擁聖米歇爾山。

對此，布列塔尼人話說得酸溜溜，「Le Couesnon, par sa folie, a mis Le Mont en Normandie.」，意思是「瘋狂的庫斯農河把聖山帶去諾曼地了。」不過，布列塔尼人的這番立場站不住腳，因為聖米歇爾山是由阿夫朗什（Avranches，位於芒什省，在諾曼地境內）的主教，見到大天使米迦勒（Saint Michel Archange）顯靈而銜命建造的。這位主教是典型諾曼地人，瞻前顧後，或許，在陡峭的山頂建造教堂使他心生膽怯。大天使再一次重申要求，但主教仍遲遲不採取作為，於是大天使第三度現身，用手指深深戳進主教的頭骨強調這個要求。主教的頭骨留有大天使手指凹痕，至今仍在阿夫朗什的聖哲維大教堂（Saint-Gervais）供人參觀。

真正的諾曼地，也就是最不受法國影響、最保有其個性的諾曼地，要屬科唐坦半島及其腹地下諾曼地（Basse-Normandie）。成千上萬的美國人

對這裡很熟悉，說他們倍感親切也不為過，因為沿著半島的海岸，正是1944年6月諾曼地登陸的海灘，衝上灘頭就是博卡奇（Bocage）地形——濃密灌木栽成的樹籬屏障，間或築有戰壕，將諾曼地的這個地帶分隔成許多區塊。

承平時期，景觀迷人，四面八方一望無際，樹籬吞沒其間草地，放眼盡是林木茂密賞心悅目。但是對那些得奮戰突圍的士兵來說，要跨越這樣零碎的地形簡直噩夢一場，難以防備輕易隱身天然屏障的樹籬和戰壕後的敵軍。博卡奇地形的東面，也就是介於下諾曼地與上諾曼地之間的低矮沙灘，就是奧日地區（Pays d'Auge），也是諾曼地最肥沃的地帶[4]，它的南面就是佩爾什，良駒佩爾什馬的故鄉，也是著名的畜馬和畜牛區。

下諾曼地面海，上諾曼地及其首府盧昂朝向巴黎；塞納河畔的盧昂雖位於內陸並不靠海，卻是遠洋船隻卸貨港，貨物再從這裡經由駁船轉運巴黎，以噸位而言，盧昂可是法國第四大港，僅次於馬賽、勒阿弗爾和敦克爾克，甚至比諾曼地本身的軍港兼商港——瑟堡（Cherbourg）更重要。諾曼地全境皆是優質農業區，塞納河流經的維辛諾曼高原（Vexin Normand）尤其精良。維辛諾曼高原座落於盧昂東部的塞納河北岸，介於昂代勒河（Andelle）與埃普特河，環繞屹立至今獅心王理查建造的壯麗蓋拉德堡（Château Gaillard，字面意謂堅固的城堡）之間。諾曼地東境的中央地帶是有點誇大其詞的瑞士諾曼地（Suisse Normande），其南面就是同樣言過其實的阿爾卑斯大區（Alpes Mancelles）。

若說一個地區的美食是由它盛產的食物所塑造，那麼諾曼地無疑是這個金科玉律裡的完美典範。諾曼地的烹飪取決於當地盛產的牛乳、蘋果與海產。

眾人皆知，諾曼人是大胃王。或許因為他們體格比一般法國人更壯碩噸位更重，所以需要吃得多；也說不定，他們身形壯碩是因為吃得多。法語有句慣用語謂之「諾曼地之洞」（Trou Normand）。在酒吧裡點諾曼地蘋果白蘭地「卡爾瓦多斯」（Calvados）時，人們就會打趣地唸出「諾曼地之洞」，彷彿它是飲料的別稱。其實，這句慣用語起源於諾曼人的習

---

4. 法國政府於2000年指定Pays d'Auge為藝術與歷史的保護地區。

慣：諾曼人打算結結實實吃一頓豐盛套餐時，就會在餐中休息片刻，喝一兩杯蘋果白蘭地消磨時間。過了這個「中場休息」或「洞」之後，再度進餐。卡爾瓦多斯就像是神話裡巨人卡岡都亞（Gargantuan）[5]盛宴中的餐間點心（Entremets）[6]的角色，將用餐時間很久的一頓飯分成二段。「諾曼地之洞」還有另一個含意：對那些已經吃了很多的賓客來說，蘋果白蘭地就像在胃中食物堆裡挖個洞，騰出空間來吃更多，因為據說卡爾瓦多斯所含大量酒精有助於消化食物。

為何諾曼人食慾如此充沛？部分原因可能是大海的效應：海濱空氣能促進食慾，但更可能的原因還有，長期以來飲食豐富的結果。誠然，諾曼地的食物油膩味濃，但比起東方佛蘭芒式的食物更精緻也更有想像力，佛蘭芒式的飲食分量也很大，但比較粗糙。諾曼地飲食膩重，要歸因於這裡是重要的乳製品產區，以及諾曼人本就習慣攝取奶油，還有脂肪含量更高的濃奶油（Crème Fraîche）[7]。習慣食用高脂食物，也影響到烹飪愛用動物油，因此諾曼人有一種精鍊過的特殊烹飪用油叫「諾曼脂」（Graisse Normande），它是由豬油和牛腰油融化混合，再加入新鮮蔬菜、香料、鹽和胡椒增味添香。

比起其他因素，鮮奶油對諾曼地飲食影響最巨，而這又是諾曼牛特質所造就而成的。諾曼牛確實是法國最成功的乳牛品種。法國用於商業化飼養的乳牛品種約有三十種，而諾曼牛的數量占全部乳牛的四分之一。諾曼牛是產乳與肉食兼用的品種；有人說諾曼牛是知名澤西牛（Jersey Cattle）的祖先（澤西牛原產於澤西島，就是征服者威廉無意間送給英格蘭王國的禮物）[8]，然而，澤西牛最初其實是產乳為主。澤西牛乳的主要特色就是乳脂含量很高——換言之，奶油含量也很高——因而，諾曼牛的乳脂也很豐富。典型的澤西牛毛色黃褐如鹿毛，而諾曼牛則多了棕黑與白色皮毛，尤其眼周有黃色圓圈毛紋，是品種的註冊商標[9]；1883年初版的《諾曼牧

---

5. 卡岡都亞也譯作高康大，就是法國諷刺作家拉伯雷在《巨人傳》中大胃王國王。
6. 法國美食中的Entremets指的是在兩道菜之間供應的精緻小點，現代則常指一種裝飾精美的甜點。
7. 一般來說，脂肪含量超過35％以上者稱為Heavy Cream。通常Heavy Cream多指動物性奶油。
8. 原產英國澤西島的乳牛，因澤西島也譯為娟珊島，故中文譯名亦作娟珊牛。
9. 諾曼牛又稱「眼鏡牛」。

牛全書》（*Norman Herd Book*）甚至以此作為辨識品種的憑證。認為澤西牛是隨著澤西島成為英國財產的另一項證據是，英語的「cattle」（牛隻）一字源於諾曼地的法語「catel」。

　　法國其他地區，以及全球多處都畜牧諾曼牛，成績相當斐然，比方說北非、南美洲和馬達加斯加皆然。諾曼地養出的諾曼牛蜚聲國際，都得歸功於這裡的優良牧草。在諾曼地的科鎮（Caux）周遭，農民們使用一種特殊的放牧方法來確保牛隻飼育與草場生長的平衡：牧民以繩繫牛，繩子以木樁固定在牧場上，牛隻繞著木樁範圍的圈圈內吃草與排洩，這些田地日後就能長出豐富的草料。當木樁範圍內的草被吃完以後，牧民就把木樁移到另一個位置，這麼一來，過一段時候之後，田野會錯落著怪怪的圓形區塊。在諾曼地豐美牧草地上所放牧的牛隻，一頭公牛每天進食量約30公斤可增重1公斤多，到了三歲時體重就可達大約450公斤。這片牧草場的品質優良，也使得產出的牛肉散發一股淡淡洋香菜氣息。科唐坦半島的許多鹽沼地，都拿來放牧生產所謂的鹽沼羊（Prés-Salés）[10]。至於乳牛，優良的諾曼牛應該每日能產出20至30公升鮮奶[11]，若是得獎牛隻則可高達50公升。以這種鮮乳製成奶油，獨有微微堅果味。全法均可買到這種註明產地的奶油。其中最好的品牌應該是伊思霓奶油（Isigny）[11]，常見於巴黎的乳品店；還有科爾梅耶奶油（Cormeilles）和納沙泰爾奶油（Neufchâtel）兩個品牌也很好。

　　諾曼地鮮奶油較濃郁醇厚，色呈象牙白，主要用於烹調諾曼地醬（Sauce Normande），其基底是奶油和麵粉以五比一炒成的金色油糊（Roux Blond）。金色油糊得要用時迅速烹製，這時加入蔬菜與香料濃縮成的清湯，將食材味道熬出，若要更濃郁可視菜餚需要，調入蘋果汁、白葡萄酒或蛋黃，最後一個步驟才加鮮奶油，還有更多奶油與辛香料，擠一些檸檬汁。這道醬汁特別適合搭配各種蛋料理，但也與魚鮮、雞肉很相襯。

　　諾曼地特色菜大量使用鮮奶油，無論是直接使用或是製成醬汁。諾曼

10. 此區最有名的是Prés-salés du Mont-Saint-Michel，列入AOP管制。
11. Isigny的奶油與鮮奶油於1986年被政府列入AOP；Neufchâtel現在多指的是以高比例鮮奶油製成的白黴乳酪，1969年列入AOP。

地盛行用鮮奶油料理比目魚，如前所述；但在巴黎的餐廳菜單上名稱若是「Sole Normande」，指的是「諾曼地產的比目魚」，如果寫成「la Vraie Sole à la Normande」，才是「諾曼地式奶油醬佐比目魚」。對於力求語法純正的人而言，這兩者的區別已足夠明顯，但是寫菜單的人並非都是如此較真，也未必是文法專家，所以強調兩者的區別似有必要。不管怎麼說，正宗的諾曼地式比目魚是以鮮奶油在鍋中加蓋烹煮比目魚。

小城第厄普（Dieppe）有其特殊作法：將比目魚、蝦和淡菜以白酒醬汁同鍋烹煮，而小城霏崗（Fécamp）則稍微改良了一下這種作法。諾曼地另一道特色菜是鮮奶油小牛肉砂鍋，以及鮮奶油燉雞，名叫「蘋果白蘭地奶油燉雞」（Poulet Vallée d'Auge），佐以小洋蔥。鮮奶油煮豆角也是諾曼地特色菜。最後，諾曼地湯品常使用「天鵝絨醬汁」（Velouté），這是以奶油和鮮奶油、蛋黃、麵粉和多種材料做成。「諾曼式天鵝絨蝦濃湯」（Potage Velouté de Crevettes à la Normande）看似輕描淡寫，其實裡頭不但有蝦，還有牡蠣和梭子魚餅。「第厄普式天鵝絨燉海鮮」（Velouté d'Éperlans Dieppoise）在魚之外還多加了淡菜和蝦。但凡菜名有「la Dieppoise」時通常就會有淡菜和蝦。附帶一提，以鮮奶油烹製的菜餚，都應該放在非常滾燙的盤子裡上桌。

鮮奶也造就了諾曼地馳名的乳酪。

很難說法國最知名的乳酪是哪一款，但卡門貝爾乳酪（Camembert）絕對名列前茅。卡門貝爾位於奧日谷（Vallée d'Auge）南部，是個小村子，不可能生產全法國需要的這種乳酪。因此，整個諾曼地區域都製作卡門貝爾乳酪，而且法國境內境外其他地方也仿製這種乳酪。正宗的卡門貝爾乳酪越來越難尋，不僅是因為以道地製程生產這種很有個性的乳酪，需要精細的技藝，也因為它自有其發展與衰退期，必須恰如其分地精準掌握好。優良的卡門貝爾乳酪外表色澤應該呈現淺黃橘色[12]，不能有一點黑褐色斑紋，按壓中央處應該是軟中回彈，但這麼做會讓賣乳酪的業者很不開心。切開後，這款乳酪應該是淺乳黃色，質地均勻沒有孔洞，而且雖然柔軟但

---

12. 原本卡門貝爾乳酪外皮顏色是隨機的，但到了1970年代中期，透過消毒等製程控制，純白色成了標準。

不會流動。倘若中央處出現一種白色硬塊，就表示這塊乳酪太老了。千萬別在夏季買卡門貝爾乳酪，它的最佳賞味道時間是10至6月，尤以1至4月的風味最佳。它帶有微微苦味，若液化便會散發類似阿摩尼亞味[13]，這是因為熟成的過程當中放在燕麥秸稈上所致。

挑選和保存卡門貝爾乳酪有幾個小訣竅。首先，盡可能購買奧日地區（Pays d'Auge）的產品，這裡是最佳產區。僅次於奧日地區的，是諾曼地產區的，再來是安茹和加斯科涅產區。卡門貝爾乳酪表皮色澤越白，越易於保存，扎實又耐放；外皮顏色越深，通常呈紅褐色的，風味會很快流失，在過了最成熟的時間點就會開始液化，但卻深受乳酪專家青睞，因為味道強烈又更具特色。卡門貝爾乳酪在還年輕時外觀會有一層白皮，而在熟成後就會消失。如果這層白皮太厚，表示乳酪尚未熟成，別買。也別買非扎實盒裝的卡門貝爾乳酪（它內部還會流動），也不要選購邊緣隆起的那些。

卡門貝爾乳酪很容易乾掉，所以不要讓它吹風，不可放在冰箱冷藏室靠近風口處，抽屜式蔬果室最適合。如果看起來太乾，就放在溫濕度適中的室溫下，數小時即可改善。

在卡門貝爾村5公里外的郊區小鎮維穆捷（Vimoutiers），有一座卡門貝爾乳酪發明人瑪莉・哈瑞爾（Marie Harel）的雕像。這座雕像在美國俄亥俄州的范沃特市（Van Wert）有個複製版，這裡生產美國版的卡門貝爾乳酪。維穆捷現在的雕像是新的，美國人捐建的，因為原有的雕像在戰爭中遭美國轟炸機摧毀。塞翁失馬焉之非福，新雕像看起來比原來的雕像年輕了二十歲，或許是因為美國捐建者以為哈瑞爾曾敬獻卡門貝爾乳酪給法王拿破崙一世（Napoléon I，1769-1821），但捐建舊雕像的法國人以為乳酪是獻給拿破崙三世（Napoléon III，1808-1873）。說不定兩者皆有可能，因為哈瑞爾生於1787年，卒於1855年。還有傳聞說，1926年建造的第一座雕像也是出於美國人的靈感，而且，哈瑞爾不是卡門貝爾乳酪發明人，也非發現者，而是小鎮當局為了招來觀光收益，積極推廣她獻乳酪給法王的事蹟的結果。既然美國人已經認定她是發明人，那麼這個問題就成

---

13. 阿摩尼亞味應為黴菌分解了蛋白質的關係。

了政治議題，一如在法國，很多和政治無關的事情都會牽扯政治，此事也不例外，引發法國媒體熱議；法國的親美報紙說她是發明人，反美派立刻舉證駁斥。

唯一無可爭議的事實大概就是哈瑞爾出生在維穆捷。長久以來迭有傳聞，卡門貝爾乳酪是在法國大革命期間發明的，但反對者指出，早在1680年就有記載說卡門貝爾乳酪[14]是，「一種非常好的乳酪，極適合晚餐後配上好葡萄酒享用。」有一些和事佬則調解了兩派說法，主張哈瑞爾「發現」遺失的卡門貝爾乳酪製法。這番解釋顯然有點大不相同，但皆大歡喜，各表部分正確己見。卡門貝爾乳酪最初似乎是一種藍黴乳酪，也就是早年記載中提及的。大約在哈瑞爾的時代，這個區域開始將一種青黴素家族的「卡門貝爾青黴菌」（Pénicillium Candidum）——源自產黃青黴菌（Pénicillium Notatum）的青黴素——用於製造卡門貝爾乳酪，將這種乳酪轉化成現在的樣態。這種黴菌來自諾曼地東北部布賴地區（Pays de Bray）的邦登乳酪（Bordon），對方應該很後悔把卡門貝爾乳酪拱手讓人。卡門貝爾乳酪後來大為暢銷，以至於卡爾瓦多斯省（Calvados）所產乳酪有90%都是卡門貝爾乳酪，日產量高達15萬個！至於是否是哈瑞爾發明了新版的卡門貝爾乳酪（她是農民之妻，並非不可能），抑或只是因為敬獻拿破崙皇室某個成員一塊乳酪而榮膺美名，不得而知。除了少數新聞評論家，面對美味的卡門貝爾乳酪，誰還管它真相？

奧日區也是諾曼地另一款著名乳酪「主教橋乳酪」（Pont-l'Evêque）的故鄉。主教橋位於此區極北端，卡門貝爾在極南境。主教橋乳酪的古老起源毫無爭議，可追溯至十三世紀。它以全脂奶製成，外皮類似卡門貝爾乳酪但更厚、更粗糙，顏色也更深，形狀是正方形而非卡門貝爾乳酪那種圓形。按規定，這種乳酪得在窖中熟成三至四個月方可上市，夏秋兩季品質最優。

其他諾曼地乳酪中最重要的是立瓦侯乳酪（Livarot），以脫脂乳製造，置放不通風的窖中熟成，牆壁需以混了乾草屑的沙漿塗抹。此款乳酪

---

14. Camembert de Normandie於1983年被列入AOP，全名受到保護，也是公認卡門貝爾乳酪中品質最高的一款。單獨Camembert一字則沒有限制，任何地區皆可使用。今日的Camembert de Normandie AOP日產量大約五萬個，未計入非認證的卡門貝爾乳酪。

帶有阿摩尼亞味，以秋冬品質最好；新堡（Neufchâtel）地區的邦登乳酪（Bondon）也是用脫脂牛乳製成，呈圓柱形，窖中熟成期間需要通風。哲維（Gervais）奶油乳酪，通常會加糖，當甜點食用。

蘋果，是影響諾曼地飲食的第二大因素。諾曼地是法國最重要的蘋果產區；我曾經很幸運在4月底造訪瑟堡，開往巴黎的火車接連數小時穿梭於蘋果花盛開的果園，無盡無邊，生平第一次切身體會到法國鄉村最動人的景致。

出乎意料，蘋果竟是諾曼地名菜「康城牛肚」（Tripes à la Mode de Caen）的食材之一，想來有些人會覺得把蘋果加進牛肚有點怪，而我也不怎麼愛牛肚，但如果你和我一樣不愛吃牛肚，反倒可以試試這道菜。我覺得這種料理方式是所有牛肚菜餚裡最可口的（其實加的是蘋果酒）。以下是康城牛肚的作法：

在砂鍋底炒香洋蔥丁和胡蘿蔔丁，放上縱剖開的帶骨牛腿肉，再鋪上洗淨切成方塊的牛肚，加幾瓣大蒜，以及一把月桂葉與百里香為主的香料，再來一把韭蔥，以鹽、現磨胡椒、肉荳蔻調味，蓋上一層牛肥肉薄片，然後倒入諾曼地蘋果酒（Cidre de Normandie）剛好淹過所有材料，再添幾大匙諾曼地蘋果白蘭地（Calvados）增添諾曼地風味，然後用足量濕麵糊封住這一鍋；麵糊上桌前撇去不吃，其作用是密封住底下食材，以悶燉而非滾煮方式加熱，確保牛肚顏色白皙。

諾曼地蘋果酒有時會使牛肚變黑，因此有些廚師以水代酒，但名廚會引以為恥。封好燉鍋後，放入烤箱裡燉十至十二小時。這道菜一定要熱騰騰吃，最好就是把燉鍋直接端上桌，此舉適用於多人分食的情況，一般都是將個人餐碗先加熱再來添菜，原本的燉鍋則放在桌上以酒精爐保溫。諾曼地另一個小鎮馬塞堡（La Ferté-Macé）的牛肚料理也因別樹一格而出名，它將牛肚捲成一卷卷串在籤上，名字就叫馬塞堡牛肚串（Tripes en Brochette de La Ferté-Macé）。

其他地區使用白葡萄酒調製的醬汁，在這裡會用蘋果酒和諾曼地蘋果白蘭地來做，至於整顆蘋果也會拿來入菜。聖阿芒小鎮（Saint-Amand）有一道菲力牛排（Filet Mignon），配菜是蘋果片煎鴨肝，上桌前淋少許諾曼地蘋果白蘭地點火燒。諾曼地蘋果酥皮餃（Bourdelais Normands），以

酥皮包上處理好的蘋果烘烤而成（若以洋梨取代蘋果則稱為Douillons）。還有一道濃郁可口的甜點是「諾曼地式舒芙蕾」（Soufflé Normand），以諾曼地蘋果白蘭地[15]調味，裡頭還加了煮熟的蘋果丁與蛋白杏仁餅（Macaroons）[16]。諾曼地蘋果也用於製糖，以此作為糖果的原料，或者直接以「蘋果糖」名稱販售，有時也充作大麥糖的替代品；蘋果糖也在香檳酒製造過程中的補液添糖階段使用。此外，蘋果因為富含能使果汁凝結成凍的果膠，也使得諾曼地成了果凍的生產重鎮。

最後，來看看大海的威力。淡菜是諾曼地一帶的特產，野生野長，全不勞人工插手，伊思霓地區甚至有一種特殊巨型品種名之為「卡約」（Caieu）。這一帶的牡蠣也很優異，和法國其他地區常見的綠色柔軟生蠔相比，這裡的品種「濱海迪沃」（Dives）、「濱海呂克」（Luc-sur-Mer）和「濱海庫爾瑟勒」（Courseulles）更偏白也更結實，或許這就是何以諾曼地比法國他處有更多形形色色的牡蠣料理。法國大部分地區都認為，牡蠣不生食卻拿來下鍋煮，簡直荒唐透頂；確實不假，很難想像把生食絕美的馬雷訥蠔（Marennes）或葡萄牙蠔（Portugaises）煮了吃。但諾曼地的誘人美食「諾曼地牡蠣船」（Barquettes d'Huîtres à la Normande）：船形派皮內填入兩枚水煮牡蠣，配上以淡菜、蝦和蘑菇製成的諾曼地醬，再加上一片松露。另一款名稱相似的「諾曼地牡蠣油餅」（Beignets d'Huîtres à la Normande）則是以牡蠣做的炸什錦。

海港瑟堡最知名的特產是一種小甜蝦，它在餐廳菜單的名稱是「花束蝦」（Bouquet de Crevettes）。瑟堡也和康城、第厄普一樣，都產一種較大型的「女神蝦」（Demoiselles）。諾曼地沿海均盛產知名蛤蜊「地毯蛤」（Palourde）；據我所知，歐洲並沒有美國那種小圓蛤（Little-Neck Clam，也作短頸蛤）。巴夫勒爾（Barfleur）以龍蝦而著稱。第厄普是大型的漁業商港，天天有優異的比目魚、鰈魚（Flounder）、多寶魚（Turbot，也作大

---

15. 諾曼地的蘋果與洋梨製酒共有7個AOC產品，其中蘋果白蘭地有Calvados AOC、Calvados Pays d'Auge AOC、Calvados Domfrontais AOC；蘋果釀造酒Cidre也有Cidre Pays d'Auge AOC。

16. 法式甜點中有兩個名稱很相近的點心，「Macaroon」是以椰絲、蛋白為主的椰絲球，發源於九世紀，起先以杏仁為主材料，後來逐漸演變成椰絲；「Macaron」才是馬卡龍，是受前者啟發而發展出的點心，杏仁粉是主材料。

菱鮃）[17]，以及鯖魚新鮮到貨。清晨造訪這裡的魚市場絕對值回票價。

在法蘭西島的章節中曾提到，葡萄酒燉魚都是以淡水魚做的，但「諾曼地香草燉魚」（Matelote à la Normande）用的卻是海魚，而且堪稱最「徹頭徹尾」的諾曼地佳餚，因為一道菜就囊括了諾曼地三大名物：鮮奶油、蘋果酒與海鮮；將比目魚、海鰻和其他當地特產魚類切成大塊，浸泡在蘋果酒中醃漬，再以蘋果白蘭地炙燒增香，上桌時以大量奶油醬為底，並放上大量鮮奶油，通常佐以蘑菇、淡菜、小龍蝦和水煮牡蠣一同享用。

還有好些諾曼地菜值得一說。本書第一章裡曾提到，有很多鴨肉料理都起源於盧昂。最原始經典的盧昂血鴨（Canard à la Rouennaise），先將全鴨稍微烤過後，卸下鴨腿，鴨腿另行單獨烤製，而鴨胚上的鴨肉切下成片狀，上桌時澆上干邑白蘭地炙燒，火光閃閃，再淋滿以加入鴨血調製的濃郁醬汁。

這種料理手法特別適合盧昂鴨，因為盧昂鴨的宰殺方式很特殊。法國宰殺家禽通常都採放血法，西南部珠雞（Pintade）例外，因為珠雞是野生禽類，喜歡棲息在最高的樹枝上，只能射殺了事。盧昂地區卻以掐殺法宰鴨，這使得血液留在體內，因此鴨肉呈紅色，留有一股野味的強烈氣息，使它有別於法國另一道著名的南特鴨。南特鴨味道格外細緻，體型小於盧昂鴨——最重也不超過2公斤，而盧昂鴨動輒約3公斤，稀鬆平常。盧昂鴨是一種特殊品種的禽類，被特意集中飼養於伊沃托（Yvetot）地區，其中又以亞種都克萊鴨（Duclair）尤其深受好評。盧昂鴨有時會與法國南部和東南部的巴巴里鴨（Barbary，又稱印度鴨）雜交出琵嘴鴨（Mule Duck），是製作肥肝與肥肝醬最佳原料。巴巴里鴨也稱麝香鴨（Musk Duck），因為味道腥重，有時幾乎難以下嚥。

諾曼地還有各種香甜味美的歐姆蛋（Omelette）。聖米歇爾山「普拉孃孃」（La Mère Poularde，至今仍存在且非常有名）酒店的歐姆蛋無人不知；我記得它分量很大，入口濃郁香，非常經典，單純直接，沒有一大堆

---

17. Sole是鰨科魚類，也稱右鮃，形如牛舌故俗稱龍脷魚（有時也寫作龍利魚）；Flounder泛指比目魚、鰈魚，多寶魚也是鰈形目魚類的統稱。從科學定義上看，雙眼位於身體左側的比目魚又稱左口魚（亦即鰨沙魚），其中鰈亞目的左口魚通稱鮃魚，而鰈亞目中雙眼位於身體右側的則稱為鰈魚。

配菜喧賓奪主。我不敢保證這是標準版本，因為唯一一次吃這道菜是三十年前某個11月寒冬時節，酒店只有我一個房客，那年頭沒暖氣；我忙亂埋首於手上的事務無暇他顧之際，上桌的第一份歐姆蛋用了壞掉的蛋，硬生生將我拉回現實世界。酒店立刻換上第二份，對這份歐姆蛋的表現，我現在仍樂於推薦，倘若假以時日成千上萬遊客沒有引發浩劫的話。盧昂另有一款甜點稱為諾曼地歐姆蛋（Omelette à la Normande），包裹煮過的蘋果塊，佐以大量鮮濃奶油，並以諾曼地蘋果白蘭地增香。

　　順便一提，歐姆蛋這道菜的字源，曾引發學術圈廣泛爭議。關於其名稱的詞源，眾說紛紜，其中最有趣的是：某位西班牙國王因打獵而餓壞肚子，闖入一個樵夫的小帳篷裡要東西吃。樵夫情急下打了幾顆蛋，做出了世上第一個歐姆蛋，沒吃過的國王驚嘆道，「多麼敏捷的工人啊！」（Quel homme leste!）「Omelette」一字就這樣問世。在法語裡這是個好故事，有人卻不以為然：因為西班牙語的「Omelette」意謂玉米餅（Tortilla）。還有一些其他說法暫此省略不表，只要來看看下面這個說法或許就足矣：話說早在古羅馬時代，就有一種稱之為「Ova Mellita」（蜂蜜蛋卷）菜餚，可能真的是「Omelette」的字源。蜂蜜蛋卷是將雞蛋混入蜂蜜打勻，煎成的自然就是蜂蜜歐姆蛋，似沒必要更進一步探究其他來源。

　　在都蘭那一章裡提過，腸肚包和小腸肚包很可能起源於諾曼地，真實性尚未獲得證實，然而不論如何我們都可以說，法國最好吃的腸肚包來自維爾（Vire）；首屈一指的小腸肚包出自法蘭德斯地區的康布雷（Cambrai）、香檳區的特魯瓦，但諾曼地的康城也算得上難分軒輊。

　　諾曼地菜風格獨特，發展良好又充滿想像力。一個非葡萄酒產區能有如此烹飪實力並不尋常。或許是因為蘋果酒：諾曼地人吃飯時少不了蘋果酒，就像法國其他地方用餐必有葡萄酒相伴。絕大多數諾曼地蘋果酒沒有美國蘋果汁那麼甜，但諾曼地蘋果酒品項數也數不清。上等蘋果酒與絕佳卡門貝爾乳酪一樣，都來自於奧日地區，若要點瓶裝酒切記這個產區。而在諾曼地多數餐館裡，蘋果酒都盛在不加蓋的水壺裡，而且通常都非常好喝。有時候，蘋果酒就擺在桌上，就像水一樣，不論你點不點，佐餐蘋果酒是免費供應的。

蘋果白蘭地[18]就是蒸餾的蘋果酒，勁強味嗆。酒吧裡賣的蘋果白蘭地通常陳年時間不長，味道顯得青澀，有點像是未加工飲料，非身強體健者不予推薦。上好的蘋果白蘭地需要陳放的時日甚至更甚於干邑白蘭地。高級蘋果白蘭地得貯放在橡木桶內，桶內還會放入幾顆榛果。蘋果白蘭地酒瓶上找不到年分，因為從來都不是單一年分釀製而成。每年都會添入新的蒸餾酒入桶，所以但凡蘋果白蘭地都是混酒。不過，第一次裝瓶的酒，必須已貯放達十五年。

　　如果想挑選幾款諾曼地的蘋果白蘭地當伴手禮，務必選購傳統容器包裝的酒：瘦高陶罐，上頭裝飾著一小撮蘋果葉。等酒喝光，陶罐還可留下當裝飾品，賞心悅目。

　　最後得加記一筆，廊酒（Bénédictine）[19]是諾曼地發明的。這種著名的利口酒是費康本篤會修道院（Abbaye de la Trinité de Fécamp）於1510年研發的產品。發明人是名叫唐‧伯納多‧維切利（Dom Bernado Vincelli）修士，他最初的靈感是要以長在周遭海邊懸崖上的各種芳香植物蒸餾出飲料。酒廠至今都對外開放參觀。

---

18. 本區蘋果白蘭地依照現行產區法規有三個AOC：Calvados AOC、Calvados Domfrontais AOC與Calvados Pays d'Auge AOC。Calvados AOC與Calvados Pays d'Auge AOC至少陳年兩年，Calvados Domfrontais AOC至少陳年三年。
19. Bénédictine的商標與製造權現在屬於百加得集團（Bacardi）而不再是修道院。

Chapter 5

布列塔尼
Brittany

　　中古時期，想要開疆拓土唯有兩途——戰取或通婚。法國取得布列塔尼就是透過通婚，加上堅忍不拔的毅力；在布列塔尼成為法國屬地之前，歷經三次國王婚配，其中兩次的新娘還是同一人。1491年，查理八世（Charles VIII）[1] 娶了布列塔尼女公爵安妮（Anne de Bretagne）[2]，而安妮皇后依舊是布列塔尼公國的公爵，有權自行統治布列塔尼，並未充當嫁妝歸屬於法國。1498年，在昂布瓦茲堡觀賞現代網球賽前身的查理八世，行色匆匆在通過堡內一扇矮門時低頭，意外猝世，新寡的安妮便返回布列塔尼，結束與法國的情緣。然而，素有遠見的法國人，緊咬這場婚約裡的一條周全的條款，規定安妮有義務再嫁繼任的法王。這次新郎是路易十二（Louis XII）[3]，他還只是奧爾良公爵身分時，就已經對安妮眉來眼去，

---

1. 法國瓦盧瓦王朝嫡系的最後一位國王。
2. 布列塔尼公國與法蘭西王國素來不合。1490年，安妮與父親訂下婚約的哈布斯堡王朝馬克西米利安一世完成代理婚姻，驚動了法蘭西王國，查理八世舉兵攻打布列塔尼，布列塔尼等不到救援被迫投降，在議會建議下，安妮毀婚改嫁查理八世，婚姻關係獲教宗特許認可。
3. 路易十二是查理八世的堂叔。

可惜當時他也已婚。路易十二很快就獲得教宗許可，廢止了原有婚姻（其妻是路易十一之女）[4]，半點苦惱也無，或許你已猜到，他的皇后據說駝背，髖關節畸形，而且根據現代作家的說法，容貌如猴。十五年後安妮辭世，年僅三十七歲，她的女兒克勞蒂（Claude）襲爵成為布列塔尼女公爵。過了數月，克勞蒂嫁給安古蘭伯爵（François d'Angoulême），1515年安古蘭伯爵繼位成為法王弗朗索瓦一世（François I）[5]，再一次，法國皇后和布列塔尼公爵又成了同一人。克勞蒂皇后對國事不感興趣，她熱愛園藝。今天你吃到的法國綠李「萊茵‧克勞蒂」（Reine Claudes），正是紀念她的貢獻。就這樣，克勞蒂乖乖順從國王旨意，在二十五歲去世前，將布列塔尼爵位傳給了他們的子嗣，也就是後來的亨利二世；皇后的死因根據當時並不精確的醫藥科學記載是「倦怠症」（disease of languor）──說不定和她早年努力在八年間為國王產下七子不無關係。1532年正式宣布，法蘭西王國與布列塔尼公國永結聯盟（Perpetual Union），從今往後，布列塔尼成了法國領土。

　　法國因此得到了一大片相當富裕寬廣的領域，涵蓋了菲尼斯泰爾省（Finistère）、北部海岸省（Côtes-du-Nord）[6]、莫爾比昂省（Morbihan）、伊勒－維萊訥省（Ille-et-Vilaine），以及大西洋羅亞爾省（Loire-Inférieure，1956年改名Loire-Atlantique）[7]。在歷史上，自凱爾特人入侵以來，布列塔尼已獨立千年之久，但在此之前，因蠻族入侵導致羅馬帝國瓦解之後，布列塔尼曾變成一片蠻荒，不值得史冊一顧[8]。

　　而在羅馬人統治之前很久的史前時代，統治布列塔尼的是建造英格蘭巨石陣的部族，這個部族經常出現在布列塔尼。之後，這裡又受到高盧人

---

4. 亦即查理八世的姐姐。
5. 弗朗索瓦一世是路易十二的堂弟。
6. 1990年改名為Côtes-d'Armor（阿摩爾濱海省）。
7. 法國政府在1956年建立了新的行政單位「大區」（Région），每大區下轄若干個省。現在的布列塔尼大區下轄四省：莫爾比昂省、阿摩爾濱海省、非尼斯泰爾省、伊勒－維萊訥省四個省組成，而大西洋羅亞爾省被劃入另一區，此事造成一些政治上的衝突不斷。
8. 布列塔尼半島原住民種族複雜，包括原始高盧人（也是凱爾特人）的後裔，還有遭英格蘭入侵而南遷的威爾斯凱爾特人，公元前56年羅馬帝國征服了法國，布列塔尼劃歸羅馬里昂高盧行省，公元五世紀時不列顛的凱爾特人入侵，也因此才有了布列塔尼（Bretagne）這個名稱，外號小不列顛，以呼應大不列顛島（Grande Bretagne）。高盧人是泛指分布於中歐的多瑙河中游平原、西歐、東南歐的多瑙河下游平原的凱爾特人，這個名稱是古羅馬人的用法。

統治，他們稱此地為「大海之鄉」——「Armour」（意謂海）[9]一字仍常見於餐廳菜單上，比方說命名錯誤的「美式龍蝦」；似是布列塔尼命中注定，不是發源於此的菜餚，它也盡收功勞。稱為「布列塔」（Breton）的多層蛋糕也非這裡本產，而是1850年巴黎發明的。

法國這個區域目前的名稱令人不禁想到不列顛（Britain），叫人困惑，但它的命名卻是完全合法的，五世紀下半葉時，來自不列顛的凱爾特人讓這塊蠻荒之地重返文明。當時，這些凱爾特人遭盎格魯人與撒克遜人逐出不列顛島，被迫遷入阿莫里凱半島（Armoricain Peninsula），給了此地新的名字，也將他們的語言給了這裡，把這裡修復得如此固若金湯，直至今日，在查理曼大帝終結了布列塔尼與世隔絕一千一百五十年之後，將近一百五十萬人仍舊使用布列塔尼語。布列塔尼的蔬果農發現，比起家鄉，他們的物產能在海外賣出更高的價錢，於是他們滿載漁船，揚帆駛向英格蘭西南端，進入布里斯托灣（Bristol Channel），賣貨給威爾斯人（Welsh），因為威爾斯人與布列塔尼人實際上沒兩樣，討價還價起來毫無障礙。

因此，在法國境內，布列塔尼呈現的是獨特而截然不同的文化，這個文化根源與不列顛凱爾特人息息相關，卻與法國任何原種毫無干係。布列塔尼人說亞瑟王和圓桌都在布列塔尼，不在不列顛，英國現代學者們一致同意，不列顛凱爾特人最初就是跟布列塔尼人借用了故事。《亞瑟之死》（*Le Morte d'Arthur*）作者湯瑪斯·馬洛禮爵士（Thomas Malory）坦承取材自十世紀時的布列塔尼人的故事。但從另一個角度來看，無法肯定的是，十世紀時的布列塔尼人不是單純複述了五世紀時他們祖先從不列顛島帶來的傳說。不論情況如何，兩者都很確定布勞賽良德森林（Brocéliande），亦即傳奇魔法師梅林（Merlin）和仙女薇薇安（Viviane）的居處，就是現今布列塔尼中北部的潘蓬森林（Paimpont）。至於和英格蘭康瓦爾郡（Cornwall）有密切關係的《崔斯坦和伊索德》（*Tristan and Isolde*）[10]，布

---

9. 布列塔尼可依地理特色分為Armour（也作Arvor，意謂海，亦即濱海地區）和Argoat（意謂林，亦即內陸地區）。

10. 英國史詩亞瑟王傳說中的傳奇人物之一。伊索德是愛爾蘭公主，也是崔斯坦叔父馬克國王的妻子，故事中兩人發生不倫戀情釀成悲劇。

列塔尼人並未爭搶故事中馬克國王（King Mark）的城堡座落何方（若他們想這麼做的話，大可指出布列塔尼半島西南端名稱正是康瓦爾），可是他們自有故事的另一版本，崔斯坦在結局裡回到他的城堡，這個城堡就在布列塔尼。

和凱爾特人一樣，布列塔尼人也是神祕主義思想，喜歡傳奇故事，而且迷信得很。在脫離異教信仰之後，他們從神祕主義轉而投入形象化、熱情的基督教新信仰。在布列塔尼常可見到「伊夫」（Yves）這個名字，因為叫此名的聖人在當地頗負盛名，凱爾特的康瓦爾也有這個名字，出現在童謠不朽之城「聖伊華」（Saint Ives）的名稱裡。和他有關的一則故事隱約提到了美食。他是十三世紀時的一名法官，據說曾審理富豪控告一個乞丐的案件，原告說，乞丐頻繁出現在他家廚房窗邊烤爐前，嗅聞烤爐裡的食物香味。聖伊華取出一枚錢幣丟在長凳上，「錢幣的響聲，」他對原告說，「夠支付你家食物的氣味。」

這片凱爾特人的內飛地（Enclave）[11] 和法國其他區域對比強烈，這一點使得布列塔尼成了全法最獨特又富有異國情調的地方，尤其是「下布列塔尼」（Basse-Bretagne），它就像下諾曼地那樣，與大陸領土相隔遙遠，因而保留更多的自有古老傳統。下布列塔尼位於半島西半部，長長的尖角直戳進大海，法語叫做「布列塔尼的西北不列顛」（Bretagne Bretonnantes），我猜應該也能翻譯成「布列塔尼的布列塔尼」（Breton Brittany），尤其上布列塔尼（Haute-Bretagne）有時也被稱為「高盧的布列塔尼」（Gallic Brittany）。下布列塔尼住民絕大多數都使用布列塔尼語。在這裡也會常看到很多精緻頭飾，洩漏出當事人的出身。這裡還有更多精雕細琢的十字架——耶穌受難像（Calvaries）——以及更多的紀念石碑、石圈墓（Cromlechs）、石棚墓（Dolmens）[12] 和巨石墓（Menhirs）[13]。這裡也是宗教遊行與赦免儀式鼎盛之鄉。比起半島東部，這邊的建築比較簡陋

---

11. 意指國家境內某塊領土，主權屬於另一國。
12. 也稱多爾門，新石器時代一種殯葬型態，主要分布於歐、亞兩洲，又以朝鮮半島最多的一種墓形，由兩塊或兩塊以上的石頭豎立組成，上方橫放一塊頂石。
13. 一種單一巨石豎立而成的墓。「Menhir」是布列塔尼語，「men」是石頭，「hir」是高，合起來意謂「高大的石頭」。

但更舒適。有些古鎮迥異於遍布於法國西部的練兵廣場式村落，感覺上反而像極了英格蘭，或跳過法國中心地帶，與另一端的阿爾薩斯相仿。濱海居民與孚日山脈（Vosges）居民，住房不可能形式會一樣，不過他們的房屋倒是散發著一股反都市化傾向，截然不同於兩者之間那種比較精緻的文化。布列塔尼始終不曾以法蘭西島與諾曼地的宏偉大教堂為榜樣，這裡的教堂規模較小也比較簡單。在建築上，布列塔尼只有軍事堡壘和城牆趨向雄壯——特別是海岸堤防，聖馬洛（Saint-Malo）高牆便是一例。

海洋支配著布列塔尼，尤其是下布列塔尼。大海無所不見，即使身在看不到海的中央扇形地帶，依然能聞到海的氣息，因為這裡的田野都以海草作肥料。半島北岸舉目可見大海的區域是最佳農耕區，盛產馬鈴薯、甘藍、花椰菜、洋薊、豌豆、長豆和草莓。半島盡頭末端處，海岸原石嶙峋，駭浪驚濤，海流強勁變幻莫測。在險象環生凶猛又礁石遍布的大海討生活，漁夫個個都是航海高手。

他們一直都是人中蛟龍。雅克・卡蒂亞（Jacques Cartier）以弗朗索瓦一世的名義出征，從聖馬洛出海攻占加拿大。他可能是在史冊上記載吸菸的第一人，曾寫道看到印第安人使用菸草十分驚訝，不過卻將進口這種植物的機會，拱手讓給華特・雷利爵士（Sir Walter Raleigh）[14]。聖馬洛海盜猖獗，大約長達兩百年之久，在這片海域禍害法國仇敵，也時不時禍害有大好前途的受害人，當然是出於誤認所致，總之，年頭混亂，海盜與武裝民船一向不易辨別。

如今布列塔尼人會駕船橫渡大西洋到紐芬蘭（Newfoundland）海岸捕鱈魚，而且他們是法國海軍的主力成員。在布列塔尼人居住的一些離島上，自然環境與陸地大相逕庭，這些島是大海裡的堅不可摧的磐石，是徒步旅人啟程的月台。韋桑島（Ushant，英語稱阿申特島）是瓦塞特（Ouessant）盎格魯化的轉音，意謂韋斯特利（Westerly，意謂西方），是法國西境最遠的一點，露出海面的一顆岩石，荒涼一片，古人常以為它就是海角天邊（Ultima Thule），不過那塊海之角更有可能是冰島。韋桑島人幾乎一生都在海上，一般就捐軀於大海，因此他們發展出一種特別具象徵

---

14. 英國知名冒險家，也是伊莉莎白一世女王年代的詩人。

意義的葬禮。有幸回到島上的人，就埋首於累積多時的家務裡，因為家庭主婦在他們出海期間，都忙於種田，無暇顧及家務；要在幾乎一無所有的貧瘠礁石上討一口飯吃得靠辛勤不懈。不過，韋桑島人確實出產一樣食物會供應給大陸——鹽沼羊（Prés-Salés）。還有一個更小更貧瘠的島，位於赫茲海岬（Point du Raz），韋桑島稍南位置，島民全是水手，婦女永無止息地服喪，永遠在為下一個大海的犧牲者穿上喪服；這座小島極其赤貧，以至於1958年政府給予免稅優惠，享有這項特權的只有法國的另一個地點——莫雷恩島（Molène）[15]，位置介於韋桑島與大陸之間。

這裡是窮鄉僻壤。可想而知，食物是粗糙的，豐盛但都是鄉村菜。確實不假。

人們提到布列塔尼的食物，往往語帶輕蔑。更常見的是，根本沒有人認為曾有過什麼精良的地方菜，即使事實上巴黎的私人廚子有相當高比例都是布列塔尼人。原因並非出於他們天生熱愛廚藝，而是因為在非城市地區的人口泰半靠手工討生活，提供城裡家事所需的服務。在比較複雜的地區，在辦公室當速記員的都是貧窮的少女，或是當店員賣東西，而布列塔尼人做幫傭的很多。布列塔尼中年婦女是許多有錢人家青睞的好保母，大家覺得有個頭戴布列塔尼帽的保鏢陪同小孩在安靜的公園裡玩耍，是很時髦的。戴布列塔尼帽是當地人的習慣，是奴隸的象徵標誌，並非美麗的頭飾。去巴黎中等收入的家庭裡當女傭的布列塔尼少女，不論工作內容為何，都得負責烹飪。她們似乎很認分，所以也沒道理抨擊布列塔尼人的廚藝，即使在海風席捲下阿摩里卡半島（Armoricain Peninsula）生活險峻，完全無損於發展出精細的美食。

「布列塔尼風格」（à la Bretonne）一詞，雖然意謂著果腹聖品，但不是用來形容格外精妙的烹飪方式。通常意謂著搭配了白豆的菜餚，也可以指類似布列塔尼羊腿（Gigot de Mouton à la Bretonne），或布列塔尼醬（Sauce Bretonne）裡面的白豆，或者是稀釋如湯的豆類菜餚，如布列塔尼泥（Purée à la Bretonne）。還可以單純指佐以布列塔尼醬的菜色，譬如布列塔尼風比目魚（Sole à la Bretonne），但在這道菜不見有白豆，只有在布

---

15. 位於布列塔尼西部海岸，像是布列塔尼的一個小圓點。這片海域曾是歐洲最大的海藻群島。

列塔尼當地醬汁裡面才有白豆。布列塔尼醬有兩款，講究的食譜作家會給出不同的描述。嚴格來說，「布列塔尼風醬汁」（Sauce à la Bretonne）是中世紀的作法，裡面的材料放了當時另一款費工的經典醬汁「褐醬」（Espagnole）——由火腿、小牛肉和鷓鴣合煮提煉出的湯汁——再混以牛清湯、奶油、雞凍、爆炒過呈褐色的洋蔥，以及鹽巴與胡椒。今天不太可能找得到這款費工耗時的烹調方式，有機會遇到的是布列塔尼醬，由洋蔥、胡蘿蔔、荷蘭芹、韭蔥、奶油和鮮奶油或白酒，視菜餚如何上桌而定，比方說，豆類菜餚就放鮮奶油，比目魚的話就放白酒。

可以說，布列塔尼菜仗著大自然天生天養的優異物產，全然毋須繁複調理，已然滋味具足——事實上，布列塔尼的知名特產都是甲殼類海鮮，一般都生食，也因此廚房根本不需要特殊技巧，優秀家廚的技術已綽綽有餘。布列塔尼的絕佳鹽沼羊肉，如前已述，並非韋桑島獨門物產，整個半島地區都有，不勞專家之手，只消稍微調味，小心燒烤一番即成美食一道。在布列塔尼，標準的搭配方式是綿羊肩肉佐白豆。這個區域的鷓鴣和野兔味道刺鼻，但廚師不必刻意去消除其味。在布列塔尼首府雷恩（Rennes）畜養著上等的鴨子、火雞與雞。這類家禽都能製成精緻的菜餚，但若論及首屈一指的品質，一如所有布列塔尼的物產，那就毋須徒勞改善其與生俱來的味道。

布列塔尼的一道名聞遐邇的特色菜是可麗餅（Crêpes）——一種煎餅。布列塔尼可麗餅不像美國薄烤餅（Griddle Cake）那般粗糙，但仍相當油膩不好消化。可麗餅應該是橙汁煎餅（Crêpe Suzette）的前身，是一種最細緻的可麗餅，兩者相比，宛如飽經風霜的農婦對照於巴黎仕女，不過優雅血統，傳承給了布列塔尼最精美的坎佩萊（Quimperlé）花邊煎餅（Crêes Dentelles）。而普通的布列塔尼可麗餅很扎實，雖談不上美妙，但不論如何亦不容小覷，而且可以速速飽餐一頓。

不知為何，在巴黎聖日耳曼德佩區（Saint-Germain-des-Près）與聖米歇爾大道（Boulevard Saint-Michel）之間的聖日耳曼大道（Boulevard Saint-Germain），聚集了一家又一家布列塔尼煎餅店；與事實不符的是，巴黎的布列塔尼區位置其實在蒙帕納斯車站旁（Gare Montparnasse），我經常去那裡品嚐可麗餅。沒有風格可言。廚師在用餐區當著食客面前煎著可麗

餅，他們站在一大排巨大的平板爐後面，爐裡麵糊在不同的煎烤階段很快便紛紛冒煙。餐廳菜單上只有一道菜，就是可麗餅。我通常會點一份加了奶油與蛋，或是乳酪的可麗餅當主食，另點一份加了果醬或蜂蜜的可麗餅當甜點，再配上一兩杯蘋果汁──標準的佐餐飲料──吃得我嚴重步履蹣跚，但是皮夾重量卻是幾乎半點也沒減輕。這樣一頓飯，大概是200法朗（美金50分），不及任何最便宜又稱得上一餐的一半花費。在這特殊地帶，所有的可麗餅似乎全以同一款麵粉製成，若要把主食變成甜點，只需將材料從不甜的換成甜的。在布列塔尼，常常連同麵糊都做了改變，主食的麵糊用的是蕎麥粉，並且要加鹽；甜點可麗餅用的是小麥粉，要調成甜味的。[16]

在海鮮方面，布列塔尼的兩大名產是龍蝦與生蠔。布列塔尼海岸盛產有大鉗，和美國龍蝦一模一樣的藍龍蝦（Homard），也盛產長尖鉗、美國僅產於太平洋岸的棘龍蝦（Langouste）。法國多處因拼音之誤，將「法式番茄燜藍龍蝦」（Homard à l'Armoricaine）錯譯為「美式龍蝦」（Homard à l'Américaine），但錯譯情況在布列塔尼並不常見。布列塔尼調理龍蝦別無他法，標準作法就是個頭小的水煮，大隻的烤著吃。有上好的龍蝦在手，其實根本毋須改良這兩種烹調方式。沿著半島北端至南端，所產的濱海卡馬雷（Camaret）小龍蝦，格外甜美出色。

說到布列塔尼的生蠔，這可是個出乎意料複雜的課題。這裡所產的各式各樣生蠔品種，有養殖在海床上、氣味強烈的野生品種，也有味道柔和，人工培育養殖的品種。每當天然生蠔特別缺貨時，拖網熱烈出動，海床被一撈而盡空無一物。法國當局禁止使用拖網之後，改採人工養殖生蠔，海床得以復甦，拖網如今只在受到某些限制下得以放行。

十九世紀中葉為了發展生蠔的人工養殖業，法國人考察了可敬的生蠔古國──義大利塔蘭托（Taranto），在古羅馬人打造的海床上學習生蠔文化，因為古羅馬人是很厲害的生蠔迷。希臘人也是，你應該記得，他們習慣表決，尤其是遇到討論放逐問題之類的事情，用尖筆把判決刻在生蠔殼上。投票決定放逐一個人時，希臘人投的不是黑球，而是生蠔的殼──這

---

16. 今日的同一地區仍是傳統可麗餅店家的聚集之處。

就是陶片放逐制（Ostracism）的由來。

布列塔尼捕撈野生與人工養殖生蠔，兩者皆是主要品種。和美國生蠔相比，最常見的法國生蠔較為滑溜，外殼更粗礪，顏色更綠，蠔肉裡的蠔汁散發強烈的大海氣息。這就是「葡萄牙蠔」（Portuguese Oyster）[17]，不全然正確，但毋須細究。另有一種貝隆（Bélon）生蠔，蠔肉色白堅實但較不滑溜──很接近美國生蠔──是我所偏好，不像藍點蠔（Blue Point）之類的生蠔那麼肥，但以我淺見，滋味卻更為細膩。

十九世紀末，有一陣子，葡萄牙蠔如布列塔尼人一樣極為多產，眼看快要將更出色的貝隆蠔澈底淘汰掉，但生蠔養殖戶在禁令相助下，終於成功控制了這種強橫的雙殼貝，現在葡萄牙蠔依法只可養殖在勒克魯瓦西克（Le Croisic）一帶，那幾乎是在布列塔尼海岸的極南端。本區最大的生蠔養殖區在莫爾比昂灣（Golfe du Morbihan），那裡也是法國其他地區養殖生蠔的開端，如果買到的生蠔上標示著莫爾比漢斯（Morbihannaises）或阿摩里卡（Armoricaines）字樣，表示它們是直接產自布列塔尼本地的。但產自布列塔尼的葡萄牙蠔，也會南送很遠，遠到和布根地一樣靠南的濱海之城馬雷訥（Marennes），去育肥，然後以馬雷訥的名義上市[18]。白蠔會去貝隆，同樣不在布列塔尼，或者送去布列塔尼的康卡勒（Cancal）──位於聖米歇爾山海灣區──也是去育肥，也就是說，生蠔從南岸遠赴半島北岸進行增肥，再以康卡勒的名義銷售。

為免這麼做看似愚弄大眾，好像布列塔尼蠔可以冠上各種名義，所以可以這樣來加以解釋，生蠔育肥的所在地會影響它的風味，就好比葡萄種植的風土，會左右釀酒的滋味。比方說，馬雷訥的生蠔，色澤比那些在其他地方長成的產品來得綠，因為特定地點所生長的微小海草與矽藻對它的影響。這些生蠔攝食這些海草與藻類，同時也獲取了色澤和滋味，就像羊隻放牧在海邊鹽沼，牠們所吃的牧草使得產出的綿羊肉更美味。

不同的育肥區有一共通點：都位於河口處，因為淡水與鹹水交接處營養豐富，可使生蠔的肝臟肥大，也就是能使生蠔變得肥美。生蠔因此也類

---

17. Portuguese Oyster為凹型蠔之品種名，Huître du Bélon則是似扇貝的扁型蠔。
18. 本區生蠔品名現為Huîtres Marennes-Oléron，2009列入IGP管制，也是唯一受法定管制的生蠔，一般市面上的Fine de Claire生蠔都來自此區。

似鵝隻，被強迫灌食讓肝臟膨脹好製作肥肝醬。

不同於諾曼人，布列塔尼人不曾發明任何以生蠔入饌的菜餚，同樣的，這一點毫不奇怪。他們也未對兩項諾曼地也有的物產有所作為，一項是諾曼地與布列塔尼很普遍的飲料蘋果汁，另一項是他們也盛產的鮮奶油。布列塔尼的乳牛，黑白花色相間的一種動物，雖然體型小——最重不過288公斤上下——所產鮮奶十分優異，不過這種鮮奶的乳脂含量不如諾曼地的高。有種小型的紅斑布列塔尼乳牛，是與大型不列顛杜倫（Durham）牛雜交成的肉牛，產乳能力小很多。

布列塔尼的奶油幾乎與諾曼地的不相上下，也是奶油白酒醬（Sauce au Beurre Blanc / Beurre-Blanc Sauce）裡的原料之一，而這道醬汁可能是仿自鄰區羅亞爾河谷，經常用來烹調鯡魚。布列塔尼的可麗餅也用了大量鮮奶油。不過，布列塔尼幾乎不產乳酪，唯一例外是雷恩（Rennes）的所產的奶油乳酪「明格軟質乳酪」（Mingaux），類似於索米爾（Saumur）的克雷米斯（Crémets）新鮮乳酪。

布列塔尼人發明了一道令人難忘的海鮮菜餚「燉魚湯」（Cotriade），是當地的海龍王魚湯（Bouillabaisse）；這種湯是整個法國海岸皆有的各式各樣雜燴魚湯。布列塔尼人說，魚湯裡用了越多種魚，湯就越美味。這款燉魚湯並無固定原料，但會用上十來種不同的本地魚，端看當日漁獲而定。不放龍蝦，湯裡要有洋蔥與馬鈴薯，調味則需香草植物，尤其不可少月桂和百里香。上菜的方式很像聞名天下的地中海魚湯——將湯汁倒在麵包片上，當作一道主食，而魚肉和馬鈴薯另外用盤子裝好，在湯之後當第二道菜上桌。

雖然布列塔尼出產蘋果汁，也確實在極南端大約南特一帶釀製一些葡萄酒。南特位於羅亞爾河的河口灣，因此，說起來布列塔尼的葡萄酒是羅亞爾河酒區的恩賜。這裡的佳釀是一款不甜卻果味馥郁的酒「慕斯卡德」（Muscadet）[19]，因為它有一股淡淡的肉豆蔻氣息，而肉荳蔻的法文名稱就是「Muscade」。上等的慕斯卡德出自聖埃爾布隆（Saint-Herblon）和昂

---

19. Muscadet AOC今為羅亞爾河谷最大的法定產區，採用Melon de Bourgogne白葡萄釀造，干型清爽。此區向北即為布列塔尼。

斯尼（Ancenis），兩者都在羅亞爾河酒區，以及位於羅亞爾河支流南特塞夫爾河（Sèvre Nantaise）的瓦萊特（Vallet）。

　　釀酒葡萄也遍植於魯伊半島（Rhuys），不過言多必失。布列塔尼人自己對這款葡萄酒有一評論，他們說，要喝它得動用四名大漢加上一堵牆，一人倒酒，一人喝酒，兩人扶著他，這堵牆可防止他向後摔個四仰八叉。

Chapter 6

⚜

波爾多
The Bordeaux Country

絕大多數的法國或巴黎旅遊書都表示協和廣場（Place de la Concorde）
是歐洲最大的廣場；莫斯科的紅場（Red Square）除外，故而，這些旅遊
書都錯了。最大的廣場是波爾多的梅花廣場（Place des Quinconces），相較
於協和廣場占地75000平方公尺，梅花廣場的面積高達117000平方公尺。
波爾多最值得誇耀的是波爾多國家大劇院（Grand Théâtre）。就規模而
言，它並未勝過巴黎歌劇院（Opéra de Paris）[1]，人家座位有兩千兩百席，
它僅有一千三百席。不過，巴黎歌劇院的設計人加尼葉（Charles Garnier，
1825-1898）起造時，取法了波爾多國家大劇院，劇院裡壯觀的對稱弧形
樓梯聲名遠播，是借鏡波爾多歌劇院的構想。劇院演出時舞台場面豪華無
比，即使座無虛席依然賠錢，因此波爾多市當局給這座劇院豐厚的營運津
貼；市政府覺得這麼做物超所值。

　　以面積來看，波爾多是法國第二大城，若是算人口數，它排第四，

---

1. 巴黎歌劇院的正式名稱是加尼葉歌劇院（Opéra Garnier）。

而港口裡名列第五。被流放的西班牙畫家哥雅（Francisco Goya）[2] 挑中波爾多居住並終老於此；他還牽涉到一樁美術史的小小懸案，據說在撿掘他的遺體歸葬西班牙時，發現他頭顱失蹤。「將凡爾賽，」雨果（Victor Hugo）寫道，「加上安特衛普就是波爾多」。

這座城市壯麗輝煌，之所以如此原因有二。其一，它的地理位置使然，其二，它的葡萄酒精妙絕倫，因為地理位置適合，羅馬人在此種植了葡萄藤。

波爾多座落在加龍河（Garonne）畔，恰位於該河注入多爾多涅河（Dordogne）處的上方，兩河合併成一條宏偉的吉倫特河（Gironde）。海運船舶可以藉此支流上溯，直達繁忙的內陸港波爾多，波爾多可提供優異的天然屏障，但又沒有地形障礙險峻地阻隔它和腹地的交通，這使它成為大區裡的商業與文化中心；它的北部、吉倫特（Gironde）南邊──精確地說是吉倫特以南──都靠海，而內部有兩條大河垂直相交。多爾多涅河是全法最瑰麗的河流，湍湍流淌，所經之處是法國古老的人類居住地──克羅馬儂人（Cro-Magnon）的村鎮，千仞岸崖盡是古老的城堡和高牆寨鎮。加龍河發源於遙遠的庇里牛斯山（Pyrénées）南麓，從群山間暴沖而下，冰冷的水沫一路飛濺，直奔至另一座大城土魯斯（Toulouse）之後水勢才漸緩，過了阿讓（Agen），接近波爾多開始，極目四望兩岸無不全是葡萄園。

傑出的葡萄酒，優渥的財富，波爾多是法國諸多美食之都之一，雖然在二次大戰期間一度遭到封港，陷於枵腸轆轆饑不可堪的窘境（撤退中的德軍以為他們在離開該區前封鎖了物資渠道，但是法國人在1946年重啟了），但迄今仍是法國最出色的美食大城，與巴黎、里昂、第戎、盧昂與土爾齊名。卡澎芬餐廳（Le Chapon Fin）[3] 在戰前是法國十二家最佳餐廳之一，雖然戰後鋒頭不再，但仍是前五十大最佳餐廳之一，十九世紀的璀璨氛圍未曾一絲改變。我很遺憾，不曾在它最顛峰的時候去用餐，我唯一造訪波爾多的一次是在1940年停戰期間，當時滿城湧入比平常多四倍的人，

---

2. 哥雅（1764-1828）是西班牙皇室的宮廷畫家。

3. 全球最早一批的米其林三顆星餐廳。這家餐廳目前仍在營業，為米其林餐盤推薦，以其酒單聞名。

除了有權有勢的政客或他們的情婦，誰也擠不進卡澎芬餐廳。即使卡澎芬餐廳不再獲得美食聖經米其林指南評分三星，它依然擁有兩顆星，而且波爾多還有六家一顆星餐廳，對單一城市而是這是莫大殊榮。

在波爾多，地方菜似乎全自創於它的首府，再傳播到周遭地方，爾後隨著距離發源地越來越遠而漸次減少。這一點有違常理，因為一般都是大城市會聚集並將周遭食物發揚光大，汲取對方各種原創靈感。這或許正是為什麼波爾多區的美食疆界，與以往的政治疆界並不吻合的原因。在我們前面討論過的其他地區裡，飲饌發展是遍及整個政治或地理單位的，雖然也會在那些單位裡的某些特定城鎮積累成拔尖佼佼者，但不論如何，這些單位裡多多少少並存著一些同質性的廚藝之道。可是，這裡卻不然，在這個葡萄園圍繞的波爾多區發展某一道特色菜，都是受到葡萄酒影響而形成的，而且僅僅少部分突破波爾多肇建時的政治疆域。

或許，原因是這塊疆域如此地大物博且多彩多姿。地方菜所使用到元素沒有一致性，因此不曾發展出制式菜餚。波爾多本身是吉耶訥行省（Guienne）[4] 的首府，吉耶訥行省是阿基坦大區（Aquitaine）破敗後的行政區，其疆界經常變來變去；例如，在顛峰時期（八世紀），北抵普瓦圖與貝里，這兩處前述已提及；東北達我們稍後就會談到的馬凱（Marche）、利穆贊（Limousin）、佩里戈爾、奧弗涅，還有我們現在要跟昂古穆瓦（Angoumois）一起探討的聖東日（Saintonge），儘管昂古穆瓦在政治上從未隸屬於波爾多區。它和聖東日位於河流的北邊，使得波爾多看起來比較像是陡然往南斜，而不是往北。這兩地在某種程度與波爾多所相連，原因很多；因為供應物產給波爾多，以昂古穆瓦來說，它包辦了現代夏朗德（Charente）和多爾多涅省（Dordogne）的物產；這兩地都與干邑酒鄉重疊，盛產天然釀造的餐後酒供應給波爾多酒商；而對聖東日而言，因為它盛產生蠔，與較為干冽的格拉夫（Graves）白葡萄酒相得益彰。多爾多涅省土壤濕軟，包括了濱海夏朗德的一部分，在1372年併入法國之前，自有一段輝煌歲月。夏朗德則是寬廣的谷地，間或高原迭起俯瞰山谷，大自然與歷史都自成一格，與聖東日或波爾多葡萄園區無關。

---

4. 吉耶訥是法國南部的一個歷史上的行省，大致對應今阿韋龍省（Aveyron）。

The BORDEAUX COUNTRY

MILES
0   50   100
0   KM.   100

≡ *Great Eating*
= *Good Eating*

ATLANTIC

AUNIS (SHELLFISH)

Île de Ré
Île d'Oléron

La Rochelle

POITOU

LIMOUSIN

SAINTONGE

SARDINE PATÉ
SNAIL STEW
WOODCOCK
GALANTINE

Marennes
(OYSTERS)

Saintes

Cognac

ANGOUMOIS

GAME

PRESERVED DUCK

GIGORIT
STUFFED CABBAGE
PIG'S FEET

Angoulême

Périgord

Pauillac

Médoc

Gironde

CHICKENS AND CAPONS

Libourne

SALT MEADOW LAMB

St. Julien

Blaye

St. Emilion (MACAROONS)

Margaux

Haut Médoc

Dordogne R. G.

Bordeaux

Graves

Passac

WILD DOVES

Garonne R.

GUIENNE

Arcachon

The Landes

OYSTERS

GRAPEPICKERS' SOUP

Cérons
(PEAS)

ORTALANS

Marmande
(TOMATOES ASPARAGUS)

Sauternes

Lot R.

Tonneins
(HAMS)

GASCONY

Agen (PRUNES)

Nérac (MEAT LOAVES)

ATLANTIC OCEAN

Rouergue

在本區裡，美食疆界和政治疆界並不吻合。圖中左側黑色區塊被視為相依相隨的部分。灰色區域，雖然有部分相同，但會放在其他章節做討論，譬如，佩里戈爾和魯埃格（雖同為吉耶訥省的一員），還有中央高原，以及包含庇里牛斯山在內的南加斯科涅。

波爾多的南部，與腹地關係更緊密，也相當多樣化。吉耶訥行省再過去就是加斯科涅，一路延伸直到庇里牛斯山，本身是個相當支離破碎的區域。吉耶訥和加斯科涅之間很難劃出一道邊界，原因之一就是邊界迭有變動，原因之二是加斯科涅曾是吉耶訥的一部分，時間長達四百年左右，大約在1050至1450年之間，兩地因此混淆不清。波爾多的下方，沿海是一長條形沙灘，後方有潟湖，有些潟湖與海相通，有些則是封閉的。潟湖的背後，就是朗德省，遍地長滿矮松木，有自己的古怪文化特色。牧羊人踩高蹺上工，就是因為在此鄉野泰半都是濕軟沼澤；如今雖然土壤都已枯竭，高蹺牧羊習俗仍保留不輟。當地有一種以手與膝表演的牧童舞，跳舞時面部朝天。還有一種鬥牛活動，刺激乳牛衝撞，但不做猛烈強攻，與西班牙鬥牛相比，實在稱不上危險，因為乳牛的牛角都插上圓球，身上還綁著長繩，如果跑太遠可急抽拉回。加龍河谷在此區東邊所流經的地形，多山而崎嶇，經過阿讓時，山勢陡峭緊臨溪流，它的支流塔恩河（Tarn）素以水深聞名，號稱野蠻峽谷。

安茹伯爵，也就是金雀花王朝的亨利王繼位成了英格蘭的國王亨利二世時，這塊區域便在英國王室與安茹公國統治下，淪陷給英國。由於亨利二世的妻子阿基坦的艾莉諾（Eleanor）的關係，這一片廣大的土地也成了英國屬地[5]，英國這個本身不產葡萄酒的國家，自發現了波爾多區的葡萄酒，熱情捧場，為促進波爾多葡萄園的發展貢獻頗多，使得波爾多與布根地同躋全球最傑出葡萄佳釀產區。

因此，波爾多登峰造極的演變，要歸功於兩大殖民國——與進口國。三世紀時羅馬人種下了葡萄藤。到了四世紀，波爾多這個被羅馬人命名為「布爾迪加拉」（Burdigala）的城市，成了大型商業中心，並成為第二阿基坦（Aquitania Secunda）[6]的首府。古羅馬詩人奧索尼烏斯（Decimius Magnus Ausonius）就是波爾多本地人，他在聖愛美濃（Saint-Émilion）還擁

---

5. 亨利二世繼承英格蘭王位時，同時擁有諾曼地公爵領地、妻子帶來的嫁妝阿基坦公國和父親遺留的安茹伯爵領地，同時在英吉利海峽兩岸坐擁大片領土，故史稱安茹帝國。

6. 公元四世紀，亦即羅馬帝國時期，阿基坦高盧行省分為三個行省：東北部的第一阿基坦（Aquitania Prima）、西北部的第二阿基坦（Aquitania secunda）、南部的第三阿基坦（Aquitania Tertia 或 Aquitania Novempopulana）。第二阿基坦包括日後的波爾多地區、普瓦圖、聖東日、昂古穆瓦和吉耶訥西部。

有一片葡萄園。

　　至於英國人，他們的發音把「阿基坦」（當時法國拼音作Aguienne）轉音成「吉耶訥」，等到他們領略到波爾多葡萄園的好物產時，便開始用英語的「Claret」（紫紅色），把波爾多宣揚成「紅色波爾多」，但在法語裡，此字根本不是紅色。確實，「Claret」可指紅葡萄酒，可是它的特定意思（當然，是說我們的用字），幾乎是指有點像玫瑰的色澤。至於「Clairette」的法語發音比較接近英語中的「Claret」[7]，但專指南部所產製的白葡萄酒。

　　舉凡酒鄉必有出色的廚藝，波爾多並未打破這條鐵律。這一區裡的餐廳菜單上經常可見「波爾多式」（à la Bordelaise）字樣。你可能會看到有些菜餚冠上這樣的字眼，有些又冠上其他的字眼，譬如「Bordeaux Style」（波爾多風格），但兩者卻似不相干。這是因為，發源於波爾多的本地菜作法很多種的緣故。舉例來說，「à la Bordelaise」可以表示該菜色是以波爾多式醬汁烹調而成，也就是說原料包括了葡萄酒、奶油、番茄汁、骨髓精華，並以紅蔥頭、百里香和肉荳蔻調味。它也可以代表這道菜用了調味蔬菜醬（Mirepoix），這種醬是以胡蘿蔔汁、洋蔥、荷蘭芹，還有火腿同煮至湯汁濃縮成液狀，再以百里香和月桂調味而成（若醬汁要搭配甲殼類海鮮，則可省略火腿）。第三種意思可表示，這道菜會搭配可麗餅，還有大朵的新鮮蘑菇一起食用的。若是在巴黎看到單純的可麗餅配上「à la Bordelaise」字樣，那麼蘑菇會以奶油和一點點檸檬汁，放入加蓋鍋中煮好，再以炒鍋加油炒至焦黃，上桌前最後一刻，撒上紅蔥頭末、洋香菜末和麵包丁。不過，在波爾多就不是這樣煮。當地不放麵包丁，不放紅蔥頭改放大蒜，不放檸檬汁而放綠葡萄汁，而且可麗餅也不用炒鍋煎至焦黃，通常是用油煎煮，但用的是陶土製成的砂鍋。「à la Bordelaise」的最後一個意思可以代表一道菜搭配了朝鮮薊和馬鈴薯，有時候還有其他蔬菜，有時則無。

　　至於冠上「Bordeaux Style」字樣，其中一個意思是指卡澎芬的一道拿手菜「波爾多式小龍蝦」（Écrevisses à la Bordelaise），這道菜用的是上述

---

7. Claret今為Bordeaux Claret AOC波爾多淡紅酒，這是波爾多酒區專有的一種紅酒，並與粉紅酒有別，產量已經不多；Clairette為白葡萄名稱，常用於釀造南法地區的干型白酒、氣泡酒與甜酒。

第二種調味蔬菜醬烹製而成。卡澎芬做的調味蔬菜醬美味十足，材料只有蔬菜，而小龍蝦則另以奶油嫩煎，調味用鹽、胡椒與各種辛香料。然後，淋上一點干邑白蘭地，點火燒。接著加入白葡萄酒，並放入調味蔬菜醬中烹煮二十分鐘左右，再取出小龍蝦，並在鍋中剩餘的醬汁裡加上蛋黃，還有奶油並調味，最後將煮好的醬汁淋在小龍蝦上熱氣騰騰上桌。

這類波爾多式菜餚之多數也數不清，還有固定的精緻食譜。這類菜餚廚藝精湛、作工複雜、溫文爾雅。而在它的根源來自一道比較簡單的菜，一道很接地氣的鄉村菜。它的表現方式是一種叫做「夏布洛」（Faire Chabrot，意謂給小山羊喝）的奧克西塔尼亞風俗[8]，很多巴黎人不了解這個詞的意思，但波爾多人一聽當下就能明白。你或許會聽到有人將「奧克西塔尼亞」描述為一道菜，但是它並非一道菜，而是飲食的一個風俗，意謂著，在吃禽肉湯或肉湯——不是別的湯——要趁盤子還相當熱的時候，趕緊狼吞虎嚥下肚，只剩一點湯在盤底。然後，將一杯紅葡萄酒整個倒入剩餘的熱湯裡，等數秒鐘讓酒溫熱，再喝光你的湯。這種用餐方式就稱為「奧克西塔尼亞」，傳說，你應該直接端起盤子喝光最後的酒湯。然而這個習俗已蕩然無存，我不建議你要端起盤子以口就盤喝湯，除非有在地人先這麼做。

沿著吉倫特西岸，從波爾多到海的長條形區域是梅鐸（Médoc），這裡有一道老菜只可能在私人廚房裡嚐到，餐廳並不賣的，它就是「罐燉肉」（Lou Pastis en Pott），名稱得自古老的奧克語（Langue d'Oc）。餐廳不賣的原因可能是因為基礎材料太不正統了——一口巨大的陶罐、一副棚架，還要花很多時間。找齊了這些基本要素，廚師才能著手進行以下製程：陶罐內壁塗上豬油，還需兩三片新鮮的無花果葉子和一枝月桂葉，放在罐底，再加上香料植物與辛香料。接下來大概是讓餐廳打退堂鼓的步驟，至少是令進貨時不是以四分之一隻為單位買肉的所有餐廳都卻步，因為這就幾乎侷限了這道菜只限於農莊或某些屠宰場。接著，交錯排上數層豬肉與牛肉，去骨架並剁開，牛肉的肌腱要先剔除。排好數層肉之後，倒

---

8. Occitanie，法國南部的一總稱，差不多是整個法國南方的區域，達三分之一的疆域，也包括波爾多。

入新釀的紅葡萄酒淹沒肉，開始小火慢煮至湯汁只剩原來的一半。然後放涼，密封起來（用一層肥肉或其他氣密鍋蓋），放在棚架上。數日後，將陶罐取下來，打開密封蓋，放入數層豬肉和牛肉，以及很多的香草植物、鹽和胡椒，視新添入的肉量需求，再一次倒入紅葡萄酒淹沒肉，再次小火慢煮，直到湯汁又濃縮成原先的一半，把陶罐放回棚架上。這樣的程序持續不斷直到陶罐裝滿了肉，但這時真正好玩的部分才上場。你可任意自己取食，可以在最後一回慢煮後自滾燙的陶罐直接取食，也可以等放涼再取食，肉食會變成一種肉凍冷盤。任一種吃法都美味異常。之後，按習慣補上吃掉的部分，再慢火細燉後擺到棚架上。從現在開始，每次取食罐中肉食，都重複這套程序，補上吃掉的材料。這樣的燉肉可持續數年，罐中食材會變得越來越濃郁厚重。根據精通此菜的專家所言，葡萄酒應該要跟這道菜年分相同，但也無妨，因為年復一年，假使添入各種不同的葡萄酒，也全都是梅鐸的紅酒。酒是這道菜唯一的液體材料，可以想見，完成的菜餚芳香馥郁。入口有如吃著固體葡萄酒，就像這道菜的名稱所暗示的：罐燉茴香糊（Potted Pastis），「Pastis」是南法對茴香味開胃酒（Anise-Flavored Apéritifs）的稱呼，在波爾多很普遍，大量食用時強勁有力。

　　這道菜顯然是酣暢豐盛的食物，迥然有別於大館子裡精緻細膩的料理，比方說卡澎芬的波爾多風小龍蝦，可是波爾多就是這樣一個地區，高級美食與家常菜（真的，在此地，指的就是農家菜）雙雙發展蓬勃。還有另一道農家菜，熟悉本地的外地人很可能有機會如法炮製的是「葡萄收割湯」（Soupe des Vendanges）。這是供給葡萄園採摘葡萄期間工人食用的菜，照例分量奇大，喜歡用洗衣鍋爐來燒湯，爐上放三大顆附近海灘取來的乾淨石頭，仔細排成等腰三角形，為何如此我並不懂。鍋爐內放入大小剛好塞滿的一大塊牛肉，加入鹽、胡椒、辛香料、月桂、大蒜，並將牛肉切開縫隙塞入新鮮葡萄子。接著再塞進一塊小牛腿，剩餘不論還有多少空間，嚴嚴實實塞進胡蘿蔔、蕪菁、洋蔥、韭蔥、甘藍、大蒜、馬鈴薯、芹菜、迷迭香，以及一束綜合香料植物，接著加進一些新鮮葡萄，撒上大量丁香覆蓋所有材料，再注入水並加蓋以大火燒煮，直到水只剩三分之一的量，改小火慢燉煮成濃湯。上桌時，大家習慣撒上大量胡椒才大快朵頤。你可想見，這是改版的火上鍋。雖然，其他地區熱愛這道菜的人士覺得驚

駭的是，有些地方不放馬鈴薯，因為覺得馬鈴薯會掠奪濃湯的細緻感。然而，葡萄收割湯就是一道取笑矯揉造作的菜。

有些菜介於精力充沛的鄉村菜與精緻餐廳佳餚之間，說是有助性之功。比方說，餐廳會供應的當地經典地方菜，「波爾多柔滑濃湯」（Tourin Bordelais）洋蔥或大蒜湯——若拼字為「Tourain」，就意謂是個與當地風土無關的地方，因為這個字是將方言拼音法語化而成。在鄉村的地方傳統裡，還有一道「酒煮鰻」（Lamproies au Vin Rouge），這是一種長得像鰻魚的八目鰻（Lamprey，俗稱七鰓鰻）[9]，是少數與人類在飲食關係互惠的動物，如果傳說是真的；據說羅馬暴君會拿他們討厭的奴隸，餵給八目鰻或類似的鰻魚吃。英格蘭王亨利一世嗜吃八目鰻，竟因吃得過量一命嗚呼，似乎，在吃與被吃的拉鋸之間，人類和八目鰻因而建立起一種關係。和鰻魚一樣，春天一來，大量的八目鰻會沿著加龍河支流溯游而上，牠們是洄游性動物。在波爾多，用八目鰻血、紅葡萄酒（與一般只用白葡萄酒煮魚的規則相反，不過這道菜有時也可用白酒），還有韭蔥和廚師喜歡的一些調味料，做成醬汁來煮八目鰻。波爾多嫩煎鰻魚（Anguilles Sautées à la Bordelaise）則是料理一般鰻魚更為正統的手法，但卻不是「波爾多風格」菜色的作法，因為這類菜色不歸屬於上述四大類菜型，而是以香料植物煎成，讓人緬懷起比利時的特色菜，只不過在比利時，嫩煎鰻魚採用的是鰻線（elvers，亦即幼鰻）。鯡魚的產季和八目鰻、鰻魚同時，在波爾多吃鯡魚要搭配白葡萄酒醬。既然要談海鮮，就不得不提阿卡雄（Arcachon）的生蠔；阿卡雄是個小城，位於波爾多南邊靠海的其中一個潟湖，與海相通，以人工蚵田養殖了法國最棒的一些軟體動物。在波爾多，這些生蠔搭配著松露風味的熱香腸吃，這是文豪拉伯雷所推崇的古代吃法。在他那個時代裡，生蠔是扁型品種，稱為「平蠔」（Gravettes）[10]，只產於阿卡雄，但在二次大戰結束後，很快就因疫病威脅絕跡。蚵田只得重新養殖更多的一般葡萄牙蠔——可是這時上等的平蠔竟又重現江湖，所以今天阿卡雄兩種生蠔皆產。

---

9. 七鰓鰻並非鰻科魚類，而是頭甲魚綱底下七鰓鰻目魚類，而鰻魚屬於鰻鱺目。
10. 此處的平蠔即為今日的貝隆蠔（Huître du Bélon）。

波爾多地區的另一項特產，就是前述在其他地區提過的鹽沼羊，但這是本地土生土長的版本，叫做「波亞克小羊羔」（Agneau de Pauillac），是這類鹽沼綿羊裡較受愛戴的一個品種，牧養於梅鐸的海岸區。波爾多的近郊岡戴昂（Caudéran），以蝸牛著稱。塞龍（Cérons）盛產豌豆，艾西訥（Eysines）盛產新品種馬鈴薯，馬科（Macau）的朝鮮薊很出色，佩薩克（Pessac）以草莓著稱。靠近波爾多區，其中一個最古老又最有趣的小鎮聖愛美濃（Saint-Émilion），在整個波爾多區，羅馬人最推崇此地。蛋糕與糕餅都很有名，名氣最突出的是蛋白杏仁餅。

　　波爾多區南部的朗德省（Landes）有不少獨家菜色。這裡沿海都是沙丘，沙丘背後是沼澤，沼澤後方是松林，林中鳥族繁多，盛產一種小型的雀科鳥類圃鵐（Ortolans）[11]，被法國舉國上下視為禽肉裡第一等珍饈。這個衍生出一個家喻戶曉的用語，形容飲饌的無上極致精緻：白醬圃鵐（Ortolans Sauce Blanche），是開玩笑的幽默用語。比方說，法國人要吃飯時看到餐桌上膳食相當寒磣，就會語帶諷刺地說：「好吧，又是白醬圃鵐。」但不推薦外國人用這類評語。

　　圃鵐之所以備受讚譽，其中一個原因是，牠不光是射殺烹煮上桌這麼簡單，和大多數野鳥料理大不同。牠們是候鳥，得趁牠們秋季遷徙時以一種名為馬托樂（Matoles）的誘捕籠捕捉；這種誘捕器的口徑設計，能剔除其他種體型相近的鳥類，只捕到圃鵐。捉到圃鵐先關起來增肥至身體鼓脹。儘管有白醬圃鵐這麼一種說法，但在深諳圃鵐滋味的朗德省，把細緻的圃鵐泡在醬汁裡簡直暴殄天物。朗德圃鵐（Ortolans à la Landaise）要用明火炙燒，可以串在炙叉上，或者最好是一隻放一個厚紙板盒內，擺在火焰旁烤，讓小鳥本身的脂肪烤得滋滋作響。不必動用任何醬汁，不過食客可以自行加鹽和胡椒調味，因為烹調過程就在他面前進行。等到小鳥烤好，直接以手取食，沒有繁文縟節，敢吃多燙就吃多燙。圃鵐非常小隻，很可能一下就輕易吃掉半打。

　　燴乳鴿（Salmis de Palombe）是另一道受惠於朗德省優異狩獵環境的菜

---

11. 由於圃鵐被過分捕捉加上食法殘忍，歐盟於1979年禁止捕食，但法國遲至1999年才禁止。據說密特朗在1996年去世前的最後一頓晚餐就是細細品嚐了兩隻圃鵐。

餡。這道菜用的是秋天遷徙的野鴿子。嚴格來說，所謂「燴」（Salmis）是指禽類菜餚，在廚房裡烹煮至三分之二的程度，最後上桌要吃之際再完成料理。也說不定，這種習慣源自於中古時代精心炮製的宴席遺風。當時，在領主提供獵物的狩獵宴會上，菜餚的最後一道工序准予在領主面前操作，好比是個儀式。不論如何，「燴」的歷史起碼可追溯到十四世紀。煮到半生熟的禽肉切成塊，再以或多或少有點複雜的方式與醬汁燴煮，通常會淋上干邑白蘭地點火一燒，收一下湯汁，還會加入其他材料如蘑菇之類。在諾曼地那一章裡提及的盧昂鴨料理，作法就是「燴」。

在朗德省一帶，會將葡萄加入菜餚裡，看似漫不經心難以置信，都是因為波爾多葡萄園唾手可得的緣故。所以新鮮鴨肝會搭配葡萄食用，連熱肥肝也如此。

朗德一帶有很多菜色──也因此波爾多地區亦然──從加斯科涅一路向北流傳。其中一道菜就是卷心菜醃肉湯（Garbure），它像燉菜不像湯，稍後談到庇里牛斯山烹飪時會提到。同樣地，從波爾多往南穿過加龍河谷，也會發現從北邊──知名美食區佩里戈爾──滲透而下的美食；佩里戈爾給了波爾多最獨特的兩大美味之一：松露。波爾多的另一大美味是普羅旺斯盛產的大蒜，但此一說迭有爭議，因為很難將大蒜歸屬於哪個特定產區，畢竟何處無大蒜。

吉耶訥一帶的烹飪與波爾多沒有太大分別，雖然在此地越是深入其中，自然而然占上風的是鄉村菜而非高級料理。距離海岸越遠，就越多淡水魚鮮，例如鯉魚和塘鱧（Gudgeon），還有蘆筍與蔬菜特產新區，比方說馬爾芒德（Marmande）是番茄重鎮。這裡種植最多的是甜點葡萄夏斯拉（Chasselas）而非釀酒葡萄，雖則當地也產葡萄酒，例如布澤特（Buzet）、佩里嘉德（Perricard）、馬爾芒德有紅葡萄酒，杜拉斯丘（Côtes de Duras）、蘇芒薩克（Soumensac）、科坎翁（Cocumont）、聖皮埃爾德比澤（Saint-Pierre-de-Buzet）產白酒。托南（Tonneins）盛產火腿，內拉克（Nérac）以肉派（Terrine，禽肉或肉卷）著稱。然而本區最負盛名的特色菜非阿讓的洋李乾莫屬，它用的是特選李樹嫩枒嫁接在老樹上長成的李子製成。

聖東日位於波爾多北部海岸區，就在奧尼斯省（Aunis）北鄰一線之

隔。這裡沒有獨特的自家特色菜，菜色都是波爾多地區的名菜，只是特別強調海鮮食材，因為這裡的海岸魚鮮富饒。前面布列塔尼篇章裡提過盛產生蠔的馬雷訥（Marennes），就在此地。馬雷訥有一項特產值得一提，那就是當地的小灰蝸牛「小格里斯」（Cagouilles）[12]。字典上查不到這個字，除非你的字典詞彙比我的齊全；這個字在當地意思就是蝸牛，不是做成有餡的，就是做成燉菜。這道菜在這裡非常普遍，本地人有時稱之為「卡格拉德」（Cagouillards）。

再往內陸就是昂古穆瓦，這裡的菜色綜合了南方波爾多、以及東邊佩里戈爾的特色。最獨特的本地菜大概是紅酒豬雜燉肉（Gigorit），混合了豬肝、心、禽類下水、脾、肺等等。還有法雷（Farée）的鑲甘藍菜。而我近期嚐到鑲豬腳是在安古蘭，這並非我鍾愛的菜，只不過當地最高級的酒店號稱是本地特色菜，吃起來味道和放了濃厚胡椒的美式鄉村香腸相差無幾。從美食角度來看，安古蘭很是索然無味。它的位置高踞陡峭高原上，俯瞰夏朗德河谷（Charente），景觀壯麗。最饒負趣味的是它的老建築，其中又以獨創的羅馬式教堂最引人矚目，立面飾滿樸素的淺浮雕（bas-reliefs），這項特色也表現在飲食上。不過，雖然食物並不差，尤其是西邊聖東日所產的淡菜尤其好，可是，除卻毫無特色的豬腳，一點也不曾激發出什麼本地菜。

這裡有可配本地菜的本地酒，一如葡萄酒通常所為那樣，雖相當粗陋但十分匹配。有人告訴我說，最佳紅酒是聖拉德貢德（Sainte-Radegonde），最出色的白酒是聖布雷斯（Saint-Brice），但我並不知道是否曾飲過它們。在巴拉斯酒店（Hôtel du Palais）無法指認玻璃瓶的葡萄酒是什麼，喝起來有點土味，他只說那是本地酒，而在安古蘭最上乘的法蘭西酒店（Hôtel de France），雖然供應一款瓶裝白葡萄酒，但酒標上並未冠上當地地名，這支酒喝起來相當干澀，有一點礦石氣息，使我想到位於隆河谷地的維埃納（Vienne）恭德里奧（Condrieu），但精緻感完全不像恭德里奧，那是我最鍾愛的稀罕葡萄酒之一。

因此，當地不推崇葡萄酒也就不足為奇了，既然波爾多葡萄園近在咫

---

12. 這個字源自拉丁文的conchylium（殼）。

尺。然而，原因不僅是地理環境使然，除非你到酒莊現場，否則幾乎未聽聞或嚐過昂古穆瓦葡萄酒，很耐人尋味的是，雖然也是土生土長的葡萄，但卻不值得外銷。昂古穆瓦的葡萄並不夠好得足以釀造葡萄酒，但是製成白蘭地卻很出色。在昂古穆瓦的西境，還在現代的夏朗德省境內，有個僅有一萬七千五百人口的小鎮，所產之干邑白蘭地名滿天下。

　　干邑一詞通用於白蘭地，但嚴格說來，除了以干邑鎮（Cognac）附近60000公頃地所產葡萄蒸餾而成的，才能稱得上是干邑白蘭地。公認能釀製干邑白蘭地的葡萄有七個品種，任一種皆可，若以其他品種葡萄釀造則禁止冠上「干邑」名義銷售，不過，葡萄品種其實對成品沒什麼影響，反倒種植地影響較大，而且陳放的木桶可能影響更甚。夏朗德的葡萄加上利穆贊的橡木桶，蒸餾好的酒就是貯存在這種木桶內陳放，這種陳放方式是三百年前無意間發現的，從此以後無人膽敢違背。當年由各種豐收作物造酒後，將剩餘的酒汁放進剛好在手邊的利穆贊橡木桶中，為了精省貯放空間便先行蒸餾。結果當主人好幾年後回來一看，發現酒汁呈現一種絲滑質地，前所未見。干邑白蘭地就這樣問世了。

　　陳放過程對干邑白蘭地極其重要。不同於葡萄酒，蒸餾烈酒在瓶中無法陳化，只能在橡木桶熟成，這個過程是藉助木桶毛細孔滲透進來的空氣，讓化學物質在木頭與液體之間進行交互變化，過程中原先的酒汁會蒸發大約七分之一左右。木桶需使用在戶外風乾數年的橡木製成，如果桶子用的木頭是新砍下的，白蘭地就壞了。

　　干邑白蘭地的酒齡，是它陳放在桶中的時間，而非從釀造時間起算。因此，「拿破崙白蘭地」（Napolén Brandy）一詞有誤導之嫌。標示為1815的白蘭地是拿破崙白蘭地，但假如這瓶酒貯放在木桶內的時間只到1816年，那麼算起來它的酒齡僅只一年而已。白蘭地貯放木桶內的時間，大致上都會標示在酒標上。關於如何從不同的跡象判斷精確的年分，有多位專家曾經很具權威地向我解說過。不幸地是，權威說法一致，可是陳放卻不。最後一句話是干邑白蘭地釀酒師所說，他解釋道，白蘭地的確切熟成度並不僅僅是酒汁待在木桶內多少年所產生的作用，因此，年分標籤是僵化的。比較安全的假設方式是，任何三顆星的干邑白蘭地年分都是五年或更久（一星或兩星的干邑白蘭地似乎絕跡於坊間，或許這正符合理論上

說，如果販售的干邑白蘭地年分低於五年，根本不值得一顧。）「V.O.」
（very old，特陳）大概陳放桶中八至十年，「V.S.O.」（very superior old，
優質特陳）是我許久未見的一個等級，戰前很是流行，但似乎被另一個等
級取而代之：V.S.O.P.（very superior old pale，特級淡色老酒），十至十五
年[13]。我曾在一份美國雜誌上讀到，還有一種「V.V.S.O.P.」酒標（very very
superior old pale，極特級淡色老酒），但我在法國從未見到，法國常見的
白蘭地酒標是「精選」（Extra Quality），陳放木桶的時間超過十五年，
但在尋常烈酒販賣店鋪裡是見不到的。陳放木桶的絕對上限年分是三十至
四十年，再超過這樣的上限，無論貯放多少年，也不見有何精進。附帶一
提，這樣極老的白蘭地難以入口，香氣早已揮發，味道會令人想到樟腦。

　　白蘭地貯放在木桶內對它的一個好處是上色。蒸餾酒沒有任何天然的
色澤，因為蒸餾除掉了所有的顏色。干邑白蘭地會從木頭獲得顏色，一般
來說顏色越深，年分越老。酒徒們發現了這件事，於是也使得深色成了有
利可圖的一點，不肖廠商便在酒汁內添加焦糖色素加深色澤，今日幾乎所
有白蘭地都經過人工著色；酒汁能染上的木桶色充其量也只是透明的琥珀
色而已。這也正是白蘭地老酒酒標上「P」一字的意義，「P」意謂淡色
「pale」，但未必代表這個酒汁是淡色的。酒汁往往並不是淡色的，只是
代表未添加任何色素，代表著酒汁的色澤是因為陳放而得的合理染色造
成，不論如何都是適度染色。如果你造訪干邑白蘭地釀酒師的家，而他招
待你一些私藏自用的老酒樣本[14]，這些酒汁可能幾乎都是淡色的——也許
是淡金黃色，像渣釀（Marc）白蘭地的色澤。這樣的白蘭地全無添加色
素，釀酒師保留僅供自用。

　　干邑白蘭地有七個等級，一般常見是最頂級的兩款：大香檳干邑
（Grande Fine Champagne）和特優香檳干邑（Fine Champagne）[15]。最上等

---

13. 由於白蘭地需經調和，因此等級是以調和白蘭地中最年輕的酒汁來計算而非平均計算。現代的
干邑法定等級為：V.S（Very Special）：調和的原酒中，最年輕桶陳至少兩年。V.S.O.P（Very
Special Old Pale）：最年輕的原酒至少桶陳四年。XO（Extra Old）：從2016年開始，最年輕的
原酒至少要桶陳十年。

14. 依法規，Cognac允許使用焦糖色素染色或添加橡木片浸色，與分級中的Pale已無關。

15. Fine Champagne Cognac今日依法規須有50%以上的原酒來自大香檳區，其他原酒來自小香檳
區。

的干邑產自這個區域的中心地帶，雖非一致如此但離中心地帶越遠，品質就越是下降。最佳產區「普通林區」（Bois Ordinaires）位於夏朗德河畔，包括干邑的一部分屬地（干邑的一些行政區位於河的對岸），環繞著瑟貢扎克（Segonzac）。這裡正是「大香檳區」（Grande Champagne），也是大香檳區干邑酒標上的字樣；我們在香檳之鄉那個篇章已提過，香檳一詞與葡萄酒無關，原始的意思只是簡單代表平原之鄉（Fine一字意謂上好的蒸餾品質，法國人點用干邑白蘭地時會說Fine而不是說Cognac，人們認為除非特別說明，否則Cognac意指他物）。

舉目皆是大香檳區，只除了干邑區[16]緊鄰夏朗德河北岸一處，這裡「小香檳區」（Petite Champagne），其產品通常只簡單以特優香檳名義販售，因為大家都覺得沒必要強調這款酒檔次不及兩大頂級。就在干邑區西北邊有個小區名叫「邊林區」（Borderies），此處葡萄藤生長在低矮環狀山丘上的斜坡，產自此地的白蘭地，酒標會寫著「特優邊林區」（Fines Borderies）。大小香檳區和邊林區三個區域則被「優質林區」（Fins Bois）團團包圍，以及另一小塊位於吉倫特內被歸為此區的土地。而包圍所有這些區域的是「良質林區」（Bon Bois），到此大致是同心圓體系的終點，再往內陸方向再無白蘭地產區了，只餘西邊兩處小小酒區，從這裡開始越靠近海岸酒的品質就越等而下之。這兩個小酒區裡，其一是介於海岸與大區之間一個帶狀地區「敘爾熱雷」（Surgères），以及艾格爾弗耶（Aigrefeuille），這裡通常被稱為「普通林區」（Bois Ordinaires）。另一個酒區就是大西洋沿岸的「產地林區」（Bois à terroirs）。

干邑區還出產一款甜型加烈酒，是將干邑白蘭地加入葡萄酒醪（Must）裡製成，名之為「夏朗德皮諾甜酒」（Pineau des Charentes），是好喝的開胃酒。

干邑區的葡萄園一路往西延伸至吉倫特河支流，河岸對面是其他的葡萄園，跨越溪流對岸至干邑區邊緣，此處兩岸皆遍植葡萄。這些葡萄園正

---

16. 干邑生產的各個區域不是按照行政劃分，而是按照土壤結構。大致以干邑市下方為中心，呈同心圓向外，越靠近中心的被認為葡萄品質越好，現代法定的六個產區分別是大香檳區（Grande Champagne）、小香檳區（Petite Champagne）、邊林區（Borderies）、優質林區（Fins Bois）、良質林區（Bons Bois）以及普通林區（Bois Ordinaires）。

是釀造波爾多葡萄酒的所在，是本區無上榮耀之光。

　　有相當大的輿論偏好波爾多葡萄酒，奉為舉世最精良佳釀。在這樣一個敏感的領域裡，似毋須費事打造分級制度，因為個中差異明顯可辨，即使沒有依照等級差別加以分類。但也有另一套理論捍衛著布根地比波爾多更高一等；不過兩派大概並無太大異議認為波爾多與布根地的葡萄酒並駕齊驅。我可以想見，由於早已被告知是法國或舉世無雙（或數一數二）佳釀，所以葡萄酒發燒友無不普遍會喜愛波爾多優等紅酒天鵝絨般柔和的質地，或是蘇玳佳釀諂媚的甜美，抑或布根地干冽白酒純淨的淋漓盡致。

　　想喝上等波爾多莊園級別[17]的葡萄酒，選擇很多。登記在案的波爾多生產者約有兩千五百家，這些酒在梅鐸和蘇玳，曾一度被官方評等分成五級，但葡萄農並不樂於接受這樣的評等。絕大多數葡萄農若能被准予在他們的酒標上加註「第二級」（Deuxième Cru）字樣，就足以歡欣鼓舞了，因為一級酒莊少之又少，能成為二級酒莊已是相當成功了。然而，木桐酒莊（Château Mouton-Rothschild）雖是梅鐸酒區二級酒莊裡名列第一（該區內僅有三個一等酒莊），卻始終拒絕在酒標上使用這個評等。在1855年被授與評等分級時，該酒莊就秉持這樣一個座右銘，「我非第一，不甘第二，我乃木桐。」（Premier ne puis, second ne daigne, Mouton suis.），其中最後兩句今日仍印在木桐酒莊的酒標上。

　　波爾多葡萄酒鄉的起點，始於吉倫特河入海南岸處的梅鐸，一路延伸直抵波爾多。長條形的酒鄉前三分之一的土地靠海，純粹都是梅鐸酒區，此處並無傲視群倫的葡萄酒。接著，來到了上梅鐸，赫赫有名的酒莊四處林立。四個一級酒莊中就有三家位在上梅鐸區：拉菲酒莊（Château Lafite）、瑪歌酒莊（Château Margaux）、拉圖酒莊（Château Latour）。上

---

17. 1855年法國舉辦了世界博覽會，拿破崙三世要求每個葡萄酒產區展示自己最好的葡萄酒。考慮陳列的效果與代表性，波爾多工商會提交了一份共五十八家波爾多梅鐸酒區優質酒莊的名單，名單分成五級。這份名單統稱1855 Grand Cru Classé，可說是波爾多葡萄酒居於今日全球領先地位的最重要基礎。這份極具權威性的名單唯一的一次名次變動是木桐酒莊於1973年升等一級酒莊，酒瓶上的座右銘也改成：「今我第一，昔我居次，木桐不變。」（Premier je suis, second je fus. Mouton ne change.）五十八家酒莊中部分酒莊產業分割或歇業或合併，故現在的名單共六十一家酒莊，其中一級酒莊有五個，二級酒莊有十四個，三級酒莊有十四個，四級酒莊有十個，五級酒莊有十八個。

梅鐸所產盡是紅酒，毫無異議全是最卓越的波爾多紅酒。上等的梅鐸葡萄酒微妙、圓潤、芳醇，散發一股精緻的香味，還會越陳越香，十至二十年不等能陳放到達顛峰，之後還能再多放好幾年；年輕時酒色飽滿如石榴，熟成後如紅寶石。你或許聽說過，波爾多的絕佳紅酒應該溫著喝──術語說「室溫」（chambré），字意正是所謂室內溫度下，在正常合理的溫暖室內。我知道有些人會將波爾多紅酒連瓶放進溫熱水中快速溫酒，而不是醒酒釋放酒香，但這麼做會毀了這支酒。假如你不認為該拿到爐上加熱的話，那麼用餐前幾個小時，提早把酒放在溫暖的廚房內也不差，但最好的辦法就是如字面所說，簡單把酒擺在室內，時間夠長得足以讓酒窖取出的酒升溫。飲用前一至兩小時拔開軟木塞，讓酒稍微呼吸一下，可驚人地帶出更多風味。

　　波爾多兩大酒區中屈居第二名的酒鄉，是仍在河的南岸（精確說來現在是在西邊）的格拉夫（Graves），而現在這條河是加龍河而非加倫特河；如果你想到了蘇玳酒區，蘇玳就卡在格拉夫的南端，從地理上來說，是格拉夫的一部分。格拉夫的葡萄酒有白也有紅，此區北部大多數生產紅酒，南部多半是白酒。這裡的紅酒味道精緻細膩，比梅鐸的葡萄酒淡薄些，也不若梅鐸酒質那般勾魂懾魄──品嚐梅鐸不宜掉以輕心，不可牛飲，得專注以對。

　　而格拉夫喝來很順口，倘若邊喝邊聊，很可能根本不會留神自己在喝什麼，或許可以稱它是不起眼的葡萄酒。此區北部所產白酒通常是不甜的，南部就會變得比較甜。官方並未給格拉夫劃分等級[18]，不像梅鐸那樣，唯一例外是歐布里昂酒莊（Château Haut-Brion）1855年被評等為一級酒莊，與梅鐸三個酒莊並列一級，兩者相距不遠。

　　蘇玳甜白酒（Sauternes）[19]與梅鐸紅酒並駕齊驅，都是波爾多的頂尖

---

18. 格拉夫自1959年起亦有官方分級制度，歐布里昂酒莊（Château Haut-Brion）亦位列其中。共有十六家列級莊入選。其中紅白葡萄酒雙棲的有六家，僅紅葡萄酒入選的有七家，僅白葡萄酒入選的有三家。這份列級名單中的成員沒有再分高低。

19. Sauternes為產區名亦為法定之葡萄酒AOC名稱，標示Sauternes時必為貴腐甜白酒。本區的Château d'Yquem酒莊與上述四家一級酒莊都是在1855年的法國博覽會時評比等級的。Sauternse的貴腐甜白酒列級莊共二十七家，僅Château d'Yquem一家位列特等一級酒莊Premier Cru Supérieur。目前Château d'Yquem屬於全球最大奢侈品集團LVMH。

葡萄酒。蘇玳甜白酒與眾不同，毋庸多言拿其品質做比較，雖然，從這樣的事實，你或許能推斷出，蘇玳區內頂尖的伊甘酒莊（Château d'Yquem）葡萄酒顯然堪稱法國葡萄酒之最，因為有個特殊等級是為它量身打造的，這個等級高於一級酒莊，有時被稱為「特等一級酒莊」（Premier Cru Supérieur）或「特級酒莊」（Premier Grand Cru）。但我不認為比較蘇玳甜白酒與梅鐸紅酒有何意義，因此，我並不想說伊甘酒莊的葡萄酒更優於拉菲酒莊的酒。不過我願在此描述第一次邂逅蘇玳酒的親身反應。將近三十年前，在英國南安普敦港（Southampton）如今已不復存在的大華酒店（Majestic）的一次晚宴中，餐前被招待了一杯蘇玳，儘管今天難以想像在那當下可以用什麼來證明這款酒多好，但喝了之後，我堅持整頓餐點都配這支酒。不消說，葡萄酒侍酒師不以為然得很，可當年我對葡萄酒知識貧乏，當時也心知肚明這樣做頗為失禮，然而我一點也不在乎。我喝了生平第一支伊甘酒莊的甜白酒，再也不願讓它溜走。

雖然酒莊很努力拿掉甜味讓它不至於甜到膩，但蘇玳酒就是非常甜，因為它們酒體厚重，可以承載這麼多糖。世上沒有不甜的蘇玳酒，儘管紐約第八街烈酒專賣店銷售員用高八度音告訴正在找酒的我說：「我們有。」

蘇玳酒獨一無二的特色就是，它是以在葡萄藤上爛掉的葡萄釀製而成。這種貴腐葡萄（Pourriture Noble）是微生物作用的結果，會將果實竭盡所能轉化成比正常情況下更多的糖分，因而成就出蘇玳酒蜜糖般的質地。

波爾多其餘的葡萄酒很明顯地排第二位，主要都在加龍河南岸一帶（或西側或左側）。而在對岸，與多爾多涅河之間的一個三角地帶，因其地形特色所致，就是所謂的「兩海之間」（Entre-Deux-Mers），它包含了加龍河沿岸一條特殊帶狀區域，稱之為「波爾多首丘」（Premières Côtes de Bordeaux），以及多爾多涅一小塊區域──這裡算是波爾多酒區的極東境，稱之為「聖發波爾多」（Sainte-Foy Bordeaux）。這個區段裡種植的絕大部分是釀酒白葡萄，但也有一些紅葡萄。此處頗有一些年分佳釀雖缺少波爾多高級酒的細緻，但基本品質不輸給波爾多。不過，得是老天保佑，剛好過了加龍河最遠那側，才會遇到最讓人興致勃勃的年分酒。這裡

就是聖愛美濃（Saint-Émilion）[20]，釀製的是波爾多最厚重的葡萄酒。這些酒沒有經過官方評等，但在十來種左右的上等酒標裡，我會建議你試試奧索尼酒莊（Château Ausone），便可一探聖愛美濃的能耐。順道一提，「Ausone」（奧索尼）一字，是「Ausonius」的現代法文拼音，也就是本章前述拉丁詩人奧索尼烏斯；歷史上，這片葡萄園是他在四世紀時所擁有的產業。

聖愛美濃酒區可謂土味版波爾多，與其佐以較精緻的餐廳美食，不如搭配上述一些鄉村菜來得更為珠聯璧合，譬如野味之類，特別是一些粗糙的肉食，好比野豬。聖愛美濃所產葡萄酒全是紅酒，一如與它相鄰的區域，比方說波美侯（Pomerol），它的酒比典型的聖愛美濃輕盈些，還有弗龍薩克（Fronsac），盛產質量相當不錯的餐酒。 最後來到座落於干邑酒區和吉倫特河東岸之間的酒區：布爾日（Bourgeais）和布拉伊（Blayais）；這裡紅白酒皆產，有小波爾多美譽；所見到的酒，名字不可能來自距離種植區很遠的地方。

有一則資訊可能很有用處：酒標上標註的「上」（Superior）[21]或「下」（Inferior）字樣，並不代表品質優劣，而是指釀酒葡萄栽種的緯度高低。

在波爾多，葡萄酒的年分所代表的品質，要比法國其他地方來得更詭異，因為葡萄園各自為政，數量之多不可勝數；隨便給一個年分，任何一個莊園都可能與其他的在品質上出現有悖常理的差異。縱使如此，仍值得一試，近年最佳年分的波爾多紅酒應該是1934、1942、1943、1945、1947、1948、1949、1952、1953、1955、1959、1961。白酒則是1934、1947、1948、1949、1952、1955、1959、1961。

---

20. Saint-Émilion AOC自1955年頒布第一次官方分級名單，之後每十年重新評審一次。最新的分級於2012年頒布，其中Saint-Émilion Premier Grand Cru Classé 共十八家，Saint-Émilion Grand Cru Classé共六十四家。

21. 今日的波爾多葡萄酒中有一法定分級為Bordeaux Supérieur，中譯為優級波爾多，有其被規範的製造要求，可視為品質的描述。

Chapter 7

布根地
Burgundy

搭火車或駕車，從法國第三大城里昂往首都的遊客，很快就會發現自己正穿越一片山巒起伏綠油油的鄉野，肥沃且幸福洋溢，途中有幾個大鎮，間或一些散落的小村莊，還有多處與世隔絕的農莊。時不時，從遮蔽的綠蔭間，隱約可窺見尖頂塔樓上，排列著鮮豔奪目五彩斑斕的棋盤狀屋瓦，風景美如童話。接下來，路旁漸次出現越來越多火車站名字和路標，只不過奇怪的是，路標總是和城鎮與村落在一塊兒，以前這兩者分屬不同性質，鮮少一起出現。隨著路標一個翻過一個——梅索（Meursault）、渥爾內（Volnay）、伯恩（Beaune）、阿羅斯－高登（Aloxe-Corton）、夜－聖喬治（Nuits-Saint-Georges）、馮內－侯瑪內（Vosne-Romanée）、哲維瑞－香貝丹（Gevrey-Chambertin）——你被幻象追趕著，彷彿愛麗絲夢遊奇境裡被魔法變小，像隻小蟲子沿著放大的葡萄酒撲克牌匍匐爬著，因為，你所穿越的這片鄉野，是布根地酒鄉（Burgundy／法Bourgogne）。

和法蘭西島相仿，布根地也是個基礎之鄉、自然之鄉，文化傳統綿長悠久；隨之而生的領域一直到西邊。假如說法蘭西島是最後一個最法國味

的領地，而非布根地，那僅僅只是因為法蘭西島的一貫歷史與法國這個名稱相依相隨的時間，長於布根地而已。布根地對如今的法國貢獻久遠，而且其文化重要性也與法蘭西島不相上下。布根地的首府第戎是法國大城之一，可謂是東部盧昂，建築物見證著輝煌的歷史。不過，布根地的歷史有四分之三卻是頂著法國以外的名號下展開的，同時，在昔日輝煌顛峰歲月裡，它是個公國，與法蘭西王國（Royaume de France）[1]平起平坐，而且如任一個十四世紀預言家所預言的，本有可能併吞法蘭西王國，而非臣服於後者。

布根地公國原本領地只有奧爾良、貝里、香檳區和諾曼地，後來併吞了法蘭西島。這時期的布根地通過弗朗什－康堤大區（Franche-Comté）向東擴張勢力，取得了遠在另一端的法蘭西王國領土皮卡第、阿圖瓦，以及今天屬於比利時的一大部分領土法蘭德斯，還有整個荷蘭（意謂現在尼德蘭的南半部），除了烏特勒支周邊的一個小島，並且併吞了盧森堡大公國（Duché de Luxembourg）。布根地的領域比法蘭西王國的更大，缺點是不連續，但優點則是可以箝制被夾在其間的法蘭西王國。在一個通訊工具發達如我們現有的年代裡，這一點舉足輕重。當時，法蘭西王國與布根地公國爭鬥連連，勢均力敵。你不會忘記，是布根地人而非英格蘭人捉到了聖女貞德；英格蘭人只不過是從捕捉到她的人手中買到了聖女貞德，當時，聖女貞德所扶持即王位的查理七世還很吝嗇不想支付贖金。

布根地遠在史前時代就已有人類棲息。被稱為「梭魯特文化」（Solutrean）的石器時代，得名自馬貢（Mâcon）附近的地名梭魯特（Solutré）；1866年，在梭魯特挖掘到十萬匹馬的骨骸，占地1公頃，深達1公尺，是史前人類棄置食用後動物骨頭的遺跡——可能是食用馬肉的最早記錄，而食用馬肉至今仍見於法國。同一地點也挖掘到更早期的人類骨骸，屬於奧利納期（Aurignacian period），還有些晚一點的器物遺跡，屬於新石器（Neolithic）與青銅時代（Bronze Ages），因此可推斷從石器時代

---

1. 法蘭西王國（Royaume de France）的前身是西法蘭克王國，是987年至1792年的一個法國君主制國家，歐洲最早發展封建制度的國家，1814年至1815年及1815年至1848年間曾經復辟。整個王國共有四個王朝：卡佩王朝（Capétiens）、瓦盧瓦王朝（Valois）、波旁王朝（Bourbon）及奧爾良王朝（Orléans）。

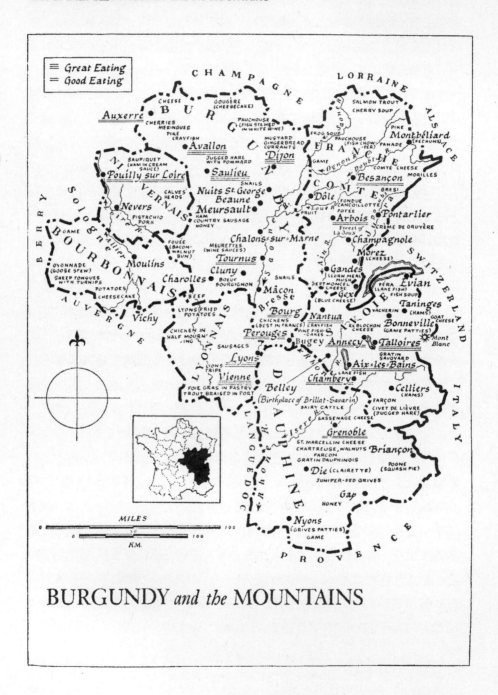

BURGUNDY *and the* MOUNTAINS

起，此處便是人類持續居住地。而且在有文字記載之前，靠近塞納河畔沙蒂隆（Châtillon-sur-Seine）的墓葬裡，就有維克斯珍寶（Trésor de Vix），在兩千五百年之後重見天日。這些是高盧人的遺跡，年代在羅馬人入侵之前（公元前六世紀），包括了珠寶、純金頭飾，以及一隻高達180公分、重約180公斤的青銅花瓶，上面飾滿淺浮雕，讓人想起古希臘和伊特拉斯坎文明（Etruscan）的藝術特色，其他還有一些物件，應該是一起發現的女性骨骸所有，以及戰車遺跡，推測起來這裡應該是善戰的公主陵墓，類似高盧布狄卡（Boadicea）[2]這號人物所有。

從有信史以來，布根地——當時尚未稱為布根地，因為布根地人還未抵達此地——就開始躍上史冊成為要角。今天幾乎毫無爭議的說法是，阿萊西亞古城（Alesia），就是凱撒大帝在公元前52年擊敗高盧人的所在地；當時高盧人由維欽托利（Vercingetorix）領導起而叛變，凱撒大帝曾在熱爾戈維亞（Gergovia）吃過他的敗仗，熱爾戈維亞就位於阿利斯聖雷娜（Alise-Sainte-Reine），離第戎不遠。阿萊西亞一役是征服高盧的關鍵一戰，現代法國人在兩千年之後依舊替維欽托利感到遺憾，他拿自己的一命交換族人的自由，在羅馬軍團重重包圍下，被逮捕帶去羅馬城，在凱撒的凱旋閱兵儀式中示眾，接著下獄在圖里亞諾監獄（Carcer Tullianum）關押六年後，就地處以絞刑。

大約在五世紀時，原屬波羅的族（Baltic）的布根地人來到了索恩河谷，這塊土地的地理方位大約相當於布根地政治單位，雖然它的邊界經常改變很大；布根地人在此建立了第一個領地，並成立了王國。他們帶來了比鄰國更優越的文化，維持自己的獨立性，直到六世紀中葉，法蘭克人想方設法想吞併他們。可是法蘭克王國的查理曼大帝辭世時，布根地又重新獨立了出來。索恩河左岸，也就是後來稱之為弗朗什－康堤大區的這塊土地，落入了巴伐利亞行省總督洛泰爾一世（Emperor Lothair）手裡，成了洛泰爾王國（Lotharingia）屬地，亦即今天法國的洛林區（Lorraine）。而索恩河的右岸被分給了禿頭查理（Charles II le Chauve，亦即查理二世），

---

2. 英格蘭東英吉利亞地區古代愛西尼人（Iceni）的王后，丈夫身亡後即位稱王，曾領導了不列顛諸部落反抗羅馬帝國。

於是，布根地公國誕生了。

公國往西擴張，因此布根地的領土有一段時間非僅止於索恩河谷，而是從索恩河谷到約訥河（Yonne），甚至到羅亞爾河，占據了尼維爾（Nivernais），以及一部分的布邦奈（Bourbonnais，舊時分區）、大里昂地區（Lyonnais，亦即廣義的里昂）。法國人再次於十一世紀時吞併了這塊區域，但是，「好人約翰」（Jean II le Bon）——法蘭西王國瓦盧瓦王朝第二位國王約翰二世（John II）——任命其四子「勇敢的菲利浦」（Philip the Bold，亦即菲利普二世）為布根地公爵時，布根地發展出屬於自己的一片輝煌，展開了布根地的英雄年代。原因是，菲利普娶法蘭德斯女伯爵瑪格麗特三世（Marguerite III de Flandre）[3]，而他的繼承人「無畏的約翰」（Jean sans Peur）娶了荷蘭女伯爵瑪格麗特（Count of Holland）[4]，因而取得了低地國（Pays-Bas）的領地。然而，禿頭查理野心過大。他想開疆拓土，而雖然如願以償，卻轉瞬即逝，在攻取洛林時，遭瑞士擊潰，還未到南錫（Nancy）便遭殺害；瑞士伯恩美術館（Fine Arts Museum of Berne）至今仍展示著從布根地搶奪而來的蒐藏品。1477年，路易十一重新搶回布根地收為法國所有，雖然在法國統治下仍維持相當獨立性長達百年之久，但是它的歷史從此往後寫進了法國史，也隨著法國大革命爆發，一切政體灰飛煙滅。

布根地的土地上到處都是偉大建築物的基石。法國最負盛名的一位建築師——勒普雷斯特（Sébastien le Prestre）就是布根地人；1633年，他出生於聖萊熱德富熱雷（Saint-Léger-de-Fougeret）的阿瓦隆（Avallon）。或許這個名字於你很陌生，可是一提到他的頭銜你就會知道他是誰：沃邦男爵（Marquis de Vauban），這個名字和他的出生地緊緊相連，那就是現在的聖萊熱沃邦（Saint-Léger-Vauban）。沃邦最著稱的是他為路易十四（Louis XIV）打造與重修各地的軍事堡壘，但他也出了名的很會攻打這些建築物，因為他主要是軍事工程師，不僅修築堅不可摧的屋舍，也很擅長攻取這些地方。他是軍隊的元帥，這在建築師當中非常罕見。

---

3. 亦即法蘭德斯女伯爵瑪格麗特二世。
4. 荷蘭女伯爵瑪格麗特也是巴伐利亞女公爵。

不過，布根地最偉大的工程建設出現得更早，在這片土地上，在修道主義盛行的中古時代，雄渾的修道院四處林立，密集程度一如歐洲所有地方，而各大城市裡的教堂建築，讓遠望布根地時會看到彷彿剛毛豎立的景觀。這裡還有大量精美的地方建築，都是中世紀時期所建，是非常稀有的遺跡；比方說，第戎一整條街上全是這類遺跡，其中又以弗爾日街（Rue des Forges）最廣為人知。

布根地曾經是中世紀教會兩大教派最腥風血雨的戰場：修院教規並不嚴厲的本篤會（Bénédictines），和篤守清修的熙篤會（Cistercians）[5]；本篤會至今提倡自由主義，而熙篤會依舊恪遵清修。對本篤會來說，發明一款濃郁甜得流油的烈酒並給予命名，很是符合其教派本質。可是簡直難以想像，熙篤會這樣禁食肉、魚、蛋、奶製品或白麵包，除了水也不准喝任何飲料的教派，會發明什麼烈酒。熙篤會的餐點全是蔬食，可以油或鹽調味，麵包只能是以粗麵粉製的黑麵包。即使時至今日，熙篤會菜單上也只多增加奶製品與水果，依舊禁食肉類。

本篤會起源於義大利，發源地在卡西諾山（Monte Cassino），二次大戰期間曾遭嚴重砲擊。它最偉大的修道院，卻是在教會成立後四百年才創建於布根地的克呂尼（Cluny）。等到克呂尼越來越富強，很自然地，對本篤會奢華作風的反動也興起。而付諸實踐的是一位布根地本地修士，憤怒的苦行僧聖伯爾納多（Saint Bernard）。他決志出家的教會修院卻偏偏座落在第戎附近，知名葡萄酒鄉夜－聖喬治（Nuits-Saint-Georges）的一個小鎮熙篤（Citeaux，也是熙篤會名稱的由來）。熙篤會在十六世紀中葉曾下轄三百五十分會，當時克呂尼的本篤會分會將近有一千五百個，不過多數都不在法國。

如今仍可在克呂尼見到相當可觀的本篤會大修院遺跡，雖然很多都已在法國大革命期間與接踵而來的歲月裡摧殘殆盡。也因此失去了基督教世界裡規模最宏偉的教堂，一直到羅馬建造聖彼得大教堂（St. Peter Basilica）才重拾榮光——但聖彼得大教堂也才不過比克呂尼修道院的「聖彼得與聖

---

5. Cistercians俗稱清規會，謹守清規。熙篤會源出於本篤會，但在這段時期裡是改革派，反對當時的本篤會。

保祿修道院教堂」（Abbey Church of St. Peter and St. Paul）長14公尺而已。克呂尼修道院教堂由聖優爾（Saint Hugh）於十一世紀起造，直到十二世紀才在「可敬者彼得」（Pierre le Vénérable）手中竣工，它有五個本堂與五座鐘塔，以及兩座其他建物。其結構屬於羅馬式，穹頂距離地面超過30公尺，哥德式尖拱門高聳直上，但羅馬式的圓拱門從來不這樣。

在布根地，克呂尼下轄的眾多傑出本篤會修院當中，穩坐第二把交椅的是慈悲隱修院，座落在羅亞爾河畔拉沙里泰鎮（La Charité-sur-Loire）尼弗奈（Nivernais），得名於修院僧侶慷慨布施窮人。這座修院教堂被譽為「克呂尼的長女」，不論是建造歷史（其教堂竣工祝聖於1107年）或規模（在法國僅次於克呂尼的教堂，而且與克呂尼一樣擁有五個本堂），都堪稱當之無愧。教堂多處構造至今猶存。

還有很多教堂，譬如由聖優爾起造的帕雷勒莫尼亞教堂（Paray-le-Monial），從某些方面來看，簡直是小一號的克呂尼克教堂；沙爾利厄教堂（Pouilly-sous-Charlieu）九世紀時的修院建築遺跡仍歷歷可見；圖爾尼教堂（Saint-Philibert de Tournus）擁有本篤會最古老且最龐大的修院，其中最精緻的房間遺跡是十二世紀時的食堂，這意謂著本篤會修士們用餐環境相當壯觀。在圖爾尼鎮的帝厄酒店（Hôtel Dieu of Tournus）裡，可以參觀其廚房，見識一下一大排餐盤與錫製餐具，遙想一番路易十三時代的輝煌。

熙篤會是熙篤修士們的主要修道院，它所遭遇的時代摧殘，更甚於本篤會的克呂尼教會，不過它仍在古老建築殘跡裡發揮修道院的作用，也開放參觀（僅供男性遊客參觀，女性可以進入教堂）。修道院裡有個值得一遊的景點，那是一棵1865年從維吉尼亞州移植而來的鬱金香樹（北美鵝掌楸）。聖伯爾納多未在這裡住很久，僅有三年光陰，不過那時候他已經為熙篤會提倡的改革運動製造不少氣勢，因為絕不能輸。後來聖伯爾納多遷居到克萊爾沃（Clairvaux），也在當地建造了傑出的修道院，雖然布根地宣稱該修道院屬於它所有，但基於古代邊界變化多端毫不確定的本質，權威一點說，它比較屬於香檳區。但是，對於「克萊爾沃酒窖」（Cellier de Clairvaux）裡的嚴峻禁酒主義的修士而言，布根地首府第戎是段可疑的記憶，因為克萊爾沃酒窖是一間品酒室，理所當然，十三世紀建造這座酒窖

的克萊爾沃修士從未用過它[6]。

　　布根地可以誇口的熙篤會活動重鎮不可勝數。比方說弗澤萊（Vézelay），它是聖伯爾納多在1146年鼓吹第二次十字軍東征的所在地；1190年，英國獅心王理查與法國腓力奧古斯都在此會晤啟程展開第三次十字軍東征。還有豐特奈修道院（Abbaye de Fontenay），被譽為「聖伯爾納多的次女」，如今已經修葺重現十二世紀的風貌，食堂、廚房和一些房間開放參觀。這裡還得說一說桑斯主教座堂（Cathédrale Saint-Étienne de Sens），當年教會的評議會就是在此肯定聖伯爾納多的改革運動，強烈譴責與他教義主張相反的神學家阿伯拉爾（Peter Abelard）和女修院院長哀綠綺思（Héloïse）的感情關係[7]；不過，桑斯理應隸屬於香檳區。

　　熙篤會與本篤會衝突不斷，多半都發生在布根地的土地上，但難以確切說究竟哪一方絕對獲勝。不過，在那個年代裡聖伯爾納多多數占了上風，除了有一個領域，卻是本篤會大獲全勝。那就是修道院裡所發展出的廚藝，是由本篤會而非熙篤會，外傳授給凡夫俗子。熙篤會其實一無可教，就算他們在教會事務上大有斬獲，以他們的苦修概念，也幾乎乏善可陳難以操控布根地的美食，畢竟布根地土地肥沃食物如此豐饒——而在其他方面亦如是，它的一眾優良城鎮足可證明：歐歇爾（Auxerre）的天際線，從約納河岸望過去，舉目盡是精緻的教堂尖塔；歐坦（Autun）的現代名字源自拉丁文，與很多歐洲城鎮的名稱來源相似，是為了紀念奧古斯都皇帝，以前叫做「奧古斯都努姆」（Augustodunum），它還保有高盧時期最大的羅馬劇場遺跡，以及一座十二世紀時的知名主教座堂；瑟米爾（Semur）有古老的城牆、精美絕倫的聖母院；阿瓦隆也還保留著防禦工事，陡峭地聳立於谷桑河谷（Cousin）的陡坡上；以及城中之最，輝煌之都，首府第戎（Dijon）有著歷代布根地公爵留下的輝煌印記。當年的皇

---

6. 當時的教派與修士都需要釀葡萄酒以執行聖餐禮，而熙篤會的主要據點在金丘區，今日金丘區傑出的葡萄園據考證都是熙篤會修士劃分出來的，傳說他們會吃泥土判斷所生產的酒質，對熙篤會修士而言，釀製傑出的酒款是對上帝的尊崇，聖餐禮也是必須飲用葡萄酒。因此說修士要完全禁酒毋寧太過。

7. 阿伯拉爾在擔任教師時愛上了相差十八歲、年僅十九歲的女學生哀綠綺思，私訂終身並產下一子。但哀綠綺思顧及情郎前途否認這段關係，致使其叔父誤以為阿伯拉爾始亂終棄，指使歹人閹割了阿伯拉爾。哀綠綺思萬念俱灰出家當修女，而身心受創的阿伯拉爾也出家當了修士。

宮如今是市立美術館，而保留了一些房間展示統治者生活痕跡。其中有廚房，是保存最為完善的1435年廚房樣本，擁有六口巨大的壁爐，當年每逢盛宴爐火全開。整個廚房裡最引人矚目的焦點是一根巨大的通風煙囪，天花板的形狀似乎可見在那個年頭裡煙霧被往上吸走時瀰漫的情景。廚房的規格大得讓人得以想見中世紀宴席之豐沛盛大。布根地至今仍是個英勇開拓者之鄉，第戎是法國最偉大的美食之都的一員，高級餐館林立，每年11月必有美食展，來此一遊保證能滿載好幾公斤體重而歸。

布根地的美食疆界和它的政治疆界並不一致。在此，我們仍要按查理曼大帝孫兒們的方式來劃分布根地：索恩河沿岸以東是弗朗什－康堤大區，在分區前這裡曾是布根地的一部分，而大約在五個半世紀之後，又重歸布根地，因為分離而發展出自有美食，比較類似侏羅的山區飲食。為了彌補東邊的遺憾，不妨來看看西邊一些緊鄰的領地，它們的飲食或多或少都深受布根地強烈美食傳統的影響。在它們當中最北端的地方是尼維爾省，首府在尼維爾市（Nevers），是個羅亞爾河畔的古老城市，景色如畫，自十六世紀以來便以彩瓷釉陶（Faience）與玻璃器皿著稱。接著是布邦奈省，首府在穆蘭（Moulins），同樣歷史悠久美景秀麗，傍著阿列河（Allier）而立。最後一個是大里昂地區，也是法國第三大城里昂的所在區域，光是這個城市就值得寫成一整章，因為它的美食辨識度很高，與周遭地區截然不同；它與周遭有種飲饌上的互惠滲透作用，既借鏡對方也對對方有所付出。不過最強烈的外界影響力來自布根地，因此先在這裡提一下里昂。

除了與這些擁有飲食特產的地區相鄰之外，布根地還包含了多處美食頗具特色的區域，這些區域的烹飪都很有地方獨特性；其中三處盛產不同種類的葡萄酒，影響了所搭配的餐點。在北部，也就是下布根地（Basse-Bourgogne），首府位於歐歇爾，夏布利（Chablis）葡萄酒一枝獨秀，它遠在其他布根地知名葡萄酒重鎮的北邊（其他酒區也釀製夏布利酒，但年分酒並不輸出）。上等夏布利白酒，與稍清淡且較精緻的餐點是絕配（法蘭西島也有一部分這類餐點）；布根地中部金丘（Côte d'Or）[8] 酒區盛產

---

8. 金丘是夜丘（Côte de Nuits）和伯恩丘（Côte de Beaune）的合稱。

的濃郁紅酒，反倒與這種清淡精緻餐點格格不入。金丘指的是從第戎南下直抵索恩河畔夏隆（Chalon-sur-Saône）的一道山巒線，這道天然屏障很自然地呈現出布根地典型豐盛量大的餐飲。此區南邊的葡萄園有一道無酒斷層，然後在馬貢（Mâcon），有另一大片山丘，從馬貢幾乎綿延到里昂，斜坡上種滿了釀酒葡萄。這裡的葡萄酒較為粗獷，食物也變得更膩重。到了最南邊的區段，所產葡萄酒就是最粗獷的薄酒萊（Beaujolais），這款酒很可能也大為影響了里昂對其香腸與馬鈴薯菜餡的烹飪方式。在布根地的這個區塊，餐飲更粗鄙自然，這是因為此地乃牛肉之鄉，是法國最出色的牛肉產區。

布根地的第四個獨立美食區之所以有所不同，原因不是所出產的葡萄酒種類不同（除非為了給不同葡萄酒列表所需卻找不出可列之酒，但確實也是如此），原因出在地形差異。這裡地處莫爾旺山區（Morvan），一路延伸到約納河東岸，出於山勢陡峭，也出於林木森茂，因而有點隔絕於周遭城鎮的影響，整個遺世獨立，孤立於外。此處城鎮極少，僅止小村莊或偶有人跡罕至的農舍，如此景致在法國實屬罕見，因為法國的老農們習慣聚居於蓋得很密集，能受到領主城堡庇護的村鎮裡，寧可長途跋涉往來於田野，因為在中古時代暴露於時不時劫掠頻繁的地帶，孤立的農舍容易遭到攻擊。莫爾旺山區不易攀爬且土壤貧瘠，即使盜匪現身也無財可劫，強盜往往略過，也因此農人才敢棲居在遠離厚實城牆的這裡。就算敵人真的攻打上門，行進於田野和草地間也困難重重，因為這裡和諾曼地一樣，地面全是小方塊或矩形區塊的樹籬，遍布濃密的灌木叢，每一塊都是上好的防守線。

此處雖土壤貧瘠，卻是不錯的牧鄉。毛皮帶有紅色斑紋的原生種莫爾旺乳牛，如今已被更優異的夏洛來牛（Charolaise）所取代。高山地形始終對食物影響甚劇，因為爬山的人需要足夠能量，以及有效的禦寒衣物抵抗嚴峻氣候，應運而生莫爾旺飲食，也催生了莫爾旺的另一道很難說是否堪稱佳餚的特產，要是將人類與牛隻這個物種相比並論的話，或可稱為美食。在十九世紀時，莫爾旺的婦女是乳母的主力來源。她們很多人去到大城市——里昂、第戎、巴黎——照顧孩童，因為這些孩子的人母當時盛行一種信條，自認無法勝任哺育自己的孩子。也有的情形是將孩子送到莫爾

旺山區撫養。不幸的是，在這個布根地最原始的地區裡，衛生概念尚未萌芽，嬰兒死亡率極高，最後當局立法禁止這項習俗。

布根地向來以優異豐盛的食物著稱。如果說，早期盛讚葡萄酒，如六世紀時史學家土爾的聖額我略（Grégoire de Tours）所述，但餐桌上的飲饌也沒被忽略；查理六世盛讚第戎的美食（在他瘋癲之前），而他的妻子巴伐利亞的伊薩博（Isabeau de Bavière），號稱紙本菜單發明人；當時的菜單簡稱為食物清單（Escriteau），或者紙本，而在那之前，餐廳端上桌什麼你就吃什麼，還要猜猜看會究竟是何菜餚，因此我們大可假設，皇室家庭裡對食物出現了特定的想法。到了十五世紀，布根地正處於權力顛峰，其統治者稱之為「西方大公爵」（Grand Dukes of the West），比法國諸王地位更加顯要，在第戎皇宮內的宴席蔚為傳奇。老饕美食作家布里亞－薩瓦蘭（Brillat-Savarin）就是布根地人。

如今布根地仍以美食名聞遐邇，在它的區域內擁有如此一致的高水準美食，在法國可能再無他處可堪媲美，即使法蘭西島也甘拜下風。那些衝鋒陷陣來到這些區域的饕客們，人手一本的米其林指南上面，巴黎以外的三顆星餐廳只有七家，其中便有四家在布根地：阿瓦隆（Avalon）、索略（Saulieu），還有位於里昂市區外的盧埃爾（Col de la Luère），以及維埃納。

想盡述布根地美食獨霸一方的特質，一言以蔽之就是「殷實」。布根地的食物品質好、豐實，但同時卻又不光是飽足營養。不僅僅如此。布根地在填飽肚子的基礎材料上，添加了在富庶精緻的背景下烹飪食物的手藝。布根地人不計較雞毛蒜皮的細節，不講究以細膩的精製調味料去美化虛無縹緲的醬汁，以臻完美無缺的境界。它的菜餚需要的是精力充沛血氣旺盛的醬汁，也在甜點上發揮了另一種面貌的廚藝，但不追求吹捧式的完美。遊刃有餘的專業布根地廚藝，從來未曾須臾脫離它腳下的土壤。這就是最上乘的城市美食，或者說，是鄉村菜發揮到盡其所能的顛峰。常言道，你得有一副鐵胃才能扛得住布根地的美食。不過，布根地美食其實能鍛鍊出鐵胃。你的尖牙利齒能讓你在豐富精緻的高級料理上自掘墳墓，卻不會在較為質樸天然的布根地強健飲食上送命。布根地人恰恰也都很少看牙醫。他們將無人不知的一口好牙，歸功於他們的葡萄酒。說不定對他們

的整個飲食也多有貢獻，應該既能強化骨骼又能增長肌肉。

在處理布根地食物時所具備的優勢，得力於當地的文化背景。這個堅不可摧的基礎則仰賴更多的元素，首先是由於布根地離海相當遠，屬於大陸型氣候，十分強勁，需要膩重的食物。其次是土壤的性質，適合生產這種氣候所需的食物。塑造布根地飲食的當地食材有三樣，每一種都很獨特：芥末、牛肉、葡萄酒。

芥末是非常古老的調味料。埃及人已經懂得使用芥末，雖然他們顯然不知道使用芥末子，只會在大口吃肉時在嘴裡嚼一兩顆。將芥末帶到高盧的是羅馬人，他們將芥末子種下大肆繁殖，他們所提供的這種調味方式大受歡迎，到了十五世紀，甚至出現了芥末製造商行會。這種植物在布根地開枝散葉，成功無比，乃至於第戎成了法國──說不定是全球──最大的芥末中心。法國產製的芥末有半數出自第戎。第戎的芥末年產量甚至高達8000噸左右。大概沒有人會不同意第戎的芥末不僅產量最高，也是品質最優的。芥末整體的味道主要來自未成熟的葡萄汁裡的酸性物質，芥末子磨成粉，在第戎溶解調製而成（波爾多也生產芥末，但用的是大缸裡未發酵的葡萄汁）。第戎還擅長製造各式各樣卓越的調味芥末，添加了各種的香料植物，例如龍蒿（Tarragon）。放眼全球，老饕們會採購整套的第戎芥末醬，小小罐內包含了可能六種不同的這類香料。在第戎的三大特產中，芥末無疑是知名度最廣的一項。（另外兩種是醋栗和漿汁麵包。）

芥末是氣味強烈的調味料，和肉類可謂天作之合，特別是紅肉。用做醬汁的話，需要有個濃郁的基底醬，它會乳化精製食物的細膩感。它可以調劑所搭配的食物，換言之，它和布根地的這些菜色特別協調。或許，芥末在布根地之所以蓬勃發展，就是因為和地方菜太合得來。也說不定，是食物配合芥末而發展出這些菜色。更有可能是因為它們交互影響，使得布根地的烹飪在雙方聯手下發揚光大。

在適當的食物這個範疇裡，最基本的食物當中最重要，且能提供人類活力的首要食物（其中有一個經常和芥末密不可分），就是牛肉。大家普遍認同的是，法國最傑出的食用牛是夏洛來食用公牛，產地在夏洛來鎮（Charolles），距離馬貢不遠。這個牛種是相當新近才培育出來的，不過其數量已僅次於諾曼牛，拔得頭籌的諾曼牛素以肉多而生長快速聞名，但

品質卻不如夏洛來牛。夏洛來食用公牛清一色長著一身雪白皮毛，一直都不如諾曼牛分布得那麼廣，它主要飼養於布根地南部的原產地，以及這裡北側的兩個小區：尼維爾（Nivernais）和莫爾旺（Morvan），雖然如此，全法總數大約也將近一百五十萬頭之多。夏洛來食用公牛長到六歲就送去屠宰場，不像其他品種只養到五歲。據說，多養一年是為了增添肉質的風味，雖然也要甘冒肉質變粗的風險，不過適當增肥的夏洛來食用公牛肉質細嫩，因為這種牛六歲的骨架，本來就比其他牛種五歲的來得更幼嫩。夏洛來牛主要是為了生產牛肉的家畜。布根地另有兩種專門生產乳汁的乳牛：幾乎完全是產乳母牛的褐色瑞士牛，以及索恩河谷一種產乳也供肉食的斑點牛。

布根地牛肉大概是外地知名度最高的布根地菜，在菜單上標示的名稱就是「Bœuf Bourguignon」，但嚴格說來這是個誤稱，因為「Bœuf Bourguignon」指的是烹飪方式，未必是產地來自布根地，簡單說意思是「布根地式牛肉」（Bœuf à la Bourguignonne）。也就是以紅葡萄酒烹煮牛肉，配上蘑菇、小洋蔥和培根丁。精益求精的作法是，先將培根丁塞進牛肉切開的小縫中，再以干邑白蘭地浸泡六小時；利用干邑，是要讓它出醜沒面子，因為干邑是葡萄產區競爭對手波爾多的產品。接著，把牛肉放入紅酒裡燉煮，煮至收縮成原先的四分之三大小，將酒汁濾出撇去脂肪，再放回鍋中，並加入上述配料，一起慢火細燉。但凡標示為布根地式牛肉的菜餚，紅酒醬汁裡就應該要有蘑菇、洋蔥和培根丁、除非是魚類菜餚，才會省略培根。

布根地式牛肉的醬汁是布根地紅酒醬（Meurettes）的變化版。紅酒醬泛指布根地烹飪基礎的所有紅酒醬汁，通常放很多辛香料，並以麵粉和奶油勾芡，形式繁多，出現在各式各樣的肉、魚或蛋的菜餚裡。

在布根地以外地區，菜單上第二種常見的布根地字樣都與蝸牛有關。「布根地蝸牛」（Escargots de Bourgogne）是法國名氣最響亮的一道菜。一般說來，最美味的蝸牛是餵食葡萄葉、蜂蠟，肉色黑且豐滿，不過因為供不應求，坊間也有一種產自南方，體型較小的灰色蝸牛「小灰蝸牛」（Petit Gris），但最受青睞的還是布根地蝸牛。美國人覺得吃蝸牛很怪異，是古代的奇怪風俗。羅馬人卻很愛蝸牛，有位名叫盧皮努斯（Fuvius

Lupinus）的人甚至給蝸牛增肥。和生蠔一樣，蝸牛也非夏季食物。確實，嚴謹者流還認為，牠們的產季甚至比生蠔更短，因為品嚐蝸牛的最佳時節，是等牠們快冬眠時，外殼即將封閉之際。還要給蝸牛禁食一段時間，讓牠們自己消除體內毒素，因為蝸牛吃的一些植物對人體是有害的。

「布根地蝸牛」未必等同於「布根地風蝸牛」（Escargots à la Bourguignonne），前者指的是蝸牛產地，後者是烹調方式。蝸牛一定得熱騰騰地吃。當你把蝸牛從殼裡挖出來，滾燙地放進口中，你很可能以為這不過是一道很簡單的菜，對於烹煮過程多麼耗工一無所知。烹調蝸牛過程如下：

首先，切掉蝸牛殼自我防禦的口蓋，將蝸牛多次洗淨，每一次都要用乾淨的水，接著放入岩鹽、醋和一點麵粉攪拌均勻，靜置兩小時，這樣可以去除動物體內剩餘的廢物。兩小時後再將蝸牛洗淨，並放入滾水中煮五分鐘。然後瀝乾，放涼，取出蝸牛肉，切除尾端黑色部分，將蝸牛肉放入砂鍋，倒入一比一的白葡萄酒和清肉湯，淹沒即可，並添加胡蘿蔔、洋蔥、紅蔥頭和綜合香料植物。整鍋慢煮三至四小時，接著連鍋放涼。這時，將空蝸牛殼用加了一點蘇打粉的水煮半小時，然後撈出瀝乾，用冷水洗淨，再次晾乾。拿一小塊蝸牛奶油，也稱為布根地奶油，和紅蔥頭末、洋香菜末、大蒜煮成糊狀，放進蝸牛殼底部，接著將蝸牛肉放回空殼裡，並填滿布根地奶油。填好的蝸牛殼擺在一個特殊的蝸牛盤上，這種盤子有一個個凹洞，也可以把蝸牛殼放在任何平底鍋裡，鍋底放一點水，撒上一些麵包粉。現在放進已經預熱好的烤箱裡，以高溫快速烘烤，之後就直接連殼上桌。若非知道料理過程，你永遠猜不到有胡蘿蔔和洋蔥這類配料，因為根本不會上桌。

布根地菜餚有個共通的材料，是盛產乳牛之鄉很自然而然有的，那就是鮮奶油。在眾多用形形色色的鮮奶油醬烹飪的菜餚當中，有梭子魚、雞肉、蘑菇和火腿。火腿的特殊料理手法就是鹽漬（saupiquet），意謂著用很多鹽醃漬，因為「sau」一字源自拉丁文的「sal」，而「salt」（鹽巴）一字一般多指任何一種調味方式而已。嚴格來說，這種鹽漬火腿發源於尼維爾省菜餚，而非布根地本地，佐以大量辛香料調配而成的鮮奶油醬。辛辣口味可能會讓我們以為這是一道古早味，因為中世紀的食客喜歡吃得很

嗆，而不是驚喜。這道菜的名稱至少可遠溯十五世紀，不過當時這個名稱指的僅僅是醬汁，而不是今天加了醬汁的肉。有一份古老的食譜這樣描寫鹽漬作法：把麵包烤過，浸在肉清湯裡泡著，同時，炒洋蔥與培根，炒好後，加進烤麵包、肉清湯，以及紅酒、醋、肉桂、薑、綜合辛香料，一起煮至醬汁相當濃稠，然後就可以淋在一些菜餚上，譬如兔肉或燒烤。法國西南部一帶，至今仍依樣畫葫蘆複製這款古老醬汁來搭配野兔肉。可是，布根地鹽漬和尼維爾鹽漬並非一模一樣，因為今日很重要的一個材料——鮮奶油——古代的食譜裡並沒用到。

另一道大量使用鮮奶油的獨特地方菜是「通風麵包」（Fouée），一種酥皮點心，但不是甜的，裡面有培根丁並使用核桃漿把它弄得濕潤。

鮮奶油之鄉理應也是乳酪之鄉（而且也該是葡萄酒鄉）。布根地的確有多款出色的乳酪，但在外地卻不是非常出名。最出名的大概是軟質乳酪聖弗洛朗坦（Saint-Florentin），也稱為蘇曼特蘭（Soumaintrain），產自約訥河谷，是一種軟質乳酪。兩個名稱被當成同義詞使用，造成某些困惑，因為在布根地當地，兩種乳酪是有區別的，道地的聖弗洛朗坦乳酪色較白，通常趁新鮮吃，而正宗的也稱為蘇曼特蘭乳酪色較黃，熟成時會產生一層硬殼（這是最佳賞味時候），類似芒斯特乳酪（Munster）。這種乳酪在布根地很受歡迎。莫爾旺也生產可口的小型山羊乳酪。另一種深受喜愛的當地乳酪是紹梧（Chaource）[9]，是以全脂奶製成的白色乳酪，趁新鮮食用，有時候也可撒點鹽吃。紹梧乳酪不只出產於紹梧，也出產於埃爾維勒沙泰勒（Ervy-le-Châtel），和聖弗洛朗坦乳酪一樣，但這麼一說就更讓人困惑，因為那裡也正是蘇曼特蘭乳酪的發源地。

絕大多數布根地菜在這個領域裡幾乎都吃得到，也能在尼維爾省和布邦奈地區吃到——但是不同地區也各有其特色菜，旅行期間最好要了解一下各自拿手的好菜是什麼。在北部，大約是歐歇爾（Auxerre）一帶，夏布利白酒自然就是魚鮮料理的絕配，那裡的屈爾河（Cure River）盛產梭子魚和淡水龍蝦特別好。鹹乳酪泡芙（Gougère），是不甜的乳酪蛋糕，當冷盤或熱前菜吃。夏布利本身也有一些特色甜點，譬如蘇打餅乾和蛋白餅

---

9. Chaource生乳白黴乳酪於1970年列入AOP管制。

（Meringue）。還有，歐歇爾地區的櫻桃遠近馳名。

莫爾旺高原不僅僅只是乳牛和山羊的放牧區，生產乳酪，同時也是豬的育種重鎮。這裡的豬餵食乳製品的副產品和馬鈴薯，馬鈴薯在這裡是飼料作物而非食物。所以說，火腿是莫爾旺很重要的物產，是感恩節這類節慶的大菜，也是一年到頭都吃的菜。鄉村香腸是養豬的另一項天然產物。蜿蜒山間的溪流裡，有上等的鱒魚，林木茂密的山巒裡，野味豐富，特別盛產丘鷸（Bécasse）。另一項莫爾旺特產是各式各樣的卓越蕈類，其中一種是專門用來製作不甜的酥皮點心「羊肚菌蘑菇酥」（Feuilleté aux Morilles）。而且，莫爾旺的蜂蜜也很出色。

由於莫爾旺的山巒有一點橫亙在布根地與尼維爾之間，兩地有很多種同樣的物產。任一區的菜單上都有不常見的字「Sansiot」和「Jau」，你別覺得見外，因為絕大部分的法國人也不認得這兩個字。頭一字是「小牛頭」。第二個字是一種「血雞」（Poulet au Sang），這道菜要用當年孵的小雞製成。這個區域還有一道新鮮豬腰肉配開心果烹調而成的美味佳餚。尼維爾省有特別培育的好幾種夏洛萊牛，尼維爾市則以焦糖杏仁糖（Nougatine）著稱。

第戎，以及它南側下方的金丘酒區，是布根地的核心重鎮。這個區域裡有很多上好的布根地主要特產。本區對於哪種葡萄酒該配什麼食物，有一定的固執想法，比方說陶罐燉野兔一定要用玻瑪堡（Château de Pommard）紅酒。吃閹雞一定要配香貝丹（Chambertin）紅酒。渥爾內（Volnay）用來烹製搭配炒雞肉的紅酒醬。鑲烤乳豬是這裡廣受愛戴的菜，水煮魚是當地首屈一指也是常見的魚類料理——以白酒醬燉煮綜合淡水魚的燉魚菜。還有以洋香菜調味的火腿，以及「奶油小傘菇」（Mousseron à la Crème）。

前面提到過第戎特產薑汁麵包。在這裡，它的作法得先揉製原始麵糰，放置六週後才能進行最後階段的製作。還有一款很特別，很清淡的「小薑餅蛋糕」（Nonnette）。說到第戎的黑醋栗產品，它既能做成食物也能製成飲品，還有些黑醋栗做成果凍，有些釀成甜味利口酒「黑醋栗酒」（Crème de Cassis），這款酒在法國唯獨第戎有。第戎這個城市有它自己獨一無二的開胃酒，以黑醋栗酒混以「阿里哥蝶」（Aligoté）白葡萄

酒，叫做基爾（Kir），得名自某一位市長。

布根地南部的馬貢地區是上等牛肉產區（夏洛萊牛恰與馬貢牛齊名），也出產優異的禽肉；不過法國最出色的雞出產在馬貢區的東鄰布列斯（Bresse）。馬貢區還盛產不同凡響的蔬菜。熱騰騰的香腸裡面餡料加了開心果和松露，是馬貢區很活力四射的一道別緻的特產。雖然這裡的松露和佩里戈爾的不能比，老饕美食家薩瓦蘭的關鍵美言可信度很高。

西邊的布邦奈包含了一部分的索洛涅，在黃金新月地帶已經提過它是法國最佳野味之鄉。它也是牛肉、豬肉、羊肉和禽肉，特別是鵝肉的絕佳產地。羊肉與禽肉是布邦奈區的兩大特色菜，羊舌煮蕪菁，還有一種燉鵝肉名叫「血肝燉鵝」（Oyonnade）。本區其他特色菜還有「古納雷餡餅」（Gounerre），是馬鈴薯做成的餅，以及一款名喚「波旁塔」（Tarte Bourbonnaise）[10]的甜味乳酪蛋糕。

布根地還有一款特產糖果值得一提。奧澤蘭河畔的弗拉維尼古鎮（Flavigny-sur-Ozerain）景致詩情畫意，圍繞著一座八世紀時的修道院而建。七世紀時，烏抒林園（Ursulines）將約旦產的杏仁以茴香細緻調味，製成茴香杏仁糖。但第一個發明茴香杏仁糖的是蒙塔日（Montargis），因為它在位於布根地西邊數公里處，所以嚴格說來它位於奧爾良境內。發明人是塞薩爾公爵（Duc de Plessis Praslin），他在七世紀初，靈光一現把烤過的杏仁裹上糖。第一批試吃者是路易十三後宮的鶯鶯燕燕，她們當下芳心大悅，用發明人的名字給這款果仁糖起名叫「Praslines」。今日依然叫它「Praslines」（現代法語習慣在不同地方省略所有格的「s's」），接著就設立了第一家店做商業化銷售，位置就在蒙塔日的瑪德蓮教堂（Église de la Madeleine），至今仍營業，已經創業將近三百五十年了。

布根地南邊就是大里昂地區，這塊環繞里昂市的小小區域，包含兩大區塊：羅亞爾河谷地與隆河谷地，這裡有絕無僅有的特色菜。里昂市是法國第三大城，人口有一百五十萬，而巴黎市則有三百萬人口；里昂市常被形容為法國最大的美食之都，若顧及它的面積較小，那麼它其實更勝巴黎。說真的，米其林評鑑給過里昂市十四家餐廳一顆星的評等，六家餐廳

---

10. 布爾博奈省昔日稱為波旁省。

兩顆星評等，如果把距離市區19公里之外，位於盧埃爾（Col de la Luère）山口的「布哈吉耶媽媽」（la Mère Brazier）算進來的話，那麼就還有一家三顆星。但依個人經驗，我在里昂從未吃過真正像樣的一頓。或許是因為運氣差，也當然是要怪自己習慣不好；當時來到這個城市時心想要好好吃一頓，但卻趕路到27公里外的維埃納三顆星餐廳「金字塔酒店」（Restaurant La Pyramide）。我懷疑是否是因為，里昂是個中產階級氣息濃厚的城市，因此，它供應最頂級的奢華料理給那些負擔得起的人，但同時卻輕蔑以對較低下階層的人——不像第戎，這樣的城鎮，並不吹噓高端餐廳，卻也沒有太差的餐飲。里昂的這種特質，總是隱隱約約令我聯想起費城，這個原因可能造成我寧可繼續趕路遠赴維埃納。里昂應當是個令人嘆為觀止的美麗之都，有條大河貫穿而下（索恩河和隆河在此交會），山巒陡峭屹立河谷，但它把自己經營得有點古板而自滿。維埃納是個討喜的古城，有著羅馬中古時代和文藝復興時期的建築，旖旎秀麗，全都同時並存於城內，迷人的魅力是里昂所欠缺的，而且還有一些人士心目中全法國最棒的餐廳。

里昂的飲食很符合其城市個性，量多飽足而非優雅，很容易讓人有吃太飽的感覺。布根地的飲食也力求飽餐一頓，但卻散發著一股比較活力充沛的氣息。這並不是說，大里昂地區菜餚典型，卻非隨處可見那些標示著其城市大名，最平庸的菜色，譬如大里昂馬鈴薯（Pommes Lyonnaises）之類。洋蔥常是里昂菜的一個標誌，例如里昂歐姆蛋（Omelette à la Lyonnaise）就會放洋蔥與洋香菜。最出名的一道里昂菜是「里昂滷牛肚」（Gras Double à la Lyonnaise）——亦即以洋蔥與洋香菜燉煮牛肚——同樣亦非細緻菜。甚至里昂最令人記憶猶新的前菜都是濃膩的，浮上心頭的三種都屬於鮮美多汁類型，但皆濃郁而有些不容易消化的香腸，那就是遠近知名的「里昂醃腸」（Saussissons de Lyon），是一種能扛得住多燙就吃多燙的小香腸；還有，用蘋果烹製的血腸「金蘋果血腸」（Boudin Noir des Rousses aux Pommes）；以及「開心果松露香腸」（Cervelas aux Pistaches et aux Truffes Poché），是有點綜合式的香腸，裡面填充了開心果和松露。一旦里昂的廚子們想施展精緻手藝，他們會做出風味濃郁的讓人神魂顛倒的菜色，即使只是簡單如雞肉料理；比方說，膀胱雞（Poularde en Demi-

Deuil），也稱半哀悼雞[11]，全雞與羔羊胸腺和松露片，放入馬德拉酒（Madeira）同煮而成。大里昂區有一款大名鼎鼎的「金山乳酪」（Mont d'Or）[12]，從前是以山羊奶製成，如今改用乳牛奶，這一改，舊有的風味盡失。金山乳酪的最佳賞味期是12月至4月之間。

有鑑於里昂菜餚的膩重飽足，維埃納金字塔酒店（La Pyramide）手藝如此細膩，著實讓人驚訝。這家餐廳在行政上隸屬多菲內省（Dauphiné），但美食上屬於里昂。儘管細膩有加，但本地菜色傳統上的濃郁猶存。金字塔酒店對鱒魚的處理方式，堪稱所有魚料理裡面風味最精緻的；它在鱒魚內填滿餡料，再以波特酒（Porto）燜燒之，簡直珍饈也，而且是奢華的珍饈，不是清修派的作風：選用極度新鮮的青灰色鱒魚，以魚本身原味，不加綴飾奪味。金字塔酒店的佳餚尾聲，是桌上滿滿的小蛋糕和酥皮糕點，各式各樣惹人垂涎，算計著讓用餐者滿載而歸。這是全盛時期的里昂美食，而你必須兼顧美食與貪婪的脾胃才得以消受。

葡萄酒當然也是布根地之光，這裡的酒與波爾多共享盛名，都是法國數一數二的名酒。兩個酒區之間的差異，準確無誤地反映在兩地文化上的差異，也反映在它們飲饌上的不同個性。波爾多是羅馬人後裔的古城，擁有這個傑出碼頭區孕育而生的精緻拉丁傳統，數世紀以來便是知名的都市與大都會文化所在地。布根地，身為神氣活現的西部大公爵領地，強大豐沛的內陸沃土，人民與土地關係親密，富庶中保有鄉村粗獷，擅長向外傳播影響力，更甚於接收外界影響，這裡向來壯碩、強而有力、草根性十足。波爾多的葡萄酒是城市酒，布根地的則是鄉村酒。上等的波爾多佳釀讓人想起全面的學院教育。傑出的布根地好酒就好比鄉間仕紳在自家土地上歷經熟練培養茁壯出睿智。

和波爾多一樣，布根地種植釀酒葡萄也是由羅馬人引進的——馮內－侯瑪內（Vosnes-Romanée）數種年分佳釀酒標上的「Romanée」字樣，就是

---

11. 原文是「fowl in half mourning」，所謂半哀悼是指雞皮底下黑松露有如寡婦的黑色喪服，黑色意謂哀悼的階段（也有灰色喪服）。

12. Mont d'Or 於1981年列入AOP管制，它另一個名字是Vacherin du Haut-Doubs上杜省牛乳酪，僅在9月中至次年5月期間生產。Mont d'Or以針樅樹皮包裝，樹皮的風味會滲入乳酪，食用時也不可以拿掉樹皮。

個提示。倘若說熙篤會是發展布根地釀酒業的功臣，那是因為僧侶們在建造修道院時，發現布根地林木遍野，於是砍光森林的樹木，地面全種滿了葡萄藤。修道院或許禁止僧侶飲用葡萄酒，但不禁止釀酒販賣維持修道院生計，顯然也不禁止做成禮物餽贈於人。熙篤修道院院長布西耶斯（Jean de Bussieres）擁有梧玖特級園（Clos Vougeot），在1359年時曾經贈送三十桶酒給教宗額我略十一世（Pope Gregory XI），並在四年後——時間夠長得讓葡萄酒臻於絕佳賞味期——晉升為樞機主教。

布根地極北一帶，也就是歐歇爾（Auxerre）周遭，這裡和布根地主要葡萄種植區相隔甚遠，與其他葡萄酒鄉有著天壤之別，但卻是最出名的布根地葡萄酒夏布利的家園。這裡的土壤混雜著白堊土、玄武岩和黏土；夏多內（Chardonnay）是釀造絕大多數布根地白葡萄酒的品種，這款葡萄釀成的白酒相當清淡、干冽、清新，散發甘美的芳香氣息，需冰透才好喝。距此不遠，歐歇爾的另一側種植了各種紅葡萄，其中的依宏希（Irancy）粉紅酒堪稱個中翹楚。這款酒同樣也是冰透時最好喝，和阿里哥蝶（Aligoté）一樣；阿里哥蝶並非指葡萄栽種產地名，而是葡萄的品種。唯獨這裡和布根地其他不宜種植廣受歡迎的黑皮諾或夏多內的地區，才有阿里哥蝶葡萄酒。阿里哥蝶釀造的白葡萄酒不如土地較肥長出的夏多內那般好，不過成品卻好過和它同區的夏多內。

布根地的主要產酒區位於東部與南部，沿著所謂斜坡（La Côte）地帶延伸。北從第戎南下，始於第戎丘（Côte Dijonnais），無足輕重的小產酒區菲尚（Fixin）。但是過了菲尚之後，各個村莊都赫赫有名，哲維瑞－香貝丹（Gevrey-Chambertin）是葡萄酒愛好者熟悉的名字。而且從這裡開始，是大名鼎鼎布根地特級園的起點，從這裡開始，葡萄酒不再只是一種作物，而是一種生活方式。這些葡萄農和他的產品生活相依，他們住在屋子的樓上，底下都是裝滿葡萄酒的發酵桶和大橡木桶。他們最關心的就是葡萄酒的品質如何。在遍植平庸餐酒葡萄的南法，葡萄農1公頃的土地可產出6.8公噸的葡萄酒。然而，在斜坡地帶——也就是金丘——每公頃土地只得2.3到2.8公噸，但這2.8公噸全都是布根地葡萄美酒。

金丘的土壤是白堊土，釀造出的葡萄酒香氣馥郁，酒精醇厚，而且耐久陳放。這裡的葡萄以紅酒的黑皮諾、白酒的夏多內為主。有些人士像波

爾多人一樣，喝布根地紅酒愛稍微回溫才喝（室溫），可是布根地人不信這套。他們愛直接以地窖溫度飲用；實際上，越是濃烈的布根地酒，越是不必回溫來釋放風味。然而，和波爾多一樣，布根地酒在飲用前一小時左右先開瓶的話，滋味會更美妙。金丘的白葡萄酒都是冰涼著喝，雖然不會冰透如夏多內，但是直接以地窖溫度飲用也足矣。

上等的布根地葡萄酒生長在斜坡的最東邊地帶；金丘的山後（背面）西側生產的葡萄酒不如深受好評的東面，也甚至不如金丘南邊的年分酒。這些越靠南邊的葡萄酒雖然較為粗劣，但其中也不乏一些值得另眼相看的好酒。就在斜坡地帶南邊，也就是夏隆內丘（Côte Chalonnaise）中心梅克雷（Mercurey）[13] 盛產絕佳的紅葡萄餐酒，吉弗里（Givry）供應亨利四世日常飲用酒，蒙塔尼（Montagny）白酒還過得去，胡利（Rully）的白酒有時候帶有氣泡。美國買得到布根地的氣泡紅酒，但據我所知法國卻非如此，布根地的葡萄農寧可不提這回事，雖然有些人必然也釀造氣泡酒出口。對於氣泡酒這樣的飲料廣為人知，他們顯然引以為恥。氣泡紅酒令人深惡痛絕。

越過無酒斷層之後，過了馬貢之後葡萄酒又重現天日；馬貢最知名的酒款是普依富塞（Pouilly-Fuissé），這是一支優異的白酒，帶有泛綠的金黃色澤，干冽但果香豐富，很接近極北地帶絕品佳釀等級。馬貢同時也生產紅酒，路易十四很偏愛馬貢的葡萄酒，且在餐桌上他只喝馬貢酒和競爭對手巴黎的酒，這些酒在當時隨手可得。不過，較受歡迎的布根地南部紅葡萄酒產自葡萄酒斜坡地帶延伸至薄酒萊一帶。薄酒萊酒區自有獨樹一格的名聲，有別於布根地，它和布根地主要酒區有很大的差異——有著花崗岩富含氧化鐵的土壤使薄酒萊葡萄酒色澤深味道濃，加上獨立小農以小區塊栽種的方式——可能小得只有約2公頃左右——在斜坡地上分割得很細小，還有栽種的釀酒葡萄品種等等。這裡有加美（Gamay）；當年布根地公爵們自封非正式稱號「基督教世界最傑出的葡萄酒領主」、「勇敢的腓力」（Philip le Hardi，亦即腓力二世）仗著此稱號禁絕金丘種植加美葡萄，因為這款葡萄較其他兩種低劣。然而，加美偏在薄酒萊的土地上欣欣

---

13. 加洛林王朝時在此處建有供奉水星的神殿，故以Mercurey為名。

向榮，雖非一枝獨秀卻成了葡萄園的主力。舉個例子來說，假如你看到一支酒標示著「混合所有葡萄的紅酒」（Passe-Tout-Grains）[14]，那代表其成份當中有三分之二是加美葡萄，三分之一是黑皮諾。最出色的薄酒萊來自「風車磨坊」（Moulin-à-Vent）、弗勒莉（Fleurie）、摩恭（Morgon）、茱麗安娜（Juliénas）、布魯依（Brouilly）。飲用薄酒萊的葡萄酒絕對不要回溫。

由於布根地的葡萄酒領域相當分散，整區的佳釀年分往往有誤導之嫌。譬如，夏布利和其他產區相隔甚遠，以至於它的好年分與壞年分差別頗大。確實不差的是，近年夏布利接連數年慘遭橫禍，許多葡萄農澈底心灰意冷，揚言威脅要剷除他們的葡萄藤改種菜，而另一方面，金丘沿線卻始終維持正常。提醒在先，現在再來看布根地紅酒的傑出年分有哪些：1929、1934、1937、1942、1943、1945、1947、1949、1952、1953、1955、1957、1959和1961。白酒的傑出年分有1928、1929、1943、1947、1950、1952、1953、1955、1957、1959、1961、1962和1963。夏布利的優秀年分有1929、1937和1947，其次為1928、1934和1945。讓人垂頭喪氣的壞年頭接二連三，也使得這樣的葡萄酒更稀罕。

尼維爾省也出產葡萄酒。塔娜（Tannay）是一款干冽芳香的白酒，遍植於約納河左岸，也被稱為莫爾旺葡萄酒，因為它的種植區橫跨兩大領域，兩區彼此交融，還包括了一個極為優異的佳釀產地「盧瓦爾普伊酒區」（Pouilly-sur-Loire）[15]。與前述貝里酒區——譬如桑塞爾（Sancerre）——僅一水之隔，尼維爾應該與這些葡萄酒齊名，但是它偏又如此獨特，技巧更為精良，值得單獨歸類。盧瓦爾普伊酒區的葡萄酒有兩大種類，一種是以夏斯拉葡萄釀成，很細緻干冽，還有一點點酸澀（sharp）；另一種由白蘇維儂葡萄（也就是釀製桑塞爾的葡萄）釀成的普依芙美（Pouilly-Fumé），滋味甚至更細緻，散發更為複雜的花香氣息——不同於馬貢的普依富塞（Pouilly-Fuissé），切勿混為一談。

---

14. 今日此款酒應為Bourgogne Passe-Tout-Grains AOC，必須含有超過30％的黑皮諾，超過15％的加美。

15. 以葡萄酒產區而言，此段提及的產區均屬羅亞爾河產區而不是布根地產區。嚴格說起來指的是中央羅亞爾河產區（Centre-Loire）。

布邦奈區（Bourbonnais）也出產一些淡雅的葡萄酒，若在現場開飲甚是美妙，但分量不足以外銷。最知名的是謝米利（Chemilly）、於列勒（Huriel）、伏羅（Vouraud）、沙耶勒（Chareilles）、比利（Billy）、蘇維尼（Souvigny），以及聖普爾桑（Saint-Pourçain）。在這塊領域上最受青睞、大量外銷的液體是一款礦泉水——薇姿（Vichy）就位於布邦奈區。這或許讓我們注意到，布根地雖貴為偉大的葡萄酒鄉，卻也盛產製造啤酒用的啤酒花。這裡的啤酒花來自啤酒之鄉阿爾薩斯，對布根地相當重要，因為在普法戰爭結束後，阿爾薩斯和洛林合併，法國啤酒花來源遭切斷。當阿爾薩斯又重歸法國懷抱後，布根地的產量銳減，可是啤酒花至今仍遍植於第戎一帶，那裡的啤酒花品質被譽為是原產地裡的首選。

　　最後再提醒一下，隆河谷葡萄酒（Côte du Rhône）產區始於本區的「羅迪丘」（Côte Rôtie）[16]，盛產盛名遠播的紅酒，同樣以白酒著稱的恭德里奧產區（Condrieu），靠近維埃納，也是金字塔酒店的名物。

---

16. 依法規，Côte Rôtie應屬隆河葡萄酒產區而不屬於布根地葡萄酒產區。

Chapter 8

山區
The Mountains

侏羅Jura · 弗朗什－康堤大區Franche-Comté · 薩瓦省Savoy · 多菲內省Dauphiné

　　法國東境是天然疆界。山巒呈南北走向貫穿於此區。在北邊，山脈並未直抵邊境；一直以來邊境都是天然山勢，由萊茵河谷地構成，河谷背後聳立著弗日山脈。不過接近瑞士一帶，山巒又成了疆界。瑞士北邊的侏羅山（Jura）一路橫亙於兩國之間，瑞士南邊就是阿爾卑斯山的起點，山脈屏障了瑞士，接著是義大利，然後一路直達海岸。

　　連綿不斷的山脈涵蓋了三大烹飪區——北邊是油脂派，南邊是橄欖油派，但眼下皆非我們要關注的。中央地帶是奶油派當道，這裡有兩大美食區：侏羅區和阿爾卑斯區。這兩區又各自被細分為兩小區：侏羅區被細分為侏羅（有點重複）小區和弗朗什－康堤（Franche-Comté）小區，分別代表真正的高地與低地，侏羅小區位於弗朗什－康堤小區內；阿爾卑斯區比較具體一點，被分成薩瓦（Savoy / 法Savoie）小區和多菲內（Dauphiné）小區。在任何地方都模糊難辨又變化莫測的政治疆界，在這裡更難明確清晰劃分。侏羅－弗朗什－康堤的分界效力很薄弱，因為這個區塊在歷史上絕大部分時間都自成一個政治單位。但薩瓦和多菲內在多數時間裡一直都

是各自獨立的行政區。美食與政治疆界未必合而為一，可是，政治疆界往往對前者造成影響。

　　侏羅區的情況，正提供了一個觀點，讓我們看到夾在瑞士與法國之間，餐桌上的變化。人們習以為常會認為瑞士比法國多山；但如果從萊芒湖（Lac Léman），亦即日內瓦湖（Lake Geneva）往北移，去到湖的對岸並越過紐沙特湖（Lake Neuchâtel），就會發現那裡是一片相對平坦的地方，但再上去則有一堵巍峨高牆拔地而起。瑞士的土地比較平坦，高牆在法國。當你順勢放眼望去，侏羅區的終點戛然而止於一座懸崖。山腳前方沒有半點醞釀起伏的跡象，只有突如其來的高聳天險。這使得侏羅區看起來地勢比山腳還高，但實際上，這裡的山勢根本難與阿爾卑斯山相提並論，即使炎炎夏日山尖經常覆蓋靄靄白雪，張牙舞爪的雄偉裸石驚心動魄直入雲霄。透迤而上環山而行的道路，切開兩旁山壁濃密的常綠林木，為強勁氣魄注入了寧靜氣息。時不時，你會發現自己孤懸山邊，山上的岩石筆直而下，谷底綠蔭森森，雖然深不可測但相對寬闊，因為對岸另一座高山岩壁也是同樣的陡峭。山谷裡一條細細的河涓涓川流。這片景致彷彿飛機上的鳥瞰畫面。

　　然而侏羅區並非生人勿進。它們的峻嶺深谷綿亙連翩，模式一貫大致上都是平行走向，兩端與山谷相通。從空中俯瞰而下，宛如一排高聳窄峭的波浪。最高的部分座落在瑞士邊界，山勢隨著進入法國境內而遞減，因此，總體的布局就是一座巨大的階梯。平行走向的山壁間或被橫谷（Cluse）的缺口切斷。然後，有一條南北向順著一道階梯流淌的小溪，穿過開口處，又順著下一個階梯直溜溜往下滑，方向可能一樣，也可能相反，直到下一個橫谷讓它滑落到另一個階梯。蜿蜒長河亦如是。發源於索恩河55公里處的杜河（Doubs），流域長達267公里，最後又注入索恩河──有數度看似到不了交會處，也因此才有了這樣一個「曖昧」的名字（拉丁文的Dubius就是今天的Doubs）。在注入索恩河之後，杜河的河水與索恩河合流，流經夏隆（Chalon）和馬貢，到里昂市與隆河會合，而早在里昂市上方已與隆河交會的安河（Ain），它的發源地距離杜河發源地僅9公里，綿延68公里後注入隆河。

　　侏羅河行徑詭異，走向既垂直又水平，習慣令人詫異，會突然從土壤

表面滲透到地底滲穴（Sinkholes），消失無蹤，然後伏流於地層下方不透水的底部，最後，遇到地面陡降處，又從峭壁側滔滔湧出重現天日。侏羅河的走向圖上散布著許多名字，諸如安河之失（Perte de l'Ain）、利松之失（Pertes du Lison）——Perte意謂「失去」，標記著河水伏流地底的位置。曾幾何時，還有隆河之失（Perte du Rhône），意謂從瑞士進入法國時本就是寬闊大河的隆河，在此處完全伏流於地層裡，不過水壩建造完成之後，河水又重現於裂縫，雖然隆河有很大部分仍伏流地層，但卻是伏流在河道底下，因此並不容易察覺到伏流的現象。根據官方資料來源，侏羅河的眾多支流往往都不算真正的支流，全是伏流再現而已。當初為這些支流命名時，並不知道這些從兩側峭壁滲出的水流並非源自那裡，而是遠處陷入伏流的河水再度現身。這種現象在1901年行徑最是誇張，當時靠近「洪水源頭」盧河（Loue）[1]邊的住戶欣然發現河水變得像是苦艾酒（Absinthe）——比較無味但可口。在此兩日前，位於蓬塔利耶（Pontarlier），生產苦艾酒的保樂（Pernod Fils）工廠[2]慘遭祝融，大約有900多公噸的酒傾洩入杜河。據此推論出，盧河是杜河伏流的一部分。這個說法又獲得驗證，因為杜河在蓬塔利耶附近河道染上了綠色（苦艾酒的顏色）。過了兩天半，盧河也變綠了。

侏羅河的眾多支流全都擁有最迷人的景致，因為高山地形使它們傾洩如瀑——其中最蔚為奇觀的要屬杜河支流赫里森河（Hérisson）；或者使它們貫穿深淵峽谷，特別是杜河與安河。湖區也有河水遺蹤，源自尚帕尼奧勒（Champagnole），較靜謐但美麗絲毫不遜色。舉凡山巒在深淵般山谷邊緣陡然直落而下，就有驚心動魄的美景，而此處無所不在。其中有一景點是羅恩山（Mont Rond），在這片山壁邊，可以望見侏羅河蜿蜒於瑞士邊界，一眼望穿日內瓦湖，而瑞士的阿爾卑斯山就在那背後。

拉茹（La Joux）的紅杉林面積之大，相等於美國太平洋岸。雖然這裡的紅杉高度不到90公尺，但拉茹的松樹高度卻很驚人。其中總統松（Sapin Président）高約50公尺，離地1.5公尺處的樹圍有4公尺；聖溫塞斯拉斯松

---

1. 盧河位於法國東部，屬於杜河的左支流。
2. 曾是法國最大的兩大酒廠之一，生產烈酒與葡萄酒，1975年保樂（Pernod）與力加（Ricard）兩家公司合併為保樂力加公司，目前為全球第二大葡萄酒與烈酒生產集團。

（Sapin St. Wenceslas）更高一點，但沒那麼粗。這些樹木全都掛有個別名字的牌子，有很多的枝枒都長在離地25到30公尺高以上。當地稱它們為「西班牙人」（Spaniards），因為它們應該都是在西班牙人占領期間，也就是1556至1598年間種下的。

拉茹的森林，也和法國其他林木森森的區域一樣，都在政府部門統籌下，進行系統化伐木規劃，每年依照限額伐木以維持同一時期內自然汰換的生長率，也確保地區主要自然資源生生不息。由於有了這樣的伐木管制，就必須在當地居民當中成立一個柴火公社，這個公社也在侏羅區成了另一番風景。遊客經常很驚訝於侏羅房屋上又大又寬的美麗屋簷，這在山區十分普遍常見；而一般山區裡，平房會蓋著低矮下垂的屋頂，用來抵禦頻繁的風雪，但是在這裡，屋頂卻特別誇張。原因並非氣候使然，而是經濟造成的。在一些社區裡，柴火的分配是根據屋頂區域而定，因此人人都想盡其所能，在他的屋頂裡放越多柴火越好。對那些屋頂小一點的屋子，你或可推論那樣的社區，柴火分配是按每戶人家人口數，或者依照爐子數，不論是爐灶或壁爐數。

這裡的氣候很嚴峻。「我們有八個月下雪，兩個月強風，可是剩餘的日子裡，天氣舒服得難以置信。」侏羅人士這麼說。氣候惡劣，使大家強韌耐寒，幾乎人人都是伐木工，而生活在此得與頑抗的土地相爭，無疑地這也是出於地方特性上的艱苦所致。山區的民族通常都是獨立性的激烈捍衛者，或許是因為他們的地形容易防守，即使面對數量龐大的武力；雖然這個地區的民族非常自豪於他們向來擅長抵抗，有時候被激怒的局外人形容他們是「牛脾氣」。法國有句諺語說「康堤人，頭上是木頭」（Comtois, tête de bois），大可任意翻譯成「那些豬腦的弗朗什－康堤人」。他們也很急性子，另一則栩栩如生的法國片語形容阿爾布瓦區（Arbois）是「把頭緊緊戴在帽子上」。

問個很合理的問題：山區民族的飲食，對他們那經常暴走的獨立性有多大貢獻？大多數山區飲食都有某些共同特性，可大致歸納為本質上是粗魯的。山區食物往往都很濃膩，以滿足可觀的能量與保溫需求。不可能精緻或多彩，有時是不折不扣單調至極，儘管弗朗什－康堤的食物似乎逃離那樣的宿命，出現如「高絲粗麵」（Gaudes）這類典型菜餚，但這不過就

是單純的玉米糊，乏善可陳。高絲粗麵可熱食也可放涼後變硬，然後切片冷食。

　　某些山區飲食之所以缺點多多，原因出在土壤貧瘠，導致可用原物料品質與產量都受限。弗朗什－康堤大區這裡擁有的優勢是因為位於山脈西側，面向索恩河，這裡有肥沃的平原，其中一處素以美食著稱，那就是布列斯（Bresse），同時，侏羅區本身也有三大特產：湖魚，而湍急的山溪正是鱒魚最佳生長地；侏羅區還有茂盛的上乘牧草，因此成了乳酪重鎮，而本地葡萄酒各有出色的質量，連帶激發出美食。

　　然而，不可忽視的是，儘管弗朗什－康堤大區西邊低地區山區菜餚也傾向於膩重飽足，帶有自成一格的粗獷魅力，而且追求是飽餐一頓而非攝取何種食物，但相較於侏羅區，那裡的飲食更加多彩多姿充滿想像力。「山羊咩咩叫的話就會少吃一口草。」山民說，雖然他們擅長也偏愛找廚藝出色而非美貌的老婆，但底下這句諺語似乎透露出他們要的是充實的菜櫥而不是楚楚動人美嬌娘，「最好說『嗯，我的居家老婆，來吃晚飯！』而不是說『小美人兒，今天吃什麼。』」侏羅人喜歡冷麵包，他們認為吃麵包是為了營養，更甚於滿足口腹之慾，覺得冷麵包比熱的這樣更好消化，但其實熱麵包風味才是最好的。「年輕女人和熱麵包完全是敗家子」是更極致的另一則諺語。這種對女性賞心悅目功能的貶低，難以讓我們對侏羅的美食抱有一絲期待。在絕大多數地方最常遇到的情況是，欣賞食物滋味通常與欣賞女性的美貌不相上下，餐桌上的樂趣天生就與床第之歡很近似。

　　前述提過布列斯平原（Plaine de Bresse）是個值得注意的美食殿堂。它的美名主要來自這裡盛產法國最美味的雞，這些雞的飼料全是玉米[3]，宰殺後泡入鮮奶中，然後撲上粉，擺在市場上一身白花花的。布列斯雞風味細緻，適合簡單燒烤，不要任何複雜的烹飪方式，否則唯恐搶了它獨有的細膩滋味，只吃到其他味道。燒烤時爐子先預熱，要熱烘烘將白花花的雞身烤至亮晃晃金黃焦酥，而且為確保外皮酥脆，不刷醬料。

　　菜單上若見到「Poulet de Bresse」（布列斯雞）字樣，（或是

3.　法國AOP（原產地命名制度）規定布列斯雞必須吃以在地玉米、麵包和牛奶混合成糊的飼料。
　　1957年布列斯雞正式列入AOP規範。

「Poularde de Bresse」，是母雞，因為公認母雞肉比較美味），就表示能品嚐到全法最出色的雞肉。但有個陷阱要小心。雖然養殖布列斯雞的雞農對自己的雞很自豪，上市前腳上會掛上鉛環，證明雞隻產地是布列斯，可是即使這些雞隻是在這個地方孵化長大，除非是原生品種，否則並不算是真貨。在市場上購買全雞時很容易辨別，因為布列斯品種的雞隻腳是藍色、肉垂和雞冠是紅色，羽毛是白色，而由於餐廳並非整隻雞上桌，有完整的這些特徵可分辨，因此除非在可靠的店家食用，否則別無他法。

很巧合符合布列斯養殖中心特性的是，該地首府布爾格（Bourg-en-Bresse）外圍的古老本篤修道院有個唯一的迴廊，未遭十六世紀戰火摧殘，而它正是個廚房迴廊，截至今日仍開放供造訪修道院宏偉哥德教堂的遊客參觀。

弗朗什－康堤大區僅次於布列斯雞的第二大食物特產是牛隻，皮毛有著大塊紅褐色斑紋，這些牛通常在每年5月至11月，會遠從25至30公里外四面八方聚集放牧於阿爾卑斯山上的牧草地。山上牧草區所產牛乳可製出上等乳酪，但是將侏羅鮮乳大量製成乳酪，主要的理由平凡無奇，是出於運送困難。侏羅的居住區很分散，生產的鮮乳過剩本地人吃不完，但要將鮮乳一日兩趟從高山運送下山，再轉運到都市地區，過程太過繁重。因此，鮮乳先轉換成乳酪，成為更便於運送且不易損失的形式，才送到市區坊間。

侏羅區的乳酪種類繁多。康堤乳酪（Comté）[4]很近似於國界對面的瑞士格呂耶爾（Gruyère）乳酪[5]；但正宗的格呂耶爾乳酪並沒有空洞，有洞的類似乳酪是與格呂耶爾相隔一個山谷的愛曼托乳酪（Emmenthal）。這些乳酪的名字早已全球如雷貫耳，但對兩地的乳酪業者卻造成很大困擾。在侏羅區，大家認為空洞越少，乳酪越好。康堤乳酪非常耐放，可以保存很長一段時間不會腐敗。

這種乳酪若有瑕疵，並不是說味道不好或難吃，只不過破了或表面坑坑疤疤而已，賣相不佳，但可以做成不一樣的乳酪：格呂耶爾奶油乳酪

---

4. Comté為牛乳硬質乳酪，1958年列入AOP，是法國所有AOP乳酪中產量最大的乳酪。
5. Gruyère 與Emmenthal在法國與瑞士都有生產，但質地稍有不同。市面常見Gruyère與Emmenthal都是瑞士風格。

（Crème de Gruyère）；或是「Fondu」，意謂融化，將原本的大乳酪塊融化後製成更軟滑的小塊乳酪，通常會採用個別分裝方式。（Fondu不同於Fondue，稍後會討論到。）這種小塊乳酪非常受歡迎，以至於現在會將原本的乳酪從一開始就故意製成這種形式，畢竟沒有那麼多無意間出現瑕疵的乳酪可用。

在結束格呂耶爾這種乳酪的話題之前，還要一提莫雷（Morez）[6]的莫爾比耶乾酪（Morbier）[7]，這種乳酪比康堤乳酪粗，製成較小的圓餅狀。切開後，會看到中間有一道黑色斑紋。別以為買到壞掉的乳酪，每塊完整的乳酪都是以兩片圓碟形乳酪面對面放在一起製成，交接的那一面在擺放前會以木炭摩擦過以利黏合。

本區有兩個市鎮有一種特產藍黴乳酪（Fromages Persillés），名叫「洛克福」（Roquefort）[8]；有人說名稱裡的「Persillés」源自於裡面含有洋香菜末，其實不然，這個名字來自乳酪內的青色紋路類似洋香菜末。而這種顏色來自特定的青黴菌，它不是人工添加的，而是在熟成地窖內同步產生的。熱克斯（Gex）[9]所產的藍黴乳酪特色就是始終都是白色，不像大多數乳酪因為成分轉換成黃綠色。塞蒙塞勒（Septmoncel）也出產類似的乳酪，不過是混合牛乳與山羊乳而成，而熱克斯的產品全部以牛乳製成。由於兩種凝乳並無法融合為一，所以只是單純將一種凝乳倒在另一種上頭，再去進行壓製，這種乳酪有個外號叫「雜種塞蒙塞勒」。藍黴乳酪需要二到四個月才能臻於熟成。

侏羅區也生產一些軟質乳酪，其中有多款是仿效其他地區的類似產品，但都是個別農家製造，產量小。瓦赫林（Vacherin）[10]就是一款軟質乳

---

6. 侏羅省東部市鎮，2016年1月1日起與相鄰兩鎮合併為上比耶訥（Hauts de Bienne），並成為政府所在地。
7. Morbier於2000年列入AOP管制，Morbier過去的製造方法為「兩段式」，早上批次的乳汁製作凝乳後會撒上一層木灰，晚上批次的凝乳再覆蓋其上，現在腰帶已經只是裝飾功能了。
8. 此區現已不是Roquefort AOP的產區。
9. Bleu de Gex又稱為Bleu de Haut Jura。1977年列入AOP管制。這種少見的藍乳酪因查理五世而聞名，據稱他是一名忠實的乳酪愛好者。
10. Vacherin有法國與瑞士兩種版本，此處應指的是瑞士版本。法國版本今名Mont d'Or，它另一個名字是上杜省牛乳酪（Vacherin du Haut-Doubs），產區位於阿爾薩斯－洛林（Alsace-Lorraine）。1981年列入AOP管制。

酪，康庫瓦約特乳酪（Cancoillotte）也是，不僅軟滑，氣味還很濃嗆，遂有「再製乳酪」（Fromage Fort）之喻，法語有時也稱之為「Fromagère」（意謂乳酪），最佳賞味期間是9月至6月。

康庫瓦約特（Cancoillotte）一字可能會令你大惑不解，因為這個字若非指乳酪，就是指一種以該乳酪製成的名菜威爾士烤乳酪（Welsh Rarebit），後者是在淺黃色液狀的康庫瓦約特乳酪加入蛋和大蒜製成。乳酪火鍋（Fondue）是另一道乳酪菜餚，以康堤乳酪烹製，應該是從邊境傳進侏羅區的菜色，因為很顯然源自瑞士──這道菜大概是瑞士唯一一道原創美食。將乳酪放入白葡萄酒內煮融，再加一點櫻桃白蘭地（Kirsch）──一種澄清無色的水果白蘭地（Eau de Vie）。盛入事先擦過大蒜的大型公用木碗內上桌，趁滾燙吃，而且要以瑞士方式進食：用叉子插著麵包丁，浸入公碗內的乳酪醬轉一轉沾上厚厚一層，這才送進嘴裡。然後再插一塊麵包丁，重複同樣步驟。在瑞士，乳酪火鍋只能用干冽不甜的白酒烹煮，這是亙古不變的金科玉律，但在法國可用的白酒比較寬鬆。

乳酪是弗朗什－康堤大區菜色裡的常客。有一道熱前菜就是「侏羅酥皮乳酪」（Croustade Jurassien），是以乳酪製成的精緻細膩酥皮糕點。加了乳酪的冬南瓜（Winter Squash）和馬鈴薯菜餚很受歡迎。弗朗什－康堤的特色美食還有一道是用乳酪烹煮淡水龍蝦尾肉，名叫「焗烤小龍蝦尾」（Gratin de Queues d'Écrevisses），發源地在南蒂阿（Nantua）。

南蒂阿是弗朗什－康堤大區的魚料理首府。至少還有另外兩道出色的淡水龍蝦菜，名稱和這個城市有關：南蒂阿小龍蝦（Queues d'Écrevisses à la Nantua）和南蒂阿蛋黃醬小龍蝦（Mousselines d'Écrevisses à la Nantua）。第一種和之前提過的波爾多小龍蝦無關，烹煮時以調味蔬菜（Mirepoix）加白葡萄酒與干邑白蘭地烹煮，白醬（Sauce Béchamel）之類進一步的醬料，則是要等波爾多小龍蝦煮好端上桌後才加進去。第二種是濃稠細滑的奶糊醬，也可以放入梭子魚或鱸魚同煮，再以南蒂阿醬汁勾芡。南蒂阿醬是該城的另一項特產，本身就已經有小龍蝦在裡面，這是一款很基礎的醬料，可回溯至路易十四年代，以白醬為基底，再加入小龍蝦湯和額外的鮮奶油，最後放入小龍蝦殼：將奶油與調味蔬菜與小龍蝦殘餘物，過濾後同煮，並滴上一些干邑白蘭地，撒上卡宴辣椒粉（Cayenne Pepper）而成。

據說這等名聞遐邇的侏羅小龍蝦越來越稀少，真令人沮喪。假如小龍蝦絕跡了，侏羅地區也不缺魚鮮料理。南蒂阿出名的物產不只小龍蝦，還有魚丸（Quenelles de Brochet），也就是肥嫩的奶糊小魚餅（Quenelles de Brochet）[11]。望文生義，小魚餅是魚糕，毫無疑問，但說它是魚糕有點褻瀆了它，雖然新英格蘭版本的這道魚料理的確讓人不屑一顧。

　　弗朗什－康堤大區的其他魚料理當中還有一道燉魚，我們在布根地篇章裡渡過索恩河時已經提過。除了一般的鱒魚版本，在索恩河支流珀欽河（Breuchin）有個虹鱒版本；珀欽河位於弗朗什－康堤大區東北邊境上，滋味非常豐富。而索隆（Saulon）的鯉魚備受推崇，奧格農（Ognon）出產的梭子魚最出色。

　　林木森然的山區通常也盛產絕佳野味。侏羅自不在話下。鷓鴣、丘鷸、雉雞、野兔，甚至野豬唾手可得。羊羔是人人愛的佳餚。高山草原上，松林樹蔭下，各式各樣的蘑菇應有盡有，富爾格（Fourgs）出產的蝸牛評價很高，不亞於牠們的布根地親戚。

　　有一個食物，老饕們大概不會把它當一回事，因為太習以為常了，它就是鹽巴。但是在古代鹽巴可不是理所當然的東西，因為內陸地區得竭盡全力才能確保鹽的供應無虞，在那個通訊不便、交通艱難的年頭裡，鹽巴的取得並不輕鬆。鹽稅是法國諸王最重要的歲收來源之一，也是最令民眾感到繁瑣的一樣東西。奧地利的薩爾茨卡默古特（Salzkammergut）[12]，其首府薩爾斯堡（Salzburg）——意謂鹽城（Sal就是Salt）——早年富庶就是歸功於它的鹽礦。弗朗什－康堤大區也有鹽層，這項調味料對當地烹飪有著某些重大的影響。

　　弗朗什－康堤大區的鹽層開採，始於羅馬時代；羅馬人發現鹽層附近柴火豐富便利，而開採鹽層的方法就是用水淹沒坑洞，讓飽和的鹽水上升，然後取鹽水煮至水蒸發只剩鹽即可。這個方法至今仍在用，只不過多了現代電動幫浦和煤炭加熱的大鍋爐，不再用木材加熱。遊客可以到薩蘭萊班（Salins-Les-Bains）參觀操作過程；薩蘭萊班的名稱字意就是「鹽層水療中心」（Salt Deposit Spa）。附近的隆勒索涅（Lons-Le-Saunier）也有其

---

11. Quenelles de Brochet是魚漿加了鮮奶油攪打成泥，烤製成形而成。口感細嫩如魚豆腐。
12. Salzkammergut一字意謂「鹽業商會的產業」。

他製鹽方式，它的地名裡暗藏了「Salt」一字。薩蘭萊班的鹽礦曾為十三世紀初貴族「古代約翰」（John the Ancient）創造財富。後世鹽的持續重要性可以在阿爾克和瑟南（Arc-et-Senans），建於十八世紀的「皇家石灰林鹽場」（Saline Royale de Chaux）一窺究竟。原訂計畫中，是要市鎮環繞這座鹽場而建，不過實際上只建成了主要結構，約莫十二座建築，但也足以讓遊客印象深刻體驗到，這項稀鬆平常得讓人不以為意的鹽巴原料，其實在幾乎每一道現代菜餚裡都彰顯其重要。

若你想試吃一些飽足但未必精緻的侏羅菜，最好去鬧烘烘的聚會，在這種場合裡，按傳統招待賓客的食物獨一無二都是豬肉特色菜，堪稱全豬宴，膩重量大──血腸、水晶肴肉（Head Cheese）、肚腸（Tripe Sausage）、豬排等等之類的珍饈，但是這樣的餐點很符合氣候。所以說，當地版本的蔬菜燒肉（Potée），其形式是綜合燉蔬菜，搭配索熱（Saugeais）特產：掛在壁爐煙燻風乾的煙燻臘牛肉（Brési），或是搭配產自莫爾托（Morteau）的煙燻香腸。莫爾托盛產各種香腸，而這種煙燻香腸是其中最美味的。香腸形狀肥短，以純豬肉製成，在燉蔬菜之外，還會配上熱騰騰的馬鈴薯沙拉，或以奶油烹煮的四季豆。另一款值得注意的香腸是香菜子風味的香腸，產自蒙博宗（Montbozon）。

侏羅的一些湯品料理看似亂七八糟，頗令外行人驚恐。麵包湯（Panade）常被形容是煮壞的菜，但它就是麵包煮成的湯，是道地農家菜。還有青蛙湯和櫻桃湯。櫻桃湯發源於盛產櫻桃的穆蒂耶奧（Mouthier），位於羅亞爾河谷地，那裡在當年葡萄根瘤蚜疫情肆虐時剷除葡萄藤，改種其他果樹。弗朗什－康堤大區裡有大片果園，產量豐富，因此櫻桃木或梨木製家具成了當地外銷特產。還有很多核桃樹，特別是在佩魯日（Pérouges）一帶，那裡吃的沙拉，淋醬可能是核桃油而不是橄欖油製成。

蒙貝利亞爾（Montbéliard）的鑲甘藍（Féchuns）就是一道典型的農家菜。這裡烹煮雞肉喜歡有兩種截然相反的方式，展現十足的精緻感。其一是雞泥佐皺巴巴的羊肚菌鮮奶油醬。羊肚菌是法國最美味的菌類，不論產地在哪裡都一樣。不過侏羅一帶的羊肚菌生長在高聳的松木林，風味非常突出。另一道雞肉料理是公雞以夏隆堡（Château-Chalon）葡萄酒烹煮，

這款年分佳釀深沉濃郁，堪稱山區版蘇玳。弗朗什－康堤大區最大城市貝桑松（Besançon）最知名的美食是酥皮肉醬卷，簡直是都市生活的極致美味。

阿爾布瓦區（Arbois）的粉紅酒，在法國其他地區通常當作餐酒飲用，除此之外，今日侏羅的年分佳釀在外地幾乎沒什麼名氣。有必要明確指出「今日」二字，因為侏羅的葡萄酒在古代頗廣為人知。外地之所以對這些葡萄酒較多聞問，原因可能是因為它們都是限量品，在今天大眾商品化的時代裡，不具商業價值。但不是因為它們無法與其他葡萄酒競爭，因為侏羅所出產的飲品極為有趣，具有高度獨特性，而且即使產區很小（約莫長88公里寬8公里狹長地帶），但品項之多很是驚人。

侏羅釀酒史始於羅馬時代，當時這裡稱為塞夸尼（Sequania）[13]。當時，葡萄農並不認為光是葡萄就足以賦予葡萄酒風味。羅馬史學家小普林尼（Pliny The Younger）和詩人馬雪爾（Martial）都曾記載過，羅馬人會在他們從塞夸尼進口的葡萄酒裡添加樹脂和堅果增味。要是葡萄農無法取得真正的東西，有時乾脆把松樹嫩芽加進羅馬人的葡萄酒，仿效其效果。這讓人聯想起希臘葡萄酒也有類似的樹脂味道，且因為這樣，侏羅並未大肆宣傳這股樹脂味，雖然如今的一種松酒「樅芽酒」（Vin de Sapin），根本就與葡萄無關。侏羅的羊群會嚼食松樹皮上流出後凝固的樹液──松脂，就像新英格蘭兒童以前吃雲杉膠（Spruce Gum，一種天然口香糖）一樣。侏羅人釀造樅芽酒是將鮮嫩的松枝泡水，加入糖、大麥和麵粉。不過，現在侏羅除了葡萄，別無其他原料釀造成酒。

阿爾布瓦區的葡萄酒產自侏羅北部的葡萄種植區，加上阿爾布瓦區本身也出產最受推崇的年分酒，緊跟在後還有蒙蒂尼（Montigny）和梅斯奈（Mesnay）。典型的阿爾布瓦葡萄酒是粉紅酒，或者更精確一點，尤其是陳放一段時日之後的佳釀「玉蔥粉」（Pelure d'Oignon），這個名字得自其色澤，直譯就是洋蔥皮的顏色。上好的阿爾布瓦葡萄酒富含明顯果香，潛藏在山區葡萄酒慣有的微微礦石氣息底下若隱若現，很順口，色如紫羅蘭。

---

13. 古代高盧的一個部族。

鍾愛自己家鄉盧瓦爾河葡萄酒的文豪拉伯雷，曾在《巨人傳》中提到有好多位奧地利皇帝都是阿爾布瓦忠實愛好者：弗朗索瓦一世、亨利二世、亨利四世；亨利四世曾在寫給情婦加布里埃爾（Gabrielle d'Estrées）的信中，聲稱要送給她四瓶阿爾布瓦葡萄酒。這款酒的發燒友還有亨利四世的好友兼大臣敘利（Sully），他選擇用阿爾布瓦葡萄酒潑灑宮裡的女士，但這種方式應該沒能讓他受到矚目。最重要的還有一位，那就是法國微生物學家巴斯德（Louis Pasteur），他曾說，1834年的阿爾布瓦桶裝葡萄酒裡的智慧，遠超過世上所有哲學書。

　　假如你有機會造訪阿爾布瓦，將是很愉快的事，因為它是個魅力無窮的歷史古城，風景秀麗，可參觀巴斯德的故居；他出生在多勒（Dole），同樣位於弗朗什－康堤大區，但成長於阿爾布瓦，也多半居住在此。那裡的展覽會讓人緬懷他發明現代醫學的抗菌方法，事業輝煌，製造出狂犬病疫苗，並深入研究微生物世界，而他一開始只是為了要解決實際問題，找出防止葡萄酒腐敗的辦法。巴斯德消毒法在運用於乳汁殺菌之前，是先用於葡萄酒的。距離阿爾布瓦3公里處，有巴斯德名下的葡萄園，仍開放參觀；他之所以種植葡萄，就是為了做實驗找出保存葡萄酒的方法。巴斯德葡萄園至今仍生產葡萄酒，品質優異，但不對外販售。不過，倘若你能說服現在的管理人相信你是個大人物之類，或許可以免費一嚐。這款酒正是保留給這樣的訪客的。

　　阿爾布瓦南邊，就是白葡萄酒產區的起點。這裡的白酒主要有兩種：一種相當干冽不甜的白葡萄酒，需涼涼喝但不要冰透，它有一點點山間氣息，而另一款則是最有名的地方特產，黃澄澄，又甜又濃郁的白酒。

　　這款最偉大的侏羅黃酒（Vin Jaune）出自夏隆堡產區（Château-Chalon）[14]，是羅馬人的另一項心頭好。夏隆堡的歷史有多古老，無人知曉。最早的文字記載大約是始於公元869年2月1日。這款酒的發明人與釀造者是本篤會的修女們，該修院建造於七世紀，只供應給貴族世家的名

---

14. Château-Chalon AOC於1936年成立，其風格為Vin Jaune黃酒類型，釀造時不添桶同時酒液上有一層酒花酵母，桶中陳年六年三個月以上始可裝瓶，風味為干型並有強烈的氧化風格。瓶子形狀奇特，容量為620ml而非750ml，根據當地說法，缺少的酒液是因為木桶中陳釀六年三個月後蒸發的結果。文中提及此酒為甜型酒，可能是與下文的麥稈風乾葡萄甜酒Vin de Paille混淆了。Château-Chalon與Vin de Paille的產區是有互相重疊的。

媛。這個地區的這支黃酒之所以品質特出，其祕方來自釀酒葡萄須遭受最令葡萄農膽顫的敵人——霜害——侵襲。它是以莎瓦涅（Savagnin）葡萄釀造而成，這個品種的葡萄能抵禦一切強風暴雨仍屹立枝頭無損，飽經雪霜打擊也不腐敗，或許是因為這種小橢圓形型葡萄的果肉格外肥厚。葡萄要遲至11月才採摘，以侏羅的海拔來看，已足以歷經數次霜害，即使未及遭逢雪災。以這樣的葡萄釀製的葡萄酒被譽為「長壽葡萄酒」（Keeping Wine）：耐陳放，有些甚至放了一百年仍超凡入聖。這支酒也被譽為「霜酒」（Frost Wine），霜害對這款葡萄所釀成的葡萄酒造成什麼作用，古人知之甚詳。有位作家評論塞夸尼葡萄酒時這樣說，「夏隆堡的這些葡萄酒……無法被超越，至少，只要它們在藤蔓上挺過風霜。」抱持這番看法的人還有弗朗索瓦一世、亨利四世，還有梅特涅（Metternich）。梅特涅曾與拿破崙在杜樂麗宮（Tuileries）共進晚餐，拿破崙很賞識德國約翰山堡（Johannisberg）的葡萄酒，而當時約翰山堡正是梅特涅家族所有。梅特涅對皇帝金言讚賞表示感激，但卻說，法國擁有一款同類型但品質更優越的葡萄酒：夏隆堡葡萄酒。按理說問題中的約翰山堡葡萄酒應該是指貴腐甜白酒（Trockenbeerenauslese），而不是今天我們在約翰山堡享用的那種酒。皇帝聞言當下派人去弄來一些夏隆堡酒，附和了梅特涅的看法。

夏隆堡的葡萄採收一向延遲而一直都被拿來與貴腐酒相提並論。貴腐酒還有一則傳奇故事，據說侏羅的葡萄藤源自於匈牙利，雖然實際上根本無人知曉莎瓦涅的來歷；莎瓦涅可能是本土原生種葡萄，至少從凱爾特人以來如此。夏隆堡也常與馬德拉加烈酒（Madeira）平起平坐，雖然兩者味道十分不同。之所以會做這樣的比較，可能是因為它也有非常類似的甜度。還有一款也常拿來與夏隆堡較量，那就是更靠近家鄉的偉大蘇玳酒；兩者的馥郁都是經由「腐朽」產生的：在波爾多酒區是透過微生物的交互作用，而在侏羅酒區是透過霜害。同樣耐久長壽，夏隆堡酒熟成很緩慢，需要長時間悉心呵護才能裝瓶（這也不幸使它身價驚人）。這款酒要貯放在異乎尋常的小型厚木桶，木桶的材質是紅櫟（Red Oak）心材[15]製成，木桶越老越好，因為經過數百年釀酒，木桶內側會堆積出一層酒石

---

15. 也稱赤木質，是靠近莖幹中心枯死的內層木材，由木質部分組成。

（Tartar）。貯放的頭一年，要將酒汁與殘渣過濾三次。之後就將木桶封存，讓葡萄酒陳放六至十年才裝瓶，然後就能無限期保質良好。曾有人告訴我，夏隆堡有一個酒窖仍有1783年的葡萄酒，仍醇美好喝。

要充分品嚐夏隆堡，最美妙的組合就是搭配當地出產的核桃，以及同樣是本地特產的乳酪。

黃酒有個衍生產品，是侏羅更稀有更珍貴的特產：麥稈風乾葡萄甜酒（Vin de Paille），鑑賞家均嘆為觀止，但如今實際上買不到。這款酒甜得流油似的，味蕾上的感覺濃郁如烈酒，散發著發人深省的豐富後韻（莫非是麥稈？），也是它最難以捉摸最迷人之處。香氣徘徊唇齒間，儘管酒氣熏天濃厚慵懶。

釀造麥稈風乾葡萄甜酒時，要葡萄得經個別挑選，去蕪存菁，把精選的葡萄分散放在麥稈上乾燥，因為咸信葡萄會吸附麥稈的一些風味，但有時葡萄也會掛在地窖風乾而非排在麥稈上，因此所謂風味或許未必如此。壓榨葡萄汁的時節是2月，到了這時節葡萄早已完全變成了葡萄乾了，榨出的汁液濃稠而泛著深琥珀色澤。這種葡萄汁自然比新鮮葡萄壓榨出來的分量少很多，大約一噸葡萄只能釀出一百瓶葡萄酒。發酵過程很緩慢，因此麥稈風乾葡萄甜酒必須比尋常黃酒貯放在木桶裡更久──十年以上。當然，這是一款甜型酒，同時也自然價格不斐，身價可媲美絕佳香檳。

自夏隆堡繼續南下，就到了侏羅另一個頂級年分佳釀的產區，名喚星辰（L'Étoile）。這裡的酒是絕佳干型白酒，讓人聯想起布根地的干白酒，酒精成分不低，但酒體不像黃酒，還帶著一絲山區葡萄酒的氣息。阿萊堡酒莊（Château d'Arlay）是本區異數，自十三世紀以來本區葡萄園曾幾番易主，歷經西班牙、英格蘭和法國諸王之手。但九世紀開始釀酒以來，千年中從未廢棄。

其他的侏羅葡萄酒大部分是指侏羅丘（Côtes du Jura）的產品，很快就熟成，大概就是老阿爾布瓦心中格言所杜撰的那種葡萄酒，「一小時蛋，一天麵包，一年葡萄酒，二年魚，十五年老婆，三十年老友。」溫度似乎不會影響這類葡萄酒，飲用這些酒時，冬天只需比氣溫稍微溫熱一點點即可；夏天的話，冷的喝，不論紅酒、粉紅酒或白酒。唯一例外是黃酒，始終都要喝冷的。

侏羅葡萄酒的最佳年分是1947、1949、1952、1953、1955、1959。要是有機會取得更陳年的夏隆堡，不妨試試1893、1900、1911、1921。

　　除了葡萄酒，侏羅還盛產渣釀白蘭地（Marc），這款酒要貯放在專用的老橡木桶內陳放。侏羅還有優異的水果白蘭地，最知名的是穆蒂耶奧（Mouthier）的櫻桃白蘭地（Kirsch Brandy）、李子酒（Prunelle）也很出色，另外還有兩款相當特殊的飲品，一種是以松樹樹液釀成，另一種是以山上的龍膽根（Gentian Roots）製成，龍膽根酒非常苦，適合混合其他飲料（主要是開胃酒）而不是純飲。

　　林木陰鬱的侏羅位於北端，剛好在瑞士戳進法國側面的那個尖端的另一邊。那個尖端的南部就是阿爾卑斯山裸岩高聳天際的起點，山尖終年白雪點點或根本覆滿冰雪。山巒形成一道屏障令敵人軍隊止步，也讓貿易卻步。法國、瑞士與義大利三國的國界相交於法國與歐洲最高山脈白朗峰所構成的威武邊界，絕非偶然，這道屏障是歐陸最自然的天險。

　　阿爾卑斯山阻撓了較暴力的一些歷史事件。它參與過歐洲各個不同時期統治者的歲月；羅馬人、布根地人、法國人、西班牙人、瑞士人、義大利人，而他們的領地毫無節制地換過一手又一手，只不過通常是透過代理人之手。主權更迭比較容易，只消在一份文件上給一個簽名，毋須派遣軍隊深入艱險山區。同一時期裡，山谷與陡坡上的民族繼續過著他們的日常生活，趕著他們的綿羊、牛隻、山羊，耕著經常貧瘠的土壤，在林中伐木，幾乎毫不關心他們那些一時半刻名義上的主權是什麼。但這並非意謂阿爾卑斯山的村落受到嚴密屏障保護，便能逃脫數百年來屢見不鮮的摧毀和破壞。不過他們確實努力，在歐洲歷史動盪的洪流當中，維持一種較慵懶遲緩的波動。

　　我們現在所探討的本區，在政治上分成兩大部分。從地理上來看，也是分成兩大區塊，可是政治劃分是在天然屏障的北邊。歐洲海拔最高的城市布里昂松（Briançon），大約132公尺（但還有海拔更高的鄉鎮與村莊），蔬菜種類改變，鄉野的普遍特色也有變化。在這裡仍看不見的地中海卻開始留下有感的影響力。阿爾卑斯山北段和北法同樣擁有濕潤氣候，這一點對了解巴黎的人而言很熟悉；阿爾卑斯山南段氣候乾燥，一如蔚藍海岸，熟悉尼斯（Nice）或坎城（Cannes）的人應不陌生。

不過，政治上劃分薩瓦行省和多菲內行省（Dauphiné，其東鄰就是薩瓦）的那條邊界，位置還要往北邊一點，大約是在香貝里城（Chambéry）內。和多菲內一樣，薩瓦也不是那麼靠西邊；在隆河轉直，河道開始往南流時，多菲內靠著隆河東岸一路延展開來。十一世紀時，這兩個行省是在一起的，當時亨伯特一世（Humbert I）繼承了薩瓦伯爵頭銜，而與此同時，吉格一世（Gigues I The Old）開始將領土化零為整，建立了多菲內王國。薩瓦的幅員小很多（今日的行省由薩瓦與上薩瓦兩個行政區組成），算是法國的新成員，1860年才加入這個國家，在領土變來變去的期間，給了現今義大利可趁之機，可是當時隸屬義大利薩瓦家族並未取得這塊領土。割讓薩瓦給法國是近年才發生的事。二次大戰時，這兩地的邊界沿線有很多處存有爭議：倘若站在地上，便是在法國境內，如果爬上樹，那麼就是在義大利境內，因為義大利國王認為，薩瓦家族擁有伐木權，而伐木權並未隨同土地割讓給法國。

　　自1340年以來多菲內便一直都是法國領土，長達五百年之久；當年，阮囊羞澀的溫伯特二世（Humbert II）將領地賣給了法國的腓力六世（Philippe VI）。但多菲內人對此舉並不買單，為了緩和人民情緒，當局決定，多菲內必須成為法國王儲的榮譽封號[16]。這就是為什麼法國皇太子會封為多菲內親王的原因，個中道理幾乎無異於英國王儲必為威爾斯親王一樣，這是因為愛德華一世為了勸說威爾斯人接納英國統治，承諾威爾斯人，皇太子必出自威爾斯領地，不僅他說的第一句話必須是威爾斯語，而且不得說英語，還得信守承諾，將其王后送到卡納溫堡（Caernarfon Castle）懷孕生下子嗣。在英國威爾斯親王與法國多菲內親王的相同處境裡，歷史似乎故意玩起差勁的雙關語玩笑，因為多菲內字義是「海豚」（Porpoise），和鯨魚都具有魚類天性，但卻是哺乳動物。

　　如今的多菲內包括德龍省（Drôme）、上阿爾卑斯省（Hautes-Alpes）、伊澤爾省（Isère）；伊澤爾得名自冷冰冰的灰綠色河川，這條河川穿流於多菲內的偉大首府格勒諾布爾（Grenoble）市內運河，河道高低起伏甚劇，因此在橫渡河道某處時，得搭乘懸吊式纜車，晃過河流一路攀

---

16. 多菲內的名字來源於統治阿爾邦伯爵（Counts of Albon）的家族紋章上有兩隻海豚，法文的海豚為Dauphin，成了該地的別號。

高直上對岸山頂公園。雖然這個伊澤爾省可通隆河，但我們在這裡只會論及它的山區部分。不論政治疆界在何處，美食疆界都止於山巒止步之處。隆河谷地的飲食不等於阿爾卑斯山的飲食。有史以來，這裡便因河運川流不息，交通跟著這條支流飛黃騰達，以至於普羅旺斯往東南，以及朗格多克（Languedoc）以西的美食，和隆河谷地相當相似。當然，也受到這裡飽經河流沖刷的肥沃低地滋養，而河川帶來遠比山區豐饒的資源，因此飲食也有所調整。真正所謂山區菜色止於河谷東岸。

這裡的山勢比侏羅更高，但同時都會奢華朝廷風鮮少染指滲透。因此，這裡的飲饌比侏羅區的更具山區菜餚的典型特色，通常膩重飽足，也往往粗礪，有時單調乏味。今天阿爾卑斯山雖貴為度假勝地，遊客人山人海從都市湧入，但這一點卻未曾有太多修正，而且城市遊客活力充沛，從而更多能接納山區偏好的飲食類型，反而不愛奢華餐館那些精緻宴席（耗工得令人沮喪）。在冬季裡，這裡是法國的滑雪天堂；夏季，登山客到此攻頂，熱愛水上活動的人士聚集湖畔。上流社會喜歡的一兩處地點，譬如艾克斯萊班（Aix-les-Bains）[17] 或安錫（Annecy）[18]，酒店奢華餐廳高級，但菜單上更常供應的是國際飲食，而非山城菜餚。

阿爾卑斯山始終都鄙夷精緻烹飪之道，儘管這裡是法語「盛宴」（Faire Ripaille）一詞的發源地。盛宴，意謂宴會、酒宴，享受一段豪華的美好時光。可以翻譯為，「做里帕利亞堡所做的一切」；里帕利亞堡（Ripaille）是薩瓦的一座古堡，更嚴格來說，其實真不算艱險之處，但座落在萊芒湖畔，亦即日內瓦湖。也就是在薩瓦的這個區塊，而非任何他處，才得以見識到山區生活的嚴峻特性被安逸取而代之，也似乎才覺得在緊鄰里帕利亞堡的聖奧古斯丁修道院建築內，看到法國保存最好的廚房，是那麼天經地義的事；這個廚房一切設備原封未動，一如五百年前使用的樣貌。然而，其實在古代，「盛宴」一詞的意思與今日相反。它表示奧古斯丁修道院僧侶的清修生活，這些僧侶就居住在城堡旁邊。伏爾泰（Voltaire）用這個詞有挖苦之意，說反話，但不知怎地，新解釋取代了舊的。但說到底它所表達的意思並未否定阿爾卑斯山區是儉樸生活之鄉。

---

17. 有名的溫泉度假村。
18 法國藝術與歷史古城。

只要這個區域不得不依賴自給自足，它就必得是個食物不細緻的鄉野之地，這樣的食物健康上營養無虞，也在受限的範圍內有優異的品質。水果（薩瓦的李子、梨和釀酒蘋果）、堅果（薩瓦和多菲內的核桃與腰果）均傑出，但土產作物無甚突出，比方說小麥、黑麥、馬鈴薯。不過山區馬鈴薯品質格外出眾，扎實又美味，在多菲內，這款卑微的蔬菜在烹飪上舉足輕重，舉凡標示「à la Dauphinoise」（多菲內風格）字樣，那麼這道菜就可能搭配了薄片馬鈴薯（Pommes de Terre Dauphinoise），其作法如下：馬鈴薯切薄片，以煮過的鮮奶和蛋液浸泡濕潤，以鹽、胡椒和肉豆蔻調味，並拌入乳酪絲，要用格呂耶爾乳酪。然後將馬鈴薯片排入砂鍋內，鍋裡事先以大蒜擦過並塗抹了奶油。接下來放入烤箱裡以中火溫度慢慢烘烤，再連鍋上桌食用。薩瓦也盛產好吃的馬鈴薯，所以類似的「à la Savoyarde」（薩瓦風格）也會用在這道蔬菜料理上，菜單上比較常見的就是一兩種菜餚。第一道菜是薩瓦風格歐姆蛋，裡面的馬鈴薯片要事先以奶油煎過，而格呂耶爾乳酪絲則和蛋液一起攪打，最後要煎成鬆餅狀。另一道菜和前述多菲內薄片馬鈴薯一樣，只不過馬鈴薯片換成以牛高湯浸濕，而非泡進鮮奶裡。

　　薩瓦有一道在地甜點「法爾松」（Farçon），馬鈴薯煮成甜的，貌似餐間小菜（Entremets），是古代精緻宴會傳統上下場之間品嚐的，目的在讓賓客放風透氣，這樣的餐間甜點可能是在供應完肉食大菜之後上桌，可以是甜食也可以是蔬食。而「法爾松」卻甜鹹兼具，充分給「餐間小菜」爭光。不過，若追究這個詞更久以前的意思，譬如回到十四世紀時，它並非指「在肉食之間」用來戲弄觀眾的食物，而是由遊唱詩人、雜耍、舞者或其他娛樂演員，在用餐中途做餘興表演，在這段時間裡會供應比較清爽的菜餚。如果「法爾松」最後和甜食而非蔬食綁在一起，那可能是因為放在演員背後的舞台背景板上，畫的可能是教堂或城堡，後來還模仿精緻的酥皮點心，不僅可作裝飾也可食用。

　　多菲內料理馬鈴薯所使用的乳酪，也是阿爾卑斯山其他典型菜色的常客，當然，乳酪必是山上牧場的產物。薩瓦和多菲內都很擅長焗烤菜系（Gratins），上述的馬鈴薯料理也是其中一分子；這兩地的焗烤幾乎總是乳酪料理，儘管與印象相反焗烤未必有乳酪。焗烤意謂著各式各樣菜餚在

烹飪過程中會出現一層外殼。這通常是來自放了乳酪所致，乳酪經常會平鋪在有浮力的菜餚表面，形成一層酥皮，就像在焗烤洋蔥湯時那樣，但這層酥皮也可能是別的材料，例如在朗格多克的焗烤菜裡，有一道焗烤番茄與茄子，裡面並未放乳酪，而頂層的酥皮是用麵包丁做出來的。

　　在阿爾卑斯山區，多菲內的菜色幾乎一定是乳酪焗烤的有：通心粉、烤牛絞肉（Hashed Boiled Meat）、牛肝菌、瑞士甜菜（Swiss Chard）。而在薩瓦，與乳酪焗烤脫不了關係的菜色有：我們頭一回在都蘭談及貌似朝鮮薊的刺菜薊（Cardon）。而兩地料理小龍蝦尾都必以乳酪焗烤。所使用的乳酪是原住民稱之為阿爾卑斯山的「硬奶」，由塔倫泰茲牛（Tarentaise）產乳製成，皮毛色澤黃褐，讓人聯想起瑞士國界那一邊的牛隻。薩瓦和多菲內都出產上好的乳酪，但若論及霍布洛雄乳酪（Reblochon）[19]，薩瓦的首屈一指，這是一種相當軟質的乳酪，但不如卡門貝爾乳酪或主教橋乳酪那般軟，氣味也較任一種來得溫和。每當夏季很難買到較軟稠如卡門貝爾乳酪可食時，我就會以霍布洛雄乳酪代替，雖然有些專家堅持，霍布洛雄乳酪最佳賞味期是10至6月間，但我的經驗卻不然。至於品嚐博福特乳酪（Beaufort）的最佳時節，大家好像意見很是一致；這是薩瓦版本的愛曼托乳酪，全年皆美。還有瓦赫林（Vacherin），很近似於瑞士的格呂耶爾乳酪，但更軟，最好在11月至5月品嚐。薩瓦鐸姆乳酪（Tomme de Savoie）[20] 裡面，最著稱的一種是西特鐸姆乳酪（Tome de Sixt），它是硬質乳酪，有一層粗粗的外殼，須熟成多年才能上市販售。還有拼音稍微有一點點不同的兩款乳酪：布施鐸姆乳酪（Tome des Bauges），最佳賞味時間是9月至6月，而布瓦耶鐸姆乳酪（Tomme de Boudaye）的賞味期比前者晚一個月。茴香鐸姆乳酪（Tomme de Fenouil）則適合9月至6月品嚐。

　　多菲內也有乳酪，但截然不同，是一種白色的鄉村乳酪「聖馬瑟蘭」（Saint-Marcellin）[21]，也是多菲內最出名的乳酪，但它主要是靠過去的威

---

19. Reblochon乳酪於1958年列入AOP管制；Beaufort乳酪1968年列入AOP管制；Tome des Bauges乳酪2002年列入AOP管制。

20. Tome或是Tomme是當地方言的「乳酪」，如今Tomme de Savoie為特定乳酪名稱而非乳酪的一個分類，Tomme de Savoie於1992年列入IGP管制。

21. Saint-Marcellin乳酪於2013年列入IGP，是本區一種較少見黴菌外皮乳酪。

名在撐知名度。這款乳酪只採用山羊奶製成，但如今都是混合奶，牛乳的比例越來越多，山羊奶幾乎銷聲匿跡，也相當程度減損了這款乳酪的盛行。薩瑟納什（Sassenage）[22] 是一種藍黴乳酪，以三種乳汁製成：山羊乳、牛乳、綿羊乳。

阿爾卑斯山的最重要的天然物產，排在馬鈴薯和乳酪後面的，就是淡水魚鮮。法國的山溪總是出產品種最優異的鱒魚，但在這一區裡，還盛產絕佳的湖鮮，有些是本地品種，比方說同屬鮭魚家族的白鮭（Féra）和突唇白鮭（Lavaret）。前者若產於萊芒湖則鮮嫩肥美，後者產地在布爾吉湖（Lac du Bourget），兩地都在薩瓦境內。萊芒湖有一道魚湯（Soupe aux Poissons），算是知名海龍王湯的淡水魚版本。安錫湖（lac d'Annecy）出產一種珍饈食用魚北極紅點鮭（Omble Chevalier），貌似鱒魚，鱗片平滑，魚身兩側有黑點點，但它其實是紅點鮭屬（Salmo Salvelinus）的成員。布爾吉湖也出產這種魚，算是薩瓦境內這種魚類的極西點，因為它在中歐比較常見。

這個山區地帶的野味已不如過往那般豐富，尤其是薩瓦更是如此，但仍可見野兔、鷓鴣、鵪鶉、丘鷸的蹤影。博訥維爾（Bonneville）很引以為傲的是它的肝醬製品。而在多菲內，小巧味美的畫眉鳥是最受愛戴的野味，因為畫眉鳥以漿果為生，如果能一直在這個極西地帶攝食，那麼牠們的肉質散發一股杜松子氣息。尼永（Nyons）便是以製作上乘畫眉肉乾著稱；若是畫眉在南邊貼近普羅旺斯一帶攝食，就會有當地盛產的楊梅味道。阿爾卑斯山芳香馥郁的香料植物還創造出另一項特產──頂尖的蜂蜜。

薩瓦最為出名的是它的山產火腿，採戶外乾燥與煙燻製成，最佳產區是塞利耶（Celliers）和塔南日（Taninges）。「薩瓦風格燉野味」（Civet Savoyard）可用野兔或豬肉，加上大量辛香料與動物血調製成的醬汁烹煮，再淋上葡萄酒和濃濃的鮮奶油。多菲內最具特色的菜餚是環形麵包（Pogne），近似美國的派餅，不同處在於夏季時會填滿水果，因為麵包

---

22. Sassenage乳酪現名Bleu du Vercors-Sassenage維格薩瑟納什藍乳酪，於1998年列入AOP，現僅以牛乳生產。

上沒有硬殼，但到了冬天兩種糕點大致上一模一樣，內餡都是南瓜，所以根本與美國南瓜派毫無差別。至少環形麵包本該如此，可是離開山區的話，在德龍省西部一帶，「Pogne」這個字卻是指大家熟悉的法式奶油麵包布里歐什（Brioche）。

很難想像阿爾卑斯山是個葡萄酒鄉，意思是說這裡產製自己的葡萄酒，供應本地消費用。出了這一帶，大概也喝不到這裡的酒。如果不考慮地理因素，就會了解到，這裡位於薩瓦北邊，而薩瓦的地形是在萊芒湖沿岸，足以滋養葡萄園，而事實的確如此。但仍讓人意想不到的是，光是高山起伏的多菲內伊澤爾省一處酒鄉，產量竟超過布根地整個金丘。當然，布根地致力於品質，無暇於數量。

薩瓦酒鄉「沙布萊」（Chablais）的範圍始於北邊萊芒湖畔，出產優良的白葡萄酒克雷皮（Crépy，為產區名）。干澀「咬人」，和湖產淡水魚鮮是絕配。薩瓦的其他白酒與克雷皮性質類似的有產區靠近安錫的弗朗吉（Frangy），還有希尼安（Chignin）、埃塞（Aise）；埃塞酒常製成氣泡酒。順著隆河離開萊芒湖畔，轉往南下，就到了塞塞勒（Seyssel），這裡是薩瓦名聲最響亮的葡萄酒，偶爾會努力外銷其產品，雖說在現場品嚐仍最香醇。塞塞勒相對來講也是干冽的白酒，販售時常標示著胡塞特（Roussette）名義，那並非地名，而是釀酒葡萄品種名稱；在薩瓦葡萄酒標上還會看到蒙德斯（Mondeuse）和阿提斯（Altesse），也都是葡萄品種名稱。繼續順著隆河，到了耶訥就是馬萊特酒（Marètel）的產區。到了香貝里一帶就是紅白酒皆有；白酒以阿普勒蒙（Apremont）著稱，而頂級年分佳釀紅酒則以蒙梅良（Montmélian）的最出色，但相當粗糙，與薄酒萊沒兩樣。尾隨在後還有聖讓德拉波特（Saint-Jean-de-la-Porte）、孔夫朗（Conflans）、夏比涅（Charpignat）、艾格布蘭切（Aigueblanche）、坎特福特（Cantefort）、托維耶爾（Touvière）。

政治上的多菲內可堪自豪的是，它也產製大酒區以外法國一些最好的葡萄酒，它有隆河丘葡萄酒，但這些酒不在我們現在探討的美食多菲內範圍內。這裡已經離開了伊澤爾谷地的葡萄園區，又是德龍省與伊澤爾省界的一塊畸零地，葡萄酒往往都是以水瓶盛裝，單純作為地區餐酒（Vin du Pays）飲用。在這塊區域的極南界，亦即迪耶鎮（Die），釀製一種克萊蕾

氣泡酒（Clairette）[23]，我們在波爾多的篇章裡曾提到過，以克萊蕾葡萄和麝香葡萄（Muscat）混釀而成，是一款甜美的氣泡白酒，非常討喜甚至銷售到外地，雖然我個人不愛。

法國有一款最知名的利口酒產自多菲內區，那就是蕁麻酒（Chartreuse）[24]，也譯作夏翠絲，與廊酒（Bénédictine）一樣，名稱來自發明此酒的大夏翠絲修道院（Grand Chartreuse）在格勒諾布爾（Grenoble）附近，不對外開放，雖然蒸餾房可供人參觀，但根本無法靠近修道院，因為土石流摧毀了原本的大夏翠絲酒廠，就座落在修道院附近，如今烈酒產地距離這裡有一點遠，在瓦龍（Voiron）。和廊酒一樣，這支蕁麻酒的成分和造酒比例是最高機密，可是不同於廊酒的是，專家已經破解了這個祕方，真相會令熟知蕁麻酒的人詫異：除了單純的調味成分如番紅花、肉桂皮和肉荳蔻種皮，大多數的香料都屬藥用植物。實際上，這款飲料最初是用來給病患強身用的，即使現在，坊間常見的兩款高酒精濃度的蕁麻酒，綠色款是「強身蕁麻酒」，黃色款分類比較簡單，和其他餐後蒸餾酒一樣，是幫助消化用的。

薩瓦出產多種蒸餾飲品：絕佳的櫻桃白蘭地（Kirsch）。還有一款很特殊，被幽默稱之為「謊言」（La Lie），也是渣釀白蘭地的一種，常加在咖啡裡喝的。香貝里盛產一種聲名遠播的苦艾酒（Vermouth），蘋果酒在當地很普遍，算是土產。香貝里、安錫、呂米伊（Rumilly）自釀啤酒。最後應該還要提上一筆的是，法國最知名的佐餐飲用水「依雲」（Evian），裝瓶地點當然是在礦泉水產地，就是在萊芒湖畔；它是無氣泡水，礦物質含量微小，所以嘗不出礦石味。

---

23. Clairette今名Clairette de Die或Crémant de Die，受AOC管制。
24. Chartreuse酒廠目前有開放參觀，夏翠絲據傳以一百三十種藥草調配而成，綠色夏翠絲酒精度55%，黃色夏翠絲酒精度40%。

Part 2

脂肪之鄉

THE
DOMAIN
OF
FAT

Chapter 9

❧

阿爾薩斯－洛林
Alsace-Lorraine

　　「阿爾薩斯－洛林」簡直是天造地設就該綁在一起的兩個區塊，只不過把它們綁在一起的原因是個歷史上的意外。在很多情況下，它們在一起時同屬某個單一主權國，而在其他情況下，它們曾歷經主權易手，尤其洛林還曾幾經多次分割，因此它有過兩個首府，南部的南錫（Nancy），北部的梅茲（Metz）。數百年來兩個首府皆曾進出法國，而怪異的是，比較早明確依附法國的，竟是兩者當中較屬異地的阿爾薩斯，近代的阿爾薩斯大約只有在普法戰爭（Franco Prussian Wars）和二次大戰期間，阿爾薩斯和一部分洛林落入德國。阿爾薩斯自認隸屬法國是始於1648年（德國人對此嗤之以鼻），當時路易十四取透過《西發里亞和約》（*Traités de Westphalie*）得到這塊領地。洛林則等到1766年，路易十五的岳父，亦即洛林公爵兼前波蘭國王萊什琴斯基（Stanislas Leczinski）辭世，洛林才加入法蘭西王國。

　　假如我們堅持成雙成對視為一體的這兩塊領地，被分開的頻率和相連的次數一樣多，那麼，儘管地理上是分開的，但自然關連就會自相矛盾將

它們綁在一起。這個自然的關連就是孚日山脈，這座山脈像脊梁骨般橫亙在這兩地之間，某些共通特色彷彿從孚日山脈稜線上一路直下兩側低地區。更精確點，大可說是占據制高點的阿爾薩斯的文化，向西滑落到洛林，因為阿爾薩斯是夥伴關係中占上風的那個，雖然這麼說或許是出於錯覺，以為阿爾薩斯異地的成分更大，使得它的特異氣質在法國的背景下顯得更引人矚目。

洛林高地幾乎綿延直到西邊的香檳區，還延伸到香檳區外的平地和法蘭西島。從西邊穩定滲透進來的習俗，隨著它們和土爾至巴黎這條法國文化軸線相距越來越遠，品質也逐漸變得越來越差，和本國的文化模式相比毫不突出，因為它們其實並不特別有所不同。這些習俗和翻過孚日山脈進來的洛林典型風俗習慣差不多。不過洛林的地方習俗比較令我們印象深刻，因為是奇異的，所以讓人詫異。洛林基本上比阿爾薩斯更像法國，尤其是它的北半部，那裡的低矮山丘和西側的法國地貌非常相似，而同時，南部地段較多山的地形，類似阿爾薩斯的孚日山脈南半部地段，舉例來說，也類似洛林南部農人富裕自豪，跟阿爾薩斯人學來的，在農場堆滿牛糞作為炫耀，而這樣的風俗，則是阿爾薩斯人從他們在萊茵河對岸的血親──黑森林的農夫那裡學來的。

從地理上看，我們現在要探討的這個區域天生就將自己分割成三大區塊：首先，西部是洛林高地，又細分為前述看到的兩個部分；再來是孚日山脈的稜線，同樣又細分成兩段：北段是黏土地質的低矮山陵，南段是花崗岩的高山，森林茂密，而且林木叢生成圓形，因而有好多處都被稱為「氣球」；最後就是阿爾薩斯平原，徜徉在萊茵河畔。

儘管身為德法兩國之間河道相當長的界河，但萊茵河[1]一直被認為幾乎是德國獨占的河川（雖然它起源於瑞士，在荷蘭入海），根本與法國無關，原因不僅出在它最美的景致展開的位置在法國北邊──兩岸都屬德國領土，而且還因為在兩國共享的區段裡，是德國人搶先一步定居在河邊，而當時阿爾薩斯人都撤出去了。之所以如此，是因為萊茵河西岸比東岸低，阿爾薩斯人的這一邊經常河水氾濫鬧洪災。因此阿爾薩斯

---

1. 萊茵河是德國南部與法國的界河，有超過1000公里的河道位於德國境內，是德國最長的河流。

ALSACE-LORRAINE

BELGIUM

LUXEMBOURG

GERMANY

CHAMPAGNE

TOURTE A LA LORRAINE

Thionville (BEER)

BACON SOUP

Verdun (JORDAN ALMONDS)

Metz BEER

QUICHE

PARTRIDGE WITH CABBAGE

Commercy (MADELEINES)

Bar-le-Duc (CURRANT JELLY)

Nancy (BLOOD PUDDING) (CHARCUTERIE)

Meuse R.

Moselle R.

Meurthe R.

LORRAINE

COLD SUCKLING PIG IN JELLY

Vittel

POTÉE LORRAINE

Contrexeville (MINERAL WATER)

Gérardmer (CHEESE)

TROUT

FRANCHE-COMTE

Belfort

EAUX-DE-VIE BEER

ROAST SUCKLING PIG SAUSAGES FOIE GRAS SAUERKRAUT

GEESE

Strasbourg

HOHWALD (FRUIT)

Vosges

ALSACE

Rhine R.

Ill R.

Koenigsbourg

Ribeauvillé

Ammerschwihr

Colmar

Münster (CHEESE)

MUSHROOMS

ZEWELWAI (ONION TART)

CHICKEN VOL-AU-VENT KUGELHOPF DUMPLINGS

Mulhouse

≡ Great Eating
= Good Eating

MILES
0   50   100

0   50   100
KM.

與萊茵河平行的城鎮，都不靠岸，都修築在西端數公里外，比如米盧斯（Mulhouse）、科瑪（Colmar）、塞萊斯塔（Sélestat），甚至史特拉斯堡（Strasbourg）本身都經常被形容位於萊茵河畔，但你得穿過它的郊區才能抵達跨越河道上橋去到河邊的凱爾鎮（Kehl）。你在圖片上看到的史特拉斯堡河景，未必就是萊茵河，大多數人以為是（雖然那條河的確有一小支流流經這個城市），但通常那河景是伊爾河（Ill）。這條小溪從瑞士邊界開始與萊茵河平行，最後終於在史特拉斯堡北邊噴發成大河，史特拉斯堡這座城市便是依傍著這條大河而建，它才是真正的阿爾薩斯之河，雖然多數外國人士從未聽說過它的大名，或搞不清楚自己有沒有聽說過。從某種意義上說，如果聽說過這條河流經的鄉鎮名稱，就會聽說過伊爾河的大名，阿爾薩斯的德語是「Elsass」，當地方言是「Illsass」，意思很簡單就是「伊爾河之鄉」。

來到阿爾薩斯，我們就來到法國最如假包換的異國之鄉，可能是因為它是法國唯一一個始終維持獨立政治身分，文化源自於國外——德國——的地區；德國給了阿爾薩斯風俗、境內建築、飲食習慣，還有語言。也或許，阿爾薩斯人不介意被說是法裔德國人，他們的血脈也確實是，而且，由於經年累月與德國在文化上同步，等同德國的一個分身，顯然可見，法裔德國人從某種意義上來說是外國人，但法裔凱爾特人和法裔巴斯克人卻不是。

阿爾薩斯語實則是德語的一種方言，裡頭有一些很模糊的法語字彙（有很多因此變成了德語）。雖然使用很普遍，但阿爾薩斯人大概幾乎都會說一口好法語，儘管德國人曾在1870年至1914年間，以及1940年至1944年間，雷厲風行想徹底撲滅這種語言。在阿爾薩斯與洛林之間有一道語言邊界，不符合政治疆界，但與美食疆界吻合。疆界以東阿爾薩斯語和法語並行，以西只聽得到法語。

在很多方面上，即使在一般人眼中，阿爾薩斯的樣貌比較像德國而非法國。特別是，它近似萊茵河對岸的黑森林。阿爾薩斯女性服飾讓人想到的是德國人的服飾（或是某些瑞士德語區的），帽子上有著大大的黑色蝴蝶結，蕾絲緊身馬甲，波浪大紅裙。男性的服飾亦然，不過如今的人較少穿著這些服飾，除了餐館，供人見識本地色彩，因此會讓服務員穿上這種

地方服飾作為制服。阿爾薩斯的房屋看起來也像德國的，不用法式石砌方方正正的造型，而是木造農舍，屋頂很高，裡頭可能是層樓或一層樓半的空間。又或是，假如建築物表面塗抹著粉飾灰泥（Stucco），就會築成半木造效果或在樓上造個木造露台。

如果連境內的私人建築都透露著德國的遺風，公共建築就更是如此。市政廳的立面有階梯式山牆，屋頂兩側築成階梯狀，這種風格不只德國常見，在瑞士德語區和荷蘭也很普遍。阿爾薩斯到處都是這種山牆。建築外觀很惹眼，比方科瑪眾議院（Maison de Têtes）就將議員質詢頭像掛在建築上，換成現代只有高級餐廳會這麼設計。這裡的山上此起彼落都是古老城堡與軍事堡壘城牆的遺跡，景觀和德國的萊茵蘭（Rhineland）一樣；在洛林，城鎮比較是貼著山腳蓋。和德國人一樣，阿爾薩斯人會在墳墓上擺個精雕細琢的雕像。和德國人一樣，他們熱愛木雕和錯綜複雜的鑄鐵工藝，船隻和酒館招牌比比皆是這種設計。和德國人一樣，他們對令人毛骨悚然的東西別有一番品味。科瑪當年想要給一座教堂修築一座祭壇，竟請來了德國畫家格呂內瓦爾德（Matthias Grünewald）創作一幅嚇死人的逼真畫作。和德國木雕大師風格有異曲同工之妙的木雕家多雷（Gustave Doré），就是土生土長的史特拉斯堡人。

若說阿爾薩斯和德國文化相呼應，那麼它的確如此，除了少數例外，它就是規格較小的德國。同為古騰堡（Gutenberg）與歌德（Goethe）[2] 兩位名人的故居史特拉斯堡，是這裡最大的都會，人口有十七萬五千。米盧斯（Mulhouse）人口大約八萬，科瑪不到五萬。教堂與公共建築往往都不大，而且幾乎沒什麼紀念碑之類的建物。在教堂建築領域裡，史特拉斯堡的哥德式大教堂是個特例，至於軍事建築方面的特例，就是上國王堡（Haut-Kœnigsbourg）。文藝復興時期的薩韋爾訥堡（Château des Rohan, Saverne）雖然比較像法國建築，而不是德國風格，但它建於十八世紀，當時所有的統治者，包括日耳曼人在內，莫不以凡爾賽宮為藍圖，譬如德國波茲坦（Potsdam）[3] 和奧地利美泉宮（Schloss Schönbrunn，常音譯為熊布

---

2. 古騰堡（Johann Gutenberg，1398-1468）是德國工匠。歌德（Johann Wolfgang von Goethe，1749-832）是德國大文豪。
3. 波茲坦，德國藝術與歷史名城。

朗宮）。

　　洛林亦如是，只不過這裡充滿法國文化，也是以小規格方式複製過來，但混合了一些來自阿爾薩斯的德國痕跡。這裡有兩大城，以哥德式大教堂著稱的梅茲（Metz），以及教堂較不顯著，但以精美絕倫的建築出名的南錫；南錫的斯坦尼斯拉斯廣場有精緻的鑄鐵格柵，市政廳（Governmental Palace，也譯作政府宮）氣勢雄偉。圖勒（Toul）有一座以前的教堂，精工巧製；凡爾登聖母主教座堂（Cathédrale Notre-Dame de Verdun）耐人尋味。不管你是有意識或無意識，應該知道洛林有一位著名畫家，因為他姓名當中所冠上的出生地如雷貫耳：克洛德‧洛林（Claude Lorrain）[4]——他實際的姓氏其實是熱萊（Gellée）。

　　也因此，雖然富庶又非偏遠地帶，阿爾薩斯和洛林卻都不曾擁有「羅亞爾河－塞納河」地區或布根地或吉耶訥那樣的文化。儘管有適當程度的都市化，兩者都依舊保有很大程度的鄉村面貌。所以兩地的飲食，既無高度精緻感也絲毫不奢華，但仍相當美味令人滿意。在這個區裡大可飽餐一頓——尤其是在阿爾薩斯——只是迥異於法蘭西島。

　　行政劃分上，今天的阿爾薩斯包含上萊茵區（Haut-Rhin）和下萊茵區（Bas-Rhin），洛林包含默茲河（Meuse）、莫澤河（Moselle）、默爾特－摩塞爾省（Meurthe-Et-Moselle）和孚日山脈。在它們的領域上，這兩地都未擁有占有優勢的天然資源，無法賦予它們的飲食具體的樣貌，無法像諾曼地的鮮奶油和蘋果形成在地美食。和洛林有關的這類天然資源，能想到的主要就是鹽，有食物之處就可見它蹤影，但難以發展出烹飪門派。阿爾薩斯當然產葡萄酒，在布根地和波爾多美酒深深地影響了庖廚之道，然而，阿爾薩斯的葡萄酒比較類似香檳這種，難以直接用於菜餚烹製，也因此，和香檳一樣，可佐任何菜色飲用（以我淺見，比香檳包容性更大）。

　　確實，阿爾薩斯的飲食有相當大的程度是經由人為仿效複製而來，不是源於土地本質而成某個門派那種。德國的飲饌之道親身越過萊茵河來到此地，經過一番歸化歷程，變得更好。阿爾薩斯人讓經常給人欠缺想像力又膩重的德國食物，添加了法式纖細感。此區不論是個別的菜式，比方說

---

4. 克洛德‧洛林是法國巴洛克時期的風景畫家。

酸菜（Sauerkraut），或基礎烹飪原則，譬如使用動物油（儘管此地以西都用奶油），都是外地傳進來的。我們已經注意到：以脂肪做菜的地區，常是出於土地貧瘠人民窮困，主要訴諸於經濟肉食，以及豬和鵝。但阿爾薩斯並不窮，因為它的土地大多很肥沃，若非是因為來自德國貧瘠土地的人有著根深柢固的習慣，豬和鵝不可能在此區成為重點，畢竟在德國這些肉食是天然食物。在物產比較富裕的環境下，鵝這種禽類慣常生產肥肝，由於要生產這道肥肝菜餚，得用營養的飼料餵養鵝才有過度肥大的肝臟，這種作法不可能發生在對貧瘠習以為常的產區。阿爾薩斯的地形與豐饒較有利於製作這道菜。

或許是出於相同理由，阿爾薩斯有無可匹敵的香腸。相較於條件較差的地區，這一帶能以更為細緻的手法製造豬肉產品；不過在這裡反差不太驚人，因為德國原本也是個知名的香腸大國。

以阿爾薩斯的風土來說，其實不利於養殖與使用豬油與鵝油烹調此兩種文化的產生，此區先天的條件對德式飲食而言太過豐饒，所以來自外地的豬與鵝可說對阿爾薩斯的風土已經適應良好。阿爾薩斯絕對不是內陸，並非典型大陸型氣候；夏季會很燠熱，可是冬季又常常很嚴酷。萊茵河旁的平原地帶，夏天熱得能種植菸草（這裡的氣候有點像康乃狄克河谷，當地也是菸草之鄉），孚日山脈的山區又始終很涼爽，到了冬天冰雪多天寒地凍。（洛林也是既潮濕又酷寒。）這種天氣讓人需要扎實的飲食，需要豐富的油脂。德國人的飲食習慣因此和這一帶的條件並不衝突，因此能在這裡扎根且發揚光大。

吃鵝肉是阿爾薩斯人從德國學來的習慣，但鵝隻本身是法國的。史特拉斯堡出產的是土魯斯鵝（Oie de Toulouse），是大型鵝，特別適合增肥生產肥肝。法國的普通鵝種是灰鵝（Ash Goose），或是農場鵝（Oie de Ferme）、沙鵝（Oie Cendrée），形體比土魯斯種和史特拉斯堡種小。史特拉斯堡鵝體型矮胖，腹部皮膚鬆垮，很有增肥空間，不啻現成的鵝油貯油槽。制式的增肥飼料是麵條。增肥後的鵝肝顏色很淡，幾乎是乳白色，泛著粉紅色澤，顆粒細滑均勻而扎實。

肥肝醬的發明人，通常公認是讓・皮埃爾・克洛茲（Jean Joseph Close，或拼作Clause），他是諾曼地糕點師傅，因為老闆宮塔德（Marshal de Contades）[5] 在1762年被指派為阿爾薩斯省長，將他帶到阿爾薩斯。他在阿爾薩斯發明了一道菜，用鵝肝加上小牛肉末和豬油，內餡包裹一顆松露，最外層再整個裹上一層酥皮。顯而易見的是，他不可能發明肥鵝肝這個東西，因為肥鵝肝需要透過餵食鵝隻的方式才成生成，不過，他應該在來到阿爾薩斯時發現了這道現成的材料。這道菜之所以和他有關連，是因為他在阿爾薩斯退休後，便製作特殊的肥鵝肝醬販售。

實際上，人類用人工增肥的鵝肝做菜的歷史，遠遠早於克洛茲或土魯斯出現這道菜。羅馬人早就知道肥鵝肝，雖然他們顯然不曾用現代的強迫手段生產肥鵝肝，而是等到鵝隻死亡，立刻把握時間宰鵝取肝，趁尚有體溫時泡入鮮奶中。如此一來，鵝肝會吸收大量奶汁，變得濃郁，多汁又肥膩──雖然可能不如現代鵝肝這般肥膩，重量往往高達1公斤之多，對鵝隻來說，增肥後的總體重大約可達11公斤，換言之，以比例來看，鵝肝幾乎是鵝隻體重的十分之一。

阿爾薩斯盛行吃烤鵝，用香腸當餡料填在鵝肚裡，上桌時配以吸飽烤鵝醬汁的酸菜，並佐以肥豬肉片和史特拉斯堡香腸；有時，酸菜會和鵝一起烤，這就是「阿爾薩斯鵝」（Oie à l'Alsacienne）；雖說「à l'Alsacienne」不特別代表什麼意思，只表示這道菜是以這道菜專屬的阿爾薩斯式烹調而成，不過但凡冠上這個字眼，差不多都會搭配酸菜。其次，這個字也常意謂著，菜餚會有某種形式的肥肝做搭配。除了這兩種意思之外，這個字並不能確保你會吃到什麼樣的菜，除非你剛好知道它特別專指什麼樣的食物。

阿爾薩斯的雞肉也格外美味。禽肉常以鮮奶油加羊肚菌烹調，「奶油烹雞」（Vol-au-Vent au Poulet）也很受歡迎。

酸菜（德語叫Sauerkraut，法語叫Choucroute）在法國阿爾薩斯算是一道特產。肥鵝肝和香腸到處有，但酸菜不是。當然，酸菜是典型的德國菜，不過阿爾薩斯做得格外出色。應該不需要告訴你酸菜是切碎的醃甘藍菜吧。在阿爾薩斯，是以當地本品種的「大捲心甘藍菜」製成，醃漬過程裡要加杜松子，大約三週可完成。烹煮酸菜時要先在平底鍋底鋪上一層肥

---

5. 法文名字是Maréchal de Contades。

豬肉，還有一些小洋蔥，每顆插上一粒丁香，還有胡蘿蔔丁，一束香料植物和杜松子。接下來就要靠廚師自由發揮。如果是史特拉斯堡風格（à la Strasbourgeoise），大概會是一大塊豬胸肉，加一塊煙燻豬肉，還有豬油或奶油、鵝油均可，再倒滿牛肉清湯，上面鋪上肥豬肉條，加蓋以小火慢燉四小時。燉一小時後先取出豬肉，等上桌時再放回去一起吃，連同特定的零零星星小東西：薄片火腿，煮熟的史特拉斯堡香腸和煙燻的「思華力腸」（Cervelas）。這道菜要搭配水煮馬鈴薯吃。阿爾薩斯通常還生產一種以酸菜製成的黃豌豆泥。

上述挑選出來的肉食遠非標準。可依烹飪所用或所添加的配料，做各式各樣的更動，譬如酸菜、煙燻火腿、燻鵝肉、鷗鴣，甚至小龍蝦，但加入小龍蝦似乎有點過了頭。

阿爾薩斯生產的熟食肉製品，品項繁多簡直撲朔迷離，凡此種種香腸形形色色，均可配酸菜吃。熟食肉製品是這個地區很擅長的食品領域，主要以豬肉為大宗。其他肉類，當然也能製成香腸、肉醬、加工肉品，但豬肉透過這樣的處理方式最能獲得改良，因此法國的熟食店（Charcuterie，等於美國和德國的Delicatessen）滿眼盡是豬肉衍生品。熟食店常常只賣豬製品，別無他肉，而生鮮豬肉舖嚴守早年即定下的規矩，只賣各種部位的豬肉──這是羅馬人定下一絲不苟的法規，屬於「母豬法」（loi Porcella）的一則條款。順道一提，香腸這個字也源自羅馬──是從「Salsisium」衍生出來的，而Salsisium源自「Salsus」，意謂用鹽醃漬，但泛指用其他方式，譬如煙燻方式保存肉類。

阿爾薩斯香腸當中有一種史特拉斯堡香腸，實則德國的蒜腸（Knackwurst），以豬肉與牛肉混灌，用葛縷子（也稱藏茴香）和大蒜調味，經過煙燻而成，吃之前再煮熟。還有思華力腸，全豬肉經過輕微煙燻的無味香腸，熱食，通常要配芥末醬。

主要以牛肉製成的肉糜香腸（Mettwurst），會混以豬瘦肉和新鮮的豬油製成。豬舌血腸（Boudin à la Langue），是用豬舌灌成的血腸。肝腸（Liverwurst），據我所知原產地就是法國的這裡，除非你要把有點不一樣的西南部肝腸也算進來。其他香腸還有水晶肴肉（Head Cheese，法語叫Kalerei）等等。製作這些香腸就會很自然開始製作其他各式各樣的熟食：

很自然，各種肥肝製品、肉醬、肉卷和形形色色的肉凍卷（Galantines），還有，包餡舌卷、肥肝小牛卷之類。當然火腿在阿爾薩斯也很常見，可是阿爾薩斯火腿不如阿爾薩斯香腸等其他肉製品出色，畢竟，阿爾薩斯人沒有特殊理由需要長期保存豬肉，況且眾所周知，火腿是古代高盧人喜歡的肉製品，因為他們習慣以芳香木柴煙燻醃漬火腿。阿爾薩斯火腿（Jambon à l'Alsacienne）要配酸菜、史特拉斯堡香腸和水煮馬鈴薯吃。

阿爾薩斯最受歡迎的一道新鮮豬肉料理是「豬皮餡烤乳豬」（Porcelet Farci à la Peau de Goret），用的是不足兩個月大的乳豬裡面填了餡料烤製。烤豬肩胛肉（Schifela）要配苦苦的蕪菁。阿爾薩斯式豬肋排（Carré de Porc à l'Alsacienne）烤至七成五的熟度時，取出與酸菜同煮，搭配史特拉斯堡香腸和水煮馬鈴薯。豬排（Côtes de Porc）也可用同樣方式料理。至於孚日豬排（Côtes de Porc à la Vosgienne）就有點不一樣。首先，豬排要用豬油煎至半熟，另起鍋以奶油炒洋蔥末，一塊豬排需要配一湯匙。上桌時搭配的醬汁是以煮豬排時的湯汁，白葡萄酒、醋和濃縮的小牛肉清湯，並放入小小的黃香李（Mirabelle Plums）增加甜度烹調而成，不放糖。

湯品部分，通常阿爾薩斯清湯（Consommé à l'Alsacienne）以酸菜與史特拉斯堡香腸，加上清湯烹製而成，這次香腸要切片。但史特拉斯堡清湯（Consommé à la Strasbourgeoise）就複雜多了。原始的清湯以杜松子調味，加入木薯粉煮成。至於千絲湯（Consommé Julienne）意謂裡面的蔬菜切成細絲，通常用的是紅甘藍。會加進切片的史特拉斯堡香腸，搭配擦絲的辣根。阿爾薩斯的湯品也包含一種麵糊湯：以三湯匙麵粉加冷的牛肉清湯攪拌均勻成糊，不要有疙瘩，再倒入1.5公升沸騰的牛肉清湯中，以鹽，胡椒和肉荳蔻粉調味，再煮五分鐘，最後加進四分之一品脫濃厚鮮奶油，兩大匙奶油。洋蔥湯或許並非起源於阿爾薩斯，因為全法皆有，而且顯然也沒有那個地區聲稱自己是發源地——但是似乎阿爾薩斯的餐廳特別擅長做這道湯。在廣受愛戴的本地特色菜阿爾薩斯洋蔥派（Zewelewai，也作Fian aux Oignons）裡，無論如何都有洋蔥。

阿爾薩斯也不乏美味的魚鮮。萊茵河供應肥美的鮭魚。孚日山脈的諸多小溪盛產鱒魚，簡單以鮮奶油醬烹煮即可，只要魚夠新鮮，這種方式深受鑑賞家青睞。伊爾河以上等梭子魚著稱。阿爾薩斯鑲鯉魚（Carpe Farcie à l'Alsacienne）其實是阿爾薩斯版本的鑲魚（Gefilte Fish），但魚以白葡萄酒烹煮，餡料以其他魚肉加鮮奶油製成，配菜是酸菜和水煮馬鈴薯。葡萄酒燉魚裡有伊爾河所產的各種淡水魚鮮，而小龍蝦或是用阿爾薩斯葡萄酒烹煮，或是做成餡餅。

在德國烹飪裡，餃子是很重要的一樣食物。它們也出現在阿爾薩斯：骨髓餃子（Marrow Dumplings）、肝餃、無味餃則是放在湯裡或搭配某些帶有濃郁醬汁的菜餚，譬如燉野兔（Civet de Lièvre），也常常配通心粉。菜肉餡餅（Beckenoffe）裡面有羊肉、豬肉和馬鈴薯，加蓋燜煮而成，通常在家準備好再送去麵包師那裡用他的烤箱烤成。阿爾薩斯燉鍋（Potée Alsacienne）似乎是各自表述包羅萬象的菜名，幾乎每家餐廳或家家戶戶都會做，從蔬菜雜燴湯到阿爾薩斯版本的焗豆（Baked Beans）都可以。

德國菜常有麵食，麵食在阿爾薩斯也很受歡迎。甘藍是人人都愛的德國蔬菜，阿爾薩斯煮紅甘藍喜歡加腰果和大頭菜；大頭菜是甘藍家族成員，莖膨大長成類似蕪菁狀，吃的不是葉子而是莖，通常以鮮奶油烹煮。這一區到處都有很好的蘆筍。

由於阿爾薩斯的農業大多依賴豬和鵝，而非牛和山羊，因此在市面上沒什麼阿爾薩斯乳酪產品，但有一樣格外優異的乳酪就是芒斯特（Munster）[6]，味道有點嗆但不誇張的一種軟質乳酪，通常配葛縷子吃，最佳賞味期是11月至4月。

阿爾薩斯人也和德國人相仿，熱愛糕點。阿爾薩斯餡餅（Tarte Alsacienne）是一種蛋塔，上面擺了美味的當地水果：黃香李、櫻桃等等。更具特色的是咕咕霍夫蛋糕（Kugelhopf），這是一種輕盈的蛋糕，通常用中空的模型烤成，不過節慶時會以其他特殊造型烤給小朋友，比方說聖誕節會烤成聖誕老公公造型。水果聖誕麵包（Beerawecka）則是豐富飽足感很夠的小蛋糕。咖啡蛋糕（Kaffee Krantz），當然就是用咖啡做的蛋糕。這裡有很多小鎮做的薑餅都很出色。

和阿爾薩斯菜相比，極具地方特色的洛林菜沒那麼多。這裡的菜色非

---

6. Munster或Munster Géromé為洗皮乳酪，1969年列入AOP管制。Munster這個字來自法文中的修道院一詞。

常像法蘭西島，是經由它西鄰香檳區傳進來的。洛林東部的地方特產多半受到阿爾薩斯菜的影響。因此，洛林菜首屈一指的招牌美食是洛林砂鍋燉菜（Potée），是阿爾薩斯砂鍋菜的一種。洛林版本的砂鍋燉菜作法是：鍋底鋪一層培根，上面放沒醃過的豬胸肉塊和豬腳，胡蘿蔔、蕪菁、蒜苗，以及一整顆皺葉甘藍（Looseleaf Cabbage）。接著倒入冷水覆蓋食材，燉煮三小時；燉一個半小時的時候加入一根香腸。順道一提，這道菜用的是洛林本地豬，它最出名的特色就是肉質美味無窮，咸認比阿爾薩斯豬肉更出色──兩種豬隻都屬於凱爾特豬種，兩者最起碼從高盧時代起，便都是法國和大不列顛島本產豬，特徵是大大的招風耳。

另一道洛林名菜就是洛林鹹派（Quiche Lorraine），似乎是道地的本地菜。阿爾薩斯也有類似的料理，例如洋蔥餡餅，但比較像是阿爾薩斯仿效洛林，不是洛林學人家的。鹹派是以圓形酥皮殼填充鮮奶油加蛋汁為餡料，並嚴嚴實實塞滿培根丁烤成，是熱食。有時候也會加入芒斯特乳酪，或是放一點洋蔥，但這兩樣的組合也會出現在另一道經典的本土菜乳蛋餅（Féouse）。

洛林肉派（Tourte à la Lorraine）則是十分美味的肉類熟食菜餚，裡面有小牛肉片和豬肉條，事先以酒加芳香香料植物醃漬，填入派皮內倒入鮮奶油蛋汁醬，連同派皮一起烤製。說到這道菜就進入了加工肉製品領域，在這個領域裡，洛林一點都不輸給阿爾薩斯，舉例來說，洛林向以血腸著稱，這道菜說不定是最古老的一道法國菜，據說是亞述人的發明。

其他洛林菜還有培根湯、血腸湯、新鮮豬肉燉菜、甘藍烹鷓鴣、乳豬凍冷盤。這裡主力乳酪是傑霍姆乳酪（Gérôme），產地是孚日山脈的小鎮在熱拉爾梅（Gerardmer）。阿爾薩斯和洛林邊界兩側都生產這款乳酪，用的是全脂乳，有時會加入八角、小茴香或葛縷子，最佳賞味期是11月至4月。「瘋麻吉」（發音近似Fromage，字意其實就是乳酪）是一款軟質的鄉村白乳酪（Cottage Cheese），通常抹在麵包上並撒上紅蔥頭末或洋蔥末食用。

洛林的甜點很是精采。名氣最響亮的是甜點盅（Ramequin），最初是乳酪蛋糕，但如今常常是只有麵粉鮮奶製成的甜味蛋糕，沒放乳酪。可梅爾西（Commercy）的糕點裡最知名的就是瑪德蓮（Madeleines），是一種

傳統的貝殼形狀的小蛋糕。南錫最擅長的是蛋白杏仁餅；巴勒迪克（Bar-le-Duc）以果醬和果凍著稱——歐洲醋栗和茶藨子口味尤其名聞遐邇。在許多人心目中充滿戰亂印象的凡爾登（Verdun），甜品特產是約旦杏仁果，而且當地對外開放這座月產量將近22公噸糖果的工廠供人參觀。

山稜線兩側斜坡上，種滿一排排與萊茵河平行的葡萄，這裡的葡萄酒雖也類似德國的莫塞爾（Moselles）和霍克（Hocks），但其實很不一樣。阿爾薩斯葡萄酒區是法國第三大產區，只小輸給波爾多和布根地，源遠流長始自三世紀。但栽種葡萄藤的歷史卻更悠久，只是阿爾薩斯和香檳區一樣，受到羅馬皇帝圖密善打壓，不容法國酒和義大利酒爭奪市場。公元91年，阿爾薩斯的葡萄藤遭羅馬士兵剷除殆盡，不過過了兩百年，羅馬皇帝普羅布斯[7]恍然大悟，於是葡萄藤不知從何處神祕地重見天日，從此以後便鋪天蓋地遍布山坡，一路延伸至萊茵河畔。

阿爾薩斯的葡萄酒幾乎清一色都是白酒（大多數人會說都是白酒，但其實有一些例外），可是卻半點也不像布根地的干冽白酒或波爾多甜如糖漿的蘇玳。比其他處葡萄酒，這裡的白酒果香芳郁，很接近未發酵的葡萄汁，但若因此以為它們酒精濃度低，就大錯特錯了。這種葡萄酒非常清新爽口，和阿爾薩斯菜是天作之合；和法國其他地區的菜餚相比，阿爾薩斯菜用動物油脂做菜，口味濃重，有時候有點油膩，這款具天然清口功效的葡萄酒正好解膩，有助加強總體餐飲效果。阿爾薩斯酒配阿爾薩斯的魚鮮料理尤其珠聯璧合，也和洋蔥餡餅、鹹派，當地的加工肉製品相得益彰，甚至和酸菜也很相配，雖說啤酒配酸菜更常見，但阿爾薩斯白酒是百搭酒，沒有哪一餐不能喝。

波爾多和布根地的葡萄酒當中，個別品項的葡萄酒差異明顯，但阿爾薩斯葡萄酒的各個品項之間沒有太大差別，而產區風土對釀造的成品，影響也不如其他酒區那麼厲害。因此，在法國葡萄酒當中，阿爾薩斯酒獨一無二在酒標冠上單一葡萄品種名稱，而非產地名稱——也就是說，酒標寫的是釀造它們的釀酒葡萄品種名，而不是栽種地區名。在購買麗絲琳

---

7. 全名是Marcus Aurelius Probus（公元232-282），在位僅五年，遭兵變遇害。

（Riesling）酒時，就是買了以這個名稱的葡萄所釀成的酒。然而，如果是格外出色的佳釀絕品，那麼也會在酒標上多加上產地名稱，譬如會標示成「Riesling de Ribeauvillé」（里博維萊麗絲琳）或「Riesling de Riquewihr」（里屈埃維麗絲琳）。

阿爾薩斯的酒標上若有高貴混釀（Edelzwicker）字樣，就代表這支葡萄酒是以不同葡萄混釀而成——也表示是絕品佳釀。若是尋常混釀餐酒，酒標只會寫「Zwicker」[8]。阿爾薩斯非常珍稀的紅葡萄酒有兩款：歐托特（Ottrott）、馬勒海姆（Marlenheim），外地絕對看不到，只在當地酒區可遇。

阿爾薩斯葡萄酒的最佳年分是1937、1942、1943、1945、1947、1949、1952、1953、1955、1959、1961和1962。

洛林並非知名的酒鄉，但仍出產相當多各式各樣供應當地享用的葡萄佳釀，在鄉間酒館多以大水瓶供應，飲用十分暢快。薩蘭堡（Château Salins）、瑞西（Jussy）、米爾庫（Mirecourt）、庫塞（Coussey）是紅酒；蒂永維爾（Thionville）、布利（Bruley）、謝爾（Sierck）、孔茨萊班（Contz les Bains）是白酒。還有幾款灰酒（Vin Gris）——其實是淺紅色葡萄酒，但沒有粉紅酒那般璀璨光澤——包括斯西（Scy），莫塞爾河畔昂西（Ancy-Sur-Moselle）、多諾特（Dornot）、圖勒（Toul）。最後這幾支灰酒有輕微的燧石味，應該冰涼喝。

洛林確實有一些特產和阿爾薩斯相同，這些通常名聲都歸到阿爾薩斯頭上，譬如以當地水果釀製的水果白蘭地（Eau-de-Vie）。洛林盛產黃香李子乾，是一種小型黃色李子製成，還有蜜李乾（Quetsche）則是一種大型紫羅蘭色的李子製成。最重要的一種特產是櫻桃白蘭地，以阿若勒谷地（Ajol Valley）所產櫻桃釀成。幾乎你所能想像得到的其他種類水果白蘭地，阿爾薩斯都能釀製，用的水果來自這裡最好的農業區奧瓦爾德（Hohwald），那裡景色美如畫，遊客如織；順便一提，那裡也出產一種蔓越莓（Canneberge），是乾燥土壤的品種，不是美國鱈魚角那種

---

8. Edelzwicker一字由「貴族」（edel）和「混釀」（zwicker）組成，意謂貴族葡萄混釀。阿爾薩斯的貴族品種有四種：Riesling、Pinot Gris、Gewürztraminer與Muscat。

沼澤地品種。阿爾薩斯水果白蘭地之后，非覆盆子白蘭地（Eau-de-Vie de Framboise）莫屬，堪稱飯後喝完咖啡後的絕佳靈巧飲料，也是最昂貴的一款水果白蘭地，通常價格是同等級蜜李白蘭地或櫻桃白蘭地的兩倍，不僅是因為覆盆子本身就是較為高價的水果，也因為要蒸餾出這款酒，一小滴得耗上很大力氣。

　　普遍來說，法國也是個喝啤酒的國度，而不得不承認，大多數法國啤酒功能止於解渴，別無其他長處。不過，身為一個依戀著德國餐飲的地區，理應可以找到好啤酒，也確實我們找到了。也許可能有一兩個例外，但一般來說法國唯一的好啤酒，就是阿爾薩斯和洛林所產；而阿爾薩斯也出產啤酒絕配椒鹽卷餅（Pretzel）。奧瓦爾德種植絕佳的啤酒花，而啤酒花和大麥都是經由下阿爾薩斯地區產製；洛林也種植這兩項作物。雖然阿爾薩斯是兩個行政區當中比較像德國的一個，但洛林的啤酒可能名氣更大，例如梅茲（Metz）和蒂永維勒兩地都以啤酒品質優異著稱；多數是淡啤酒，但也產製黑啤酒。

　　最後值得注意的是，法國兩大最普遍的飲用礦泉水都來自洛林：其一是法維多（Vittel）無氣泡礦泉水，滋味很天然；另一個是礦翠（Contrexéville，今名Contrex）礦泉水，產自法維多鄰鎮，味道和法維多很相近。

Chapter 10

中央高原
The Central Plateau

佩里戈爾Périgord・奧弗涅Auvergne・馬凱Marche・利穆贊Limousin・吉耶訥Guienne

　　奧弗涅大區（Auvergne）有一些相當精采的鄉村。對那些喜愛風景明信片般山光水秀的人，這樣的鄉村並不討喜。這裡曾經是火山之鄉，至今礦泉仍十分豐富，承繼了過去火山活動遺留的礦泉水泉源，多數是溫泉。這裡也是冰川之鄉，山上滿目荒涼，冰川長年累月緩緩遺留下來的嶙峋巨石四散。高山地帶看似半滴水也無；在奧弗涅大區南部高山地帶翻山越嶺之前，駕車而來者最好把水箱加滿，否則，爬坡消耗加上高海拔蒸發快，很可能會讓人奔波於漫無邊際，前不著村後不著店，在一片荒蕪之中耗盡又無處補充。山區植被星羅棋布，形成優良的牧場，也因此奧弗涅堪稱牧草之鄉。在它的北段，也就是利馬涅（Limagne），受惠於火山灰沉積在阿列河谷（Allier）、多爾河（Dore）和它們的一些較小支流，此處土地肥沃，栽種水果與蔬菜取代了牧場。儘管奧弗涅的大城克萊蒙費朗（Clermont-Ferrand）有相當程度的工業發展，但全區仍以農業為大宗，不論務的是哪一種農。看著黝黑矮壯的農人，戴著黑色燈芯絨帽，穿著寬大的罩裙，在展示牛隻的牛墟裡議論著牛隻乳房的優點，真令人讚嘆奧弗涅

大地之富庶豐饒。他們看起來不像是講究實際的人，你還能想像到，才前不久乾旱橫掃河谷上方的山區，裸石壘壘，他們被迫離鄉背井。緊接著，其中一人深深地探手進他的罩裙裡掏出一大疊鈔票，遞給另一個人，只因他剛買了一整頭牛。

這個地區的氣候非常嚴峻，是典型大陸型氣候，換言之，冬冷夏熱。所幸夏季的酷熱在許多地方被海拔高度抵消掉。大約在900多公尺高處，室外溫度始終涼爽。這一帶不單是每個季節氣溫變化很大，而這種改變可能短短數小時內瞬息萬變，要小心以對。克萊蒙費朗曾創下紀錄，同一天最高與最低溫差高達攝氏25度。

唯有夠吃苦耐勞強壯的民族，才能扛得住這般嚴厲的天候，而中央高原（Massif Central）的居民，特別是奧弗涅人個個堅韌不拔。他們的族名源自祖先阿維爾尼人（Arverne），這些人在這一帶山區創建了強大的領域，首府位於熱爾戈維（Gergovia）。這個名字並不陌生，因為正是在這裡，年方二十歲的維欽托利擊潰了羅馬的凱撒大帝（Julius Caesar），凱撒大帝日後在阿萊西亞（Alesia）完成征服高盧大業，一洗前恥。數百年來，奧弗涅人始終都是不屈不撓的戰士，也因此，長達千年之久，歷任奧弗涅伯爵都努力保持其領土獨立於法國之外，但法國自六世紀至十七世紀以來，一直想方設法要併吞它。最後，路易十四終於得償夙願，一勞永逸；他發現，多位奧弗涅領主對自己的目標一如對付外人般強硬，於是派出皇室使團到克萊蒙費朗，聽取對方抱怨，建立法治基礎。他的司法官們在做首次裁決時非常認真，處決了一名奧弗涅勛爵，此舉立刻分裂其他貴族的團結。司法官毫不留情面大舉判處其他死刑，但由於該死的犯嫌逃逸，因此他們製作人像，以斬首人像示意。有一名犯嫌蒙特布瓦謝（Montboissier）是蓬迪沙托堡（Pont du Château）堡主，他心生恐懼，偷偷返回克萊蒙費朗，從窗口觀看自己的人像遭行刑的過程。「真是賞心悅目，」他寫道，「生龍活虎家中坐，看著自己被斬首處決。」

奧弗涅不單只在地方史上留名。以今天相對偏僻難進入來看，我們以為在那個交通不便的年代裡，奧弗涅好像很容易就被攻破。或許，最萬無一失的解釋就是，古代人以及當時的中世紀旅客之所以能進入任何一種鄉野地帶，是因為不論何種移動方式沒有不費力的，任憑地形再怎麼崎嶇，

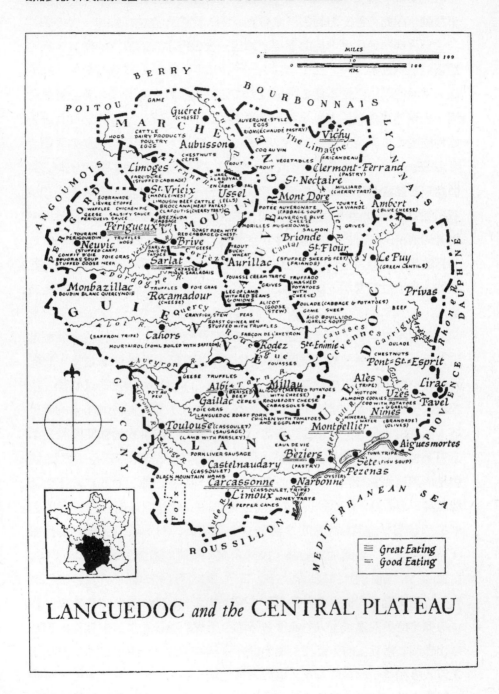

LANGUEDOC *and the* CENTRAL PLATEAU

相較之下都顯得微不足道。而今，我們有良好的道路隨時都能以快速的汽車移動，因此往往反而到不了沒有健全道路設施的地方。

無論理由是什麼，奧弗涅都不曾自絕於歐洲主要潮流，即使其統治者想盡辦法遺世獨立，藉助高山作為防禦屏障，想抵抗外界強權染指。在凱撒大帝血洗阿萊西亞，報了熱爾戈維戰敗之仇，羅馬人深受奧弗涅溫泉吸引，大量湧入（和美國人一樣，羅馬文明似乎也很看重沐浴的美德），將此地管理得如同他們祖國般長治久安且井然有序。羅馬人在波立尼亞克（Polignac）一顆大如平頂山巨石上，建造了著名的阿波羅神諭。朝聖者可憑藉巨石腳邊祭堂的花朵找到位置，帶著自己要給阿波羅的禱辭，攀爬巨石到頂端的神廟面具（石雕阿波羅面具）前，在給出禱辭之前驚詫萬分聽到神的答覆。後世揭露這個祕密，說是漏斗形狀的通道，會將山腳祭堂裡的耳語傳送、擴音到頂端的神廟，而廟裡的祭司在朝聖者攀爬岩石時有充裕的時間準備好答案，以擴音器透過阿波羅面具的石雕像嘴裡，說給對方聽。

奧弗涅也並不那般遺世獨立於法國藝術與知識生活。這裡的山上相當自然而然地聳立著一些軍事堡壘，但最引人興致的是它的宗教建築：奧弗涅的教堂是一種和軍事關係密不可分的建築物，多數都是羅馬式風格，厚實堅固又宏偉，周圍環繞著成群的小禮拜堂，讓人聯想起防禦工事的瞭望塔。這裡的教堂崇尚雄偉龐大，喜歡修築沉重的中央塔樓，和諾曼地的教堂有某種相似性，但往往在比例上會將更多重量落到地面部分，所以比諾曼地的風格較為矮胖。和諾曼地教堂一樣，奧弗涅的宗教建築物的雕塑稀稀疏疏，有的話，也是呈現一種迷人的古風。

利穆贊大區給了全世界藝術大城利摩日（Limoges）、歐比松（Aubusson）的馬凱（Marche）掛毯藝術；現代織錦藝術家盧卡特（Jean Lurçat）就是在這裡從事創作。

儘管有顯著的例外情況，但中央高原的居民（尤其是其中最與眾不同也最傑出的奧弗涅人）未曾在法國學識生活做過重大貢獻。奧弗涅人特別以出色商賈著稱，在家鄉擅長馬匹與牛隻買賣貿易，而當他們遠去巴黎，又以人多勢眾，給首都冠上了奧弗涅最大城的稱號，他們在巴黎從事煤礦木材生意，或經營快餐店。他們在這些生意上表現得出類拔萃，被歸功於

他們「吝嗇」；這是法國人對奧弗涅人開的玩笑，和英國人講蘇格蘭人玩笑話如出一轍。歷史上確實如此，奧弗涅人的多姆山省（Puy-de-Dôme）的名稱最初提出時寫成「Mont d'Or」，意謂「黃金山」，但奧弗涅的一位代表反對這個名稱，因為擔憂會提醒收稅官奧弗涅人富裕繁榮揚名天下，而奧弗涅人向來都討厭當局，對他們擁有多少財富三緘其口，始終保密。至今奧弗涅人仍然不信任銀行，寧可把錢擺在家裡，現金喔。這是將知名法國人「Bas de Laine」（意謂儲蓄）概念發揮得最淋漓盡致的國度，所謂「Bas de Laine」是指羊毛襪子，法國農人會將私房錢先藏在襪子裡，再藏在隱密的角落去。

典型的奧弗涅人膚色黝黑，毛髮烏溜溜，盛傳這一帶具有撒拉森人（Saracen）的血統，據說是經由摩爾人（Moors）傳入；公元732年摩爾人在普瓦捷（Poitiers）附近遭到鐵錘查理（Charles Martel）[1]擊敗逃入山區。人類學家並不認同這個理論，他們發現奧弗涅人擁有很強烈的凱爾特人特徵，譬如，奧弗涅人吹風笛，舉凡有凱爾特人就有這種稱為「卡夫雷特」（Cabrette）的風箱式吹奏樂器。手搖琴（Hurdy-Gurdy）式的維奧爾琴（Viol，也稱古大提琴）至今猶存在於奧弗涅；所謂手搖琴就是不用拉弓，而用搖動曲柄來演奏音樂。這兩種樂器常與奧弗涅的舞蹈布雷舞曲（Bourrée）一起表演，但如今正在快速消失，而布雷舞曲很像其他凱爾特地區的吉格舞（Jigs）。此外，奧弗涅熱衷於宗教儀式和神祕主義，也是很典型的凱爾特人的特徵，雖然西部毗鄰的幾個行政區，凱爾特的氣質比較不純正，但對宗教的奉獻幾乎同樣強烈，舉例來說，利穆贊仍維持精緻的「排場」（Uostentations），每七年展示一次聖物（比方說1960、1967年等）。奧弗涅的朝聖和宗教性質的遊行活動很多，其中最有趣的是在多姆山省的貝斯（Besse-en-Chandesse），這裡的活動結合了宗教觀察和宗教田園生活方式體驗。夏初，牛群被移往高山牧場，9月底再被帶下山。牛群會由「黑聖母」（Vièrge Noire）陪同，被帶到海拔1000多公尺的高山放牧，黑聖母整個夏季都在瓦西維耶爾（Vassivières）的教堂度過，等秋天再帶回貝斯，接受煙火和慶典歡迎。

---

1. 法蘭克王國宮相、軍事將領，法蘭克公爵丕平二世的私生子。

這種宗教儀式和我們的美食主題關係有點薄弱，要藉由這層關係來探討肉食和乳製品，食物與其副產品，會變成是其他領域裡的傳聞軼事，非關美食。在中央高原，就有很多這類例子。比方說，始於中世紀的濯足節（Good Thursday或Holy Thursday）遊行活動，場地在聖吉揚萊代塞爾（Saint-Guilhem-le-Désert），以貝殼放油當照明遊行。另一則軼事是，對拉馬萊訥（La Malène）的拉巴爾（La Barre）峭壁為何有一層黑色覆蓋物的解釋，應該是因為在法國大革命期間，有一間貯滿核桃的倉庫失火，油煙將山壁岩石燻成黑色。更接近美食主題的是，奧弗涅的胡格諾派（Huguenot）[2]戰士梅爾上尉（Captain Merle）將一場天主教的伏擊由敗轉勝。在一條狹窄通道護送食物時，他故意丟棄了葡萄酒小推車，和手下人馬逃跑，後來，在給了敵人充裕時間大喝葡萄酒之後——他算準了對方會這麼做——他回到現場，發現敵軍鬥志渙散，於是大敗對方。最後終於正式接觸到美食故事，阿爾比尼亞克侯爵（Marquis d'Albignac）在法國大革命期間，被迫逃離他在佩爾洛（Peyreleau）的城堡。素以製作美味沙拉醬聞名的伯爵，為了生計，移民到倫敦，奔波於各大晚宴調製沙拉醬，從而靠這份有限的天賦賺取可觀的利益。

對其他山區烹飪的評論，放諸奧弗涅也吻合：在如此崎嶇之鄉別期望精緻複雜，但食物必能飽足，都是農家菜，雖然肥膩些，倒也和這裡嚴峻的氣候很協調。大蒜廣泛使用，因為這裡位於羅亞爾河南邊，地處罕用大蒜之鄉與使用頻繁的盛產區之間模糊邊界地帶。基礎物產都很出色，有奧弗涅北部的利馬涅（Limagne）提供肥沃的土壤種植穀物、甜菜根、馬鈴薯、櫻桃、水蜜桃、杏桃、蘋果、梨、草莓，還有杏仁，而另一方面，更靠南邊地勢較高的區域則是牧場，並生產腰果與核桃。放牧於高山草地的羊隻盛產品質優異的羊肉，其中又以瓦西維埃湖和紹德賽格（Chaudes-Aigues）最為知名。這裡也盛產頂級豬肉，莫爾（Maurs）的火腿最負盛名。還有很多品種的乳牛。在北部，畜牧養的是一種白色品種的牛。康塔爾山（Monts du Cantal）[3]的薩萊爾（Salers）周遭主要畜牧的是一種冠小

---

2. 十六至十七世紀法國新教裡喀爾文教派的一個旁支，意譯結盟宗，被稱為法國新教，政治上反對君主專制。
3. 法國中央高原中西部的一個多山地塊。

鎮名字的牛種，鎮上並且為改良品種的農學家歐內斯特（Ernest Tyssandier d'Escous）建了一座雕像。薩萊爾牛皮毛鮮豔（紅棕色），毛蜷曲，據當地的牧工說，如果這種牛隻被帶去不同土壤的牧場，不在這個火山地帶放牧的話，皮毛就會失去無光澤。還有一種菲蘭德斯（Ferrandaise）乳牛，淺紅色帶白色班紋，養殖在克萊蒙費朗與多姆山（Mont-Dore）之間的地帶。

如果你問法國人，奧弗涅最具特色或最知名的菜是什麼，對方可能會告訴你是「甘藍菜濃湯」（Soupe aux Choux），或者奧弗涅火鍋（Potée Auvergnate）。任何一個都可能是對的，因為，儘管攤在我面前的美食地圖，把奧弗涅火鍋標在克萊蒙費朗附近，而甘藍濃湯的位置更南一點，我已經準備好，堅信這兩者只是同一道菜的不同名字。由於材料運用很廣，導致命名混亂，但不論菜名是什麼，兩大主材料都是豬肉（通常是鹹肉）與甘藍菜。

嚴格來說，「Potée」一字代表任何放在砂鍋裡烹煮的菜餚，以此類推，用砂鍋煮豆子，譬如阿爾薩斯燉鍋「Potée Alsacienne」，裡面是大紅花豆和豬肉、香腸一起燉煮。跨過阿爾薩斯與洛林之間似有若無的邊界，會見到洛林燉鍋「Potée Lorraine」，「Potée」意指最普通的做法，就是豬肉與蔬菜煮成的湯，最常見的是甘藍菜或馬鈴薯，混合起來加上更多各式各樣的材料。幾乎擁有濃湯菜傳統的每個地區，都會有它的甘藍菜濃湯（Soupe aux Choux）：布根地、朗格多克、加泰隆尼亞（Catalan）等等，而且，雖然其餘的細節或有差異，豬肉與甘藍始終都有。這道菜屬於火上鍋家族，最初是指農家廚房裡，永遠不會吃光的那口鍋子，因為不斷添加新料，未必一直都是一模一樣的材料，然後在壁爐或灶上細火慢燉，年復一年，永遠不容許火熄湯涼。

有些菜單上會描述奧弗涅火鍋是以鹹豬肉為基底煮成的湯，裡面還放了蕪菁、洋蔥、韭蔥、馬鈴薯和大蒜——顯然和所謂的甘藍菜濃湯絲毫不差。我曾遇到過，在甘藍菜濃湯的名字底下，寫著這樣一道菜裡有豐富的材料，包括——不只是甘藍菜，也不只是一種豬肉——還有豬肩胛肉、豬油塊、豬肥膘和瘦肉、一隻禽肉、一條小牛腿肉，還有一塊牛肉，再額外加一些蕪菁。這看似很值得被冠上「Potée」名號。兩者都是大鍋菜，不管

名稱叫什麼，都是在這個地區裡最好的選擇。還有另一道菜也能稱為甘藍菜濃湯，但其實它並不是，那就是家常蔬菜湯（Soupe au Farci），在甘藍菜內填入香腸肉為餡料，用洋香菜與大蒜調味製成。

另一道典型的奧弗涅菜是羊雜卷（Tripoux），這是聖弗盧爾（Saint-Flour）最盛行的菜餚，在歐里亞克（Aurillac）和紹德賽格（Chaudes-Aigues）也很受歡迎。羊雜卷是鑲了餡料的羊蹄。以這類方式烹製的肉食，類似加工肉品，在本區有很多其他例子。弗里坎多（Fricandeau）在別的地方指的是一種豬肉製成的肉醬，灌入羊腸衣內烹煮而成。聖弗盧爾酥派（Friands de Saint-Flour）是用香腸肉製成的小餡餅，仿效巴黎的調理方式，外層裹著葉子。克萊蒙費朗也以各式各樣的餡餅著稱。和這類熟食加工肉品類似，冷食熱食兩相宜的還有肉末餡餅（Tourte à la Viande）：豬絞肉加上小牛絞肉包入酥皮外殼烹製而成。

奧弗涅人會烹製很複雜精緻的蛋料理。砂鍋蛋（Œufs à l'Auvergnate）先將蛋以水煮熟，放在以豬油和煎香腸烹製的甘藍菜上食用。還有一道歐姆蛋裡面放了馬鈴薯丁和豬肉丁，等蛋翻面時再加入鮮濃奶油與乳酪絲。

紅酒燉雞（Coq au Vin）在奧弗涅一帶特別受歡迎。另在多姆山頂上有一家酒館供應這樣一道特色菜：羊腿皮下塞上大蒜末，再以白葡萄酒和芬芳的香料植物烹煮，上桌時搭配紅豆與小洋蔥，有時也可以配上水煮甘藍菜。雖然奧弗涅不如索洛涅那般有豐富出色的野味，但布里烏德（Brioude）對烹煮斑鶇（Grives）有自成一格的看法。至於魚鮮，馬西亞克（Massiac）、歐里亞克、馬塞納克（Marsenac）、米羅爾（Murols）地區的山澗盛產鱒魚，滋味細膩，通常只需最簡單的方式烹調，水煮後以奶油香煎即可，毋須費工處理破壞魚的微妙滋味。布里烏德將阿列河谷的鮭魚調理成一道特色菜，足以與羅亞爾河的鮭魚一較高下。本區還有淡水鰻魚，於塞勒（Ussel）別出心裁做成鰻魚凍。

和其他一些山區地帶一樣，奧弗涅大量使用馬鈴薯。奧弗涅最典型的馬鈴薯菜色就是馬鈴薯片煎餅（Truffade），不過料理方式眾說紛紜。在歐里亞克地區，馬鈴薯要先搗成泥，並混入新鮮的乳酪。在其他一些地區，要以豬油香煎馬鈴薯片，說不定還要用大蒜調味，並在最後起鍋前加入小塊小塊的新鮮乳酪。在奧弗涅和周遭省分還有其他形形色色的作法，這款

馬鈴薯加新鮮乳酪的料理名稱，會根據方言變成「Aligot」、「Alicot」、「Aligout」。在多姆山，要將乳酪絲攪入稀釋後的馬鈴薯泥，上面再撒上更多乳酪絲，然後以融化的奶油覆蓋放入烤箱烤至焦黃。聖弗盧爾烹煮馬鈴薯的方式是在鍋底鋪一層綠色甘藍葉，這些甘藍葉需事先以豬油煎軟，然後在甘藍葉上放切片的馬鈴薯，間隙塞上豬瘦肉丁，以鹽和胡椒調味，並淋上牛清湯，放入一點大蒜泥，最上面撒上乳酪絲。這道菜要以烤箱慢烤。馬鈴薯與甘藍葉混合成菜的作法，也見於中央山脈地區，那裡用馬鈴薯泥，以一比三分之二的比例，混入水煮切碎的甘藍菜，放入平底鍋內，撒上乳酪絲，放入烤箱烤至焦黃。最後一道煙燻培根土豆（Pommes de Terre au Lard），幾乎在奧弗涅隨處可見。這道菜先以豬油炒香培根丁與一些小洋蔥，取出培根丁與小洋蔥，然後在鍋裡剩餘的湯汁裡加入麵粉和清湯，以及一小把香草束。接著煮滾，將培根丁與小洋蔥放入湯汁，並加進切成四分之一塊狀的馬鈴薯，蓋上鍋蓋小火慢煮。上桌時撒上洋香菜末即可。

　　奧弗涅也常吃扁豆。除了熟悉常見的棕色乾扁豆以外，普伊（Le Puy）有一道特色菜以新鮮綠扁豆做成。本區最出色的豌豆產自普朗茲（Planèze）；蘑菇，尤其是羊肚菌，森林裡野生漫長到處都有。

　　這裡也有很多種酥皮糕點，有些很獨特，有些比較普遍。中央高原一帶有乾式的浮華士麵包（Fouace）。塞爾河畔維克（Vic-Sur-Cere）有鮮奶油塔，類似隨處都有的酥皮糕點。穆拉特鎮（Murat）的羊角酥（Cornets），在管狀酥皮內填入濃厚奶油，比較有特色。相當本地風格則有歐里亞克的蕎麥發酵薄煎餅（Bourriolles），是一款濃膩的甜味煎餅，以蕎麥粉製成；蕎麥也用來做米德巴爾雷（Mur de Barrez）的果餡餅（Picoussel），裡面的李子餡看似稀鬆平常，但卻很怪異地以各種香料植物調味。克萊蒙費朗盛產優異的果乾，也製作很多酥皮點心特產，諸如天使派（Angelique）、杏子派（Flagnarde），還有櫻桃做成的布丁蛋糕（Milliard）；吃櫻桃布丁蛋糕時千萬小心，因為櫻桃核還在裡面。其他酥皮特產還有：蒂耶爾（Thiers）的薯條（Croustilles），里永（Riom）的燙麵鬆糕（Échaudé），聖弗盧爾的薄荷糖（Bêtises），以及有餡軟糖（Farces）──字面意思是愚蠢又可笑。

最後，牧場之鄉應該也是優異的乳酪之鄉，奧弗涅的確是。中央高原的產品大概是最著稱的。這裡出產的是硬質牛乳乳酪，尺寸很大（一般都是50公斤），最佳賞味期是11月至5月，銷售時冠上「薩萊爾牛乳酪」（Fourme de Salers）[4]名號。「Fourme」一字等同英文的「Form」（形式），意謂乳酪塑形時所用的模子形狀，也因此，法語裡的乳酪一字是「Fromage」，義大利語也如此，用的是「Formaggio」。中央高原最佳乳酪產自拉約里（Laguiole）。

本區還有多款「藍黴」乳酪，亦即洛克福乳酪的親戚，不過是以牛乳製成，不是羊奶。奧弗涅藍紋乳酪（Bleu d'Auvergne）[5]是通稱，同樣地，你會見到「薩萊爾牛藍紋乳酪」（Bleu de Salers），是另一款最適合在11月至5月享用的乳酪。也有一款奧弗涅藍紋乳酪產自多姆山。馮東伯（Fourme d'Ambert）也是一種藍紋乳酪，味道非常嗆。聖內泰乳酪（Saint-Nectaire）則是小而圓的軟質熟成乳酪，最佳賞味時間是10月至7月，產區在利馬涅，這裡也盛產謬霍爾乳酪（Murols）、加普隆乳酪（Gaperon）、蒙布里森乳酪（Fourme de Montbrison）。里永盛產奶油乳酪，卡貝庫乳酪（Cabécou）則是一款山羊乳酪。

奧弗涅也產製本土葡萄酒，雖然無足輕重，也就難以在外地相遇。但很奇怪的是，奧弗涅的葡萄酒不外銷，它的釀酒葡萄卻賣到外地。奧爾良一帶栽種的歐維納（Auvernat）葡萄發源地是奧弗涅，這款葡萄從路易十四在位時就很盛行，因為它能釀出色澤非常瑰麗的酒。葡萄酒商習慣用它混釀淺色的來省錢，而不用買進較貴的葡萄。

奧弗涅最好的佳釀產自利馬涅一帶，尚圖格（Canturgue）紅酒堪稱個中翹楚。你還可能會喝到沙托蓋（Chateaugay），類似薄酒萊，或是科朗（Corent）的酒。奧弗涅南部有一款年分佳釀稱為菲爾（Fel），酒區位於昂特賴格（Entraygues）。不過，倘若你想體驗真正奧弗涅人的生活，或許在這裡應該要喝的是加斯波（Gaspo），加斯波是這個乳製品之鄉大家最

---

4. Fourme de Salers今名Salers，為牛乳半硬質乳酪，1961年列入AOP管制；Laguiole為半硬質乳酪，1961年列入AOP管制。

5. Bleu d'Auvergne今為AOP乳酪，於1975年列入AOP管制；Fourme d'Ambert於1972年列入AOP管制；Saint-Nectaire於1955年列入AOP管制。Cabécou為山羊乳酪的一系列乳酪統稱。

喜歡的一種乳清飲料。

奧弗涅主要的烹飪用油是豬油或鵝油：在高山地區、東部、中央高原，這些地區的菜餚樸素，用的是豬油；在低地區域與西部，用的是鵝油，特別是在佩里戈爾一帶。佩里戈爾素來就是全國知名的美食殿堂。馬凱和利穆贊差異極其細微，若考慮其飲食習慣，這兩區可視為一區。而佩里戈爾則比較獨特，它的影響力一路南下直抵吉耶訥的東邊盆地；除了最東端以外，這裡已進入了奧弗涅南部山區，也就是魯埃格（Rouergue）。

馬凱的鄉村本色很容易得到佐證：它的主要城鎮蓋雷（Guéret），也是古代行省首府所在，人口僅有一萬；它最知名的掛毯藝術小鎮歐比松人口只有六千。因此，它是原物料的生產地，比方說：雨水、水果、堅果、蛋、牛隻、蘑菇、野味，而比較講究精緻的利穆贊，雖然主要也是個農業之鄉，卻能將這些原物料烹煮成兩地都常見的菜餚。利穆贊的兩個行政區當中，比上維埃納省（Haute-Vienne）更深入山區的科雷茲省（Correze），在美食的表現更優越。在巴黎靠近中央市場（Central Markets）有一家小小的科雷茲酒館，當地懂美食的上班族都很熟悉，它無疑是美饌佳餚的神殿。其消費者看似勞動階級，裝潢極為簡陋，酒館似乎唯一概念就是「價廉」。它很便宜，但在我眼中卻別有風味，我曾在那裡享用一份單人方塊肉醬，肉醬的調味充分彰顯它們的熱忱，肉醬中央鑲了一整隻的斑鶇。給你酒館的地址毫無意義，因為它非常小，永遠擠滿常客。我之所以有辦法在那裡獨自吃上一頓飯，是因為由科雷茲本地人同往，他是店東的朋友——即使跟他一起，我也是在吧台後等位子，而酒館實在擠得水洩不通，別無其他立足之地。這位朋友曾從科雷茲給我捎來一罐當地的豬肉製品，至今我都莫名其妙，而它神奇地採用一項半點也不細緻的材料，卻呈現妙不可言的滋味。單憑這兩次經驗就足以讓我對科雷茲和利穆贊兩地大為敬佩。

豬肉在利穆贊相當重要（至於鵝肉則是本區西南角，毗鄰佩里戈爾邊界的要角，那裡是真正的鵝肉王國）。這裡和馬凱都養殖著優良豬隻，它們各有其冠上地名的特有凱爾特品種。利穆贊烤豬肋排（Carré de Porc à la Limousine）是本區很受歡迎的一道佳餚。它的名稱代表要搭配紅甘藍菜燉煮腰果；舉凡名稱上標示著「à la Limousine」的菜色，都很可能會配上以

這樣方式烹調的紅甘藍。

比起豬肉，利穆贊可能是更重要的牛肉產區。這裡的牛是本地牛與英國杜倫牛（Durham）混種而成，是肉用的好牛。

利穆贊最出名的一道本地菜大概就是「皇家酒燜野兔」（Lièvre à la Royale），按字面意思可直譯為「專給國王吃的野兔」。有些食譜書稱之為「佩里戈爾式野兔」（Lièvre à la Périgourdine），也因而引出了一個更知名的美食區，但它所創造的佳餚無疑發源自利穆贊。另一道「圓巾鑲野兔卷」（Lièvre Farci en Cabessal，也作Lièvre Farci en Chabessa），也經常被歸功於是佩里戈爾的發明，但它其實是利穆贊本土菜。不過很難改變誤解，因為佩里戈爾本身美食豐富，調理野兔肉也很有自己的一套。

皇家酒燜野兔是一道古菜，盛行於十八世紀，當時還有一種專門用來製作這道菜的特製砂鍋。這道菜最主要的獨特處在於餡料，裡面有野兔的肝、心、肺全部湊在一起，還加上肥鵝肝、肥豬肉、浸泡清湯的麵包碎、奶油炒過的洋蔥末、松露末和洋香菜末、一點大蒜，以及野兔血。全部材料放入砂鍋內慢燉，最後加入用各式各樣野味熬成的清湯、雅馬邑白蘭地，還有一些黑松露片。

圓巾鑲野兔卷的滋味同樣也來自風味特殊的餡料，這回的餡料裡有濃濃的綜合香料植物、小牛肉塊、新鮮豬肉和火腿、大量紅蔥頭和大蒜，至於最後要倒入的醬汁是以動物血和肝熬成，內臟與血先絞碎後加入大蒜與一點醋。傳統作法必須以紅酒放在圓形鍋內烹煮，好讓食材一圈圈塞得緊緊的，大概發明者想像著這種造型很像該地區婦女戴在頭上的圓形頭飾，用來支撐頂在頭上的水桶，她們到水井打水，以頭頂水桶搬回家，這種頭飾就是「Cabessal」。

和利穆贊特別有關係的其他菜餚，通常都是相當粗儉的山區典型菜色。其中有一道煮燕麥湯，比較像是燕麥清湯；還有黑麥麵包煮湯、甘藍菜湯，以及複雜的甘藍菜湯如「燉菜湯」（Bréjauda），裡面除了甘藍菜還加了培根。和波爾多人一樣，利穆贊人也會以「夏布洛」（Faire Chabrot）方式喝湯，尤其是喝培根甘藍菜湯：他們會將紅酒倒入剩下不多的湯碗內，再將其混合一飲而盡。

尤其硬餡麵糰（Farcidure）很有特色：甘藍葉小球裡面包裹蕎麥麵、

酸模和甜菜根，有時候放入甘藍菜濃湯，使之更為豐富。混合香腸肉和小牛肉的肉醬稱之為利穆贊肉醬（Broccana）。利穆贊所產肥嫩多汁牛肝菌品質優異，而科雷茲有特殊的料理方式稱為「科雷茲鑲牛肝菌」（Cèpes Farcis à la Corrézienne）。

這裡的乳酪多彩多姿：馬凱有蓋雷（Gueret）乳酪，也稱為「克雷茲」（Creusois）乳酪，最佳賞味時間是10月至6月；塔皮斯乳酪（Trappist）產自埃舒爾尼亞克（Echourgnac），類似柔軟的波特撒魯乳酪（Port Salut），全年皆美味；巴西亞克（Bassilac）產製的藍紋乳酪每年11月至5月最好吃。

我們曾在奧弗涅提及的櫻桃布丁蛋糕，這裡稱之為「克拉芙緹」（Clafoutis），也就是不去子的櫻桃塔，大概是這個區域最普遍常見的酥皮糕點，但也還有其他很多當地特產，比方說，像海綿蛋糕的瑪德蓮蛋糕（Madeleines）是聖伊里耶（Saint-Yrieix）的特產；勒多拉（Le Dorat）擅長製作馬卡龍；于澤爾克（Uzerches）擅長蛋白霜（Meringue）；利穆贊東南角落最著稱的是腰果小蛋糕。像是煎餅的花崗蛋糕（Floguards），還有蕎麥粉製成的炸馬鈴薯方餃（Tourtons），以及一種乳酪蛋糕，到處可見。

利穆贊幾乎不產葡萄酒。維埃納河谷有一些葡萄園，釀製所謂的「灰葡萄酒」：沙巴奈（Chabanais）、埃塔尼亞克（Étagnac）、聖布雷斯（Saint-Brice）、艾森（Aise）都是葡萄酒莊園，其中還有韋爾訥伊（Verneuil）所釀造的是真正的粉紅酒，十分好喝，不過這些美酒外地都享受不到。至於科雷茲的葡萄酒，博琉（Beaulieu）產製一款適合當甜點飲用的甜白酒，有點東施效顰模仿了侏羅的麥稈酒。

佩里戈爾（Périgord）就位於利穆贊西邊，是吉耶訥的副區（Sub Province），是突然竄起的美食殿堂；應該不能說是突如其來，因為這裡的東鄰利穆贊本就有穩扎穩打的佳餚，往西南去又有波爾多酒區精緻的飲饌。佩里戈爾在美食上的卓越或許其來有自，中央高原窩心飽足鄉村菜與高度都市化波爾多富裕料理兩股大勢力交會融合於此，使它成了名聞全法的美食同義詞。這點近似弗朗什－康堤，與侏羅山區和盛產乳酪的布根地交會迸出的火花。佩里戈爾也擁有悠久淵源的優勢。比起法國其他地方而

言，這裡人下廚做菜的歷史更久，因為這裡是史前時代遺址所在。尤有甚者，土壤作物優異，而且佩里戈爾有豐饒傑出的物產。或許還有進一步的原因是，佩里戈爾盛產兩項密不可分的物產——鵝和黑松露——尤其黑松露本身雖貌不驚人，但加了黑松露的菜色卻能美味倍增，因此激發了廚師的創造力，也造就了整體更甚個別食材的烹飪哲學。松露被認為是主導佩里戈爾特色菜的要角。菜單上標示著「La Périgourdine」（佩里戈爾式）的字樣，那麼這道菜或許有也或許沒有肥肝醬，但幾乎毫無疑問會有松露。

松露是一種生長在地底下的蕈類，其中公認最佳的黑松露是生長在佩里戈爾。同屬吉耶訥但另屬凱爾西（Quercy）副區的洛特河（Lot），就位於佩里戈爾南邊，此區的松露作物不足以供應全法國所需，因此，必須將就其他地區的松露，甚至從義大利進口大量皮埃蒙特（Piedmont）的白松露。在人工種植松露的地方，因為工人曉得孢子種在何處，所以可以手工方式收成。但要尋找野生松露，沒有比讓母豬去掘出松露更有效的辦法；為了確保能掘出松露，於是特別用一種口鼻部短小尖銳的豬來做這項工作。因此佩里戈爾有其自有的本地品種凱爾特豬也就不足為奇，但儘管佩里戈爾的豬優點多多，但此區的主要烹飪用油是鵝油。這是第一個鵝油之鄉。

在餐桌上，很少讓黑松露單獨上桌唱獨腳戲，黑松露的味道有點微微的甘草（Réglisse）氣息，通常會被任何搭配的其他精巧味道所遮蓋。要想單獨品嚐松露本身的滋味，非「灰燼下的松露」（Truffes Noires les Cendres）這道菜莫屬：將大顆松露調味並切片，每一片都灑上干邑白蘭地，再以薄薄的鹹豬肉片裹起來，以烘焙紙包好，塞進壁爐裡的熾熱餘燼內。這是料理松露的原始方式，至今猶存於佩里戈爾。但是成千上萬美國人可能都在電視上介紹巴黎美食的短片中，看過這種料理手法的複雜版：松露放在一片肥肝上，再包進方形麵皮裡，看起來就像義大利餃子那樣，然後放進壁爐餘燼裡。我可以繼續寫，因為太清楚這種版本了；電視上白髮蒼蒼臉頰紅通通吃著松露的魁梧大漢，正是區區在下。

可以合理推測，舉凡黑松露扮演要角的每一道菜，發源地幾乎不是在佩里戈爾就是在附近不遠處，但菜單上有一兩道特色菜特別冠上了地名。其一是「佩里戈爾黑松露餡派」（Tourte de Truffes à la Périgourdine），這

在別的地方不可能嚐到。這是一種派餅，餡料以松露與浸泡於干邑白蘭地的肥肝製成，熱食但吃剩的放冷了一樣美味無比。另一道是佩里戈爾松露肉醬（Truffes en Pâté à la Périgourdine），幾乎等同於一口一顆松露大小：每顆松露以肥肝片裹好（不加干邑白蘭地），再包進一球麵糰裡，烤大約二十分鐘。松露當然也用來作為禽類的餡料，特別是閹雞和火雞，也現身於很多種的熟食肉製品裡，例如肉凍或肥肝內。若無論如何難以當做菜餡的餡料，那麼那道菜就會淋上佩里戈爾醬，比方說醬汁裡面會同時包含松露濃縮精華和松露丁；或者佩里戈爾的雞蛋砂鍋（Œuf Cocotte à la Périgourdine），砂鍋裡鋪上一層肥肝，再打上蛋一起烹煮，上桌時佐以佩里戈爾醬，而松露是在最後瞬間才塞進蛋裡面的，不直接拌入，不同於松露歐姆蛋，或佩里戈爾式松露炒雞蛋（Œufs Brouillés à la Truffe Noire du Périgord）；後者都是將黑松露和肥肝切碎，先分別以醬汁烹煮至八分熟後加入蛋中，上桌時搭配分別以奶油炒過的肥肝和黑松露薄片佐食。你可能也曾遇到這道菜但不加醬汁，加的是經典的芳香葡萄醬（Saupiquet）——這個詞在之前篇章討論過，名稱是羅西尼炒蛋（Œufs à la Rossini）[6]，但說它的發源地是佩里戈爾絕對錯不了。

佩里戈爾養殖的鵝是巨型士魯斯鵝（Giant Toulouse Goose），輕而易舉便能長出一身肥膘，因此也是產製肥肝的理想品種；前述已提及的肥肝，是佩里戈爾很盛行的一道菜。至於鵝隻本身幾乎成了肥肝的副產品。烤鵝並不算是佩里戈爾菜式。鵝是所有禽類裡面最肥的一種，而對這種巨型士魯斯鵝進行人工增肥以產製肥肝，也幾乎導致鵝肉過於肥膩不適合烤製（不過阿爾薩斯人會燒烤鵝肉吃）。除了產製膨脹的肥肝，也產製豐富的鵝油，成為本區的烹飪用油。至於鵝肉就用來做成各式各樣的油封鵝肉（Confit d'Oie），相當美味。如今，這些鵝肉製品通常做成罐頭，但傳統作法是裝在陶製容器內，加上一層鵝油作為密封保存之用，以這樣的包裝方式可以保存一年，是個更有吸引力的呈現方式。這種作法的鵝肉事先已經煮熟，可當冷盤吃，不過有很多食譜都要求覆熱，並多多少少加上一些複雜的配料。

---

6. 羅西尼（Rossini）是十八世紀義大利著名作曲家，同時是美食家。菜名出現Rossini時通常會使用肥肝或黑松露或兩者皆有，比如出名的羅西尼牛排就在上好的牛排上加放一塊肥肝。

要列出完整的佩里戈爾特色菜有點不切實際，因為菜色實在太多，謹在此舉幾道比較重要的佳餚。湯品裡，有布格拉湯（Bougras），有時候也寫成比較文藝腔的「黑布丁湯」（Soupe à l'Eau de Boudin），作法是從豬血開始，不過不只是這麼簡單而已。想品嚐這道湯，說不定得在嘉年華會期間造訪佩里戈爾才行，換言之，在大齋節（Lent）時節，因為在這個地區，此時正值宰豬季，能供應製造這道湯所需的豬血。煮過豬血的水要留起來，裡面加綠甘藍心、胡蘿蔔、蕪菁、蒜苗、西芹、一切為四的洋蔥。然後慢火細燉大約將近半小時，接著加入馬鈴薯塊，再慢燉半小時。快煮好前十五分鐘，先撈除湯裡的蔬菜，切成小丁以鵝油炒至焦黃，再拌入麵粉並以前面煮的清湯攪勻，等再度煮滾起鍋前數分鐘之際，將這鍋料倒回前面煮的豬血湯內。這就是佩里戈爾人所謂的燉肉（Fricassée），我們在安茹的篇章裡看過。上桌時，要將圓形的法國麵包薄片鋪在湯盤底，將湯倒上去。

　　佩里戈爾湯（Tourain Périgourdin）是一款洋蔥湯，材料還有大蒜、番茄和蛋黃。多加了乳酪絲就可以變成焗烤菜式（Gratinée）。蔬菜燉肉（Sobronade）也被稱為一種湯，但它其實是一道主食：來自農人習慣吃有肉有菜很豐富的湯，一道菜就能提供完整的一餐。蔬菜燉肉裡面有新鮮豬肉、火腿、白豆、蕪菁、胡蘿蔔、西芹和洋蔥，以鹽、胡椒、洋香菜、大蒜、丁香和一束香料束（Bouquet Garni）調味。佩里戈爾料理其河湖魚鮮手法精緻，訥維克（Neuvic）發明了各種鑲鯉魚，肥肝和油封鵝肉做成的餡料滋味強過魚肉本身。佩里戈爾蛋也很適合搭配肥肝。有些肥肝會做成鑲鵝脖（Cou Farci），同樣的，餡料通常但未必是碎豬肉加上一點松露，這道菜是冷盤或是餐間小菜。在佩里戈爾的馬鈴薯泥餅也會拌入松露。

　　在這裡，禽肉料理方式繁多。佩里戈爾式雞肉（Poularde à la Périgourdine）是一道鑲餡的菜，不出你所料，餡料就是肥肝和松露，淋上幾滴干邑白蘭地；烤好後將滴出的湯汁瀝出加入馬德拉酒增味，煮成濃縮肉汁。佩里戈爾松露雞（Poularde Truffée à la Périgourdine）是一道曠日費時好幾天才能完工的菜，因為鑲好餡料的雞要裝在砂鍋內，上面鋪滿松露屑，放置數日讓松露的味道滲透到雞肉裡。這些松露屑是製作餡料時的邊角料，做餡時松露會先以雞油或鵝油，與培根和綜合辛香料、月桂葉、百

里香和肉豆蔻炒過。佩里戈爾炒雞肉（Poulet Sauté à la Périgourdine）則是以童子雞切塊與松露片同炒而成。

佩里戈爾式牛菲力（Filet de Bœuf à la Périgourdine）是在一大塊燒烤用牛肉割出一個個細縫，塞進小小的松露丁，然後以馬德拉酒製成的醬汁紅燒；肥肝片以奶油煎香，上桌時排在牛肉周邊，再配上包著松露的小餡餅，淋上醬汁。佩里戈爾式菲力心（Tournedos à la Périgourdine），採特選的牛菲力中央一小塊圓形部位，以平底鍋煎香，放在盤中一小片吐司上，再放上用奶油烹過的松露片，淋上馬德拉酒醬汁。

前文提過，佩里戈爾有兩道向利穆贊學來的野兔菜餚，除此之外，也有自己專門的野兔烹飪手法。佩里戈爾式鑲野兔（Ballotine de Lièvre à la Périgourdine），所謂「Ballottine」是指以去骨肉卷這類菜餚。鑲野兔裡面的餡料有兔肉、松露和浸過干邑白蘭地的肥鵝肝，捲起後整個放入豐富的醬汁裡烹煮。這是道熱食，雖然肉卷通常是冷盤。在佩里戈爾，肉卷基本上都是冷盤菜，但佩里戈爾野兔砂鍋（Lièvre Étoffé à la Périgourdine）卻也是冷盤；這是一道細工慢活的熟食肉製品，得分秒看顧。成品裡至少有四種主要材料：首先是去骨野兔，以及用腿肉、小牛肉、新鮮豬肉、豬心、肝臟、腰子和血、蛋、干邑白蘭地、培根、肥肝和松露製成的餡料；再來是醬汁，以野兔骨頭加上牛腳、一些邊肉還有豬油渣調製而成；接著是馬德拉凍（Madeira Jelly），將整隻野兔壓平放涼後盤成圓形與野味肉汁做成肉凍。這是道大菜，足以彰顯佩里戈爾菜如何以農家菜為基礎發展出精緻美食。

紙短文長不容詳細描述其他的佩里戈爾菜，這些菜色繁多：鑲甘藍菜、小牛肉砂鍋佐牛肝蕈、蘆筍鴿肉、雞肉餡餅（La Tourtière Périgourdine）佐婆羅門參（Salsify）醬汁、佩里戈爾牛肝蕈（Cèpes à la Périgourdine）——以培根丁、洋香菜、大蒜、葡萄汁烹煮牛肝蕈。至於酥皮糕點，包括利穆贊各式各樣的點心和鬆餅等等。

位於佩里戈爾東南角的薩拉達斯（Sarladais），是一塊介於韋澤爾河（Vézère）與多爾多涅（Dordogne）之間的三角形地帶，屬於薩爾拉鎮（Sarlat），和佩里戈爾首府佩里格（Périgueux）一樣，都是本區的美食天堂，大可視它為吉耶訥的一個單獨的次產區。不過，由於薩拉達斯偶爾被

稱為「黑色佩里戈爾」（Périgord Noir），複製了佩里戈爾的食物，所以也可以將它歸屬在佩里戈爾美食區，但具有自己專屬的特色。比方說，薩拉達斯料理油封鵝肉有特殊手法，稱為「薩拉達斯式油封鵝」（Confit d'Oie à la Sarladaise），裡面添加了馬鈴薯片和鵝油炒過的松露。這樣的搭配方式顯然深受薩拉達斯人喜愛，他們還有一道砂鍋菜，名叫「焗烤香腸馬鈴薯」（Pommes de Terre à la Sarladaise），將馬鈴薯片與松露交替疊放，一起烹煮。這個區域常見玉米粉。玉米麵包球（Mique Sarladaise）以玉米粉加小麥粉揉成麵糰製成，裡面加了豬油，取代佐餐的麵包食用，譬如蔬菜燉肉，不只這裡，佩里戈爾其餘地區也盛行這道菜。玉米糕（Milles，在佩里戈爾其餘地區稱為Milliessou）是以玉米粉製成的酥皮點心，可能發源於朗格多克，薩拉達斯將之發揚光大。另一道腰果煎餅（Cajasse）也是薩拉達斯糕點之一，而胡塞特（Roussettes）是玉米粉做的炸肉餅（Fritters）。

佩里戈爾最出名的葡萄產區酒蒙巴茲雅克（Monbazillac）可算波爾多酒區的延伸，通常也與波爾多美酒相提並論；這是一款甜白酒，已有數百年歷史，廣見於佩里戈爾以外地區，也因此名聞全球，尤其深獲荷蘭青睞，原因非關美食而是出於歷史淵源；話說《南特敕令》（Édit de Nantes）[7] 頒布的年代裡，靠近蒙巴茲雅克酒區的貝哲哈克（Bergerac）大量胡格諾宗教徒逃亡荷蘭躲避審判。他們不肯戒除他們的本地酒，從此一直都靠著流亡的法國胡格諾宗教徒後裔，進口故鄉的酒。另一款鮮為人知的酒是甜白葡萄酒蒙哈維爾（Montravel），也不太可能會見到的魯塞特（Rosette）和佩夏蒙（Pécharmant）兩款紅酒，除非來到原產地。

佩里戈爾南部，也就是吉耶訥的東半部，它的西部地帶屬於波爾多美食區，更精確來說，吉耶訥的那個區塊稱為凱爾西（Quercy），大約相當於現代的洛特省（Lot）。佩里戈爾的烹飪影響力對這裡仍很強烈，原因之一是這個地帶和佩里戈爾一樣都盛產法國絕無僅有的上等松露，同時這裡也是鵝肉之鄉。

凱爾西也有很多自有特產，比方說燉小龍蝦。「鵝肝牛肝蕈燉肉」（Fricassée de Cèpes à la Quercynoise）是另一道當地特色菜。「阿讓式炒

---

7. 法國國王亨利四世在1598年4月13日頒布的敕令，承認法國胡格諾派（又稱結盟宗、雨格諾派），並給予法律上享有公民權，是世界史上第一則宗教寬容的敕令。

蛋」（Œufs à l'Agenaise）不知道是否該算是凱爾西菜；前面波爾多篇章裡提過盛產洋李的阿讓，實際上座落在洛特－加龍省（Lot-et-Garonne），不在凱爾西行政區域內，但這道炒蛋用了鵝油，卻又是相當典型的凱爾西菜手法。這道炒蛋不但用了鵝油，起鍋前還加了一點洋蔥末、大蒜和洋香菜，上桌時配上用鵝油炒過的茄子食用。「凱爾西式白血腸」（Boudin Blanc）是一款肥美柔軟的白香腸。在凱爾西省首府卡奧爾（Cahors），番紅花煮牛肚非常受歡迎。凱爾西烹調禽肉的手法多樣有趣：雞肝砂鍋雞（Poule au Pot Farcie à la Quercynoise）是水煮雞填充餡料，而烤珍珠雞（Pintade Rôtie），以及古爾東松露烤肉（Flambée et Bardée de Truffes de Gourdon），是珠雞填入凱爾西最上等的松露作餡，上桌是淋上白蘭地酒醬，點燃火光閃閃。

終於輪到凱爾西最知名的乳酪羅卡馬杜爾（Rocamadour）[8]，最佳賞味時間是11月至5月之間，它的產地是朝聖名城，矗立在陡峭的岩塊上有座小禮拜堂，據說是阿瑪杜（Amadour）所建；阿瑪杜是撒該（Zachary）的另一個名字，根據《新約聖經》，撒該曾為了看路過的基督而爬上樹。

凱爾西有一些很優異的葡萄酒，而它們之所以不出名，可想得到的一個理由是被鄰區波爾多更偉大的葡萄酒名聲淹沒了。也因此，釀製洛特河谷葡萄酒的產區卡奧爾（Cahors）[9]，葡萄栽植數量日益衰退，果園取代了葡萄園。然而，卡奧爾的年分佳釀歷史悠久，名聞遐邇。這支酒源自義大利，是阿蜜涅（Aminea）品種的釀酒葡萄，古羅馬詩人維吉爾（Virgil）和古羅馬作家老普林尼（Pliny）皆讚賞有加。這款酒聲名遠播海外，就連俄羅斯的彼得大帝（Peter The Great）都進口它藏諸酒窖。如今，卻很難在產區以外見到這支酒。但如果有幸遇到一瓶老卡奧爾（Vieux Cahors）的話，你會發現它與當地的油封鵝乃天作之合。

舊的法國行省地圖上，會看到吉耶訥東端的形狀有點像是動物頭部自

---

8. Rocamadour乳酪全名Cabécou de Rocamadour，屬Cabécou山羊乳酪家族。這款山羊乳軟質熟成乳酪於1996年列入AOP管制，同時簡稱Rocamadour AOP。
9. 今日的Cahors葡萄酒產區為AOC產區，標示Cahors AOC的葡萄酒僅能為紅酒。1956年2月，Cahors 遭受了霜凍的襲擊，之後改種的Malbec成為本區主力品種。本區的粉紅酒與白酒會標示為Vin de Pays du Lot。

頸子被永久切斷那樣。儘管有地圖為證，我們仍不免猜疑這麼怪異的形狀並非吉耶訥原本的自然樣子。這麼不規則的邊界軌跡違反地形屏障。這裡便是魯埃格（Rouergue），亦即今天的阿韋龍省（Aveyron），是個特立獨行的行政單位，很清楚意識到自我的獨立性，因此在巴黎設立總部促進這個地區的利益，有點像是魯埃格在首都的大使館。

這塊領土之所以擁有如此不規則的輪廓，是因為此處山巒走向使然，因此自然而然這裡的飲食比較類似北邊多山的奧弗涅，反而不像一直以來政治上緊密相連的吉耶訥。吉耶訥的烹飪手法除了前述佩里戈爾和凱爾西以外，都屬於低地之鄉的飲食，受到波爾多的啟發。魯埃格最具特色的菜是「乳酪大蒜薯泥」（Aligout），我們在奧弗涅的篇章裡提過，只是拼音不同；這道菜是攪成泥的馬鈴薯加大量鮮奶油與奶油，上面鋪上一點點當地乳酪，放入烤箱慢烤。不過，魯埃格最著稱的食物可是名滿天下。它的名稱裡的地名無人不知，但產地的行省名稱卻無人知曉。它就是洛克福乳酪[10]。

蘇爾宗河畔洛克福（Roquefort-sur-Soulzon）座落在遍地怪石林立的地方，有數不清洞穴，冷風終年呼嘯吹拂不斷。洞穴和洞內冷風正隱藏著洛克福乳酪的祕密。潮濕又陰冷，冷風有助於添加在乳酪裡面的洛克福乳酪青黴菌（Pénicillium Roqueforti）發育，使乳酪成形；青黴菌在這款別具特色的乳酪裡留下的縷縷青絲歷歷可見。

這些洞穴所揭露的事實，證明洛克福乳酪其實並非發源於此，但是洛克福洞穴內熟成後，製成不尋常的一致產品。你只需知道一件事，那就是這座小鎮人口不到一萬五千人，畜牧生產的乳汁不夠製造年產量達10000多公噸的洛克福乳酪。實際上，乳汁採自很廣的區域，遠達北方的奧弗涅，南抵庇里牛斯山東麓。一開始，洛克福乳酪會在乳汁產地完成第一個程序，將乳汁轉化成乳酪，並添加菌種，發酵約一週，再將乳酪轉運到洛克福洞穴內進行熟成。在洞穴內，將乳酪緊密排放在地面，千千萬萬顆圓形乳酪塊排成驚人陣仗場面，可供外界參觀。工人會刷洗乳酪塊的表面，

---

10. Roquefort乳酪在1925年就建立了生產管制制度，是法國第一款AOP乳酪。由綿羊乳製成。2013年產量近17000公噸，是所有AOP乳酪中產量第二大的乳酪。

並戳出小洞，以利空氣穿透乳酪，並將鹽揉入表面，讓乳酪慢慢吸收。

除了在小鎮洞穴裡熟成，洛克福乳酪還有另一個特點：幾乎是現代乳酪裡獨一無二仍只用羊乳製成。法國乳酪有多款以前都以羊乳製造，但在當今一切講求快速下，絕大多數都改用牛乳，因為舉凡給母羊擠過奶的人無不知個中緣由。

洛克福乳酪的產季是3月到9月，但由於它容易保存良好，在其他月分裡也不至於品質太差。假如你選購好的洛克福乳酪，那就挑外殼泛灰而中央部分色澤偏黃的，看起來有一點點油膩感，並帶著一絲絲綠色（或者藍色，因為很多人看起來是藍色）。隨著熟成。洛克福乳酪會變黃，這是很正常的現象；色呈粉筆白的乳酪尚未完全成熟。洛克福乳酪陳放在洞穴三十至四十天之後就會上市，可是在這麼短的時間裡它嚐起來還很乏味。洛克福乳酪鑑賞家喜歡乳酪裡有股刺痛感，但需要大約一年熟成時間才能產生如假包換的銳利感。

在喀斯（Causses）的白堊高原地帶，百里香和杜松子野生野長很茂盛。攝食這些植物的野鳥肉質因此風味別具一格。因此，鷦鴣是洛克福的一道名菜，班鶇亦然，捕鳥的陷阱叫做「Tindelles」。這裡溪流裡盛產上等的小龍蝦、鱒魚和鰻魚。小餡餅（Farçou Aveyronnais）是以香腸肉烹製的一道開胃菜。洛克福東南角的拉爾扎克（Larzac）盛行砂鍋菜，這裡盛產綿羊肉，因此不適合販售的邊角部位就拿來充分利用，譬如羊頭、羊腳和羊肚，加上火腿、小牛肉膝和蔬菜一起燉煮，導致買走剩餘部位的都市挑剔消費者錯失了一些美味。最後，我們應該注意的是，特呂耶爾河畔有很出色的豌豆，從十五世紀以來，米約（Millau）的通風麵包（Fouasses）一直就是洛克福地區很受歡迎的糕點。此外，若澤爾（Le Rozier）一帶產製一款很好喝又美味的紅葡萄酒，它的釀酒葡萄品種即為布根地酒區的加美（Gamay）。

塞文山脈（Cévennes）在若澤爾底部，自西南往東北畫出一道弧線，也劃出了本區南部的邊界。看著這道邊界，也就是看著有史以來最血腥的政治疆界，因為塞文山脈完全隸屬於朗格多克行省。這裡仍是多山之鄉，飲食更類似於北邊的中央高原，不像其南邊的朗格多克，有其自己相當獨特的烹飪手法，有些元素甚至深入到中央高原地帶，早已經遠近馳名。我

們已經在奧弗涅大區裡，探討過朗格多克的維萊（Velay）的普伊堡（Le Puy）葡萄酒，當地也是美食天堂，不妨在此重述它對塞文山脈的影響。

從食物來源的本質來看，塞文山脈當然屬於中央高原區，這裡的高原上放牧著大批羊群，山區有野禽，山溪魚產豐富，而這裡以東的低地區，位於山脈與隆河之間的地帶，或已難介於山區與大海之間的地帶，土壤肥沃物產繁多，葡萄園和果園綿延不絕，盛產的是家禽而非野鳥。塞文山脈是腰果之鄉，這種堅果出現在很多香腸與其他熟食肉製品裡。腰果常做成腰果泥，就像是馬鈴薯泥。本區的美味斑鶇有時會搭配馬鈴薯、西芹和腰果做成的沙拉。

塞文山脈的標準農家菜是肉湯（Oulade），以甘藍菜和馬鈴薯煮成湯，裡面加了一大塊鹹肉，偶爾是香腸。另一道深受喜愛的湯是大蒜湯（Aïgo Boulido），可能是從普羅旺斯學來的，這道湯我們應該會看到名字不同的其他版本。大蒜是本區以西和以南普遍的食物，塞文山脈靠近普羅旺斯處不僅大量食用大蒜，而且在烹飪時用到可觀的橄欖油。不過，這裡主要的烹飪用油仍然是豬油，和奧弗涅一樣。

塞文山脈東坡一路直落到山勢較低的朗格多克，有個養蠶村阿萊（Alés），它有一道牛肚名產「肥牛肚梁」（Gras Double），與胡蘿蔔、西芹、番茄、百里香和月桂葉同煮。還要特別提一下這裡少數種植葡萄能提供釀酒的聖塔尼米（Sainte-Enimie），山坡上的梯田不僅種植葡萄，也種植了杏仁和櫻桃，植栽得用麻袋一袋袋扛上去。

Chapter 11

朗格多克
Languedoc

　　眾所周知，朗格多克（Languedoc）[1]的名稱來自這塊領地所使用的奧克語（Langue d'Oc）；它的「是」（yes）是「oc」，不同於奧依語（Langue d'Oïl）的「是」是「oui」[2]。文學界人士幾乎沒有人不知道這件事，但並不是很多人知道但丁（Dante）是做出兩者區隔的第一人，而在將這兩者源自拉丁文的語言做歸類時，他創了第三類「法語化」，將有別於前兩個語種的地方語言納入這個第三類，也就是以「si」表示「是」的方言。現代語文學家（Philologists）卻不以為這樣分類是對的，因為，舉例來說，但丁的分類法未區隔義大利文和西班牙文，而這兩個語種都是以「si」表示「是」；但丁印象中以為西班牙人說的是「oc」。不論各地方言上有多麼大的變體（譬如隔著隆河與朗格多克相望、因普羅旺斯而得名

---

1. 今日本區的行政區名為奧克西塔尼大區（Occitània），意思就是「說奧克語的地區」。
2. 奧克語和奧依語都是印歐語系羅曼語族的語言。奧克語主要通行於法國南部、義大利的奧克山谷、摩納哥以及西班牙的加泰隆尼亞的阿蘭山谷。奧依語源自現在法國羅亞爾河以北、比利時一部分和海峽群島，使用最多的變體是法語。

的普羅旺斯方言），奧克語時至今日仍在這裡的各種方言出現，沒有特殊理由，因為這種語言曾被使用，而且，一路從阿爾卑斯山到大西洋以南，大致從波爾多畫一條線穿過法國，現在仍在使用這種語言。

如果考慮今日法國的情況，你會發現，奧依語凌駕於奧克語成為法語，而不是相反結果，是再正常不過的事，因為北部地區比南部更多重要城市，也更強盛，南部就只有隆河河谷區的文化與貿易較興盛；作為重大的運輸要道，隆河其實並未真正成為它地理上腹地的代表。實際上法國的重工業都在北部，重大城市，從波爾多開始，大多數也都位於北部（唯一明顯例外是馬賽，它是地中海岸重要的港口，好比隆河谷地功能廣泛貢獻不在地方），還有絕大部分教堂古蹟、城堡都在北部，朗格多克格外像是與世隔絕的閉塞之地。遊客不太會去要拜訪它。大家多半只是悄悄穿過極西端，到卡爾卡松堡（Cité de Carcassonne）一遊罷了。或穿越朗格多克東南角，去見識艾格莫爾特（Aigues-Mortes）的宏偉城牆，這裡是聖路易（Saint Louis）在1248年率領三十八艘十字軍東征船隻組成的艦隊出航的所在地。又或者，旅客會取道東邊邊界，造訪尼姆（Nîmes），卻一無所悉他們其實身在朗格多克境內，因為通常可經由大家更熟悉的隆河河谷到達尼姆，而且假如這位遊客沒注意到，他可能以為自己是在普羅旺斯的境內而不是朗格多克。比起那些更多人知道的地區與城市，朗格多克的更大特色在於它是如此與世隔絕，和前述它上方的塞文山脈與喀斯高原不相上下，還有，依偎在塞文山脈腳邊的軍區——我們馬上就會討論到，以及就在海岸後方的塞特（Sète）和蒙彼利埃（Montpellier）低地區的鹹水潟湖地帶，無不乏人問津。

然而，在南北方言難分高下的年代裡，北方比南方強的優越感比較不顯著。的確，雖非不可侵犯的鐵律，但是南法許多地方領主表現出的氣質比較草莽，而北方法蘭西島－羅亞爾河谷一帶的君主，就連布根地的公爵們，都顯得英明睿智許多。比方說，土魯斯的伯爵們，這個近代家族出了一位很具代表性的偉大現代藝術家羅特列克（Toulouse-Lautrec），他一點也不蠢。奧依語之所以能一面倒贏過奧克語，要歸功於奧依語有了文字，有了自己的文學語言（Literary Language），而奧克語沒有，因為是北方地廣人稀遷移比較容易，因此口語方言非常不統一。但看到古代法國行省地

圖，你卻會以為情形是反過來的。和北方行省，譬如法蘭西島、都蘭、安茹相比，加斯科涅、朗格多克、普羅旺斯南方行省的幅員要大得多。然而，在北方，文化單位都比政治單位大，而南方的文化單位卻是比較小的。北方的朝廷在巴黎與土爾，甚至波爾多之間自由遷移，將他們使用的語言傳播到整個地區，而且，布根地在法國殖民地另一邊都占領了王國，與法蘭西往來不斷，雖然從未友好過，但卻也學會對方的語言。與此同時的南方，只有一個個小小的領主國，維持自己的奧克語，隨著領主越來越少冒著艱難在荒涼的環境下進行遷移，南方大多數山區地帶的語言就更難統一了。

不過，奧克語未能發展出文學語言，或許說來也很矛盾，因為南法比北法更早就深深受到地中海文明的浸淫。這個現象和現代時期電力誕生開始供電如出一轍；越是偏鄉地段越快擁抱新能源。那些還沒有瓦斯可用的地方，電力毫無競爭對手，也毋須裝置昂貴的設備。科技進步因此成了一場跳背遊戲，任何革命性改革往往在那些有所欠缺需要填補的地方，第一個發揮大用。文化變遷的推進也類似。法國南部很早就使用起拉丁文作為文學語言。當拉丁語和高盧語碰撞開始具體成形，成為一個新的語言時，是很根深柢固難以廢除的。拉丁文在北方比較不是那麼根深柢固的一種書寫文字，很容易就被盛行的口語淘汰。當拉丁文形成書寫語言，北方與南方之間的交流便將它帶去了南方，那時奧克語一直都未能發展出文字，於是奧克語維持方言之姿，而新語言就成了法語。

南法的那個區域仍保留古代領域所使用的古代語言名稱。座落在地中海岸的阿格德（Agde），地形如一道弧線，由先水平再垂直地劃出一條眉彎。它是福西亞－希臘人（Phocæan Greeks）的港口，這支部族在距今兩千五百年前在此開港。在靠近貝濟耶（Béziers）的昂瑟蘭（Enserune），不妨參觀一下凱爾特人一個重要的殖民地遺跡，它的年代起碼可追溯到公元前六世紀。納博訥（Narbonne），根據羅馬元老院的一道法令在公元前118年建設而成的，其重要性甚至更甚於馬賽港。尼姆無疑是羅馬帝國的偉大城市，因守護神內莫敘斯（Nemausus）[3] 得名（祂是當地泉源地守護

---

3. Nemausus也是凱爾特守護神的名字，祂駐守在供應水源的湧泉地。

神），祂的手臂至今仍高舉被鍊子鎖住的鱷魚，以緬懷奧古斯都將尼姆附近的土地賞賜給戰士們，感謝對方在尼羅河助他打敗安東尼和埃及女王克麗奧佩脫拉（Cleopatra）。世上保存最好的羅馬圓形競技場就在尼姆[4]，雖然至今猶存最大的競技場有它十九倍大，包括鄰近的亞爾（Arles）競技場也比它大又寬了幾公尺。

作為西方文明前哨的朗格多克之所以衰退，有部分原因無疑要歸咎於近地中海方便羅馬人進出的港口都淤塞。福西亞今天想到阿格德一遊，必須溯著埃羅河（Hérault）而上兩個半小時。今天，羅馬戰船幾乎到不了納博訥，因為它只有一條狹窄的運河能通往海岸。假如今天，若十字軍想複製法王路易九世（俗稱Saint Louis）從艾格莫爾特（Aigues-Mortes）啟程，必須把船拉上陸地拖10公里。沿著這條海岸線，只有一個港口能派上用場，而它是全法地中海岸的第二大港塞特港（Sète），僅次於馬賽港，可是它是十七世紀才成為港口的，而它之所以能克服阻塞這個地區其他天然港的淤沙，是因為它本身就建造在阻斷潟湖——拓湖（Thau）——通往大海的沙壩上。

朗格多克自飛黃騰達以來，擁有很多極為值得一看的東西，若非近年遊客明顯可見地激增，其相對不受青睞，可謂難解之謎；但激增的遊客而不是「旅人」——我可以理解人們的好奇心，他們不厭其煩也要來到這裡。朗格多克不是那種觀光聖地，不適合想租個司機搭私家車，或擠進配置大聲公的遊覽車，跟著導遊走馬看花唯恐遺漏什麼的觀光客（如果他——通常是她——不是很有錢的話），為了有人能接送他們往來周邊與世隔絕的城鎮，好讓他們得以參觀值得一看的東西，也讓他們在旅行社規劃的匆促行程裡得空拍照。這樣的遊客無不渴望逃進能給他吃一頓制式餐點的任何一家餐館。這樣的遊客最終還會要求在晚餐後上床前安排一下標準化的餘興節目打發無聊。由於朗格多克並未受到嚴密管制，這個地方應該格外能吸引那些不能忍受套裝行程的遊客，這些人也無懼於開拓味覺版

---

4. Arènes de Nîmes是如今法國容積最大的羅馬圓形競技場，建於公元一世紀末期，能容納兩萬四千名觀眾。大到在中世紀的時候，居然能在競技場內建起一座宮殿的地步；後來競技場內逐漸發展成了一個居住七百多人、擁有兩個教堂的小社區。從1863年開始，競技場改建成了鬥牛場。時至今日每年仍定期舉辦兩次鬥牛比賽，還有其他不定期的公共活動。

圖。如果想見識朗格多克的原始純真，建議這種真正的遊客要趕緊行動。最知名的旅遊勝地只能容納這麼多人，因此成群觀光客不斷湧入，如洪水淹沒迄今尚未開發的一些地區，旅行社得事先向當地居民解釋，遊客遠從千里之外的家鄉到此一遊，是因為他們想在遠方找到和他們留在家鄉一樣的複製品。

希望破滅已經開始侵襲朗格多克。還記得，差不多在二十世紀初的那幾年，有次我午後愉快的在嘉德水道橋（Pont du Gard）漫無目的慵懶亂逛這條重要的羅馬水道遺跡，然後遍遊橋下涓涓細流，徜徉於曠野之中，一覽無遺早已形同這裡一體的風化岩石奇觀，盡享壯麗美景。可是五年後故地重遊，卻蓋了一間現代的酒店和一家餐廳，大大的窗子，讓人可以舒坦坐在裡面欣賞羅馬水道橋，彷彿在電視機前觀看一樣，和它沒有任何個人親炙體驗。有人整理環境，修剪草坪，清除了雜草亂枝，又栽種了其他的植物，可是這類植物根本不可能出現在這塊土地上。我覺得很礙眼。我期待再在橋和水道間徘徊瞎逛，如同二十五年前首訪一樣，還想特別在我習以為常的厚顏無恥狀態下，在一堆相機前全身脫個精光。

現代建築褻瀆了這裡的美景，而這裡的氣質完全與「現代」兩字無關。新的建設破壞了環境的協調性，也和水道橋格格不入，更使這個地區的發展停頓，水道橋變成一個孤立的東西，大可放進電影院供人觀賞營利。但作為一個歷史的重要存在，水道橋必須融入大環境之中才具有真正的意義。遊客到此參觀是想要看到屬於整體裡的它。若只想走馬看花沒要深刻投入，把景點當作是個人的廉價土產蒐藏，毋寧太過可惜，只是像打卡一般把景物抽離群眾。因此，如果你是虔誠的旅人而非僅是「到此一遊」，建議你早日來到，這裡基本上尚未遭到破壞，但你得盡快。好景不會常在。

朗格多克的相對不受青睞，讓外國人沒機會認識法國最有趣大城土魯斯（Toulouse）。土魯斯位於該朗格多克西境，人口二十五餘萬，是法國第五大城，排在巴黎、馬賽、里昂和波爾多後面。或不考慮法定城市範圍，單看大都會人口數，則土魯斯名列第四，超前波爾多。土魯斯歷史比羅馬悠久，它擁有自己的聖徒——聖塞爾南（Saint Cernin），遭牛拖拉致死殉道，以他命名的教堂是南法最精美的羅馬式教堂，教堂的浮雕也是最

豐富的，描繪了一百二十八名聖徒圖像，其中六位是使徒。土魯斯還擁有南法最精緻的天主教堂——雅各賓教堂（Couvent des Jacobins），其風格並不常出現在法國南方。而第一座道明會修道院（Dominican Monastery）便是由聖道明（Saint Dominic）本人在土魯斯所創建。

身為土魯斯伯國首府，土魯斯城還坐擁許多其他對它很重要的建築市政。包括已融入目前部分市政廳統稱為土魯斯市政廳（Capitole de Toulouse）的公共建築，和富豪的私人宅邸，譬如十六世紀一位織造商所有文藝復興風格的阿塞扎公館（Hôtel d'Assézat）。自從中古時代當地採石場資源耗盡之後，土魯斯的營造業者不得不轉移陣地，棄採石改造磚頭，使得這座城市在黎明破曉時是粉紅色，而在陽光下轉為紅通通，黃昏暮光中又變成淡淡的紫。七座傑出的博物館，以及它幾乎是有能力發行報紙影響巴黎看法的唯一行省級城市，都足以證明它在學識方面有一席重要之地。

旅人從土魯斯往東深入朗格多克，就會來到兩處特別有意思的地方，這兩地幾乎一致，同樣都有大奇觀——牆。北端的那個城市叫做阿爾比（Albi），和土魯斯一樣用磚打造而成。訪客瞠目結舌望著的牆，是主教座堂（Cathédrale Sainte-Cécile d'Albi）的牆面，磚造的，但是這些牆不應該出現在宗教建築上。阿爾比可能是法國軍事化教堂最精美的典範，是為了經得起侵略所造。若沒有這些牆，你大概會以為它就是一座城堡，根本不是教堂，要不是還有那些塔樓在的話。總主教的宮殿同樣也軍事化，但直至今日改作為和平用途，蒐羅畫家土魯斯－羅特列克（Toulouse-Lautrec）最大宗的單一蒐藏品。

這個地區另外一個引人矚目的景點是卡爾卡松堡，現存最宏偉的法國中世紀堡壘，或該說是中世紀之前，因為這裡的第一批以高盧羅馬式石工技術建築的一些要塞，到今天仍保留在後世接手的建築師所增建的城牆裡；這些建築師最終讓這裡在十四世紀時，成了最堅不可摧的地方，為它贏得了「朗格多克聖母」美譽。

早在這座堡壘變得堅不可摧之前，大約是公元800年左右時，根據中世紀吟遊詩人的歌謠，這座城堡差一點就被攻占，並非是因為城牆被突破，而是因為遭到查理曼大帝的大軍圍攻長達五年，食物短缺。最後一

刻，城裡一位貴婦卡爾卡夫人（Dame Carcas）想出一個計謀。她將堡內僅存的小麥搜刮集中在一起，餵飽了一隻鵝，並從城牆頂丟下這隻鵝。鵝落地摔在攻城者角邊，腹中糧食破裂漏出，這表示若有必要，城內駐軍還能再抵抗五年，這個假證據動搖了圍攻者，就在這隻鵝捐軀犧牲後，立刻使攻打方產生和談的念頭，抵抗方以小喇叭召集休戰和談會議，傳令兵們大喊：「卡爾卡夫人召喚你。」吟遊詩人的歌謠唱道，這就是城市名字的由來。不以為然的反對意見則說，歐洲這樣子的軍事要塞起碼有十二個都有基本上相同的這樣一個故事，有人開始懷疑正確性，甚至事情根本不曾發生過。另一個更有力的說法是，卡爾卡松堡的名稱起源年代早於查理曼大帝。有人懷疑，是傳令兵編造了卡爾卡夫人的故事。

從卡爾卡松堡往東，就會到達朗格多克的海岸平原區，亦即下朗格多克（Bas-Languedoc）。此處海岸區的特色就是，它的背後有一排潟湖，這是因為在此交會注入地中海的河川帶來的淤泥，受阻於離岸海流，在原本的海岸線上形成了沙洲，後頭留下了與陸地隔絕的潟湖，有時與海相通，有時完全封閉。沿岸發展出很多個有趣的小鎮。

有些小鎮已經有了名稱，譬如納博訥，鎮上有納博訥主教座堂（Cathédrale Saint-Just et Saint-Pasteu），高聳的穹頂不亞於博韋伯多祿主教座堂（Cathédrale Saint-Pierre de Beauvais）所創下的高度紀錄，不過同樣也遭遇伯多祿主教座堂的困境，那就是無法在同樣的規格下增建一個本堂和耳堂。但是，在建築這座精緻的十六世紀房屋時，納博訥營建商可以採用比較大的比例；也因建有女像柱（Cariatide），當地人暱稱這個教堂為「三位助產士之家」。有趣的小鎮還有阿格德（Agde），這裡有座軍事化教堂，比阿爾比（Albi）天主教堂更不像宗教建築。貝濟耶（Béziers）曾在1209年遭十字軍夷為平地，為了剷除異端卡特里派（Albigensian）信徒，當地居民被屠殺殆盡，包括無行為能力的老人和嗷嗷待哺的嬰兒在內，不過如今已充分恢復成了地方上的葡萄酒業重鎮，還建了一座葡萄酒博物館。朗格多克還有塞特港，還有另一個了不起的城市，從海邊退居內陸的蒙彼利埃（Montpellier）。

蒙彼利埃曾是路易十四當政時期的朗格多克首府，從前是眾多港口城之一，如今地處內陸。也因為這個原因，蒙彼利埃仍十分重要，不曾在

1482年普羅旺斯併入法國時感到歡欣鼓舞。也就是說，蒙彼利埃也變成了法國領土，蒙彼利埃王朝作為與東方的法蘭西主要貿易大港的時代結束了。貿易大港的角色，對蒙彼利埃很重要，因為甚至連它的名稱都與此息息相關。這裡的首批殷實公民是香料進口商，他們選擇聚居在這裡的面海背山處，這座山也就命名為「香料商之山」（Monspistillarius），唸起來冗長拗口，最後簡化成蒙彼利埃。同時，他們也發現了香料藥用的優點。就在他們進入法國的這裡，他們對香料的研究催生了一所藥學學校，最後發展成大學，至今仍在營運。也正是在這裡，拉伯雷取得博士學位，獨特的是他還研究了朗格多克的葡萄酒。從此以後，蒙彼利埃一直都是個學術中心，今日坐擁五座優秀的博物館是它很大的一個特色。

這裡沿岸一帶已經成了潟湖迷魂陣和鹹水沼澤地，蘆葦等同類植物叢生，相對也比較貧瘠，堪稱水沙漠之子。如果從蒙彼利埃往東，會聽到海岸地帶被說成是卡馬格區（Camargue）[5]，可是這裡雖然很像卻還不是卡馬格區。嚴格來說，卡馬格區是指小隆河區和大隆河區之間的三角洲地帶。也因此，它還屬於普羅旺斯，並不屬於朗格多克，因為朗格多克位於隆河的西邊。

從海岸往回走到前面已經介紹過的弧狀塞文山脈，會先來到與山平行的一道弧形的肥沃低地，這裡是葡萄園栽植區，範圍從海岸區環繞貝濟耶，繼而繞過蒙彼利埃北邊，穿過尼姆再順著隆河西岸。在這道葡萄園外弧線與塞文山脈內弧線之間的地帶，是灌木叢生的石灰質荒地，稱為「加里格荒地」（Garrigues），以及塞文山脈靠喀斯（Causses）那一側的山坡高原，地勢較低，但土壤多半不是石灰質，氣候乾旱，植栽稀疏發育不良，最好的植物是羊群的牧草，要不就是百里香灌木叢和杜松子漿果，能讓以此為生的野鳥增添肉質風味。隆河的西岸仍屬於朗格多克，最北遠抵里昂大區。

從政治上來看，朗格多克自十三世紀以來歸屬法國，它的範圍包括上加龍省（Haute-Garonne，首府土魯斯）、奧德省（Aude，首府卡爾卡松堡）、塔恩省（Tarn，首府阿爾比）、埃羅省（Hérault，首府蒙彼利

---

5. 今日的Camargue為國家級保護區，以潟湖景觀與「鹽之花」著稱。也是法國的稻米產區。

埃）、嘉德省（Gard，首府尼姆）、阿爾代什省（Ardeche，太鄉下沒有大型城鎮，首府普里瓦），還有兩個前述放在中央高原介紹過的，洛澤爾省和東庇里牛斯省。這六大行省[6]構成了一個相當一致完整的美食區塊。

朗格多克的飲食屬於鄉村菜（高級料理從未在此地生根），與這個區域的特性和歷史搭配得天衣無縫。菜餚扎實，一如南方的羅馬式建築一樣壯實，一點也不像北方哥德式建築那樣華麗精緻。但卻也不是貧瘠之鄉的那種飲食，因為它的原物料很優渥，結合起來十足津津有味，相當適合土魯斯伯爵諸公或蒙彼利埃香料富商的豪奢生活，在這些人士的主導下發展出來的。這裡的美食從不弱不禁風娘娘腔，絕不同於那些光鮮亮麗的廚師新創菜或羅亞爾河和塞納河谷常見的宮廷菜。朗格多克從前稱為奧克西塔尼（Occitània），方言一點也不文謅謅，在這樣相對鄉野之地，它自有鄉野餐桌，而且物產豐饒。

一直以來，朗格多克菜被形容是受到兩股影響力而生的：羅馬的烹飪之道，以及阿拉伯人的飲饌之道。身為羅馬帝國資深成員，受羅馬影響自不在話下；而阿拉伯人統治了西班牙相當大區域將近八百年之久，西班牙就在庇里牛斯山的另一邊而已，在西班牙文化的每個階段都留下痕跡。縱然朗格多克是否受到摩爾人（Moors）[7]廚藝影響，尚有爭議，不過摩爾人的痕跡不太可能是土地上繁殖了什麼，而是阿拉伯或摩爾人給朗格多克菜激發了異國情調。

實際上，北非阿拉伯人的烹飪沒什麼特殊的異國風情，與西班牙只一海峽之隔，不論對菜色有什麼非比尋常的影響，也不會是阿拉伯本地菜，而是非阿拉伯的穆斯林菜，譬如土耳其菜，雖不免受到波斯風或印度風薰陶，但最深刻的影響卻是希臘菜，這個菜系又把我們再次帶回了歐洲的地中海岸。同理可證，或有人會問，既然朗格多克菜可能源自羅馬人和阿拉伯人，那麼說它來自歐洲和非洲的羅馬菜系，是否更精確些？因為，為公平起見，要問這些阿拉伯人從何處而來。通行全球的北非庫斯庫斯（Couscous）以粗麥粉蒸熟製成，一如全球通行的義大利玉米粥

---

6. 此六大行省合為朗格多克－魯西永大區（Languedoc-Roussillon）。2016年此地區再度重行整併行政區畫，合併了南部－庇里牛斯大區，成為奧克西塔尼大區（Occitanie）。

7. 歷史上，摩爾人專指公元711年至1492年間來自北非統治西班牙的穆斯林。主要由撒哈拉人、阿拉伯人和柏柏爾人組成，也有一些出身於伊比利半島的原住民穆斯林。

（Polenta）——以粗麥粉水煮製成，都是羅馬穀麥糊（Pulmentum）的後代子孫。

在北非，無所不在的羊肉最普遍的配菜是庫斯庫斯而不是豆子；阿拉伯人最喜愛的肉食是羊肉，或許是因為最容易取得，因此認為朗格多克菜源自阿拉伯菜的主張，遇到朗格多克最盛行的燉羊肉配白芸豆，就站不住腳了；白芸豆燉羊肉被認為是最具特色的朗格多克菜卡酥萊砂鍋（Cassoulet）的前身。這道菜在任何盛產羊隻的地區發揚光大都再自然不過，幾乎沒必要說它源自外國。

一些濃郁的糕點受到的阿拉伯影響似乎更為直接。至於大量使用的辛香料，應該是很充裕地直接來自辛香料進口中心蒙彼利埃，也是直接源自中世紀阿拉伯人的烹飪。在那個年代裡人人都手筆很大地在用辛香料，因為冷藏設備誕生之前，在肉食上揮霍辛香料是少數保存食物的方式之一。這樣一個先入為主的想法，加上味蕾尚未好好發育到能品嚐異國滋味，或說，尚未能欣賞馬克白夫人（Lady Macbeth）[8]那個苛求的年代裡阿拉伯人用來使肥皂變得香甜的香水，使得葡萄牙航海家繞過好望角（Cape of Good Hope）發現香料群島（Spice Islands），為蒙彼利埃進口商賺進大把財富。

如果蒙彼利埃港口不曾專營這項貿易，朗格多克菜的辛香料會放得少一點，因為大海，尤其背後的海岸潟湖提供另一種早年保存肉類的方式——鹽。艾格莫爾特（Aigues-Mortes）在1418年時曾展示了早年朗格多克人所熟悉的生肉保存法，頗駭人聽聞，當時，有非常多的布根地人遭到突擊被屠殺，問題是要趁他們造成累贅之前加以掩埋卻很棘手，只好全數扔進一座現成的塔樓內，以大量鹽處理。有點相似的真實例子也曾出現在英國史上，話說在特拉法加戰役（Bataille de Trafalgar）結束後，要將殉職的海軍名將納爾遜將軍（Horatio Nelson）完好無損送返國，當時解決辦法就是將他放入棺材填滿鹽運送回家。

不論朗格多克的烹飪流派到底源出何處，朗格多克菜的殷實美味特色毋庸置疑。最重要的是，它的美食奠基於最優秀的在地物產。

---

8. 莎士比亞《馬克白》劇中角色名稱。

本區海岸沿線魚鮮種類繁多，但沒有甲殼類，龍蝦除外；甲殼類海鮮性喜更冷的水域不愛地中海，而大西洋岸也沒有美味的地中海魚類。羊隻在高地非常之多，我們已知之甚詳，高地亦產野鳥，但海拔較低處則養殖了精良的牛隻和禽類。想當年納博訥還是偉大的羅馬海港時，已經將乳酪、奶油和牛隻出口到義大利去，這些物產的品質是公認特別優異的。這裡整個區域都是葡萄酒鄉，總是有助於孕育出美食，也盛產大蒜，對於廚藝如虎添翼。

朗格多克最出色的菜是卡酥萊砂鍋菜：白芸豆加上各式各樣的肉類燉煮，菜名由來就是做菜時的燉鍋——寬口窄底的陶鍋（Cassole），「Cassole」是一個古字，現在已經不用了。起初這種砂鍋菜是農家廚房裡的菜，就像是火上鍋那樣，一直放在壁爐上煮製不間斷，把所有包羅萬象可吃的食物都丟進去燉煮。法國小說家佛朗士（Anatole France）[9]在他的小說《喜劇故事》（*Histoire Comique*）寫道，他在巴黎一處心儀的小店吃的卡酥萊砂鍋菜，已經連續不斷煮了二十年。今日要想找到餐廳從不熄火煮這麼久的燉鍋，大概不可能。現代的燃料比農家柴火更方便操作，可是太貴，煮完一頓飯菜不可能不關掉燃料。

這道菜顯然會依照個別廚師有所差異，或甚至廚師是拿手邊現成材料來做；我自己的廚子做卡酥萊一級棒，但每次材料都有所不同；唯一不變的材料是豆子。然而，正宗卡酥萊該有什麼材料，可是會掀起卡酥萊迷一番熱烈爭論。這個議題的敏感程度，就像美國南方某些地區薄荷茱莉普（Mint Julep）的正確配方該如何一樣。要注意的是，這是一道變化多端的菜餚，即使由同一人以同一只鍋具來做都有差異，這一點大概是多數人對其標準的一致看法，在這樣的基礎上可以自由發揮創意如下：

卡酥萊砂鍋菜主要有三大風格：卡斯泰爾諾達里（Castelnaudary）、卡爾卡松堡、土魯斯，第一種似乎是原版。因此，至少這道菜的原則便是最簡單就好，和豆子一起燉煮的只有新鮮豬肉、火腿、一點豬肩肉、香腸，還有新鮮的豬皮。卡爾卡松堡版本的基底是這樣，但多加綿羊腿一隻（若逢當令也可在這種卡酥萊砂鍋菜裡加鷓鴣）。土魯斯風味的卡酥萊砂

---

9. 1921年諾貝爾文學獎得主，作品以諷刺著稱。

鍋菜一開始是以卡斯泰爾諾達里風格為基底，但只多加羊肉（這道菜用的是最便宜的部位）和培根、土魯斯香腸和油封鵝脯。鵝脯有時也可以用油封鴨肉取代，也有兩者皆放的例子。

簡單一點做個歸納：卡斯泰爾諾達里版本只放豬肉，卡爾卡松堡版本的差別是放了綿羊肉，土魯斯版本的差異是放了鵝肉。不過，我方才諮詢過的權威人士很嚴苛地設下這些差異性，又多取出了兩款卡斯泰爾諾達里式卡酥萊食譜，其中一款有放山羊肉，另一款放了鵝肉。所以結論是，卡酥萊這道菜是你有什麼就煮什麼。

燉煮卡酥萊的唯一不變守則是，不論菜單上寫的是什麼名稱，它都是一道白芸豆做的菜，特別受到帕米耶（Pamiers）和卡澤爾（Cazeres）人士喜愛，燉煮時鍋裡再多加上豬肉和香腸。其餘的材料就看田裡有什麼了。也有人指出，不同形式卡酥萊的共通點似乎是：都以鵝油做菜，調味料都有綜合香料植物，都有洋蔥上面插著丁香，以及大蒜，並且加入足夠的液體好燉出濃郁湯汁，有時候直接用肉湯來煮。萬無一失的作法是，先將肉和豆子一起煮——兩者在這個步驟時可能要在不同時間加進來，視烹煮的相對速度而定——煮好後才將所有材料倒進一只鍋子，表面鋪上麵包粉，可以讓成品有一層金黃酥脆的外殼，然後慢火細燉，最好用烤箱來燉煮。傳統上，在整個燉煮過程裡，要把酥脆外殼敲碎拌入整鍋滾燙的食材裡，反覆操作七次。

你大概以為，在朗格多克卡酥萊砂鍋菜應該會取代火上鍋，其實不然。本區兩者並存，雖然有時候好像朗格多克版本的火上鍋只不過是湯汁多一點的卡酥萊。所以說，卡爾卡松堡的火上鍋不僅有牛肉和羊肉與本地蔬菜（胡蘿蔔、洋蔥、韭蔥和蕪菁）一起燉煮，還會加上一些瘦肉培根、鑲甘藍，以及卡酥萊該有的白芸豆。本區另一個備受青睞的火上鍋版本是以鑲禽肉取代肉類——這可能是從庇里牛斯山學來的作法，特別是貝亞恩的作法。阿爾比風格的火上鍋「Pot-au-Feu Albigeoise」的湯裡有鑲鵝脖子，而「Pot-au-Feu à la l'Albigeoise」有牛肉、羊肉、生的鹹火腿、鄉村風香腸乾、油封鵝脯，還有一般的綜合蔬菜再加上甘藍。「朗格多克火上鍋」（Pot-au-Feu à la Languedocienne）和經典版本的差別在於加了鹹豬肉。塞文山脈（Cévennes）的「濃湯」（Oulade）是以甘藍和馬鈴薯煮成，卻

在本區變成了甘藍與白芸豆煮成的湯。道地的作法是分別煮好兩款湯，等要上桌時才將兩者混合成一道菜。至於塞特港，不負眾望，自然以魚湯著稱。

在熟食製品和前菜領域裡，土魯斯香腸一枝獨秀；這是一種很長的香腸，又肥又軟，內餡必須以手工切製。如果是以「朗格多克香腸」（Saucisses à la Languedocienne）之姿出現，就不再是前菜，而是自成一道主菜；成主菜時香腸會盤起來成螺旋狀，以烤肉叉固定住，再用豬油或鵝油煎過，並放入鍋中加蓋與大蒜和香料植物同煮，最後配上番茄汁、洋香菜和酸豆煮成的醬汁吃。朗格多克也生產很近似的「阿爾薩斯肝腸」（Alsatian Liverwurst），雖然稱之為肝腸，但材料只有四分之一的肝臟，四分之三都是豬肉，混以豬血製成，因此它比較像是血腸。本區最出色的火腿產自卡爾卡松堡北邊的黑山（Montagne Noire）一帶。佩澤納（Pezena）的小餡餅，也稱為貝濟耶小餡餅（Petits Pâtés de Béziers），不但可以當前菜，也能加糖做成甜點吃；貝濟耶是最靠近佩澤納的大城。

一般說來，若有一道菜被形容是「朗格多克式」（à la Languedocienne），就應該會有番茄、茄子和牛肝菌，調味上一定有大蒜，可是這條規則似乎典範不如例外多。朗格多克式炒蛋非常貼近這條規則，只不過要將蛋在盤中排成一圈，每顆蛋底下放一片炸茄子，盤中央是一灘濃濃的大蒜番茄醬，只少了牛肝菌。朗格多克式烤雞（Poularde à la Languedocienne）則是以番茄和茄子圍繞著雞，醬汁裡有大蒜，乍一看也沒有放牛肝菌，但其實有的，切碎了做成餡鑲在番茄裡。朗格多克式烤豬肋排（Carré de Porc Rôti à la Languedocienne）和這個名稱半點關係也沒有。烤豬排抹上蒜粒和豬油、鹽和辛香料醃漬十二小時，等豬油和調味料被吸收後，放入烤箱（或火堆上）。當然，並不反對添上堪稱朗格多克三位一體食材[10]的番茄、茄子和牛肝菌，只不過這些不屬於本菜餚的配料。實際上，好像冠上「朗格多克式」名號的菜餚，還有朗格多克透過普羅旺斯不夠嚴密的美食邊界漏洞交流的好多菜色，都會讓食物分類學家誤入歧

---

10. 西餐烹飪裡有所謂三位一體食材：一說為番茄、洋蔥和西洋芹。幾乎所有料理都會用到這三樣材料。另一種說法是乳酪、麵包與葡萄酒，每一頓飯食都會有此三項食材。這種說法隨地域不同會有些許變動。

途。牛肝菌或許堪稱朗格多克的特色，雖然牛肝菌遍及佩里戈爾－奎西（Périgord-Quercy）以北地帶，但是番茄加上茄子卻是典型的普羅旺斯菜才有的特色。

不過，雖然文化背景、語言相同，也有相同的地中海原創食物，但普羅旺斯和朗格多克的飲食習慣仍相當不同。同一片大海沖刷著兩地的海岸，估計同一批魚可以在塞特港捕到，也可以在土倫（Toulon）撈到。可是，飲食習慣卻會因可選擇的漁獲而有所差異。關係最近的要屬鱈魚菜色，是以根本不產在地中海的鹽漬鱈魚製成。「朗格多克鱈魚」（Morue à la Languedocienne），是一道濃郁的菜，裡面有鱈魚、馬鈴薯和大蒜，全部融合在一起，煮至質地均勻一致，分不出你我。但我吃到這道菜是在蔚藍海岸，菜名是普羅旺斯鱈魚（Morue à la Provençale），是要打臉另一個名稱相同但放了番茄的版本，那才是普羅旺斯的正字標記經典作法。朗格多克的「鹽漬鱈魚」（Brandade de Morue）也是一道普羅旺斯菜，因為用了橄欖油，雖說朗格多克並非全無橄欖油，尤其是朗格多克以東更是如此。這道菜裡煮熟的鱈魚要連同大蒜、鮮奶、橄欖油一起擣碎成糊，到這階段還很普羅旺斯，可是接下來，要用松露片做裝飾，當作是身分標誌。

地中海的貝類少，但也有例外，賽特港後面的潟湖「拓湖」是生蠔溫床，不過大西洋的生蠔通常評價更高。稍微靠蒙彼利埃方向的海岸城鎮帕拉瓦（Palavas），素以龍蝦著稱，這裡同時也是漁港，漁船從此處出海網撈各種地中海魚鮮，特別是鮪魚——這裡的品種只有深海的十五分之一大——當地方言稱之為「圖姆納」（Thoumna）。帕拉瓦有一道特產，許多美食作家稱之為「鮪魚下水」（Tuna Tripe）但它其實只是為了記錄方便，因為一般大眾不可能有機會品嚐到它。我從未在菜單上見過這道菜，而且據我所知，根本無從嚐到這道菜，除非親自跟著漁船出海，因為它是在船上製作的。把魚隻剖洗乾淨後，把一些內臟，包括魚卵，以白葡萄酒加海水、綜合香料植物煮熟，然後船員就會狼吞虎嚥一掃而空。

前文提過，朗格多克吃大量山羊肉和綿羊肉。土魯斯特別有名的菜是用洋香菜煮四分之一隻綿羊。「小牛肉燉肉」（Blanquette de Veau）裡面的濃稠白醬，是貴族菜放在一旁待用的配料，在這裡也用來搭配綿羊肉。本區優異的牛肉啟發了阿爾比和卡爾卡松堡，它們各自開發出特殊

的燉牛肉菜色，而且阿爾比還發展出牛肚獨門菜。這兩地和土魯斯同樣都是頗負盛名的美食之都。在海岸城納博訥，也有自家的牛肚拿手菜，不落人後（這裡還盛產蜂蜜）。東部的頂尖美食中心是尼姆鎮和烏澤小鎮（Uzès）；烏澤小鎮曾被詩人拉辛[11]譽為「作樂之城」（City of Good Cheer），拉辛年少時傻乎乎一心想寫劇本，在巴黎流連劇場，被家人送到烏澤。他對烏澤小鎮的讚譽出現於一則順口溜裡，不完全是恭維之詞：話中說，二十家外燴業者在當地大發利市，但又說書商卻要餓死。尼姆鎮以鹽漬鱈魚、醃漬綠橄欖和杏仁餅出眾著稱。烏澤小鎮的甜點也很優異，甘草糖是其中一項特產。不過朗格多克也不乏甜點高手，譬如，擅長糕點出類拔萃的卡斯泰爾諾達里、卡爾卡松堡，以及納博訥——蜂蜜塔和一種名稱浪漫的蛋糕「維納斯玉臂」（Bras de Vénus）；利穆（Limoux）的「胡椒鹹餅」（Pepper Cakes），而阿爾比盛產糖果，還有「中空圓鬆糕」（Gimblette）與加諾（Janots），佩澤納有焦糖，梅茲鎮有約旦杏仁果，還有，卡爾卡松堡有糖漬果脯，諸如此類。

與更知名的酒莊相比，朗格多克的葡萄酒毫不突出，但低估它們顯然是大錯。這裡的葡萄酒和本地菜乃天作之合，是優秀的地區餐酒。我個人有一小份不知名佳釀驚奇名單，其中有一支酒就是在本區裡：執拗濃郁的「老里冒克蒙」（Vieux Limoux）[12]紅酒；在卡爾卡松堡的一家餐廳品嚐到它之前，我聞所未聞這款酒。

在其他地區菜單上若沒見到朗格多克的葡萄酒名字，那並不表示餐廳沒有這些酒。這些酒很多都栽植在本地，葡萄園地處西朗格多克地勢較高處，沿著該區以南低地沿岸，大致綿延不斷直到隆河。阿爾比鎮一帶有蓋雅克（Gaillac）氣泡白葡萄酒，由克萊雷特（Clairettes）葡萄釀製而成，前文曾提過。這也是卡爾卡松附近切米尼耶莊園（Domaine des Cheminière）的葡萄特色，同時，利穆除了上述的紅酒，也產氣泡白葡萄酒（Blanquette de Limoux）。這些地區的西部靠行省邊界一帶，盛產白酒、粉紅酒、紅酒，甜酒和類似馬德拉（Madeira）的利口酒，使用許多邊界另一頭西班牙的葡萄。

---

11. 十七世紀法國劇作家。
12. Limoux AOC主要生產氣泡酒，也就是Blanquette de Limoux，紅葡萄酒遲至2005年才列入AOC。

連綿不絕的葡萄園始於納博訥一帶，經過本區葡萄酒銷售中心貝濟耶，一路直抵蒙彼利埃，有紅白葡萄酒也有粉紅酒。接近蒙彼利埃，在弗龍蒂尼昂（Frontignan）和呂內勒（Lunel）一帶，盛產麝香葡萄酒，散發特殊肉豆蔻氣息，這是羅馬人進口的葡萄品種。過了尼姆鎮，幾乎越過了隆河，是塔維爾（Tavel）和利拉克（Lirac）酒區，前者特別盛產味淡但滑溜的粉紅酒，出了家鄉常被當作餐酒飲用。這裡地處隆河谷地，它的葡萄酒不論產於河谷哪一岸，皆可一視同仁。接著就告別隆河葡萄酒，直到過了河就到了普羅旺斯。可是到了這裡，首先我們會注意到的是，這裡還是河谷的朗格多克，在蓬聖埃斯普里（Pont-Saint-Esprit），法國小說家斯湯達爾（Stendhal）[13] 曾在此肆意暢飲當地佳釀，摟抱一名女服務生狂舞，讓當時在場的繆塞（Alfred de Musset）[14] 有感而發畫了一幅速寫，流傳至今。

朗格多克也產製利口酒，佩澤納是這些烈酒的銷售重鎮。法國聞名於世的佐餐飲用水沛綠雅（Perrier）天然氣泡水，產地就在朗格多克。泉源[15]位置在尼姆鎮往蒙彼利埃途中三分之一處，就在國道13號旁（如今則為A9公路）。氣泡水裝瓶廠是開放參觀的。

---

13. 斯湯達爾是筆名，他的本名是馬利－亨・貝爾（Marie-Henri Beyle），現實主義小說家，以《紅與黑》（*Le Rouge et le Noir*）聞名於世。
14. 法國浪漫主義作家，貴族出身，詩文小說皆著稱。
15. 如今觀光客會被引入Perrier Museum參觀，這裡也是泉源所在地。

Part 3

橄欖油之鄉

THE
DOMAIN
OF
OIL

Chapter 12

普羅旺斯
Provence

　　全法國所有行省當中，最神奇的一個省分就是普羅旺斯。構成今日法國文化基礎的拉丁文明，最早就是扎根於此。在這裡，大自然與人類關係密切和諧的程度，都更甚於法國他處。建築物從不醜陋不堪，大煞地表風景，而是與大地景觀融合一體，在普羅旺斯豔陽下與大地共冶於一爐。大地是古老的，但並不老態龍鍾。住久了很難不意識到南方的熱力十足。相比起來，巴黎簡直疲憊不堪。

　　羅馬人老早就翻越阿爾卑斯山滲透進來，散布到山下各地，覺得賓至如歸乃至於稱呼此地為他們的「行省」（Province），亦即「Provence」名稱的由來[1]。後來，羅馬人渡過隆河，遇到對拉丁天才滿懷敵意的本地人；敵意至今猶存，或許就是為什麼日耳曼學者長期對地中海文明的研究分析如此受到重視，因為只有局外人才辦得到。羅馬人只得宣布他們在這裡建立的不是行省，而是一個殖民地（colony，也就是cologne）。

---

1. 原本全名是Provincia Romana，是羅馬人義大利以外的另一個行省。

或許，用帶有毫不費力意思的「滲透」一詞，形容羅馬人進駐普羅旺斯，並不正確。更好的形容詞應該是長驅直入、衝突猛進。從今天角度看，從義大利要進入法國，取道蔚藍海岸（Riviera）更輕而易舉，因為那裡一路都是低地沿海道路，大可避開高高在上嚴峻荒涼的阿爾卑斯山。不過，當年羅馬人進犯時還沒有高速道路。在那個年代裡，山脈直入大海。要想靠近海岸，唯一辦法是海堤有缺口可走，就像濱海自由城（Villefranche）[2] 有個深邃海灣的缺口那樣，當年羅馬人航行進入這個海灣缺口，給它命名為奧利維拉（Olivula）；阿拉伯穆斯林薩拉森人（Saracens）也是走這條路進入當地，後來敗給中世紀基督徒，在當地留下中東風格的商店街，基督徒改稱此地為奧利維港（Port of Olives）。因此，海岸再無點對點交通要道。船隻下錨處之間受到山谷阻隔。直到二十世紀才開了三條濱海公路連通這些山谷。當初羅馬人順著山脊而行，在拉圖比（La Turbie）的雄偉巨岩頂上，留下儼然通行記號的高聳遺跡，號稱「奧古斯都凱旋門」（Triumph of Augustus）。今天遊客可以居高臨下欣賞百餘公尺腳下的蒙地卡羅（Monte Carlo）與海景。

　　進入普羅旺斯[3] 的陸路很是艱險，走水路比較輕鬆。公元前600年，腓尼基希臘人在一處海港旁建立了一個殖民地，從這處海港可輕易經由無山阻隔的通路前往北方，這條通路就是隆河河谷。繼希臘人之後，來了羅馬人，他們給當時這個殖民地命名為馬西里亞（Massilia），今日稱為馬賽（Marseilles），是法國最大海港，全法第二大城。

　　從馬賽出發，羅馬人在其領事塞克斯（Consul Sextius）領導下，一路攻打利古里亞凱爾特人（Ligurian Celts）的首府翁特蒙（Entremont），血洗全城，改建成羅馬屯兵營。這裡有熱礦泉（Warm Mineral Springs），羅馬人一向對這類小枝節很感興趣，常常好整以暇泡澡。他們也因此稱這個地方是「塞克斯之水」（Waters of Sextius）：也就是「Aquae Sextix」，今日的艾克斯小城（Aix）。或者，更精確和多處同名類似地方有所區隔，全名叫艾克斯普羅旺斯市（Aix-en-Provence），是普羅旺斯的首府所在地。

---

2. 法國普羅旺斯－阿爾卑斯－藍色蔚藍海岸大區濱海阿爾卑斯省的市鎮，是天然海灣，也是地中海最深的海港。今名Villefranche-sur-Mer。

3. 今天的普羅旺斯隸屬於隆河河口省（Bouches-du-Rhône）。

Great Eating =
Good Eating =

LANGUEDOC

DAUPHINÉ

ITALY

• Montelimar

Rhone R.

GARLIC SOUP
SUCKLING LAMB

Upper
Provence

SOUPE D'ÉPAUTRE

Orange •

Châteauneuf du Pape

Avignon

Les Baux •

Comtat
Venaissin

AÏGO BOUÏDO

BRANDADE

ASPERGE
VAUCLUSIENNE

Bléone R.

PANISSO

Durance R.

Verdon R.

ARTICHOKES

• Digne

TRONCHA DE BLÉA
STOCKFISCH
ARTICHOKES
GNOCCHI
CAPOUN

County of Nice

PISTOU

PISSALA

PAN BAGNAT

Menton •

Nice

• Monaco

St. Jean •
Cap Ferrat

PONTINA

Arles •

ESTOUFFADE
DE BOEUF

RICE

Aix en Provence

Camargue

GAME

SHELLFISH

POUTARGUE

TAPANADA

MELONS

ALMOND
CAKES

SOU-FASSUM
TOMATOES

CANDIED FLOWERS

RATATOUILLE

St. Paul •

Grasse

Cannes

FIGS

CHAPON

Antibes •

OLIVES
SQUASH

PIEDS ET PAQUETS EGGPLANT
WATERMELONS

Riviera

AÏOLI

LOUP
OCTOPUS
SOUPE AUX POISSONS

St. Tropez •

Marseilles

(BOUILLABAISSE)

Cassis

Bandol

Toulon •

SOCCA

ROUGET

RASCASSE
SQUID (SUPIONS)

MEDITERRANEAN SEA

PROVENCE

MILES

0   50   100

0   100

KM.

隆河谷地成了捷徑快道，羅馬軍團和之後的羅馬文化沿著這條路線一路北上。同時，羅馬人也經由普羅旺斯擴散出去，並留下至今仍在的羅馬風格印記。最偉大的羅馬大城，有些就在普羅旺斯，其重要性和義大利的不相上下，把羅馬城都比了下去。在羅馬皇帝尼祿（Nero）在位期間，羅馬文化的最大重鎮就是在尼姆，與朗格多克一界相隔而已，但本質上比較像是普羅旺斯的城鎮。在圖拉真（Trajan）[4] 王朝時，領導地位曾一度轉移到亞耳（Arles），毋庸置疑是在普羅旺斯轄區，最近才歡度了建城兩千年紀念日，但嚴重低估了，因為亞耳的殖民地歷史遠遠超過兩千年。當年羅馬人渡過隆河而去，身後留下了他們所建造的若干城鎮，其中最早的是塔拉斯孔（Tarascon），因為早在羅馬人到來前，它就已經存在了；歐宏吉（Orange），其早年居民曾屠殺首批企圖征服他們的羅馬軍團萬名戰士，然而後來這裡卻澈底成了一座羅馬人的城鎮，至今保有引以為傲的羅馬劇院，簡單稱為「牆垣」（The Walls），聳立於市中心扣人心弦。還有，韋松拉羅曼（Vaison la Romaine）曾挖掘出與義大利龐貝古城同時期的羅馬遺跡。

　　羅馬統治勢力凋零，但曾經輸入的羅馬文明根深柢固留在了普羅旺斯。在這裡，吟遊詩人使用的不是法語，而是普羅旺斯語，雖然他們絕大多數都出身於隆河西岸地帶，那裡的人說的是奧克語，無論來自中央高原或朗格多克，尤其是熱情洋溢的加斯科涅。他們之所以受到吸引來到普羅旺斯，是因為這裡有完全文明化的偉大羅馬城鎮得以發揮他們的天賦才華。這些羅馬城鎮都建有赫赫有名的「愛情宮」（Courts of Love），其中最知名的一個位於雷柏城（les Baux-de-Provence）今日是一座軍事要塞遺跡，沒有居民、高踞在平頂台地上，外觀壯麗，遊客如織再度使它生氣勃勃，全法國最好的餐廳有半數都在這裡。雷柏城不光是因為它奉獻給愛情，它的某一任城主是十四世紀的雷蒙德・圖倫尼（Raymond de Turenne），此公有個娛樂創意是叫他的囚犯從古堡的懸崖邊緣跳下去。雷柏城的統治家族透過與荷蘭統治家族的威廉一世（William the Silent）

---

4. 公元 53-117 年，羅馬帝國皇帝（公元 98-117 年在位），羅馬帝國五賢帝之一。
5. 荷蘭革命中反抗西班牙哈布斯堡王朝統治的主要領導者。

5 聯姻，對方因此得到歐宏吉，連同南非的歐宏吉自由邦（Orange Free State），都成了荷蘭領土，直到路易十四才又贏回法國懷抱。同一時間裡，亞維儂（Avignon）成了教皇國的首都，羅馬城岌岌可危。長達百年之久，教宗們和對立教宗們（Antipopes）都在此交接繼位，即使離開教皇國的領土之後亦然，直到法國大革命才結束這個局面[6]。

普羅旺斯的輝煌歲月在此東西南北到處留下了古蹟。最氣宇不凡的，亞維儂的教皇宮（Palais des Papes）當之無愧。它也自然看起來都比這裡的城牆都要更厚實堅固，美景如畫但堅不可摧。本區更具代表性的是既不浮誇也不宏偉的建築物，但望之固若金湯；羅曼式建築的外觀看起來宛如從地裡長出來一樣；不蓋高塔，但自信滿滿矗立著，與環境和諧地融為一體。山區的堡壘城鎮今天仍屹立於他們古代的城牆壁壘後面，緊依著山腰宛如是它們腳下岩壁的一部分。海岸沿線顏色華麗令人嘆為觀止，房屋熠熠生輝色澤粉嫩。在比較靜謐的內陸鄉村地帶，典型的建築物蓋得稀稀疏疏，都是石灰粉刷的平房農舍——當地叫做「mas」，緊緊依偎著大地。整個鄉間隨處可見聖堂（Oratory）、毫不起眼的神龕，不像布列塔尼耶穌受難像那麼觸目驚心，比較能放鬆過日子。想給它們做個分類，差不多有一千三百個，但肯定不只這個數目。在隆河另一邊，「Oratory」一字變形成「Oradour」，也因此靠近神龕而建的二十個殖民地都冠上這個名稱，德國人不知道這典故；他們在二次大戰期間，滅光了格拉訥河畔奧拉杜爾（Oradour-sur-Glane）的全部活口，以報復韋爾河畔奧拉杜爾（Oradour-sur-Vayres）附近一列運兵火車遭敵軍突擊。

在普羅旺斯必須接受的一件事就是陽光。不僅夏季豔陽高照燠熱難受，一年四季似乎皆如此。當地居民會嘮叨抱怨春秋兩季，尤其是秋季，可是北方人會發現普羅旺斯一整年都讓人幸福無比。到了冬天倒沒什麼人抱怨，就連在地人士也是（這些人的抱怨無論何時何地都是友善的那一面，因為普羅旺斯人一般個性如氣候般爽朗陽光），因為過了潮濕的11月，接下來的冬天普遍無雲晴朗。唯一缺點就是「寒冷西北風」

---

6. 這段天主教大分裂時期，也稱為「亞維儂教廷時代」（Papae Avenionenses），是指十三世紀末期，羅馬政教鬥爭激烈，教廷於是在1309年將聖座從羅馬梵蒂岡遷到教皇國領地的亞維儂，史稱「教皇流放」（Babylonian captivity）。

（Mistral，又稱密斯特拉風，類似落山風的一種下坡風）肆虐，一路呼嘯長驅直入灌進隆河谷地的水平狀岩石狹縫，一旦起風，又經常連續三、四天時有時無。歷經七十二小時或九十六小時不間斷的強攻暴擊，普羅旺斯脾氣再好的人也沒轍了，但陽光可以撫慰一切。寒冷西北風是普羅旺斯氣候非常顯著的一個特徵，因此有使命感想用普羅旺斯方言寫作的人，拿「密斯特拉」當筆名也是意料中事。叫人驚訝的是，密斯特拉不是筆名。法國詩人密斯特拉（Frédéric Mistral）[7]與生俱來就取了這名字。無疑地是，命如其名。

陽光使普羅旺斯成了畫家的國度，有些畫家是土生土長的，有些則是被這裡的光影顏色吸引而來。塞尚（Paul Cézanne）出生在此，是艾克斯普羅旺斯市本地人。他一再描繪的聖維克多山（Montagne Sainte-Victoire）就在附近。荷蘭的梵谷（Vincent Willem van Gogh）原本都用黯淡渾濁的顏色作畫，來到亞耳之後，他的畫布上綻放出光輝。生於利摩日（Limoges）的雷諾瓦（Pierre-Auguste Renoir），搬到卡涅（Cagnes-sur-Mer），畫作呈現出當地的玫瑰光影。馬諦斯（Henri Matisse）出生在霧濛濛的北方，在蔚藍海岸找到了鮮明的色彩。畢卡索（Pablo Picasso）背棄了他的出生地馬拉加（Malaga）[8]的太陽，在巴黎住了多年，但最終重返南方氣候的瓦洛里（Vallauris）──和更明豔的色彩。

普羅旺斯的範圍究竟始於何處，或者它是否有明確邊界，我不清楚，但從巴黎過來的話，我總覺得會先到達位於蒙特利馬爾（Montelimar）的米迪運河（Canal du Midi）。這裡是普羅旺斯第一個空間開闊有別於一年到頭只能關在屋裡的地方；廣場和寬闊大街，夾道矮樹林立，枝葉修剪平舉貼近地面，氣候溫暖，故而薄薄樹皮從樹幹上一塊塊剝落，底下露出宛如漢斯・阿爾普（Hans Arp）[9]作品中那種綠色斑塊。天氣暖和時，商舖會開店營業，掛出珠簾讓店內通風又可隔絕蒼蠅。在視線或至少聲音可及處，金屬碰撞聲叮噹響，有人全神貫注劍拔弩張地在打「保齡球」──本地稱之為「法式滾球」（Pétanque）。這就是南法。

---

7. 密斯特拉致力於復興並發揚普羅旺斯語，1904年諾貝爾文學獎得主。
8. 西班牙南部安達魯西亞的城市，馬拉加省會，西班牙第二大港。
9. 德裔法國達達主義藝術家。

普羅旺斯在很多方面都自成一個單位，譬如在語言上、氣候上、歷史上、建築上、烹飪上，不過它又包含了某些極其獨特的小單位。第一個就是取道蒙特利馬爾進入這裡時的隆河谷地，是最多人進入普羅旺斯的通道，最具羅馬色彩的一處普羅旺斯，至少，也是最具羅馬帝國氣派的一部分，意謂著是最古老的大都會（蔚藍海岸是現代大都會），因為兩千年前它是羅馬軍隊、羅馬文化與貿易的必經要道。這裡有大型市鎮和普羅旺斯最肥沃的地段——幾乎是唯一真正的沃土，因為這裡有隆河河水滋潤，而除了卡馬格（Camargue），其餘地帶皆在豔陽下乾枯一片。在隆河的東岸，肥沃天成的區域從蒙特利馬爾一路延伸到海岸，都有灌溉系統供水，這套系統最初由羅馬人所設，他們不光是從大河引水而來調整乾旱土地，還將克勞（Crau）的沼澤抽乾水；隆河的另一岸，也就是卡馬格一帶的沼澤，至今仍是未抽乾水的三角洲沼澤。

　　蒙特利馬爾再往南一段距離，是一處肥沃的谷地區域「沃奈桑伯爵領地」（Comtat Venaissin），得名自現在困乏且幾乎被人遺忘的小村子沃納斯克（Venasque），簇擁著法國最古老的教堂之一（建於七世紀時）。這裡和周遭歷史唯一不同處，只有政治。這塊領土屬於教宗。今日這裡是個宜人之鄉，但是在十四世紀時，義大利詩人佩特拉奇（Petrarch）在規勸教宗重返羅馬城時，搜索枯腸找不到更刻薄的話來形容亞維儂；無疑地，是他自己很想回去。說不定，他的牢騷不是針對本區，而是他在這裡運氣太背；首先，是他在亞維儂一座教堂裡邂逅的蘿拉（Laura），非但已是人妻還是虔誠信徒，1348年還因瘟疫香消玉殞。然而，他在沃克呂茲泉村（Vaucluse）待了十六年，那裡就在知名「噴泉」附近，也就是索格河（Sorgue）源頭從地底冒出來奔流成河的起點。

　　隆河以西，就是實質上比其他地方更像普羅旺斯的地帶，裸露的大地無人聞問，因為注意力都放到了大河或中海（Middle Sea）那裡去了。這裡是艾克斯（Aix），一個偉大的大學城，也是普羅旺斯的知識之都，地位至高無上。海岸山脈為它阻擋了地中海的濕氣東側遠處合併於阿爾卑斯山的山嘴尖坡，遮擋了會帶來降雨的北風或東風。本區氣候乾燥，一看便知。它像似以黑白灰畫成，從不鬱鬱蔥蔥，也不粉嫩或亮晶晶，就是始終維持著與岩石相差無幾的灰濛濛，可一旦雙眼習慣背海普羅旺斯的顏色，就

會驚嘆於暈染漸進的綠綿延不絕。青草稀稀疏疏長著，若有哪一處有足夠割下做乾草堆的草地，便要叫人大驚小怪，不過最多汁的瓜類水果倒是十分繁茂。艾克斯周遭的鄉野，是無海的普羅旺斯、草根的普羅旺斯（幾乎只有草了——氾濫、葉片極少、長著枯乾的根），乍看毫不引人注意，卻給居民們帶來持久的滿足感。這層綠意和灰濛濛，細微的差別每天都在鍛鍊你的雙眼。山脈的另一頭，在海岸邊，色彩輝煌燦爛，看半個鐘頭你就得給它們分門別類，然後又讓你若有所失。這些色彩沒有明暗漸層，你會開始任憑思緒馳騁隨著，雲朵飄過藍湛湛絲毫不懈的天空。你第一眼就會墜入情網愛上這片海岸，可是一見鍾情常常導致閃電離異。想了解內在需要更長的時間，一旦你漸漸愛上了，感情就難以自拔。

然而，海岸有個地區，也會因類似的其他方式產生同樣效果。

它就是卡馬格，與朗格多克只一界相隔，這塊三角洲地段介於小隆河（Petit-Rhône）與大隆河（Grand-Rhône）之間。若說內地的普羅旺斯以東是近似被太陽烤乾的荒野，那麼卡馬格就是一片水汪汪的荒地，它的潟湖和沼澤表面反射著南方的豔陽。其間的水是鹹的，起碼是有鹹味的。這裡的植被包括蘆葦和同類其他清瘦的植物。關於卡馬格的淒涼宏偉，腦袋要非常努力，否則無法洞察到它們。

卡馬格的居民樓居地都是一戶戶與世隔絕的農舍，每一戶都是家族的族主之家，可見之處絕無鄰居。這些家族小島每一個都圍繞著一群肉牛，在牛仔斥喝聲中，水花四濺跋涉過無數水坑才能到達它們的牧場；牛仔騎著卡馬格本地產的小小快馬，全副武裝，拿的不是美國牛仔的套索，而是來福槍，貌似西班牙鬥牛場的鬥牛士，而西班牙鬥牛士的確曾到卡馬格採購馬匹。包括火鶴和小白鷺（Snowy Egret）在內的成群水鳥，發現這裡是築巢的天堂，漫天飛舞；牠們本就一直都在鹹水潟湖瓦卡雷斯湖（Vaccares）的野生動物保護區裡，禁止侵犯。

在冬季時，羊群也會來牛隻牧草場放牧，夏季時牠們就會上喀斯高原去，但畜養的數量越來越少。本區在食物生產線上少了一項，但失之東隅收之桑榆。卡馬格牧養的山羊越來越少，但種植的稻米越來越多。豔陽帶來的熱，加上淹滿水的土壤兩相結合，渾然天成適合種稻。不幸的是，水是鹹的，卻非不可改變的缺點。沼澤水被抽乾，鹹水用水泵抽去瓦卡雷斯

湖，再從隆河引淡水進來。卡馬格供應的稻米[10]產量已經能滿足法國需求量的三分之一。稻米在這裡栽種了數季後，土壤就能用來種植其他作物了。它也就從邊陲地帶躍升為首屈一指的農業之鄉。作物輪種再無難事，抽乾水的空地上就會蓋起了新的農舍，貧瘠但景致如畫的卡馬格將變得富庶，而歐洲少數僅存的隱居之處又有一個將消失無蹤。實屬可惜。

隆河三角洲的另一邊海岸，情況截然不同。這裡是全球僅次於巴黎最熟悉的法國——蔚藍海岸。這裡絕不是清一色整齊劃一的模樣。從馬賽到土倫，盡是針葉茂密的松林，連綿至海，崎嶇的地形彷彿手指插入地中海，這裡就是卡朗格灣（Calanques）地景。過了土倫的偉大海軍軍港，海岸的特徵變了個樣。高丘連綿一片直入海角，這裡的山就是所謂的摩爾人的山（Mountains of the Moors）。許多度假者認為是里維耶拉（Riviera）——雖有很多人說是蔚藍海岸——所在地的聖拉斐爾（Saint-Raphaël），是過了坎城（Cannes）之後最後一段才算數。海岸背後，是埃斯特雷爾（Esterel）林木蓊鬱的山地。沿著它的邊緣地帶蜿蜒而繞的濱海大道（Corniche d'Or Road），切開紅色岩塊和紅土層而建，俯瞰著深不可測的海灣，海水清澈碧綠青藍，純淨見底。

在坎城，情況又有變。大自然的色彩變得比較不令人驚豔，土壤不再紅通通，海水不再灼灼明亮，人類的手筆越來越密集侷促。坎城以東，海岸緊密相依。過了昂蒂布（Antibes），沙灘不再，只有鵝卵石。海岸後方是小山城——香水之都格拉斯（Grasse），以及卡涅（Cagnes-sur-Mer）、旺克（Vence）、聖保羅山城（Saint-Paul-de-Vence）。

尼斯（Nice）再過去，建築物越發擁擠，攞在大海與裸石嶙峋聳峭時而筆直出海的山巔之間。眾多小山城越來越惹人矚目，譬如艾日（Eze）就難以置信地高踞在裸石之上；拉圖比（La Turbie），聳立岩棚上鳥瞰著摩納哥（Monaco）；羅克布呂納（Roquebrune）穿過峭壁一側。底下是小人國蒙地卡羅（Monte Carlo）；還有遍植檸檬的芒通（Menton），再過去就是義大利。

過了尼斯，我們又再次來到政治史迥異於普羅旺斯其他地區——尼斯

---

10. Camargue的稻米屬於紅米或野米，口感類似紫米。

郡（Comté de Nice），直到1860年才歸屬法國（它還有一小片土地直到1947年才劃入法國疆界）。義大利的影響在這裡顯而易見。對義大利人來說，尼斯仍然是尼扎拉貝拉（Nizza la Bella），很多義大利人堅持它被放錯國家。可是尼斯從來都不曾屬於義大利。義大利組成共和國時，尼斯郡不在其中，而它的飛黃騰達卻是在併入法國之後開始的。當時它有四萬五千個居民，如今人口有二十萬，是法國第六大城。

夜晚，一片橄欖樹林鬼影幢幢，恰似魅影森林。在月光或星光下，樹葉泛著灰白色調，枝枒低沉大展，虬曲盤蜷，奇形怪誕如遭酷刑，陰森恐怖令人毛骨悚然，有暗黑藝術之美。

即便在朗朗晴空下，這棵橄欖樹也看似非真物，每每微風襲來，窸窣作響，在樹葉間揚起葉片背面一陣銀閃閃，旋即落定。是銀閃閃不是金燦燦，不像拋光的銀，而是死氣沉沉的霧面銀。乾枯的樹幹和枝條宛若樹木枯骨。它扎根所在的土壤又往往加深死亡與荒蕪的印象。橄欖樹本就可生長在最貧瘠的土壤上，有時我們會看到橄欖樹就從小石堆裡長出來，肉眼可見根本沒有土。

橄欖樹未必將死或瀕臨枯槁，但看起來就很古老。很多樹都這樣。橄欖生產國度裡的民族說這種樹是不朽的，確實不假，沒有人知道橄欖樹最久能存活多少年。義大利有一些橄欖樹據說可以追溯到羅馬共和時期，只不過它們的歷史令人懷疑。經認證最古老的一棵樹已有七百歲上下。然而，橄欖並非那麼長生不死。1956年2月狂掃南法的嚴寒氣候摧毀了普羅旺斯三分之一的橄欖樹。

橄欖樹外表宛若死亡，但對它所生長的國度而言，它有時卻象徵著生命。只要有它生長的地方，就沒有其他東西能繁殖。如果樹幹甚至葉子看起來乾枯了無生氣，那可能是因為每一滴水分都從它其餘生長的部分被擠壓並沉積在果實中，就好像只為了為人所用。

在貧瘠的土壤半乾旱地區，橄欖有如人類的救世主，好比沙漠中的綠洲。而在土壤比較肥沃，水分較為充足之處，果實的品質也會大為進步，而由於橄欖從土壤攝取的養分非常之少，因此枝幹下可以栽種喜歡林蔭的蔬菜。在幾乎荒蕪的西班牙沙漠地帶，橄欖樹是實際上唯一能生長的植物，但長得扁小低矮，果實有點苦。普羅旺斯比較肥沃也不那般乾燥，橄

欖和它們的土壤都較為豐美也更油潤，遠比義大利的橄欖好太多，因為義大利橄欖生長的土壤絲毫不豐饒，但是山區沖刷而下的溪流供應了充足的水分。

人類栽種橄欖歷史悠久（普羅旺斯的橄欖樹據說是兩千五百年前希臘人引進來的，但無人知曉希臘人在那之前已經種植橄欖多久），而在種植過程中，品種非常多樣化，至少有三種不同的橄欖，加上亞種，說不定兩倍於已知的不同品種。橄欖果實或大或小，有乾有硬，也可能質地柔軟又肥嫩，有白的、綠的、紫的、黝黑的。其品種之多超乎想像，至少以橄欖油來說如此。

在普羅旺斯，會將橄欖果實碾壓成糊漿（若想參觀一千年前壓榨橄欖的這種磨坊，不妨去參觀位於卡涅老城堡內的博物館），再將橄欖糊軋出橄欖油，就是你在坊間雜貨店可買到的頂級的橄欖油，所謂初榨油（Huile Vierge，標籤上如是寫道）。在這道初榨油之後，殘渣會添加冷水補充因為壓榨而流失的一些水分，再進行第二次壓榨，做成二級油，在法國會標示為「精緻」（Fine），或甚至有些誇大其詞地寫著「特級精純」（Extra-Fine）[11]。橄欖農有時會添加溫水，溫水比冷水更具刺激性，然後進行第三次壓榨，不過這種油並不販售，這種由作物所產生的渣滓，農人會留在自家使用。可是這還沒結束。用來製造肥皂的橄欖油，來自另一種壓榨法。果實軋成的果漿乾燥後的殘渣可做成肥料。油坑裡餘油可製成潤滑油。橄欖樹的木材堅硬，紋理細密，上有美麗的螺紋，宛如其枝條飽經折磨虯曲變形，深受木工師傅賞識。做沙拉的師傅也對它讚譽有加，因為它是理想的沙拉碗，單獨一塊橄欖樹根便足以刻成一只碗。眾所周知，木製沙拉碗永遠都不該洗，只需在每次用過後擦拭乾淨，如此一來油就會浸漬在木頭裡，增添醬汁的風味，每次新的沙拉就會比前次的更香。有一個理論說，沒有木材比橄欖樹更適合這麼做，而且似乎只有天然橄欖木會對橄欖油產生如此親和力。（如果你有這樣一個碗，不消說，你就不該用橄欖

---

11. 今日全球的橄欖油分級大致遵守國際橄欖油協會IOC的四個等級，依序為：特級初榨Extra Virgin Olive Oil、100％純橄欖油Pure Olive Oil、精製橄欖油Extra Light Olive Oil和精製橄欖渣油—Olio Di Sansa、Olive Pomace Oil 或 Marc Olive Oil；歐盟部分橄欖油也被列入PDO產區保護制度中，列入PDO分級的橄欖油一定是特級初榨Extra Virgin Olive Oil。

以外的其他食用油來做沙拉。）

在這個氣候迥異於北方的南法地帶（尤其是蔚藍海岸），還盛產很多其他植物，不過橄欖儼然普羅旺斯的象徵。尼斯人很清楚這點，當地男子高中門口的橄欖樹就是證明。我後來想起來，真乃後知後覺，大門另一邊種了一棵無花果樹，是對那棵無與倫比的果樹再推崇備至，也不得不承認無花果和橄欖對普羅旺斯飲食習慣的影響，根本難以相比。無花果只供應果子，橄欖油卻可以用來烹煮任何食材（也是很多生食用醬汁內的基本油脂），且能放進餐後乳酪和甜點之前的每一道菜餚裡。一個地方用來烹調食物的油脂，是整個飲饌面貌的最終塑造者。橄欖因此是普羅旺斯烹飪的開創者。本地諺語說得透徹，「魚之為動物，活在水裡死在油裡。」

第二個全盤影響普羅旺斯烹飪的東西是大蒜。和橄欖相比，大蒜和普羅旺斯的關連性比較沒那麼獨一無二。如前所述，大蒜是法國自羅亞爾河以南一個重要的烹飪元素。越往南，味道就濃厚，但對東南方的影響更甚於西南。最大的飽和點就在法國的蔚藍海岸——也就是說，若你品嚐那裡的本地菜，而非在奢華大飯店吃那些弱不禁風的餐點，就能感知一二。大蒜或許不單單專屬於普羅旺斯，但至少在當地得到特殊的肯定，甚至博得「普羅旺斯松露」的名號。

不能忽略的第三項元素是普羅旺斯典型烹飪裡不可或缺的：番茄，幾乎無菜不放。除非你有反例為證，不然大可假設舉凡冠上「à la Provençale」（普羅旺斯式）的菜色，烹煮時一定放了番茄以及加了大量大蒜調味，即使少數例外也一定都還是有大蒜。或許有普羅旺斯風格的菜餚兩樣材料都不放，但此時此刻我想不出來。

普羅旺斯美食多彩多姿無止無盡，但整個地區又各自繁華並不統一。尼斯的種類最多，它借鑑了義大利和普羅旺斯兩者的烹飪，也享盡大海的富饒，這些是內地所匱乏的。食物最為貧乏的要屬卡馬格，它也欠缺海洋的豐饒；低窪的沙洲岸上，海陸經常混淆不清，要接近大海變得困難重重，而海岸的性質似乎又不如東部岩岸區更有利於海鮮的多樣性。此外，卡馬格人通常更精通牛料理而不是魚鮮。

但是，卡馬格人至少會使用大海的一樣東西，是米飯的配料，而米飯是卡馬格年復一年越形重要的產物。卡馬格飯（Riz de Camargue）之所以

有時稱為「美國飯」（Riz à l'Américaine），起因不得而知；這道菜是米飯配上大多數美國人避之唯恐不及的海鮮——貽貝——至少這是毋庸置疑的一樣材料。但這款米飯料理會與章魚（法語是Poulpe）或烏賊摻合在一起；「Seiche」是烏賊這種動物的法文名字，可是，在普羅旺斯的菜單上卻變成「Supion」（小烏賊），一種較小也比較不可怕的品種。我發現，以西班牙的「墨汁烏賊」（Calamares en su Tinta）形式食用烏賊很是冒險；墨汁烏賊是將這種怪獸整個泡在牠分泌的墨汁裡——也因此烏賊也被稱為墨魚。只不過，小烏賊飯的外觀比較沒那麼嚇人，白色的小肉塊混在米飯裡，雖然有一點點橡膠似的口感，但滋味卻美妙極了。

由於卡馬格是個牛肉之鄉，很自然地，它的特色菜之一當然就是「燉牛肉」（Estouffade de Bœuf）。這裡之所以盛行將牛肉燉煮而食，而非相較之下較儉樸的燒烤或煎製形式，是因為卡馬格牧草稀疏，迫使牛隻得跋涉遠方去覓食，在長肉的同時也鍛鍊出發達的肌肉。卡馬格不是糧食之鄉，因此它的動物，至少在本區當作肉類食用而養殖的家畜，在養殖的最後階段並不是以穀物增肥，若以穀物增肥則肉質會更為軟嫩。牠們被宰殺時很結實，因此很適合燉煮，慢火久煮煨爛。燉牛肉本意是供午餐食用，前一晚將牛肉放入鍋中燉。肉要切塊，加入番茄和黑橄欖倒入紅酒，通常用的是朗格多克的酒，以陶製器皿加蓋小火慢煮。上桌時，絕無可能還會吃到硬硬的肉。

另一道要煮過夜的菜餚是「腳肚包」（Pieds et Paquets），顧名思義就是用了羊腳和羊肚，這是一道名聞遐邇的馬賽名菜，但因為這是羊肉之鄉的菜餚，所以仍養殖一些山羊的卡馬格也有這道菜。可是今天製作這道菜，菜名卻有點造成誤導。這道菜是在山羊肚內填入鹹豬肉、洋蔥、大蒜和洋香菜調製成的餡料，放入白葡萄酒和番茄醬汁裡慢燉。這就是所謂的「包」，但這樣的組合裡卻不見「腳」。很可能以前這道菜是和犢牛腳同煮，因為在尼斯至今仍這樣烹製，不過在那裡卻已經反常不用「腳肚包」這個在卡馬格毫無道理，卻在尼斯說得過去的菜名；在尼斯，只簡單稱之為「尼斯燉下水」（Tripes à la Niçoise）。

很自然的，卡馬格也是品嚐當令野味水禽的好地方。

移步到隆河谷地和其以西的內陸地段（蔚藍海岸是個相當獨立的領

域），菜單立刻就變得更加多樣化。這裡的一個烹飪特色是廣泛使用各式各樣香氣濃郁的香料植物。這些香料植物長在普羅旺斯內陸地帶日照灼熱的乾燥山區，普羅旺斯人喜歡食物裡多滋多味。香料植物尤其多用於烹調野味，譬如盛產的斑鶇，以及當地方言稱之為「茶茶鳥」（Chachas）的一種野禽，然而這個區域的野兔幾乎不需要香料植物，因為終其一生都被餵食百里香，自然香氣天成。個別的廚師或許會烹調出自己專屬的滋味，縱使一般食譜裡並不這樣做，譬如，別具特色的「普羅旺斯式番茄」（Tomates à la Provençale），以大量橄欖油、濃濃蒜香和洋香菜末烹製而成。茄子和櫛瓜（Courgettes）也用這樣的方式烹飪，而且通常不加洋香菜而加香料植物。要是將這三種蔬菜，加上相同配料但捨去洋香菜一起燉，但未必不再加別的調味料，這就是普羅旺斯最受歡迎的一道菜——「普羅旺斯雜菜煲」（Ratatouille）。

　　普羅旺斯美食的辛辣口味也表現在美乃滋上面。眾所周知，美乃滋是一款濃郁但油膩又味道平淡無奇的調味料。普羅旺斯人喜歡美乃滋，因為美乃滋泰半以橄欖油調製而成，但他們想要口味更一鳴驚人，此外，原版的美乃滋半點大蒜也不加。這兩個缺點可以一箭雙鵰得到補救：在美乃滋裡加蒜末——大量大量地加——有時還加入洋香菜末，雖非必要。結果就成了「蒜泥蛋黃醬」（Aïoli，Ail意謂大蒜），往往被譽為普羅旺斯奶油。若菜單上單獨出現「Aïoli」，應該是指大量塗抹在綜合蔬菜上——蔬菜組合端視季節而定，但通常會有胡蘿蔔、馬鈴薯和菜豆。熱騰騰的蔬菜很是美味，就算冷了吃依然滋味不減。蒜泥蛋黃醬也特別適合搭配蛋料理食用，放在魚肉上更棒，配龍蝦最是超凡入聖。

　　在這個行省裡要做出全套普羅旺斯菜（稍後我們再來特別討論蔚藍海岸菜色）自無困難。先來看看前菜，最理所當然會品嚐的一道前菜非橄欖莫屬——普羅旺斯雜貨店常見塞滿大木桶的那種皺巴巴黑橄欖，或是以迷迭香醃漬的綠橄欖，或更好的是各種橄欖醬（Tapenade）——橄欖果肉軋成泥混以橄欖油用大量辛香料調味。一頓飯吃到這個階段，不妨試「油炸糕」（Panisso），以鷹嘴豆或玉米麵煮成糊狀，放涼後變硬再油炸。通常會加糖當甜點吃。接下來是「鷹嘴豆煎餅」（Socca），在海岸比在內陸常見。也不妨嚐嚐亞耳的大蒜香腸。

湯品也很多，先來談「大蒜湯」（Soupe à l'Ail），這道湯可以證明普羅旺斯人對大蒜的愛不釋口，大蒜可以搭配大量食材，可謂舉足輕重。煮湯會用到大量的大蒜——二十四瓣大蒜配2公升水（這是一開始，因為煮二十分鐘後水分會減少很多），不論主材料是什麼，還要放入一束百里香、另一把鼠尾草、丁香、鹽和胡椒。煮好的湯以篩子過濾，倒在事先浸過橄欖油的法國麵包片上，撒滿乳酪絲，放進烤箱只需烤到乳酪融化即可。等麵包片吸飽湯汁後再開動。

　　和這款湯相差不大的其他湯品，也大量用到大蒜，譬如「主婦大蒜湯」（Aïgo Bouido de la Ménagère），湯裡大蒜比較少，多一些香料植物，還加了些橄欖油，湯倒在麵包片上面，再撒上洋香菜末，而非撒上乳酪和油。或者，以同樣這款湯的清湯煮水波蛋，煮好的蛋放在麵包片上，再把湯倒在上面。「主婦洋蔥大蒜湯」（Aïgo à la Ménagère）比較複雜。首先要以橄欖油爆香洋蔥末和三根切碎的蒜苗，炒至上色。然後，加入兩顆碎番茄、一束小茴香、一點陳皮、一把綜合香料植物、四顆馬鈴薯切塊，以及一點番紅花，倒入2公升水、鹽和胡椒，大火煮二十五分鐘。接著把馬鈴薯撈出來撒上洋香菜末，並在湯裡煮水波蛋，一人一顆蛋，煮好蛋撈出，放在馬鈴薯上即可上桌。湯要分開吃，倒在麵包片上食用。火上鍋在其他地區通常以小牛肉加牛肉烹煮而成，而普羅旺斯版的火上鍋稱為「拼湯」（Soupe d'Épeautre），用的是羊肩肉或羊腿肉，與洋蔥和丁香、胡蘿蔔、蕪菁、蒜苗、西洋芹，當然還有大蒜同煮。而義大利婚禮湯（Soupe de Mariage）無疑地最初是婚宴菜，裡面有羊肉、牛肉和雞肉，統統放在同一鍋裡煮，再加米讓湯變稠。

　　還有許多款普羅旺斯蛋料理（Œufs à la Provençale），大多數裡面都加了茄子。普羅旺斯風格的水波蛋會搭配事先以油烹調過的半顆番茄，配上番茄大蒜醬汁食用，並將切丁的茄子以油煎過放在上面，再撒上滿滿的洋香菜末。煎蛋（當然以油煎）也是放在剖半的番茄上吃，番茄同樣先以油煮過，最上面再放一片也用油煮過的茄子。事實上，這道菜的配料洋香菜束甚至也先以油烹過。另一種作法是，先在陶製砂鍋內塗抹大蒜，以油煎過的茄子擺在鍋底，把蛋打在上面，然後整鍋放入烤箱。上桌前加上普羅旺斯醬汁，這道複雜的醬汁，容後再詳述。冷盤「果凍蛋」（Œuf en

Gelée à la Provençale），是天氣燠熱時的聖品；將蛋煮半熟，裹上加了番茄汁的美乃滋，放入雞湯並加上一兩片龍蒿葉，等雞湯完美結凍即可。上桌時，做好的蛋放在挖空的番茄內，而這個番茄得事先以油、醋、鹽和胡椒醃漬過，固定在用蒜泥蛋黃醬與馬鈴薯丁和茄子丁拌成的沙拉上，周圍再擺上碎雞湯凍做點綴。

亞耳有一道很特殊的炒蛋，將長型櫛瓜剖半挖掉瓢後以油烹煮。另外將瓢切碎拌入蛋中，並放入番茄汁與大蒜，炒好的蛋再填入放入剖半的瓜內。要準備足夠的櫛瓜，半條瓜放上炒蛋，另半條瓜撒滿帕馬森乳酪（Parmesan），浸泡在融化的奶油中，快速送進烤箱烘烤後搭配番茄醬，和炒蛋一起上桌。至於普羅旺斯歐姆蛋，是加了事先用油炒過的番茄丁和大蒜，再混入蛋液烹製。

普羅旺斯式烤豬肉類似朗格多克的烤豬肉，至少在下鍋烹煮前十二小時的準備過程是相似的，不過讓豬肉入味的時間不完全相同。朗格多克是在豬肉切縫裡塞大蒜，但普羅旺斯的版本是在縫裡塞鼠尾草葉。這個差別看似違背本區對大蒜的熱愛，但並不表示這道菜不用大蒜——剛好相反。在用鹽、研磨百里香和月桂混合調料給豬肉調味之後，會再給豬肉整個塗抹大蒜，再倒入大量橄欖油泡著，經過十二小時的香味浴，連同大蒜一起放入烤箱。這就是「普羅旺斯烤豬肋排」（Carré de Porc Rôti à la Provençale）。

「普羅旺斯燉牛肉」（Bœuf en Daube à la Provençale）的作法是，先將水煮牛肉切成大方塊，以白葡萄酒（不太尋常，一般都以紅酒烹煮牛肉）、干邑白蘭地、橄欖油、胡蘿蔔片、洋香菜、百里香和月桂浸泡醃漬兩小時，然後連同牛肉與醃醬一起放入鍋中，並添入豬皮渣、培根丁、番茄片、剁碎的大蒜、去子的黑橄欖、一片苦陳皮和綜合香料植物。接著倒入小牛肉清湯，蓋上鍋蓋放入烤箱慢燉五、六小時。比較不複雜的是「普羅旺斯燒牛肉」（Bœuf Bouilli à la Provençale），同樣將牛肉切成方塊狀，以奶油和洋蔥末煎至焦黃，以大蒜調味再煮過，最後才放入番茄汁做點綴。

普羅旺斯的羊肉料理也格外出色，羊群放牧在上普羅旺斯阿爾卑斯（Basses-Alpes），也就是普羅旺斯極北端，那裡遍地長著薰衣草。這片牧

場給了羊肉一股特殊的細緻風味。普羅旺斯備受愛戴的一道菜是羔羊料理（Agneau de Lait），亦即尚未斷乳的幼羊，但比美國同類羔羊的年齡更小。在尼斯有至少兩家商店別的東西都不賣，一年只在宰羊季節營業大約兩個月，其餘時間都公休。

「普羅旺斯式炒雞肉」（Poulet Sauté à la Provençale）則是以橄欖油爆炒切塊洋蔥和番茄、大蒜，加入白葡萄酒、小牛肉清湯，上桌時周圍放上熟透橄欖、以油炒過的蘑菇，還有一條條鯷魚。「普羅旺斯式牛肝蕈」（Cèpes à la Provençale）是將這種大型蕈類與洋蔥末和大蒜末同炒。「普羅旺斯式馬鈴薯」（Pommes de Terre à la Provençale）則用相當細緻的手法料理馬鈴薯。把馬鈴薯泡在漬鮪魚、全熟水波蛋和番茄汁製成的醬料裡，再鋪上麵包粉，放入烤箱烤。

其他菜色之所以冠上「普羅旺斯式」名號，是因為使用了普羅旺斯醬汁。對於熱菜，無論蛋料理或魚鮮肉類或禽肉，還是蔬菜，冠上這個名號表示放了番茄、洋蔥末和大蒜末，以油烹煮，加鹽和胡椒調味，並在烹煮過程的不同階段裡加白葡萄酒和小牛清湯，最後還撒上洋香菜末上桌。還有另一道普羅旺斯醬汁是專為冷盤調理的，譬如沙拉。這種情形就表示，裡面調味料有油、醋、鹽、胡椒和壓碎的番茄，還加上全熟水波蛋、酸豆、酸黃瓜、洋香菜末，當然，還有大蒜。

普羅旺斯還有一道以大蒜為主的醬汁，自中古時代以來就存在這裡：「普羅旺斯大蒜醬」（Sauce à l'Aïl à la Provençale）。很不尋常的是，在普羅旺斯特色菜餚中，它竟然不用橄欖油。首先，將大蒜與綜合香料植物，不用橄欖油而是用法式清湯（Consommé）同煮，等煮到相當濃稠時，取出大蒜和香料植物，在醬汁裡加進基礎的濃稠天鵝絨白醬（Velouté）與蛋黃，最後將煮好的醬汁過濾，加入一點奶油與檸檬汁。

還有一道特殊的古老醬汁是專門搭配油蒜鱈魚羹的，油蒜鱈魚羹我們稍後就會談到，但這款醬汁有時也會用在其他魚料理。「普羅旺斯式油蒜鱈魚醬」（Sauce Brandade à la Provençale）的作法是：先準備「德國醬」（German Sauce）——也稱「阿勒曼德醬」（Sauce Allemande）——「德國醬」是以「天鵝絨醬」（Velouté）為基礎，再加進蛋黃、小牛肉或雞肉清湯，還有奶油。做好後，普羅旺斯的廚師會繼續加入現磨肉豆蔻、胡椒、

大蒜末、檸檬汁和鹽，不斷邊攪邊煮，離火加入大量上等橄欖油，最後淋上一點檸檬汁，撒上法式香菜細葉芹（Chervil）或龍蒿末。

習慣上搭配這款醬汁的油蒜鱈魚羹，在菜單上並不常冠上「普羅旺斯式」的名號，因為根本毋須貼標籤；油蒜鱈魚羹徹頭徹尾就是南方菜（普羅旺斯和朗格多克），不需特別強調。油蒜鱈魚羹是將鹹鱈魚放入研缽內搗成糊，慢慢加入橄欖油，直到鱈魚澈底變熱，這對廚師來說有點難，因為這道菜通常得有一半工序得在烤爐內完成。還要加上大蒜末，最後的奶滑狀混合物絕對不同於銀塔餐廳供應的那類佳餚，但卻是對任何農家菜愛戴者而言南方風味的無上聖品。

提到蔬菜，住過普羅旺斯的人莫不立刻想到朝鮮薊。朝鮮薊在本區無所不在，而且種類繁多，有極大型綠色品種，大到每一片葉子都含有相當大量的果肉可食。也有非常小型的深棕色品種，要花一番功夫才能取得少得可憐的可食部分，不過，努力是值得的，果真和許多食物一樣，朝鮮薊品種最小的滋味最甜美。在沃克呂茲（Vaucluse）地區，如果你點了菜單的「沃克呂茲蘆筍」（Asperge Vauclusienne），會很詫異，這個菜名是拿蘇格蘭傳統上的丘鷸（Woodcock）或草原牡蠣（Prairie Oysters）[12]開玩笑，你吃到的根本不是什麼蘆筍，而是朝鮮薊。不過，這種朝鮮薊非常喜慶洋洋，填入了火腿末和以大量綜合香料植物調味的餡料；這些香料植物在上普羅旺斯一帶乾燥的山區氣味格外濃烈。

另一道非常有普羅旺斯特色的菜是「白酒燉朝鮮薊」（Barigoule）：朝鮮薊心、蘑菇、香腸肉末、培根丁，當然還有很多的大蒜。朝鮮薊堪稱最有普羅旺斯特色的蔬菜，而番茄是最常用的，可是稍微屈居生食的洋蔥之後。接著，是前述提過的茄子和櫛瓜；刺苞菜薊在這裡配鮮奶油醬吃；茴香，不光是可用來為其他菜色增味，也可單獨成為一道菜，或水煮或煎香食用。還有，胡椒也是特色。

朝鮮薊之於普羅旺斯是蔬菜，而無花果是水果；和朝鮮薊一樣，無花果也是最小的品種最肥嫩。上等的紫色無花果充滿成熟氣息，美味無與倫比（只吃過無花果乾的人，對新鮮無花果根本毫無概念），不過，最出色

---

12. 草原牡蠣其實是指「牛蛋」，也就是牛睪丸。

的品種是小型綠無花果，看起來甚至尚未成熟般，通常稱為「馬賽無花果」（Figue de Marseille）。義大利有一道絕美的前菜是以薄若紙的火腿片配熟透的無花果，但就我所知，這般美味的搭配並未跨過邊界來到蔚藍海岸，不像很多道義大利美食那樣，也辜負蔚藍海岸一代盛產的無花果。說不定，是因為法國（科西嘉島除外）並無本產火腿可媲美與無花果絕配的義大利風乾火腿（Prosciutto）。

對於遍遊普羅旺斯的旅人來說，至少如果他來到艾克斯附近，或順著隆河南側從亞維儂到卡瓦永（Cavaillon），還有一樣頗負盛名的水果會很吸引他：甜瓜。田野遍地都是甜瓜。它們的品種比較類似美國的甜瓜（Honeydew，也稱白蘭瓜），而非網紋洋香瓜（Canteloupe，俗稱哈密瓜）。這一帶也是法國唯一盛產西瓜的地方（本地稱為Pastèque），相較於內地，尤以蔚藍海岸一帶，特別是馬賽地區最為著稱。雖沒有特別理由此區以北不該有西瓜，但偏就是沒有。巴黎坊間久久一回可以見到西瓜，但非常稀有，而且也幾乎沒有人會買，店家出於好奇展示一、兩顆西瓜，並不會經常做這樣的實驗。（同樣的，巴黎坊間偶爾也見店家為了克盡職責展示紅薯，但不常見；普羅旺斯較常見到紅薯，但當地卻也不太吃它。）

初春，普羅旺斯滿城果樹花團錦簇，美不勝收；果樹是這裡最大宗的樹種，也是完美的背景，襯托著海岸山脈背面比較黯淡的乾旱區，與地中海岸截然不同的花稍色彩，使得美景更驚心動魄。所有常見果樹在這裡應有盡有——水蜜桃、杏桃、榲桲、櫻桃，但幾乎沒有李子——很明顯的也沒有蘋果。然而，綻放白花人見人愛的杏仁遞補了蘋果的缺席。還有法國其他地方所沒有的果樹，譬如石榴（Grenade）和柿子（Kaki），雖然吃的人很少。

南方的另一種果樹是枇杷（Nèfle du Japon），或許有英文名稱，但有的話我也不知道。「Nèfle」是英文裡的「歐楂」（Medlar），類似海棠果（Crabapple），但「Nèfle du Japon」卻與兩者無關。枇杷的日文名字是「Biwa」。這種水果貌似小杏桃，有兩顆內核。果肉結實、清新，帶有一股酸味——至少在我濱海自由城居所後院那棵枇杷樹是如此。在普羅旺斯蔚藍海岸這一帶，當然也有所有的柑橘水果，諸如檸檬、柳橙、橘子（法

國人都稱為柑橘），還有非常甜美的血橙（Sanguines）和葡萄柚——但不像加州品種那麼又大又香；法國的菜單上都用它的英文名稱，而蔚藍海岸的品種則稱為柚子（Pamplemousse）。（除了最謹慎的餐廳，一般都不會有這樣的區別，而且如今兩種水果的任何一種，都可能叫兩個名稱的任一種。）蔚藍海岸也盛產香蕉，根據季節不同，有些年會成熟，有些年則否。食用香蕉更像是怪胎，不像是蔚藍海岸的特產。

英國人大道（Promenade des Anglais）上會見到椰棗樹一大串一大串的椰棗，這些椰棗都不會成熟。就我所知，歐洲唯一會成熟的椰棗樹是長在西班牙的亞利坎提（Alicante）。

精緻的糕點在普羅旺斯並不常見，個中原因並不難懂，只要想到氣候，雖然在這道海岸線上有多種糕點特產，譬如亞耳的炸糖角（Bugnes）和艾克斯的杏仁糖（Calissons）。普羅旺斯會將盛產的水果甚至是花製成蜜餞。阿普特（Apt）和亞維儂都擅長製造蜜餞，亞維儂還用當地的甜瓜切片製成蜜餞。在製作蜜餞花的六個城鎮裡，以格拉斯產量最大。塔拉斯孔（Tarascon）生產巧克力蜜餞「酒漬櫻桃巧克力」，名字源自當地最出名（虛構）的居民——塔塔里納德（Tartarinade）[13]。卡龐特拉（Carpentras）盛產約旦杏仁，而雖然沃克呂茲、上普羅旺斯阿爾卑斯、阿洛（Allauch）都產以杏仁蜂蜜製成的牛軋糖（Nougat），但蒙特利馬爾（Montélimar）最有資格以法國牛軋糖之都自居。

普羅旺斯最卓越的葡萄酒產自隆河丘（Côtes du Rhône）酒區；這樣更便於將許多不屬於其他定義明確酒區的不同年分佳釀，歸為一類，因為如果這些釀酒葡萄具有隆河兩岸的共同特徵，它們就幾乎不會有其他共同點。這些葡萄莊園占據沿河地帶，補丁似的這裡一塊那裡一塊，彼此間隔相當遠的距離，有很多處都不在普羅旺斯區內，但仍可被歸類於這，在這裡就像在其區一樣方便。

在極北處的里昂大區，前述提過的恭德里奧（Condrieu）白葡萄酒，也提到了同一酒區裡不那麼獨特的中等干列格里葉酒白酒（Château-Grillet），以及上等的羅帝丘（Côte Rôtie）紅葡萄酒——最知名的隆河陳

13. 法國作家Jean Galtier-Boissière作品《 *La Fleur au fusil*》裡的人物。

釀。過河到東岸，下坡快到瓦朗斯（Valence）時，就到了另一處名城——多菲內行省（Dauphiné）。佳釀艾米達吉（Hermitage）——濃厚色如紫羅蘭但有一點點苦的紅酒。就在瓦朗斯對面，回到河的西岸，這裡產製一款相當干冽淺黃色香氣撲鼻的聖佩黑（Saint-Péray）白酒。再過河，最後一回了（此處南岸西側前述曾在朗格多克篇章中提過），我們終又回到普羅旺斯的亞維儂區，這裡產製隆河最傑出的葡萄酒，包括獨步其他酒區的年分佳釀：教皇新堡（Châteauneuf-du-Pape）[14]，這是一款酒精濃度高、口感厚重香氣馥郁的紅酒，應當好好長途運輸供應外地，而它也確實幾乎無所不在。然而，我個人對這種酒的體驗，卻驚人地得出一個至理名言，那就是：若要找一個喝某款酒最美味的地方，那一定就是在這瓶酒生產的地方。我在很多地方都喝過教皇新堡，但有兩次特別感動。一次是在亞維儂新城（Villeneuve-lès-Avignon），恰與亞維儂隔隆河對望。另一次是就在教皇新堡酒區，不但喝了一瓶了不起的教皇新堡，還頭一次學到教皇新堡也產白葡萄酒：拉雅堡（Château du Raya），相信應該是這個名稱，從此往後再不曾見過這款酒，而這已過了一段時間——精確來說，是1940年5月10日，是個很難弄錯的日子，因為那天德國軍隊進犯法國、比利時和荷蘭邊境，把身為通訊記者的我趕離基地遠赴教皇新堡。當時我喝的兩瓶酒都是1929年的，一個好年分，距今已很久；隆河谷地的葡萄酒通常可以陳放多年。近期隆河丘最佳年分酒是1943、1945、1947、1949、1950、1952、1954、1955、1959和1961。

離開隆河，穿越普羅旺斯中心地帶、海岸區北端、過了艾克斯，就會跑進一路綿延到瓦河（Var）谷地的葡萄園。這些產製的是普羅旺斯丘（Côtes de Provence）[15]的葡萄酒，一點都不出色，但都是好喝的佐餐飲料，通常以無名方式裝在大水壺裡上桌。十五世紀時，這些葡萄酒在艾克斯有一位了不起的庇主，他是普羅旺斯的統治者，史上稱為「好王勒內」（Bon Roi René，亦即安茹的勒內）。他先是在普羅旺斯栽種了麝香葡

---

14. Châteauneuf-du-Pape AOC被認為是全法國最早實施葡萄酒法定產區制度的產區。本產區紅白酒皆可生產，但紅酒的產量比白酒大得多。
15. Côtes de Provence AOC遲至1977年才成立，是本區最大的葡萄酒法定產區，可供應紅、白與粉紅酒，其中以粉紅酒最知名。。

萄,在葡萄園裡做農事樂在其中。

　　本區產製紅酒、粉紅酒和白酒,可是近幾年白酒名聲最盛。自1933年以後,紅酒再無好年分,1935年之後粉紅酒也無好年分,但是白酒始終都很出色,1935、1937、1939、1944、1945、1947和1949皆美。我對本區白酒印象最好的是「白中白」葡萄酒(Blanc de Blanc de Provence):產自奧特(Ott)莊園塞勒堡(Château de Selle)的克洛斯米雷耶(Clos Mireille);普羅旺斯很多葡萄酒農田都稱為莊園。這裡大多數的酒莊都釀造這三款酒,但要特別推薦的白葡萄酒是梅勒伊(Meyreuil)和瓦爾河畔維拉爾(Villars-Sur-Var),至於最特等的普羅旺斯葡萄酒,不論品種,那就是聖馬丁堡(Château de Saint-Martin)、聖玫瑰堡(Château de Sainte-Roseline)、莫利埃酒莊(Domaine des Moulières)、十字架酒莊(Domaine de la Croix)、西博訥酒莊(Clos Cibonne)的陳年佳釀。

Chapter 13

✥

蔚藍海岸與尼斯
The Côte d'Azur and the County of Nice

　　名聞遐邇的法國蔚藍海岸，就在普羅旺斯境內。所有的普羅旺斯菜，這裡也有。但因為這塊狹長海岸地帶沿岸一線山脈，將它與內陸阻隔開，因此有其自有的物產，值得單獨探討。

　　相較於海岸與內陸的食物差異，更叫人驚訝的是，這條不算長的海岸，從馬賽到芒通（Menton）頗崎嶇的海濱道路不過區區300多公里，不同地段所偏愛的食物差異竟明顯可辨。這些差異可能是由於固守著源遠流長的飲食習慣，遙想當年道路尚未開鑿，兩側群山綿延入海，內縮的山坳被圈在山腳裡，和其他陸上的山坳鄰居互不通來往。但當然，每處海灣的漁船卻可航行長驅直入另一處海灣——無可阻擋，除了至今猶存，不同區的漁夫為了生計依賴同一處漁場彼此仍劍拔弩張。在軍警效力不彰的年代，漁夫得小心翼翼方能安然返港。因此，每一處港口的地方菜上各有自己的特色，這一點經過六百多年並無太大改變。這類模式根深柢固便造就了沿海與內陸菜色各自變化：沿海物產豐饒，內陸則一無海產。想當然耳，那個年代無法保存鮮魚免於腐敗，而且氣候也從不夠冷到足以製造

天然冰塊，交通運輸速度又不夠快到能在魚鮮腐敗前配送物資到遠方。海岸魚鮮無法以人工冰塊或乾冰包裝，只能在兩個鐘頭內，好比從聖拉斐爾（Saint-Raphaël）運到艾克斯，如今想來不可思議。然而，內陸地區仍不吃鹹水魚，因為那裡始終不習慣食用鹹水魚。但另一方面，醃製的魚——比如主要用於普羅旺斯和朗格多克油蒜鱈魚羹的鹽漬鱈魚——是內陸飲食中的重要食材，也比鮮魚容易運送。有點奇怪的是，蔚藍海岸充斥著各種鮮魚，但很多道當地喜愛的菜餚卻都使用鹹魚或魚乾產品，這是事實。

和所屬區域一樣，法律規定尼斯獨立成郡是有政治因素的：在薩瓦家族將近五百年統治之前，尼斯郡一直都隸屬普羅旺斯達四百年上下；尼斯市是由希臘商賈在公元前350年左右創立的，後淪入羅馬與後繼者手中，又因蠻族和撒拉森人占據而告終，也因此，尼斯的基礎機構和美食都是普羅旺斯式。相比於烹飪，或許語言較短暫。尼斯郡的方言融合了普羅旺斯方言與義大利語，尤其義大利元素更甚於普羅旺斯元素。這使得尼斯語和坎城語天差地別，而這兩地只相隔30多公里——尼斯稱「spade」（鍬）為「pella」，而坎城則稱為「ramassa」。不過尼斯的烹飪，基本上比較偏向普羅旺斯而非義大利，雖然實質上借鏡了一些非常義大利菜的特色。

可能吧，義大利在語言影響上的優勢，與普羅旺斯在美食影響上的優勢，兩相對比也看不出任一影響或另一方更難改變，可是久而久之造成的簡單結果就是尼斯對薩瓦稱臣，時間就在1388年。但當時普羅旺斯菜已經取得穩固的地位，也已經在尼斯穩穩扎下根基。只是，語言仍處於一種熔融狀態。拉丁文依舊是知識分子的標準語。普羅旺斯方言雖至少自十一世紀以來已經是文學語言，也在十二世紀達到顛峰，但仍不太像是一種語言，比較像是一組相關的方言。沒有哪一種曾超越其他種的地位，一如佛羅倫斯語之於義大利語那樣。因此，義大利語比普羅旺斯語有更厲害的俚語，也在相當程度上足以在尼斯取代普羅旺斯語。但是，烹飪的情況卻大不相同。雖然將近兩百年後，從義大利佛羅倫斯嫁到法國當王后的凱薩琳‧德‧梅第奇（Catherine de Médicis）還能將義大利廚子帶到法國傳授廚藝給法國人，成熟前輩教育年輕人，使得佛羅倫斯的烹飪對巴黎裨益良多，然而，法國蔚藍海岸較鄉村氣息的烹飪，並不是從義大利蔚藍海岸那裡學來的。個別的菜色或可跨越邊界而來，但烹飪風格並沒有。尼斯的

美食根基，也就是普羅旺斯風格已經有所調整，添加了來自西部，獨屬蔚藍海岸的普羅旺斯美食分區的豐富性，而來自東方義大利蔚藍海岸波南特（Riviera Ponente）的烹飪，悉數遭到擊垮。

假如我們從馬賽出發要往東行，那麼首先要探討的絕對是馬賽自有菜色：海龍王湯（也稱馬賽魚湯）。馬賽如何因此菜揚名立萬，情形並不清楚，因為海龍王湯在此沿海一帶到處可見，各地各有自己的版本，而且幾乎每個廚師也各有自己的調整。確實，每個廚師每次做這道菜都不會一模一樣。對於魚湯裡必須有或不得有哪些魚種，眾說紛紜，因此，任何特定的海龍王湯究竟該有什麼材料，視漁網當日斬獲而定。馬賽大可宣稱它是全球海龍王湯之都，因為它做的魚湯最出色。很多人會同意這個說法。我也難以反駁它。可是，我個人沒那麼好運，不曾在馬賽嚐到異常精采的海龍王湯。記憶中在蔚藍海岸嚐到最美味的魚湯，是在位於聖讓卡弗爾拉（Saint-Jean-Cap-Ferrat）的拉沃伊爾多爾酒店（La Voile d'Or）；但在我整個美食生涯裡喝過最出類拔萃的海龍王湯，不在蔚藍海岸，甚至也不在法國，而是神奇地在紐約的米迪餐廳（Restaurant du Midi），在它還沒成名，還只是個法國水手經常出沒的場所的往昔。

馬賽幾乎很難主張它是海龍王湯發源地，除非改變魚湯發源地，而馬賽人正會大言不慚這麼做，反正馬賽是個故事一籮筐的城市。傳說，海龍王湯應該比有兩千五百年歷史的馬賽更古老；根據迷信所言，加了番紅花的魚雜燴（Fish Chowder，俗稱巧達湯）令人昏昏欲睡；其實不會，可是但凡吃了海龍王湯這般大分量的食物，很容易昏昏欲睡。傳說故事還說，海龍王湯是維納斯女神發明的，她用來迷睡丈夫火神（Vulcan），好與戰神（Mars）私會。或許馬賽人在這個故事看到一線契機，可以主張自己是這道菜的傳人，因為馬賽這座城市長期由希臘人統治，大可把自己看作是希臘眾神的後裔。不論究竟如何，海龍王湯是神聖的，這點大家都認同。

另一個記載聲稱這道菜源自希臘則平淡無奇，說古希臘文學裡提到過類似海龍王湯的魚湯。說不定，創立馬賽城的希臘人確實帶來了海龍王湯的鼻祖。我們知道的是，他們的確將橄欖樹引進了普羅旺斯，因而提供了起碼這道菜裡的兩樣材料。然而，不論希臘人是否曾引進第一碗海龍王湯，即使沒有外來靈感激發，馬賽人幾乎也無從避免會發展出有點類似的

湯。若漁港無法發展出魚湯，那才真的奇怪。法國的每一條海岸線都有自己的海龍王湯，不論名字叫做「燉魚」（Cotriade），如布列塔尼，或如普瓦圖稱之為「雜燴」（Chaudrée），或者如巴斯克自治區稱之為「肉菜濃湯」（Ttoron）。又或者，甚至內陸地帶，必然以淡水魚烹製，如布根地的「白酒燴魚」（Pauchouse）。不過一提到這些湯，都被形容為當地的海龍王湯，這是無意識地在向蔚藍海岸——或馬賽——魚湯的卓越多樣性表示致敬。致敬有理，海龍王湯是偉大的湯。若無現成可用的詞彙，人們就會用最高級的形容詞來描述它：在同一處海岸地帶，兩大勢同水火的對頭——魚湯（Soupe aux Poissons）和蔬菜蒜泥濃湯（Pistou）爭奪湯中霸主地位。

海龍王湯是個複雜的課題，也是那個很容易讓人怒火中燒的一個。對於海龍王湯該有什麼材料，人人各有己見，若有人持相反意見，就會像是名譽受損一樣跳腳。最容易也最粗暴挑起爭議終結畢生情誼的方式，就是拿龍蝦說事。關於這一點有兩大流派。一派認為，在海龍王湯裡放龍蝦無疑給水井下毒。另一派主張，不放龍蝦的人會餓死他的孩子。我曾嚐過沒放龍蝦的絕佳海龍王湯。當然，兩派之中只有一種是道地的。可惜，我不知道是哪一種。

或有其他看法，但我不得不聲明一下我毫無所知。究竟煮海龍王湯該放什麼魚、又有什麼魚摸著良心得嚴格避免，凡此種種議論紛紛多不可數，這次不在我的考慮之中；但即使是廚師也都同意魚種應有所選擇。那麼都是哪些魚？我知道牠們的法文名稱，知道牠們的模樣，知道牠們吃起來什麼味道，但是牠們有英文名稱嗎？牠們也存在於英語世界的國度裡嗎？如果沒有，那麼英文就不可能給牠們命名。雙語字典裡不如你想像那麼有用，有時一副絕對保證的口吻，說什麼某個字可以用同義詞翻譯，卻又不明確翻譯出另一個國家裡同一種魚的名稱。你甚至未必要跨越到外語領域才會遇到這類麻煩，只消找個講英語的人和一個美國人，看他們對「鷓鴣」（Partridge）一字是否看法一致。鱸魚的英語是「Perch」，法語是「Perche」，但有沒有哪一種魚，我們稱之為「Perch」，但法國人稱之為「Perche」（而且流傳甚廣，一如Perch這個字）？哥倫布來到新大陸的時間早於生物分類學家林奈博士（Carl Linnaeus）誕生前兩百年。

在這之間，歐洲人見到新品種魚、鳥、動物和植物，就用依稀相似的家鄉物種來命名。甚至，在林奈採用了貝蒂榮（Jacques Bertillon）的物種辨識系統之後，還有很多物種都還由不熟悉這套系統的人在做命名。再加上，當環境改變時物種也跟著改變，要辨識完全同樣的物種簡直難如登天。沒幾年前，法國河川與湖泊充斥美國虹鱒和小口黑鱸（Small Mouthed Black Bass），都是之前法國聞所未聞的物種。如今牠們的後代是否味道和北美鱒魚、鱸魚一模一樣呢？抑或，牠們經過演化，就像生蠔從康卡勒（Cancale）遷移到馬雷訥（Marennes）變成了馬雷訥種，本質上迥異於康卡勒種？

地中海盛產食用魚。我知道牠們在牠們的故土是什麼，但牠們並不存在於我的家鄉新英格蘭海岸。也許，牠們有一些在墨西哥灣也有——有人跟我說過，那裡有紅鱸（Rouget），也或許加州也有，那裡出現過法國龍蝦，而新英格蘭龍蝦理當就是螯龍蝦（Homard）的同種，雖然我的味蕾告訴我不是，牠們並非完全同種。那麼「Chapon」這個食材呢？這更困難，因為即使法文字典裡也找不到「Chapon」一字。我的《小拉魯斯百科字典》（*Petit Larousse*）裡也沒有，只有「Capon」一字，但卻是另一回事。《拉魯斯美食百科全書》（*Larousse Gastronomique*）[1] 用了超過千頁篇幅解釋食物定義，僅僅在字面意思加上喻意（同樣產自普羅旺斯和朗格多克），說「Chapon」是一小片塗抹了大蒜浸了油和醋的麵包，用於沙拉。

然而，若有機會嚐到，海龍王湯裡放的一種赤鮋（Chapon，台灣俗稱石狗公），是地中海最美味的魚鮮之一。最好說「若有機會嚐到」，是因為這種魚越來越稀有。以前住在蔚藍海岸時，曾經跟我的魚販定下長期訂單，只要捕到赤鮋都得留給我一尾。每個月幾乎不會得到超過一尾。赤鮋是一種身強體健的魚類，頭大如箱，占全身三分之一，魚肉色白扎實，烤熟後會碎開成片狀，很容易吸收百里香、月桂等等香料植物的芬芳氣息，故而廣受愛戴。但牠可有英文名稱？

蠍魚（Rascasse）呢？這是一種雜魚，全身尖棘及密布，住在岩石洞

---

1. 《拉魯斯美食百科全書》於1938年出版，被譽為世界上最偉大的烹飪百科全書。編著者之一為 Georges Auguste Escoffier，是十九世紀末二十世紀初極重要的法國廚師與作家。本書歷經多次改版，最新版本為2009年版。

中，若非海龍王湯，牠們會一直待在那裡。單獨吃牠並不好吃，可牠卻是海龍王湯的靈魂。和其他魚鮮同煮，蠍魚是催化型食物，好比松露，對滋味的貢獻看似微薄，但卻天生能強化其他的味道。我的法英字典上沒有「Rascasse」一字，或許是杜父魚（Sculpin）？多利魚（Saint-Pierre）條目下也無資料，雖然字典上提及巨海扇蛤（Saint Jacques）是一種扇貝。《拉魯斯美食百科全書》稍好，說在英格蘭「Rascasse」稱之為「海魴」（John Dory），可是我的英國朋友沒有一個知道什麼是海魴，我只能描述牠是一種結實味美的白肉魚，牠的名稱源自魚身兩側的圓點，根據傳說，牠的始祖曾被使徒彼得（St. Peter the Fisherman）捕獲，被聖人用拇指和食指捏著從水中舉起。至於菲拉斯魚（Fielas）和紅棕蠍子魚（Sarran），兩者也都會出現在海龍王湯裡，我手上的字典根本無一記載牠們的名字。

　　這些尚且是不太困難的定義問題。最難的一個是，能讓所有人都接受的海龍王湯形容詞。即使是基本的陳述，說海龍王湯是一種雜魚濃湯，我們很快就會加以修飾，但眼下就先這樣。絕無爭議的一個重點是，海龍王湯必須快火快煮到沸騰。至於材料，大家都一致同意的魚種只有一個：蠍魚。大家也都同意的是，單單只有蠍魚無法煮出海龍王湯，雜魚湯裡必須還有其他魚種，但沒有哪份名單是一樣的，而蠍魚是我比對過六種以上的食譜裡，唯一共同的魚名。

　　作料、佐料和調味料也很重要，不亞於海龍王湯裡魚的品質。大家都同意，如果沒放橄欖油、番茄，還有讓湯呈現典型橘紅色的番紅花，就不成海龍王湯。在蔚藍海岸，實際上大家也完全同意，只能放地中海產的魚鮮，尤其，貽貝根本在海龍王湯裡無立足之地。有些人認為，貽貝非地中海原產物，地中海所產不如寒冷大西洋海域所產美味。這一點也是巴黎海龍王湯和蔚藍海岸的差異，巴黎人堅持要在湯裡加貽貝。但這不表示，每次在巴黎點這道菜時裡面一定都有貽貝，首都裡有很多地中海廚師認為這樣做是褻瀆。蔚藍海岸也有餐廳烹製巴黎風格的海龍王湯，不過非常罕見。

　　這份材料清單無法呈現海龍王湯的豐富，因為它只有一種大家都同意的材料。不過，大家也都同意，縱使各家清單不同，但應該比這個要更為豐富。首先是魚類：有一個門派堅信，經典的海龍王湯，不論裡面放了哪

些魚，都一定得有蠍魚、歐洲康吉鰻（Congre）、角魚（Grondin，與魴魚同家族）。馬賽人則固執己見，不能在海龍王湯裡放角魚，但卻要放入角魚的親戚，或許大致是同類魚；馬賽人的清單是蠍魚、赤鮋、多利魚、康吉鰻、鮟鱇魚（Baudroie，長得像赤鮋，頭很大，可能是親戚）、魴魚、多利魚、牙鱈（Merlan），還有鱸魚，根據我的字典上的說明——可不是我說的——是一種海裡的鱸魚。另一份食譜放的魚是蠍魚、多利魚、菲拉斯魚、鮟鱇魚和紅棕蠍子魚。有位十九世紀作家放的基本材料是蠍魚、紅鯔、金頭鯛（Orade）、紅鯛（Pagel）、多利魚、鱸魚和綠鰭魚（Galinette）；最後這種魚會用尖刺堆裡的一雙眼睛著你。（馬賽人會堅持放牙鱈，但不介意省略康吉鰻和角魚）。最後一個，尼斯給了我一個相當不一樣的水族箱芳名錄：海鰻（Moray）、康吉鰻、蠍魚、赤鮋、深海鰻、鮟鱇魚等等。或許可以這樣總結一下，海龍王湯由蠍魚和許多地中海所產各種魚類烹製，端看廚師手中有什麼材料。

　　一旦海龍王湯裡可以加入甲殼類，對於該放什麼倒是爭議極少。但前述已提過，有人認為不該放貽貝、蛤蜊等等之類不適合的材料。然而龍蝦螃蟹類的任何東西似乎毫無問題。龍蝦（Langouste）[2] 幾乎是不可或缺的。螯龍蝦（Homard，就是我們的大西洋龍蝦，至少是近親）則必須排除在外，理由和貽貝相同：雖說地中海所產也不差，但在寒冷海域裡更出色。不過，螯龍蝦偶爾會出現在海龍王湯裡；螃蟹也是，包括知名的品種歐洲蜘蛛蟹（Sea Spiders）。

　　因為太過複雜，所以就不再論及其他各式各樣材料。這是馬賽人的各色原料：洋蔥末（或洋蔥和大蔥）、去子壓碎的番茄、大量大蒜、茴香、洋香菜末、百里香、月桂葉、陳皮、最上等的橄欖油、鹽、胡椒，以及磨成粉的番紅花。

　　所有食材，除了烹煮時間只有其他材料一半質地較軟的魚，統統放入鍋中，倒入水或魚高湯。魚高湯可以讓湯汁比較濃稠，而海龍王湯應該有一點點濃，雖然蔚藍海岸的廚師不喜歡巴黎風格加入奶油的作法。他們堅

---

2. Langouste / Langoustine龍蝦通常螯的部位瘦長，類似台灣的角蝦，Homard龍蝦通常螯的部位非常強壯肥大，常見的波士頓龍蝦就屬於這一種。

持，這麼做簡直背叛了橄欖油，而且，還會讓湯汁過於濃稠。只要他們放的原料恰如其分，毋須奶油湯汁自然就會足夠濃稠。他們也並非在控訴巴黎廚師在材料上偷斤減兩用奶油做掩護，但若你要這樣論斷他們也奈何不了你。不論情況如何，蔚藍海岸的廚師認為，巴黎覷覦海龍王湯，太肆意妄為。

除非事後還要吃甜點，否則海龍王湯的製作方式就是完整的一頓餐。魚湯和魚肉是分開吃的，這就成了兩道菜。魚湯會倒在麵包片上，這點可是海龍王湯的真正迷哥迷姐們堅持不得任意竄改的，也不應該從烤箱拿出來放入湯裡，不可烘烤、不可油煎，也不該撒上乳酪粉——有些會這麼做。馬賽對這個小細節很挑剔，麵包是一種特殊的鄉下麵包稱為「Marette」，麵包的唯一下場就是載浮載沉於海龍王湯。

分開食用的魚肉，食用的方式會影響海龍王湯的烹煮方式。我所看過的食譜都指向，魚應該切成數塊，全部大小一致，不論原本的魚鮮有多大，但我實在想不起來曾經吃過以兩個盤子盛裝的海龍王湯，而魚肉是切塊的。分開裝盤，那樣看起來比較美觀。顯然，廚師們如今只將魚切成塊，但所有食材全塞滿在一個容器內——也說不定，鍋子的大小決定食客是否吃到一個容器或兩個容器盛裝的海龍王湯（小鍋子、切塊的魚；大鍋子，整尾魚）。尼斯就把這個食用傳統發揮得很好，做成了三道菜：龍蝦（和螃蟹，如果有的話）和魚分開盛裝於單獨的盤中。這意謂著，尼斯是加了龍蝦的海龍王湯的發源地，可是，這些年來馬賽人也好像總是放了龍蝦在湯裡。土倫有時候比較儉樸，堅守著只放魚的理論。有些餐館會任你選擇，或許是考慮你的荷包多過你的味蕾：在海龍王湯裡加了龍蝦，價格大幅增加。

有些餐館會提供磨成粉的乳酪讓你撒在海龍王湯上。這實在沒必要。湯已經提供夠多刺激給味蕾了，平淡無奇的乳酪粉添加物只會扯後腿無助於增添滋味。如果你想品嚐海龍王湯的頂尖滋味，就必須大膽果敢——不需要舒緩的額外味道，而是某種能給你真正顛蕩的東西。這一點就靠番紅花蒜泥蛋黃醬（Rouille）。

番紅花蒜泥蛋黃醬是蔚藍海岸菜餚的一種經典產物，搭配海龍王湯甚是絕妙，而配上魚湯更出色。除此再難找到更好的陪襯了。當然，蔚藍海

岸的餐館不會推薦給你，除非你開口。有一部分原因可能是因為番紅花蒜泥蛋黃醬製造不易，但我懷疑主廚的理由是，蔚藍海岸曾被盎格魯撒克遜人統治過很長一段時日，對方的味蕾因字彙有限而苦；美國人驚恐萬分看了菜單後點了火腿蛋，布列塔尼人因找不到半點水煮冷羊肉而哀嘆連連。餐館大概也學到了教訓，要在菜單裡放上番紅花蒜泥蛋黃醬一字就得警告一下消費者。第一次嚐到這道菜的人，更少人收到警告。正宗番紅花蒜泥蛋黃醬是辣的。吃進嘴裡有一點像是那類印尼菜的醬料，又紅又棕，看似無害，可是一入口立刻明瞭，何以飯桌上佐餐的不是葡萄酒而是啤酒：如此才能滅火。

番紅花蒜泥蛋黃醬的作法是，將大蒜和紅辣椒一起搗碎——辣椒越多醬料就越辣，但番紅花蒜泥蛋黃醬滋味越棒——再加上麵包丁、橄欖油和魚高湯。成品如紅色芥末醬，濃稠黏稠。舀一湯匙放入湯中，它會漂浮在表面如酸奶油浮在羅宋湯那樣。有人會以為這麼辣會毀掉湯本身的滋味。其實不然，它會巧妙地引出海龍王湯多彩多姿的味道，很明顯地提升所有滋味到一個極致的境界。

「馬賽沙丁魚湯」（Bouillabaisse de Sardines）以新鮮沙丁魚製成，當然，實至名歸，只除了名稱上的更動——只用沙丁魚——其餘悉數遵照定義，必要材料無一或缺：鰻魚、番茄、番紅花；額外配料也差不多一樣：還加了馬鈴薯片。不過至少有兩道掛名海龍王湯的菜餚有欺瞞之嫌，因為兩者都沒放魚。這兩道菜是例外亦是證明，駁斥了海龍王湯是魚雜燴的主張，我們現在覺得有必要驗明正身一番。然而，這兩道菜卻是可以證明鐵律的例外情形，因為冠上海龍王湯的名義，目的是嘲諷，在「單眼法式海鮮湯」（Bouillabaisse Borgne）的個案上，特別明顯易見，「單眼」一詞就不是恭維之詞。「雞蛋湯」（Aïgo-sau-d'Iou）[3]其實是相當有模有樣的一道湯，名稱比較不輕蔑，它是用橄欖油、洋蔥末和蒜苗、白酒、番茄丁、大蒜末、百里香、月桂、鹽、胡椒和番紅花，與清水同煮炮製而成，湯裡並加入馬鈴薯片，上桌前在湯裡煮個水波蛋。吃的時候，用一個盤子裝麵包片，將湯倒上去，另一個盤裡裝馬鈴薯片和水波蛋。

---

3. 現代食譜中Bouillabaisse Borgne與Aigo-sau-d'Iou這兩個名字指的是同一道菜。

「法式菠菜海龍王湯」（Boui-abaïsso d'Espinarc，通常菜單上寫的是普羅旺斯名稱Boui-abaisso d'Espinarc）在馬賽格外受歡迎，但是遊客光顧的餐館裡看不到這道菜，它只出現在那些馬賽港本地居民常去的地方。這道湯是先將菠菜單獨水煮，擠去所有水分再切碎。然後放入砂鍋，與馬鈴薯片、大蒜、茴香、鹽和番紅花，倒滿水加蓋慢火煨煮。等馬鈴薯片煮熟，打蛋在湯上面，等蛋煮熟，直接連鍋端上桌食用。

還有一道「鱈魚海龍王湯」（Bouillabaisse de Morue）裡面放的是鹹鱈魚和馬鈴薯，不放海岸所產的魚鮮，但是，這道湯主要是內陸菜，猶如蔚藍海岸以鮮魚煮成的湯品，但以鹹魚取代了鮮魚。不得不承認，這番努力並不是很成功。

「蒜泥蛋黃醬燉魚」（Bourride）通常被形容為海龍王湯的特殊版本，好像是覺得海龍王湯的狀況還不夠複雜似的。有時候面對某道湯時，很難決定它到底是蒜泥蛋黃醬燉魚，還是海龍王湯。和後者一樣，在沿岸地帶有很多種版本的蒜泥蛋黃醬燉魚。有本著作給了權威的解釋，說蒜泥蛋黃醬燉魚的特徵是裡面沒有番紅花。可惜，同一本書的另一頁有一份蒜泥蛋黃醬燉魚食譜，只此一種作法，別無變動，但材料裡有番紅花。一般說來，差別應該是這個：蒜泥蛋黃醬燉魚只用白肉魚，絕無甲殼類，而且通常是用小很多的魚類來烹製，而海龍王湯用的是大一點的魚；而且魚湯裡要放蒜泥蛋黃醬，通常還會加蛋黃在裡面。

馬賽人有各種魚湯，貧富豐儉各取所需。在必然昂貴的龍蝦海龍王湯之後，演變出無龍蝦海龍王湯，之後演變出蒜泥蛋黃醬燉魚，最後是提供海味最經濟實惠的方式，將魚雜物盡其用。這種辦法出現在「馬賽粉條魚湯」（Soupe de Poisson au Vermicelle à la Marseillaise），裡面有魚頭、魚尾、魚鰭、脊椎骨，還有製作其他魚料理所剩下的其他廢棄雜碎，這些當然會在上桌前先過濾掉。聽起來像是營養不良的菜，感覺上是如此，但味道嚐起來不然，因為這道清湯有橄欖油、洋蔥末、番茄汁、大蒜、洋香菜、月桂　　　香和番紅花的豐富香氣。最後才加入粉條同煮，魚肉的味道非常　　　　是用了高級部位的魚肉煮出來一樣。

　　　　　有一項獨占海產：雙殼類。如前所述，在生蠔、蛤蜊、　　　　　每域較冷通常產物比較出色，地中海雖產這些甲殼

類，但這裡的人不太吃牠們。但馬賽地區是個例外，或許是因為這裡的潟湖位於低海岸背後，水溫適合，提供了絕佳條件養殖這些甲殼類。

馬賽的甲殼類相當不尋常。除了貽貝和星蛤（Praires，味道類似美國的小圓蜆，也盛產於大西洋岸），馬賽人還吃蛤蜊（Clovisses），它是一種殼裡有一層熠熠珠光的蚌；巴黎坊間也有同名類似形狀的蚌，但品種不同於地中海所產，滋味也不如。馬賽人還吃海鞘（Violets），但不習慣的人會不愛，牠的碘酒味很明顯。我不記得曾在蔚藍海岸吃過扇貝，雖然在巴黎被招待過「普羅旺斯風味扇貝」（Coquilles Saint-Jacques à la Provençale）[4]，不是像巴黎慣常將煮熟的扇貝放在殼裡配上濃稠乳酪醬那種，而是去了殼，搭配一種稀薄細緻的醬汁，那個醬汁我應該可以想像得到用了哪些材料，大體不出大蒜和白酒。吃起來很美味，我很推薦用這種作法烹調扇貝，但我在這裡要持保留態度，因為對我而言，它不是普羅旺斯菜，雖然冠上地名：裡面既無番茄亦無橄欖油，我懷疑是主廚自作主張給的名稱，因為醬汁裡放了很多大蒜（但這個並非普羅旺斯獨有的調味），而非普羅旺斯頭銜下的一般分量（主廚本身出身於侏羅）。

有一道非比尋常的海鮮，也就是普羅旺斯的魚子醬替代品「馬蒂格的普塔格」（La Poutargue de Martigues）[5]絕對是馬賽菜。馬蒂格（Martigues）位於貝爾湖畔（Étang de Berre）；貝爾湖就是馬賽背後海岸的巨大潟湖。「普塔格」是灰鯔魚卵，吃的時候磨成粉加在橄欖油裡。海膽也是馬賽常吃的食物，但不是馬賽獨有的海產，整個海岸線遍地盛產海膽，產量非常豐富，戲水的遊客用肉眼便可看見簡直太過豐盛，踩到的話腳會非常之痛。

其他著名的馬賽料理還有前章提過如何烹製牛肚的「腳肚包」[6]，以及自有的蒜泥蛋黃醬。馬賽蒜泥蛋黃醬將其美乃滋蒜味表親加進了水煮鱈魚、蝸牛、豇豆和馬鈴薯裡面。

馬賽的東邊是土倫，法國的地中海海軍基地所在，我向來推崇它的海

---

4. Saint-Jacques是法國人對扇貝的代稱，原義為聖雅各，使徒雅各。扇貝是使徒雅各的標誌，也是朝聖之路Camino de Santiago的代表符號。
5. 亦即晒乾魚子，如烏魚子。
6. 也稱為蹄肚卷。

鮮很出色，不是因為它有什麼全地中海最獨門上等品種，而只是因為我在那裡第一次吃到紅鯡。紅鯡以最簡單的方式油煎而已，完全沒有調味，呈片狀的魚肉味道細緻渾然天成，就連最巧妙的添加物也難做出更美妙的味道。雖然紅鯡是「rouget」在法文字典的翻譯，但我非常懷疑這個定義有誤。那是一種角魚，我不認為是鯡魚的一種，雖然當地「rouget」這個字用法很廣，很難確認：「muge」或「mulet」是「mullet」的法文同義字，但是這些魚沒有一條看起來像角魚，而角魚被字典翻譯成紅魴（Red Gurnet）。「rouget」的字面意思是「紅魚」，但我很確定牠不是和美國麻省安海角（Cape Ann）[7]同名的那種魚，我在那裡常吃，完全不加理會當地迷信說魚身上的痂是癌症，絕對會傳染給食用者。紅魚並不難吃，但是和紅鯡不是同一個世界的東西。為了造福比我更了解生鮮未煮魚的魚類學家，我可以描述一下：它是一種相當小型的魚（至少在餐館裡不超過一尺長），魚肉很嫩，是嬌嫩的粉橘色，下巴有兩根觸鬚往後彎，魚鱗很粗，下鍋烹煮時通常留著。還有，較小型的紅鯡經常未加清理就下鍋烹煮，或許正是因為這樣，這使得美食作家薩瓦蘭才會稱牠們為海中丘鷸（Woodcock of the Sea）。不過，就滋味來做比較，也很合情合理，因為紅鯡之於魚類，正如同丘鷸之於野味，都很令人滿意。

　　前面討論過的紅鯡、赤鮋，和狼鱸是偉大的地中海魚類三位一體：這是老饕的觀點，但我相信運動員有不同的看法。狼鱸字面上的意思是海裡的狼，字典描述牠是海鱸，我對此持保留態度。法文字典上沒有「loup」這個字，只有「bar」[8]，這是大西洋所產的一種好吃的魚類，不過牠的定義卻讓人摸不著腦袋，因為大西洋有兩種魚都稱為「bar」，各都是肉質扎實的白肉魚，體型都比紅鯡大。紅鯡有股獨特的味道，在主廚出手干預之前，掩飾這股味道似是褻瀆了牠；而海鱸雖然在烹調之前也非常出色，可是味道十分中性，很容易成為香味的載體。因此，蔚藍海岸偏愛的烹調方式是刺激胃口，在食客面前，用一小堆樹枝生火，通常都是茴香或葡萄藤的嫩枝，就在餐桌上烤了，小嫩枝通常會浸過白蘭地，而魚肚事先塞了

---

8. 一說bar是斑鱸，一說就是狼鱸。

餡料，包括普羅旺斯常用的芳香類香料植物。我之所以對狼鱸和海鱸的定義有質疑，其中一個原因是我在北方從未見過用這種方式料理「bar」，而且，我查閱了一本非常全面的食譜書，裡面有十六種烹調「bar」的方式，裡頭獨缺這一種，而這種料理方式卻是南方料理狼鱸的唯一方式。該食譜書確實提供了一則「普羅旺斯鱸魚」（Bar à la Provençale）的作法，但與蔚藍海岸料理狼鱸毫不相干：油煎後淋上「普羅旺斯醬」（Sauce Provençale），再撒上麵包粉，淋上更多油，放入烤箱烘烤而成。

使用了普羅旺斯醬，等於聲明這道菜絕對是本地菜，可是對「菠菜沙丁魚佐普羅旺斯醬」這道菜（Sardines aux Épinards à la Provençale）我就不敢打包票了。這道菜將新鮮沙丁魚捲好沾裹雞蛋和麵包粉，以奶油煎熟，再擺在同樣以奶油烹熟的菠菜上，撒上蒜末調味。我不曾在蔚藍海岸或普羅旺斯其他地方見過這道菜，所以我強烈懷疑，就像「普羅旺斯巨海扇貝」（Coquilles Saint-Jacques à la Provençale）一樣，這道菜是對大蒜趨之若鶩的外地人命名的。最教人起疑的是用奶油煎沙丁魚，可能是將北方市鎮昂蒂布（Antibes）以新鮮沙丁魚烹製的「昂蒂布醬沙丁魚」（Sardines à l'Antiboise），修改而成；昂蒂布醬沙丁魚同樣也裹了蛋和麵包粉，是用橄欖油煎魚，而且搭配了普羅旺斯註冊商標的番茄同煮，還用了調味濃郁的番茄汁，當然還有大蒜。

上述沒有一道菜是特別屬於土倫的，但有一道菜，而且是非常獨特的一道菜是土倫菜：「土倫蜘蛛蟹」（Esquinado Toulonais）；先將螃蟹放入加了醋的水中汆熟，然後將蟹肉、蟹黃挖出，與等量的貽貝（事先單獨煮熟）放入煮貽貝的醬汁裡混合均勻，再擺入蟹殼內放入烤箱烤至金黃。

再往東去，值得我們注意力地方是聖托佩（Saint-Tropez），是主幹道的一處迷人中繼小鎮，位於半島末端，如今被「再度發現」，轉身成了五花八門的景點。和聖托佩關係密切的菜是「魚湯」（Soupe aux Poissons），也是蔚藍海岸三大湯品之一。魚湯實非聖托佩獨有，舉凡海岸沿線都有魚湯，只不過各地魚湯各有千秋，但令我對聖托佩印象深刻的原因有好幾個，其一就是此地魚湯甚為難得：聖托佩聲稱它的魚湯舉世無雙，因為它用了只有當地才有的魚鮮。這些魚鮮捕自聖托佩灣（Golfe de Saint-Tropez），地中海別處均無。此話我不敢擔保，單純傳遞訊息而已

——我見過這款魚湯裡的魚鮮，至少有一種魚完全不像是我在尼斯魚市場所見。那種魚很小，相當扁平，泛著化學物質般的鮮綠色澤，宛如汽車製造商給車子上的塗料，頗令路人作嘔。如此這般看似人工的顏色，不該出現在大自然裡，但偏偏就有。

我是在聖托佩旅行的最後一天見到這種魚的，當時一直吵著要嚐嚐當地版的魚湯，卻始終不能如願。如果無法一五一十拿到全部六種正規材料，製作這款魚湯的人，至少在聖托佩是如此，不肯對材料讓步，不像海龍王湯的發明人那樣。偏偏這些材料卻非全數唾手可得，因為那一段時間內寒冷西北風片刻不停歇。這會打擊到魚兒，或起碼某些魚種，因為天候不佳牠們不願上鉤。寒冷西北風對魚兒的影響或許是傳說，不過對漁夫的影響是歷歷可見的。他們寧可待在岸上玩滾球，眼看著停錨在小碼頭裡遮風避雨的遊艇貼著相連的海堤被拋上拋下猛烈彈跳，沒有人口出惡言。然而，就在我離去的當日，寒冷西北風雖然依舊呼嘯著卻柔和許多，而我早已死了心不指望能吃到聖托佩版本的魚湯，但是招待我的主人卻在中午拎著一堆魚兒前來；他是業餘廚師，宣布午餐要吃魚湯吃。那是我嚐過最美味的魚湯。我飽餐一頓，坐在餐桌很久，覺得對經常光顧的這間拉龐奇餐廳（Restaurant de la Ponche）老闆有一份義務，得在離開前提早吃一頓晚餐。我應該要好好道別，但我始終拿不定主意，到底該吃一點簡單的，還是推遲晚餐，等晚一點再吃。可是，負責招呼客人的美麗店東千金蕊娜（Renée）一見我進門便高呼了一聲，而她母親從廚房衝了出來，一邊用圍裙擦手一邊宣布，為了給我餞行，她已經找齊了足量正規的魚兒來做一人份魚湯（其實她做了六人份）。於是，我又再度品嚐了這道菜，對於聖托佩版本的魚湯有了長足認識。我猜，這是我生平唯一一次吃到滿足的魚湯。

本區另一些地段的魚湯就像是海龍王湯那樣，有湯還有裡面煮熟的魚肉，因此，在蔚藍海岸你可能會遇到這種魚湯，雖然說如果寫菜單的人對手藝細節很講究的話，他會寫「Soupe de Poissons」而不是「Soupe aux Poissons」（意謂湯有魚）。就蔚藍海岸的餐館所理解的，湯和魚做成的一道菜，沒啥了不起。在「Soupe aux Poissons」裡，看不見魚，魚肉確實在湯裡，但已經消融於液體中。魚肉不見了，只剩靈魂。魚肉被磨碎、壓

碎、粉身碎骨，然後煮到本身也化為液狀，而後湯汁被過濾，除掉一切會洩漏傑出材料祕密的痕跡，因為這道菜比同樣偉大的海龍王湯更加細膩。兩款湯的調味方式似乎沒兩樣。但我不敢打包票，因為我找不到「Soupe aux Poissons」的食譜。普天之下應該有食譜曾記載過才對，因為蔚藍海岸全線都有魚湯，但我居然找不到蛛絲馬跡，連旅遊書上也無線索。海龍王湯的威名彷彿抹滅了本區其他出色魚湯的知識，或許是因為，品嚐「Soupe aux Poissons」的饕客需要有一副比品嚐海龍王湯更好的味覺，技藝高超如劍術能當頭棒喝。要說哪一款湯更出眾，很難，但保守無虞的說法是，番紅花蒜泥蛋黃醬在「Soupe aux Poissons」裡的表現比在海龍王湯裡更加出色。

奇怪的是，遊艇玩家聖地兼皇室遊樂場的坎城，似乎對美食一無貢獻。但是原因顯而易見。這類大都會型度假中心供餐給國際旅客，提供的是國際標準的酒店美食。餐廳消費者大多數都和當地毫無淵源，也無意品嚐在地餐飲，況且他們的出現會干擾本地人。但更奇怪的是，蜂擁到坎城的富豪社交圈（如今是電影圈）並未在國際美食裡受到格外優渥的款待。坎城是個怪異的奇觀：一座沒有半家好餐館（不過附近倒有數家）的奢華大城。同樣地，就我所知，摩納哥也對蔚藍海岸一無貢獻，雖有一兩款湯冠上了摩納哥的名稱，可能是個別主廚的創作，但無一是烹飪門派的產物。說不定，是因為沒有足夠多的摩納哥人來開發。蒙地卡羅起碼還有幾家相當出色的餐館，堪稱坎城以外的一些社交聖地。看樣子，上流社會，如果還有這樣的東西存在的話，對吃並不特別感興趣。

坎城背面相隔一點點距離處，依偎在背對海岸的山丘裡的小城是格拉斯，香水重鎮是也，確有一些特產名副其實。這裡滿山遍野一年半載開滿用來製造香水的薰衣草和其他花朵，而35000公頃的花朵香氣濃厚，想必折煞了食慾。或許，為了緩解發膩的花香，格拉斯傾向於有點粗礪的餐飲。當地特色菜是「鑲甘藍」（Sou Fassum），這道菜是普羅旺斯甘藍菜卷的變身，毋須運用太多想像力，只消將塞好餡料的甘藍菜放入火上鍋裡，要麼是現成的牛肉或小牛肉風味，要麼是用羊肉取代牛肉。也很走粗礪風的菜色是「格拉斯甜南瓜派」（Tourte de Courge à la Grassoise），給了南瓜派很威風的名號。這座花城讓人不出所料的一道菜是花瓣糖。

再回到濱海一帶，昂蒂布位於坎城和尼斯兩地居中，以一個小鎮來說，這裡的地方菜相當多。此鎮也是個相當古老的地方，原是希臘人在公元前五世紀創立的安提伯古城（Antipolis）。它和格拉斯一樣也種花營生，只是種花不是為了做香水，但和格拉斯都有釀甘藍這道特色菜，只不過名稱叫「Lou Fassun」（意同 le farci——名字裡不見甘藍）。昂蒂布料理沙丁魚的方式前面已提過。這裡至少兩道菜冠上了地名。「昂蒂布煎蛋」（Œufs Poêlés à l'Antiboise）要先將裹了麵粉的新孵魚苗和魚卵煎至焦香（我眼前的食譜書要用奶油，可是我很確定在昂蒂布用的是食用油），然後加入格呂耶爾乳酪（Gruyère）小丁和蒜末。等到乳酪融化後，把蛋打在上面，將煎鍋放入烤箱。上桌前撒上洋香菜在蛋上。「昂蒂布炒蛋」（Œufs Brouillés à l'Antiboise）是在一只鍋裡炒蛋，另一只鍋裡用食用油煎櫛瓜片。兩樣都做好後，在砂鍋底部放上一層炒蛋，再擺上一層用番茄汁泡濕的櫛瓜，就這麼交替相疊擺滿砂鍋，最後放上一層炒蛋，然後蓋上一層帕馬森乳酪粉，潑上幾撮融化的奶油，放入烤箱烤至焦酥，上桌沾番茄醬吃。

　　出了昂蒂布城，來到法國第六大城尼斯。從這裡到義大利邊界，除了摩納哥飛地之外，都是尼斯郡的領地，領地的幅員也從到海岸延伸到內陸山區。這塊領地並沒有多大——隸屬於濱海阿爾卑斯省（Alpes-Maritimes）的一部分，和另一個不怎麼大的城市芒通相仿，但卻擁有一道特別豐富的美食。很多菜都冠了「à la Niçoise」（尼斯風格）的名號，這意謂裡面有番茄和大蒜。

　　尼斯是「青醬蔬菜湯」（Pistou）之鄉，這是我所知最美味的湯之一，看似毋庸置疑跨國源自義大利，脫胎於熱那亞的青醬（Pesto），是熱那亞（Genoa）的驕傲，他處所作都難地道。但這番豪語只適用於青醬，因為尼斯的青醬用的材料，和熱那亞的完全不一樣。若要比較兩者，我投青醬蔬菜湯一票。

　　如前所述，青醬是一款醬汁，不是湯。嚴格說來青醬蔬菜湯也不全像是湯，只是因為裡面所放的調味料而得名。熱那亞人調製青醬是用杵和臼將羅勒葉、薩丁尼亞羊奶乳酪、奶油、大蒜和橄欖油研磨混勻，然後加入湯中，不過這款醬料也可以用來做通心粉、肉類和魚料理。在尼斯，我只

在湯裡見過它，尼斯版放入湯中的青醬，配方少了奶油，並改用熱那亞乳酪。羅勒在當地名叫「Basilic」，應該和英文名稱的植物是同一種東西，可是兩者確有著截然不同的特性。羅勒是一種細嫩的香料植物，只生長在溫暖的南方，也因此在巴黎默默無聞。

加了青醬的湯因而冠了名稱也增添了味道，很像羅宋湯。有一份尼斯食譜寫著裡面放的蔬菜有豆子、馬鈴薯、番茄和細麵。我的廚子來自尼斯郡外但仍屬羅勒生長帶的弗雷瑞斯（Fréjus），他說，青醬蔬菜湯裡放什麼蔬菜無關緊要，只要蔬菜種類夠多即可。重要的是，起鍋前——湯鍋離火之際——要在塞滿蔬菜的濃湯裡加入青醬（這個成分神聖不可侵犯，改動不得）。

尼斯菜都是戶外食物。本區很多餐飲活動都是在戶外進行，因為有好幾個月天氣都很炎熱，因此也就發展出諸多散發野餐氣息的食物。其中最有名的當地特產就是「鮪魚沙拉三明治」（Pan Bagnat），法文稱為Pain Baigné，英文稱為Bathed Bread：浸泡橄欖油的麵包。將圓形餐包橫切成二，泡在橄欖油裡，然後兩片麵包夾上各種尼斯特產：通常都有番茄、青椒、黑橄欖，有時候還有洋蔥片、全熟水煮蛋或鯷魚——也可以通通都放。享用這道菜的最佳場合就是海灘，在豔陽底下，在海水浴之間空檔，堪稱烈日最佳清爽小點，你在炎熱的地中海日正當中之際最想吃的東西，吃罷就用現成的海水洗去兩頰的油漬。

同為烈日戶外食物的還有「尼斯沙拉」（Salade Niçoise）。這款沙拉沒有西生菜，但有很多其他材料，愛放什麼就放什麼，除了兩樣：必有番茄，一定要切成四等分，如果切片就不是尼斯沙拉，當地人對此非常固執己見；還要放上大量以橄欖油調製的「鯷魚醬」（Pissala），也就是以臼搗成泥的鯷魚。除了鯷魚醬，還必放黑橄欖，以及像皇帝豆的生蠶豆、胡蘿蔔，通常也放全熟水煮蛋。我曾在巴黎吃到所謂的尼斯沙拉，裡面放了菜豆，甚至馬鈴薯，必須是煮熟的，可是衛道人士會認為這兩樣都很駭人聽聞，尤其後者。正宗的尼斯沙拉裡面不應該放任何煮熟的東西，除了水煮蛋，而可疑的配料水煮蛋在尼斯也並不被完全認可。

鯷魚醬也是「尼斯塔」（Pissaladière）得名由來，這是義大利給尼斯的恩物，與聲名遠播的拿坡里披薩關係密切。在尼斯，這道菜做成派形酥

皮外殼，裡面填滿煮過的洋蔥、黑橄欖和鯷魚肉。變體版會放上番茄醬，有時候，圓形派皮內半邊放一種版本，另外半邊放另一種。

有兩樣蔬菜通常生食當作開胃菜：初生的首批嫩蠶豆，還有初生的小朝鮮薊，佐以橄欖油。朝鮮薊是一款美味的尼斯蔬菜。朝鮮薊品種多彩多姿應有盡有，在聖法蘭索瓦德保爾街（Rue Saint-François de Paule）的露天市場可以看到眾多的蔬菜品種；據謠傳政府當局在那裡用錯手法想進行現代化，所幸沒有哪個市政府能剷除尼斯老城裡的市場，所以但願最終的決議，是認定消滅市場毫無意義。那可是尼斯最輝煌的奇景之一，有數以百計的小販，他們有很多人都是販售商品的生產者，興致勃勃賣著食物，激發顧客吃這些食物時也同樣興致高昂。

菜市場連接著壯觀的花市。在蜿蜒的街旁羊腸小巷裡，迎面而來的是魚店，手推車上滿載地中海所產的水中生物，你會覺得自己如穿過人山人海般的穿過魚山魚海。肉舖擺著成排赤裸裸小牛頭，牛眼波瀾不驚地瞅著路人；馬肉舖展示著肥馬的整副屠體，脊椎上放著假玫瑰，腹脅飄落著彩帶；通心粉和麵食專賣店，形形色色甚至五彩繽紛；其他還有橄欖和橄欖油專賣店。離開老城，穿過馬塞納廣場（Place Massena），就會看到全世界最迷人的奢侈食品店。櫃台上的乳酪和香腸種類繁多無所不有，不論國產或舶來品，窮盡地球上的異國風情。若干年前，它有一個櫥窗的陳列品全部都是中國的盒裝食物。裡面是什麼無人知曉，紙箱上只寫著中文。有一盒東西上面迷宮般的圖形符號當中，有一張圖片，不那麼正宗中國風：類似米老鼠的畫。

尼斯市場的豐富多彩性以其處處可見各地的慷慨物產所展現。摩肩擦踵的魚販，提醒我們地中海何其擁擠。這片大海物產豐饒原是奇蹟，甚至仍盛產某種尼斯特產沙丁魚和鯷魚的魚苗（Poutina et Nounat）。這種魚是剛剛孵化的幼魚，一出卵就被捕獲，因此往往是幼魚和魚卵混在一起。天意施恩，尼斯地區豁免於其他地區都有的禁漁令，4至5月時可以特殊漁網撈捕這種魚苗，水煮後佐橄欖油和檸檬汁食用，或者放入歐姆蛋烹製（或加進上述的昂蒂布煎蛋），也可以加進炸什錦（Fritters）。

等魚苗長大些但還不是太大時，就可以料理成「炸小魚」（Petite Friture de la Rade）；牠們比沙丁魚還小，可以全魚烹煮毋須清理，也可以

整條入口——頭、尾、鰭、骨全都下肚，裹上麵粉用橄欖油炸熟。等小魚再大些，就用同樣方式烹製成炸魚（Friture de Poissons），只不過現在太大隻無法全魚下肚。最後牠們會各自長成一尾尾大魚，各自依照品種各有特殊料理方式。

尼斯料理大魚有其標準方式：狼鱸要用小樹枝燒烤，赤鮋要和香料植物一起烘烤；紅鯔香煎，並以熱騰騰的盤子嘶喇作響端上桌。魚料理也各有變身版本。尼斯紅鯔（Rougets à la Niçoise）以油炒番茄同煮，佐鯷魚和檸檬汁同食。狼鱸、牙鱈和其他魚種通常用濃郁的高湯加上香料植物烹煮，上桌前淋上橄欖油和檸檬汁。「煎魚餅」（Sartadagnano）裡是橄欖油將小魚炒製成糊狀，壓成類似熱煎餅那樣，上桌時澆上燒滾的醋。小墨魚（Supions）是前述小魷魚或墨魚的一種，尼斯特有產物，初次品嚐牠的最佳地點是郵政局街（Rue de l'Hôtel des Postes）的小餐館捷克布林熱（Gambrinus）烹製的燉飯，或者位於舊港旁貴一點，但以海鮮料理著稱的加拉克（Garac）。「尼斯章魚」（Poulpe a la Nifoise）是將章魚切成小塊，用放了多種辛香料的番茄醬烹煮。章魚在切塊前要先好好捶打一番，才能柔軟好入口。

身為海邊城鎮，尼斯也竭盡稀奇手法來料理鹹鱈魚，不過它有自己烹製魚乾的特色菜，當地方言稱為「燉鱈魚」（Estocaficada），也稱死板魚（Stockfisch）。這道菜的鱈魚非但是鹽醃過，還是魚乾，從挪威進口的——羅弗敦群島（Lofóten Islands）所產製，據猜測，因為在這裡會看到成千上萬條鱈魚掛在木棍架上晒乾——因此挪威語稱「stockk-fisk」；如果魚只是排在懸崖礁石上晒乾，通常是這樣，那麼就會稱為「klipp-fisk」（懸崖魚）。尼斯家庭主婦們買的死板魚看似無法食用，感覺都像一塊木頭一樣，得泡水三天，時不時換水，把鹽分洗掉，之後才能烹煮。然後放在橄欖油裡和馬鈴薯、番茄、黑橄欖、甜椒、洋蔥、蒜苗、香料植物、大蒜燉煮，也可以加上一點白蘭地，以及當地的種牛或羊肚，你不妨用尼斯方言的貝德烏（bedeu），不要翻譯成法文「boyaux」（蜂巢肚）。儘管「死板魚」這個字眼太令人震驚，但它可是美味小菜，是地道尼斯本地菜。難的是不易得。餐館老闆們覺得它是土裡土氣的農家菜，不值得登上菜單供應顧客，特別是非外國顧客。所以他們保留自用。我第一次嚐到正宗的

尼斯死板魚是在濱海自由城，一家宜人的低調小飯店達爾斯酒店（Hôtel de la Darse），撞見酒店老闆莫雷利（Morelli）女士正在為她自己做這道菜。菜單上沒有，所以她想盡辦法要說服我這是一道平民菜，但我最後嚐了一口。簡直富豪美食，尤其在那樣的背景下：酒店露天陽台，左手邊法國名將沃邦（Vauban）將軍[9]建造的老城寨矗立海上，右手邊是法國陸軍精銳山地步兵（Chasseurs Alpins，號稱藍魔鬼）軍營演奏著號角，正前方的遊艇碼頭內停滿了聲名狼籍髒兮兮的小船，人人皆知那上面全是丹吉爾（Tangier）來的走私貨。

尼斯烹飪裡的義大利成分表現在許多通心粉──麵食類的菜色上面。這些麵食（Pâtes，義大利語稱Pasta）裡最討喜的是義大利捲麵（Canelloni），這是大型的通心粉，裡面塞著餡，餡料種類很多，捲麵底下放著醬汁，通常是番茄醬。尼斯餃子是麵糰擀成方形麵皮，比普通義大利或美國版本尺寸小。餃子餡料各式各樣，通常包的是碎肉，但有一款很出色，包的是碎菠菜；佐餃子的醬汁也是五花八門，但總是美味無比的。「尼斯麵疙瘩」（Gnocchis à la Niçoise）是一種夾餡的麵食，但出現在這裡原因成謎，因為它很奇特地用到了麵粉和馬鈴薯混合物，它和羅馬式麵疙瘩在製作上系出同源，可是卻不同於義大利邊界與義大利蔚藍海岸的版本，尼斯麵疙瘩是全法國都認定的法國菜。尼斯不盛產馬鈴薯，沒有特殊理由會在麵疙瘩裡加馬鈴薯。這道菜跳過羅馬侵占的領土最終來到尼斯，也不能被解釋成是因為在古羅馬人的時代裡，這道菜是取道海路而到尼斯的。羅馬人吃玉米糕，從而發展出麵疙瘩，算是個輕而易舉的變體，所以他們也應該知道有這道菜，只不過他們不可能得知它如今的模樣，因為舊世界裡尚未結識馬鈴薯，馬鈴薯來到舊世界還得再等一百五十年。尼斯的廚子們絲毫不必憂心這道菜的起源，用好吃的醬汁澆上麵疙瘩做得美味可口──就像牛肉料理用的那種濃郁的葡萄酒醬汁。出乎意料的是，這種醬汁再加了鯷魚露、鯷魚醬和龍蒿末，就成了尼斯式醬汁。

尼斯菜不太用到蛋。少數特例是尼斯歐姆蛋，裡面有番茄汁、洋香菜和蒜末炒蛋，上桌時再加上鯷魚肉。不過尼斯有幾道特殊的雞料理。「尼

---

9. 全名Sébastien Le Prestre de Vauban（1633-1707），法國元帥、著名軍事工程師。

斯煎雞肉」（Poulet Sauté à la Niçoise）需要用油煎雞肉塊，並加上白酒、番茄醬和大蒜。上桌時佐切成四等分的朝鮮薊、櫛瓜塊、新穎的馬鈴薯，還有黑橄欖，再撒上龍蒿末。以全雞下鍋香煎的「尼斯童子雞」（Poularde à la Niçoise），名稱裡包含至少兩種烹製雞的手法。其中一種比較像是香煎雞，以切成四等分的朝鮮薊塊、櫛瓜塊、新穎的馬鈴薯和黑橄欖做圍邊，佐小牛高湯、番茄、白酒和大蒜調製的醬汁，最後撒上龍蒿末。另一種手法是將雞肉和番茄、櫛瓜丁、新馬鈴薯（New Potatoes）和黑橄欖一起香煎，再放入砂鍋——沒有朝鮮薊，但醬汁是一樣的，最後也撒上龍蒿末。

「尼斯牛菲力」（Entrecôte à la Niçoise）是將牛排放入油中烹煮，連同番茄、新馬鈴薯和熟透的橄欖，再加上以烹煮牛肉的湯汁、白酒和小牛高湯、番茄汁做成的肉汁。「尼斯小牛菲力」（Petits Filets de Bœuf à la Niçoise）是菲力（filet mignon，牛腰肉）放在一片以油煎過的麵包上，配上豇豆和新馬鈴薯，每一塊牛菲力上擺一片鰻魚肉，佐煎肉汁、小牛肉湯、番茄汁、白酒、大蒜和龍蒿末做成的醬汁，最後撒上洋香菜末。「尼斯風牛菲力沙拉」（Filet de Bœuf Froid à la Niçoise）是烤牛肉冷盤，絕佳的野餐菜。將烤牛肉裝入模型內，填滿肉汁，以龍蒿調味，加入蛋白丁、松露和整片龍蒿葉。牛肉片掛著肉汁，佐油醋鹽、胡椒醃漬後挖空的番茄，番茄盅裡是以馬德拉酒烹煮的松露，配菜還有塞滿蘆筍尖的朝鮮薊心，以及填充鰻魚奶油的去子橄欖。「皮耶希鑲肉」（Piech）是小牛腩（有時候是羊腩），塞入米飯和法國栽種的一種瑞士甜菜（Blète）。「梅儂」（Menon）是烤羊肉，尼斯風兔肉是以番茄醬烹煮。前述章節裡曾提及，尼斯炮製蜂巢肚是和小牛腳同煮，配辛辣味的番茄醬吃，而小牛腳在其他地區的「腳肚包」裡已無影無蹤。

本區排名第一的蔬食大概非「普羅旺斯雜燴」（Ratatouille）莫屬，前述普羅旺斯專篇裡曾介紹過，在這裡通常拼音作「Ratatouia」。食譜上都說，這道菜裡面有甜椒和番茄、茄子和櫛瓜，不過我卻從未吃過這樣形式的雜燴。尼斯高處的山城之一皮熱泰涅（Puget-Théniers）有個特殊版

10.「Tian」是類似北非塔吉鍋（Tajine或Tagine）的一種淺陶盤，是一道烤蔬菜拼盤。

本，在別的材料之外加了白豆。「蔬菜田」（Tian）[10]不是甜點塔，餡料是蠶豆、豌豆、朝鮮薊末和菠菜或瑞士甜菜。跟它有點類似的菜是煎蛋卷（Troucha de Bléa），裡面放了豌豆米、朝鮮薊末、瑞士甜菜、食用小松子，有時候還放葡萄乾——最後兩樣是做成甜點時放的材料。「鷹嘴豆煎餅」（Socca）是以鷹嘴豆粉做成的可麗餅。「卡波恩鑲甘藍」（Capoun）提供了另一個版本的鑲甘藍，這道菜裡鑲的是米飯和香腸肉。在這裡，櫛瓜花常常是未開花前（含苞）就摘下，鑲餡後以橄欖油烹煮。「坎塔呂」（Cantaréu）是小灰蝸牛，以番茄醬烹製而成。

尼斯是許多甜點的發源地：各式各樣餡料的炸物，譬如上述的櫛瓜花或洋槐花（Acacia）；「炸甜餅」（Ganses）是油炸的酥餅，撒上糖粉吃；「花冠彩蛋甜鬆糕」（Chaudèu）是一款甜甜圈形狀的硬質甜餅，以橙花調味，而在法文裡，「Échaudés」一字表示燙麵。格拉斯和威尼斯也有同樣的東西，但做成格子狀[11]，名稱叫做「Fougassette」。

由此沿著地中海岸，一味專注在各地方菜和地中海的關係，我們疏忽了整個地區有許多共通性：多不勝數難一一列舉。最重要的大概是「水鹽湯」（Aïgo Saou）：另一道魚湯，裡面有多種不同的白肉魚，切成小塊；瑞士甜菜梗近似西芹，以奶油乳酪醬汁烹煮；還有，玉米粥（Polente），和義大利的玉米糕（Polenta）沒兩樣，都是玉米粉煮成糊狀。

蔚藍海岸一路處處可見葡萄藤。大多數的葡萄酒都在當地以無酒標之姿，盛裝在水瓶中販售。絕大部分都是粉紅酒，是炎熱氣候適合戶外飲用的酒，幾乎鮮少跨出產地以外，至少很難辨識得出，所以它們確實會被用來製作各種混釀酒，這些混釀酒會貼上商標而不是產地名稱。雖然差異不大，但是這些酒在本地產區喝來都非常適口。

不過，仍有一些蔚藍海岸的佳釀以自己的名號闖出一片江山。極西酒鄉區卡西斯鎮（Cassis），盛產清爽美味的白葡萄酒。沿岸而下是邦多勒鎮（Bandol）產製麝香葡萄酒。在大戰之前，我曾在土倫結識了一支標示著「坎普羅馬諾」（Campo Romano）的美酒，後來又邂逅了同款的法文版「Champ Romain」。記得，它是有點粗糙但耐人尋味的紅酒，可是戰後

---

11. 另一個說法是葉片狀、麥穗狀。

卻無緣得見，也全無聽聞。我所能找到的參考書裡都沒有它的名字，這一點並不特別令我驚訝，因為在這樣的郡裡，每個村子都位於溫暖的南方，個個都有自己的佳釀，要將每一支本地葡萄酒登記在冊是不可能的事。要在普羅旺斯丘（Côtes de Provence）葡萄農會的官方小冊裡一一載明，也不可能。但這只是意謂著，「坎普羅馬諾」的製造者並未加入協會。

尼斯的葡萄酒是貝萊（Bellet）[12]，紅白粉紅酒皆有，是非常適合夏季飲用的酒，因此就連紅酒也如白酒一樣冰鎮後喝，冰透的滋味真是絕美。我所嚐過的蔚藍海岸葡萄酒當中，貝萊首屈一指。

---

12. Bellet AOC在尼斯的西郊，是全法最小的AOC產區之一，所以離開尼斯就很難喝得到。

Chapter 14

ᴥ

科西嘉
Corsica

　　每年總有一兩次，大量居民登高爬上尼斯到芒通之間這段蔚藍海岸的懸崖，在早晨遠眺地中海上一個小島；就在前一日，海中還是一片蒼茫什麼都沒有。它看起來十分逼真，島上山陵歷歷可見，山間谷地林木蓊鬱，清晰明確。藉此，人們會注意到，海灣那頭有一塊法國領土。這個小島就是科西嘉。

　　正常情況下從大陸是看不見科西嘉島的。它距離海岸170公里之外（距離義大利僅一半距離），它的歷歷可見是因為某種海市蜃樓現象所致，只發生在冬季天空雲層連綿如毯，而雲層下方又空無一物，而且只發生在午前。等到太陽越升越高，就會出現這幅景象；更罕見的現象是厄爾巴島（Isola d'Elba）的幻象，1951年我曾在濱海自由城見過，根據當地新聞報導，這等奇觀大約百年僅得一兩回。

　　如今，法國大陸應該再次牢記科西嘉的存在，這或許不是件壞事，因為科西嘉是個有點受到忽視的地區。它並非可望不可及。傍晚從馬賽港或尼斯搭船，次日一大早便可抵達阿雅克肖（Ajaccio）或巴斯蒂亞

（Bastia）、盧斯島（L'Île-Rousse）的卡爾維（Calvi）。也可以在尼斯搭飛機，半小時就到科西嘉。要去那兒一點也不困難。但這並沒有讓更多訪客來到科西嘉，少了這些漫不經心的訪客，對真心想探索科西嘉的人其實還更好。

科西嘉毫不擁擠，不僅至今觀光客沒興趣，同時也因為它本身人口使然。它的面積有8680平方公里，最長處是183公里，最寬處83公里，但居住人口卻不到兩百五十萬，而且還穩定外流至大陸。科西嘉人都是大家庭，可是人口在過去五十年來卻減少了百分之十。島內欠缺開發，多山乾燥，土地發育不良（縱使被大海環抱，科西嘉卻有個沙漠氣候），遍地生長過剩的灌木密林；這片密林在大戰期間德國占領法國時有了新詮釋，是抵抗軍用來躲避占領軍，在科西嘉野蠻偏遠之鄉的藏身處；戰前不久還成了島上草寇相當安全的避難所。最後一批草寇就是馳名海內外的盜匪斯巴達（André Spada），就在二戰前不久他遭到一支法國遠征軍殲滅。

密林一片蒼涼十分雄渾，一種科西嘉島上山景蒼茫的壯闊感，加上它尖牙倒刺的礁石嶙峋的海岸所呈現令人嘆為觀止的粗獷美。它尚未過於開化，也尚無必要追上二十世紀中葉的生活步調。密林遍地乾枯，長滿吃苦耐勞的灌木（密林一字Maquis源自當地方言Macchia，意謂灌木叢）、荊棘、香桃木、杜松子、帚石楠、野薄荷和冥府之花水仙，在世界他處看來似格外偏遠荒僻。這些植物的香氣遠播，船隻接近小島時往往從海上就明顯可辨。島上某些區域的植物生長得非常貼近地面，因為是這些物種的通性，但也有若干區域的灌木叢會拔高到4.5公尺。

也有大量的森林地帶。科西嘉的名稱「Corsica」是「Korsai」的現代語，古字應該是腓尼基語，意謂「被森林覆蓋」。島上特有物種黑松（Aricio Pine）以能長到60公尺高而著稱。羅馬人砍伐黑松製作戰船的桅杆，而且他們至今仍用黑松製作現代船隻的桅杆，英國名將納爾遜（Vice-Admiral Horatio Nelson）曾督促英國拿下該島，著眼點正是想利用島上木材造戰船。熱內亞共和國和比薩共和國受科西嘉林木高壯吸引而來。科西嘉還盛產做酒塞的栓皮櫟，它的主要出口品還有栗子，當然，也少不了橄欖。

在一個交通運輸無遠弗屆的年頭，並不鼓勵在工業和天然資源無足輕

重之地多做停留，如今科西嘉相對孤伶伶地與世隔絕，但誰也沒淡忘緩慢的帆船時代必須停靠每個小島，將枯燥的旅程分段進行，補給新鮮食物與水。科西嘉人或許寧可與世隔絕。自從腓尼基希臘人在公元前560年來到此地，科西嘉就遭受每一個有勢力來到此地的君王不斷侵犯。通常，這些外來者主要都在互相殘殺，但是科西嘉人就身處其中，也就慘遭滅門屠殺。沒有哪個像科西嘉這般小的地方擁有這麼多歷史，而幾乎全數血跡斑斑。稀有特例是1576年黑死病肆虐時，三分之二人口死於瘟疫而非戰爭。在歷史上，科西嘉遭到侵略、蹂躪或統治，「統治」與「蹂躪」變成同義詞，相繼得逞的有：伊特拉斯坎人（Etruscans）、迦太基人、羅馬人、哥德人（Goths）、倫巴底人（Lombards）、摩爾人（Moors）、法蘭克人（Franks）、教宗國（Papal States）、比薩人（Pisans）、熱內亞人（Genoans）、亞拉岡人（Aragonese）、米蘭人（Milanese）、巴巴利海盜（Barbary）──劫掠之嚴重導致有一段時間肥沃的海岸實際上一片荒廢變成沼澤──還有土耳其人、法國人、日耳曼人、西班牙人、英國人、薩丁尼亞人。科西嘉人還不時與他們自己的封建領土衝突連連。

科西嘉的主人應有盡有，他們的共通性就是對島的興趣僅限於能帶走的東西，但有兩樣當地風俗是他們沒帶走的：其一是宿怨血仇，來自大陸君主不耐煩制訂一套法律制度，只留給島民自己看著辦。島民採用最簡單的方法：直接報復。假如有某家族覺得成員受委屈，家族會起而挑起責任以牙還牙。有一位十九世紀的學者研究了一段綿延二十年的歷史，發現期間在科西嘉估計有兩萬八千人因世仇遭謀殺。直到二戰之前宿怨殘殺之事時有所聞，但戰後似乎已經銷聲匿跡，或許，大規模屠殺消弭了小規模的尋仇雪恨。

另一項風俗習慣就是飲食，科西嘉的統治者沒帶走他們的飲食習慣。科西嘉過去習慣在東部肥沃土地上種植很多穀物。比薩人和熱內亞人發現這類穀物是課稅很方便的東西。於是他們習慣全數扣押這些穀物搬到大陸去，或者在農人藏起來之前盡其所能搜刮。昭然若揭擺明殺雞取卵。於是農人不再種糧食了，甚至到今天，科西嘉幾乎沒生產什麼麥片製品，不如中世紀那樣。當時科西嘉人沒有了麵粉，轉而訴諸栗樹林。

他們將栗子磨成粉當主食。科西嘉人的菜單上，栗子和栗子粉製成的

菜餚仍有重要位置。

1768年，熱內亞共和國將科西嘉賣給法國，從此往後它的命運不再那麼飽受折磨。毋庸置疑，背負歷史太沉重，也或許沒有太大念想要抱著過往不放，科西嘉人多半決心只要專注在兩千五百年歷史這麼一件事上，也就是法國統治期間，其餘一切全拋諸腦後。觀光客有時會有一種印象，就是發生在科西嘉的事，唯一值得關心的是拿破崙的誕生。科西嘉給了法國一位獨裁者，而且可能從較小格局上來說，彷彿真是如此，科西嘉人從此成了巴黎警力的主力，就像愛爾蘭人是紐約警力的主力一樣。

那些離開島上出外的人偏愛當警察，而留在島上的科西嘉人愛在政府機構裡當公務員，這在他們看來似乎是普遍的雄心壯志。結果卻使得其他的農牧活動滯礙難行，和其他地區在地加工的習慣不同，科西嘉人反而都把產品送往他處去加工。最上乘的科西嘉栗子去了尼斯，在那裡製成糖漬栗子（Marrons Glacés）。科西嘉製作乳酪，但之後就將乳酪送去洛克福（Roquefort）熟成，其製法前文曾描述過。這算是洛克福最遠的乳酪原料。

如今，有很多科西嘉人投身在觀光業，這個行業越來越舉足輕重，但島上尚未遭人山人海淹沒，掠奪了它最動人的魅力，也就是它的與世隔絕。這個特點一直未曾受到操作，但偶爾會保留一些風俗，譬如穿著本地服飾。科西嘉的服飾幾乎已經絕跡於世。除非是為了討好觀光客，如今幾乎不可能看到，當然也不會是穿在年輕人身上。在一些村落的慶典上，耆老有時候會保存這個傳統。男士穿著天鵝絨寬褲，襯衣是條紋或格子紋，白底紅紋或藍紋，看起來就像伐木工襯衫那樣；無扣背心、紅色絨布腰封、黑色大寬簷毛氈帽。婦女穿著長裙，內著層層疊疊的襯裙，但在腰部束得緊緊的，再配一件緞面或錦緞上衣，頭上頂著蒙頭斗篷（Faldetta）：一種披肩折成三角形在下巴底下綁起來。

倖存的民間傳統中最單純的是宗教遊行和慶典活動。科西嘉人通常很虔誠，同時也非常迷信。他們很多人都相信「邪惡之眼」（Ochju）。有些復活節儀式，頗有西班牙懺悔遊行的風貌。這裡有很多神廟，朝聖者會赤腳徒步而來，最重要的神廟在埃巴倫加（Erbalunga）古城裡，古城裡有一幅聖母神跡像，聖母頭戴銀冠，科西嘉人在每年9月8日會蜂擁而來；每

年5月初會去巴斯蒂亞（Bastia），那裡有漁夫繞境，朝聖的對象是該城的黑基督（Christ Noir）。科西嘉首府阿雅克肖（Ajaccio），也是拿破崙出生地，會慶祝聖母升天日，分外輝煌，因為這一天既是宗教節日，也是皇帝的誕辰。

這些慶典、本地服飾和科西嘉的其他風俗習慣，譬如愛唱歌，特別是擅長以吉他和曼陀林伴奏，讓這座島看起來有一股比較像義大利而不像法國的氣氛，若果如此也是很自然不過的事。

法國和科西嘉海岸最接近的兩個點相距170公里，但是科西嘉和義大利的距離卻是87公里；孤懸一處的薩丁尼亞與科西嘉僅隔一道狹窄的海峽。儘管侵略者一波接一波，在島上風捲殘雲，但島上居民幾乎全部都是義大利後裔，偶爾有其他族裔來到這裡，東瞧西瞧，有時候占領了這裡，但又會離開。最大的例外是希臘城邦，建造於卡爾熱斯（Cargèse）已有超過三百年歷史。腓尼基希臘人第一次登島時所騷擾過的居民，應該來自利古里亞（Liguria）。語言始終都是義大利文，和它的薩丁尼亞方言很像，特別是南部靠近薩丁尼亞那裡，但也保有一些托斯卡尼和利古里亞的特色。由於學校使用的是法語，所以科西嘉方言絕大部分都是在家裡和親人之間使用，而需要較正式接觸時，就會改用法語。科西嘉在很多方面都很義大利而非法國，它的烹飪不意外，也很義大利。

基本上科西嘉菜都很簡單的食物，但如今的簡單，也不似從前；從前科西嘉人會說他要吃櫃子裡的菜，這表示他在櫃子裡貯存了栗子，大概是非科西嘉人的大君主搜刮得所剩無幾時的主食，除非他住在內陸，但也很難想像，曾有一段日子他離開大海也無以為繼。大海是科西嘉依賴最深的糧食庫之一。這裡最著名的產物是龍蝦。曾幾何時，這種甲殼類在法國絕大多數地區飆漲到天文價格，但是在科西嘉仍可以不考慮價錢大快朵頤。

內陸也出產魚鮮：許多急流山澗盛產鱒魚，鱒魚樂在這樣的激流中。更不難猜到內陸散布的密林（Maquis）是野味之鄉，林中的芬芳香料植物和各色漿果正可給野禽的肉增添辛辣風味。這片大地的本性並不利於養殖牛隻，因此本區牛肉不多，但有充足的綿羊與山羊。豬隻野放在栗子樹林以掉落地面的栗子為生，產出的肉質別有一番美味。大多數南方的蔬果在這座島上某些地方都長得很好，本地特產是一種較甜的檸檬，名之為「香

櫞」（Cédrat），偶爾在蔚藍海岸也會有。不過，不難想像因為海拔的關係，在此極端氣候下科西嘉的蔬菜種類不太多。然而海岸則全年相當暖和，形成在相當狹窄的基礎上山勢陡然拔高：島上最高峰欽托山（Monte Cinto）海拔2750公尺，在山區裡，氣候變得詭譎。可是由於地勢較高的地段普遍貧瘠，在這樣的氣候下，生長在沿岸肥沃狹長地帶的植物，難以像在較暖地區那般迅速成長。

科西嘉人喜歡嗆辣辛香料，用的香料植物也比普羅旺斯菜多那麼一點。在普羅旺斯，廚子運用百里香、月桂和鼠尾草時，手法優雅細緻。科西嘉的廚子比較會傾囊而出似的下很重的辣椒和辛香料。比方說，科西嘉有自有的海龍王湯，裡面放了紅椒和西班牙辣椒（Pimentos），味道比蔚藍海岸版本的辣。當地稱此湯為「薩丁尼亞式魚湯」（Ziminu）。這裡的龍蝦，是地中海最上乘的貨色，通常水煮或燜燉而成，但不妨試試看「卡爾維式龍蝦」（Calvaise）。卡爾維（Calvi）[1]用辛香料很重的番茄醬料理這道菜。正如同科西嘉出產最上等的龍蝦，所以它也有最大的赤鮋（Rascasse），當地話稱為「Capone」。但是，就如同這款魚的蔚藍海岸品種一樣，科西嘉種的赤鮋並非拿來珍而重之單獨吃，而是放入科西嘉的魚湯裡，一如牠較小型表親被煮成蔚藍海岸海龍王湯。科西嘉和尼斯同樣喜愛鯷魚醬（Anchoïade）：碾碎的鯷魚，放入橄欖油和紅蔥頭、洋香菜攪成糊，塗抹在泡了橄欖油的方塊麵包上，接著撒上麵包粉、大蒜末洋香菜，再抹上一層油，放入烤箱。

死板魚烹製方式和尼斯一樣。這種生長在水灣裡的小魚可油煎、燜燉或焗烤。在科西嘉，海膽很受歡迎，鱒魚通常燒烤來吃。比居格利亞（Biguglia）的潟湖最有名的就是大海鰻，產季是11至12月，那時候，義大利各海港如里窩那（Leghorn，也作Livorno）、皮翁比諾（Piombino）和拿坡里會特別派船隻出海來捕鰻魚帶回去，這些海港城格外愛吃科西嘉的鰻魚，但他們稱之為「Capone」，和科西嘉人稱赤鮋是同一個名字。烹煮鰻魚最受歡迎的方式是，切成小塊在爐火或炭火上劈哩啪啦烤熟。最後還有，戴安娜潟湖（Étang de Diane）產的生蠔，野生純天然，非養殖的，

---

1. 卡爾維是科西嘉副省會。

形狀不規則，並非大西洋生蠔的同一品種，但和地中海的任何品種同等爽口。

在加工肉品方面，胡椒味的「煙燻陳年火腿」（Prizzutu），是法國最接近義大利帕馬火腿的一款肉品，之所以名聞天下是因為肉質散發著豬隻吃的栗子味道。科西嘉人可能是發明餐間小點「肝腸」（Figatelli）的第一人。這種小點是以豬肝混合豬肉灌製的香腸，乾燥並添加厚重的辛香料，以柴火烤熟後夾在特製的麵包片中吃，這種麵包可以吸掉熱騰騰香腸爆漿流出來的油脂。「朗佐」（Lonzo）是科西嘉最典型的開胃菜：去骨豬里脊浸泡在香料植物調製的醬汁裡醃漬，然後乾燥，切成如紙薄片吃；這樣的肉也可以拿來灌製香腸。科帕（Copa）[2] 也可以兩種形式食用：豬胛心肉用辛香料調成辣味，這是原版吃法，或者製成香腸。

在一眾豬料理主菜裡，蠶豆燜豬肉是經典菜。「米西薩」（Mississa）是將豬肉條醃漬後再煙燻，燒烤後吃。罕見的牛肉料理「杜松子牛肉」（Premonata），是牛肉配杜松子紅燒。比起法國其他地區，烤羔羊在科西嘉很常見。卡比羅斯（Cabiros）是烤全羊或燜燉羔羊料理，也可能將羊腿和羊肩肉分開燒烤，裡面塞上迷迭香大蒜餡料抹上油醋醬。「米西索加」（Mississauga）是在戶外風乾的羊肉條。「燉腳趾」（Stuffato）是燜燉羊肉，「燉馬肉」（Accuncciatu）是什錦燉肉，裡面有羊肉、羔羊肉、馬肉，還有馬鈴薯。

羊隻通常是蜂巢肚的來源。「血肚包」（Tripa）是羊肚（Stomach Lining），裡面塞入混了羊血的菠菜、瑞士甜菜和香料植物當餡料，縫起來成香腸狀，放入鹽水中煮熟。「塞拉肚」（Tripes à la Serra）會在上面撒上乳酪粉。「科西嘉三胞肚」（Tripettes à la Mode Corse）則是以番茄醬香煎而成。科西嘉的野味非常有名，在科西嘉人眼中，烏鶇（Merula，亦即Blackbird）是最美味的肉類。這讓科西嘉人和法國格格不入；兩地人士最著稱的共同諺語，等同於英語的「一鳥在手勝過十鳥在林。」、「無斑鶇可吃，總有烏鶇可吃。」（Faute de grives, on mange des merles.）

---

2. Copa或作Coppa，是豬肉部位名，位在豬頸至肩胛上部。義大利的Coppa常指的是以此部位做成的醃肉食品。

意謂捕不到班鶇，但總是吃得到烏鶇。科西嘉人熱愛烏鶇。其實，密林有的是班鶇的食物，班鶇長得特別肥嫩。此鳥以橄欖果、杜松子和薰陸香（Lentisque）為食；薰陸香是開心果的親戚，也遍生於希臘群島。希臘人採集它的樹液製成嗆辣的拉克酒（Raki，亦即茴香酒），可能是希臘人傳到了科西嘉來。班鶇以鼠尾草燒烤，或以「Salmis」[3] 方式燒煮，或製成肝醬。丘鷸也很普遍，通常在以香桃木嫩枝烤來吃。也會做成「獵人燴雞」（Alla Cacciatora）這樣的菜。

科西嘉也有較大型的野味，但最壯觀的那一味如今十分罕見，所以想品嚐歐洲盤羊燉馬鈴薯（Ragout de Moufflon）已經不太可能。這種野生山羊現在幾乎銷聲匿跡，碩果僅存的寥寥幾隻也受到保育，但是盜獵在科西嘉時有所聞。然而沒必要盜獵，以野豬，亦即山豬（Sanglier）取代也成，或者幼小的小野豬（Marcassin）。這道菜要不是燒烤，用普通紅酒加上香料植物調味燉煮，要不就是以大量辛香料製成的當地醬汁「番茄辣椒醬」（Pibronata）烹製。

科西嘉菜算是義大利菜的分支，理所當然麵食是很普遍的。最受歡迎的麵食是餃子，這裡最常見的內餡就是香料植物加「布霍丘乳酪」（Brocciu）[4] 羊乳酪。餃子要配番茄醬食用，通常是以高濃縮的番茄汁製成，稱為「果菜泥」（Coulis），科西嘉做菜經常用到這款醬汁和乳酪粉。寬麵（Agliarini）也很受愛戴，這款麵條是扁平而薄如帶，不同於大家熟知的稻草狀麵條，而且寬麵可搭配的醬汁多彩多姿。「鮮濃番茄洋蔥燉肉」（Stufatu）是蘑菇和洋蔥烹製的通心粉，經常配燜燉羊肉吃。

義大利也餽贈了玉米糕給科西嘉。如同在義大利一樣，是用玉米粉做成的，也可以用栗子粉取代，通常配溫的鮮奶和布霍丘乳酪一起吃。「帕尼扎」（Panizze）是一款向義大利借來的玉米麵餅，作法類似，也可以用栗子粉製成。

如同在蔚藍海岸一樣，茄子和櫛瓜是最受歡迎的蔬菜，但料理方式有點不同。茄子通常油炸或鑲餡，放入烤箱烤製。櫛瓜卻往往出現在沙拉

---

3. Salmis是一種古典法菜手法，通常用於禽類：禽類先以葡萄酒、白蘭地與少些肝臟調製的醃汁浸漬後燒烤，拆下肉加回原來的醃汁再加熱。
4. Brocciu由綿羊乳乳清製成，1998年列入AOP管制。

裡。朝鮮薊在科西嘉乾燥的砂質土壤如魚得水，這種土壤正是它們所愛，最常見的是紫色品種，是開胃菜「希臘洋薊」（Artichauts à la Grecque）的最愛，菜名意謂著這道菜佐料是油醋醬。朝鮮薊心配豌豆是另一道很普遍的組合。羊肚菌很尋常，最常用來做歐姆蛋；布霍丘乳酪做歐姆蛋也很美味。

布霍丘乳酪得名自灌木叢（Brush），源於製作這種乳酪的山羊吃草的牧場，有三種形式：一種是新鮮軟質的鄉村乳酪，一種是半硬質乳酪，最後一種是硬質的小型瑞士乳酪。新鮮液狀的鄉村乳酪配糖和一點烈酒吃，櫻桃白蘭地或蘭姆酒皆可。由於經常用來做菜，鄉村乳酪會裝在可愛的小柳條籃裡販售，最佳賞味時間是3至1月，維納給（Venaco）和尼寇羅（Niolo）兩款乳酪最佳賞味時間是10至5月，阿斯蔻（Asco）也是同樣時間內最佳；卡倫扎納（Calenzana）和科西角（Cap Corse）亦然。

用途廣泛的布霍丘乳酪也出現在科西嘉的一些甜點裡。「法庫內拉小蛋糕」（Falculella）以布霍丘乳酪、鮮奶、糖和蛋為原料，放在栗子葉上烤製而成。香草味的「菲亞多那蛋糕」（Fiadone）是布霍丘乳酪做成的乳酪蛋糕。栗子粉也是很多其他甜點的原料：「布里利奧洛」（Brilliolo）是一款有著淡淡栗子味的蛋糕，配熱鮮奶吃；「卡司達格那西」（Castagnacci）是栗子粉製成的布丁；「米利亞西斯」（Migliassis）大致上就是法庫內拉小蛋糕，但是以栗子粉取代了乳酪。「托爾塔」（Torta）是扁圓形的塔，撒上壓碎的杏仁粒。它有個變身版，用的是可食用的松子（Pignons，也稱松仁）而非杏仁，常做成八角茴香口味。八角茴香也用於「白葡萄酒杏仁小甜餅」（Canistrelli），這是一款形狀不規則的酥餅，以八角口味的糖調味，也可以混入八角茴香子。「潘妮特」（Panette）是為復活節特製的圓麵包，甜的，裡面原料有蛋，上面放著一粒粒的葡萄乾。島上的香櫞會製成果凍、蜜餞和糖漬水果。

科西嘉盛產葡萄酒，又澀又嗆但相當好喝，其中有幾支酒甚至銷往大陸。大多數的酒區都產製紅酒、白酒或粉紅酒。島上幾乎無處不見葡萄藤，但最著名的是這幾個：奧麗馬特（Olmato），就在阿雅克肖南邊；南部的薩爾泰訥（Sartène）、韋基奧港（Porte Vecchio）；東海岸的切爾維奧內（Cervione），它的不甜白葡萄酒和紅酒皆出色；北部帕特里蒙尼奧

（Patrimonio）和莫瓦西亞（Malvoisie）白酒和不甜的粉紅酒都有，森圖里（Centuri）和波蒂喬洛（Porticciolo）的麝香葡萄酒很棒；科西角除了葡萄酒，也釀製一款很出名的同名餐前酒。內地的葡萄酒一般來說無足輕重，但寇爾特（Corte）值得一提。

至於餐前酒方面，最受青睞的是茴香酒（Pastis），它是艾碧斯（Absinthe）[5]的表親，依法禁飲。科西嘉對此不甚理會。當地傳統認為，茴香酒可以預防感冒，無疑地，其中的醫藥特色讓人理直氣壯得漠視法令。這款酒色澤黃澄，帶有香草糖味道，在玻璃杯底倒上3到5公分高，再倒滿水，立刻轉為霧濛濛的淺綠色。入口稍微甜膩但溫和，似是婦女的飲料，但可別被它騙了。喝太多就會知道為什麼要禁它。

科西嘉也產製很多「生命之水」（Eau-de-Vie）——澄清水果白蘭地——從小灌木、櫻桃、香桃木，特別是野薄荷。科西嘉對餐後酒的貢獻是香櫞利口酒（Cédratine），很烈很甜，像糖漿一樣的烈酒，用島上類似檸檬的水果特產釀製而成。

---

5. Absinthe於2000年後才逐步解禁，之前是因其被認為有致幻效果而禁止。

Part 4

庇里牛斯山：「諸」油之鄉

THE
PYRÉNÉES:
Butter, Fat, Oil

Chapter 15

加斯科涅與巴斯克自治區
Gascony and the Basque Country

　　庇里牛斯山不似阿爾卑斯山那般高聳，但需要適應形勢的步道和山谷卻更難穿越。此等窒礙難行，從安道爾侯國（Andorra）如同獨立國度便可見一斑。這個蕞爾小國倘若規模再大一些，恐怕今日難有容身餘地，因為更具侵略性的強權早已輕易拿下它。冬天，即使是現在，也僅有一條通道，入口在西班牙的拉塞烏杜爾赫利（La Seu d'Urgell）：你可以腳踏法國領土望見拉塞烏杜爾赫利，但你進不去。沒等到冰雪融化，休得從法國染指拉塞烏杜爾赫利。

　　庇里牛斯山區被群山劃分成一個又一個馬賽克格子，彼此之間交流難如登天。因此，每一個區塊各自發展出明朗具體的自有習俗，幾乎不受其鄰區影響。每個馬賽克小格子都有某種程度上的自有文化，這其中也自己的飲食習慣。這也是為什麼庇里牛斯山區很自然地被視為一個整體，但卻難以歸納到我們至今所定下的基礎烹飪油脂的類別裡。西法無疑是受到其北邊領土的影響：加斯科涅、吉耶訥、佩里戈爾的烹飪用油大宗使用動物油，特別是鵝油。法國中央高原，有山區乳牛，所以比較仰賴奶油。東法

青睞的是橄欖油。不過每個地區各有其主力用油之外，也會用到其他油脂做菜。有很多食譜通常分別使用兩種食用油，甚至有些食譜還結合三種油做菜。而在這裡，美食分界既非政治分界，也不是天然分界。

若順著庇里牛斯山從大西洋到地中海，你會遇到較多天然分界更甚於政治分界。政治上的劃分是這樣：由西而東先是巴斯克自治區（Basque country）、貝亞恩（Béarn）；接著是一塊政治上屬於加斯科涅北鄰吉耶訥的土地，再來是富瓦伯爵領地（County of Foix）；最後是魯西永（Roussillon）。然而，若顧及天然分界與政治分界這兩項根據天然屏障為準的界線，那麼就會出現更多不同的群組。巴斯克自治區在法國有三個省區：拉波爾（Labourd）、下納瓦拉（Basse-Navarre）、蘇萊（Soule），蘇萊還有個次省區上蘇萊（Haute-Soule）。接著是貝亞恩，然後是曾為獨立郡的比戈爾（Bigorre）。再來是西部的科曼日（Comminges），這裡也偶爾曾是獨立實體，擁有自己的統治者。富瓦伯爵領地座落在安道爾侯國北邊，其西邊從北至南有三塊各自獨立的領土：蘇萊郡，是天然而非政治分界；高山谷地的奧德（Aude），或許也應該被歸類為天然分界，雖然政治上它曾短暫獨立過；還有色丹尼亞（Cerdanya），一個橫跨庇里牛斯山的偏遠行政區，它至今有一部分在法國，一部分在西班牙。這裡連同以西的領土，因為在1659年被西班牙割讓給法國，因而被視為魯西永的疆域，但實際上，從這裡到魯西永的疆界，中間部分還有三個級別不同的地帶。這三個地帶由北至南是：科爾比耶（Corbières），這裡曾是法國的邊界；弗努耶（Fenouillet）是天然疆界；上瓦列斯皮爾（Haut Vallespir）在史上多個不同時代曾是獨立國度。一旦到了魯西永，我們就到了地中海岸。

除了這些庇里牛斯山疆土，為了方便起見不妨把本區看作是加斯科涅的南部區域，其北部區域歸屬到波爾多區；這裡最重要的唯一次省區就是雅馬邑（Armagnac）。

加斯科涅語，透過小說家和輕歌劇作家們的努力，儼然「俠盜片」同義詞。光陰很輕鬆地給這個看法平添不少魅力，因為起碼有兩百年之久（九至十一世紀），羅曼史根本毋須悖離事實做修改。但在那段時間裡，真相難明：加斯科涅當時陷入最嚴重的黑暗時期，毫無歷史記載可言。

而它為人所知的那一部分的故事，盡是俠盜情節。這片土地被割裂，

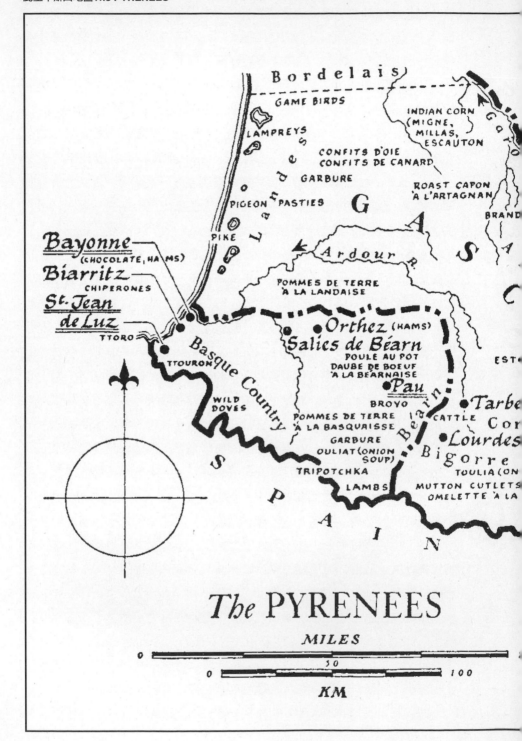

The PYRENEES

MILES

0   50   100

KM

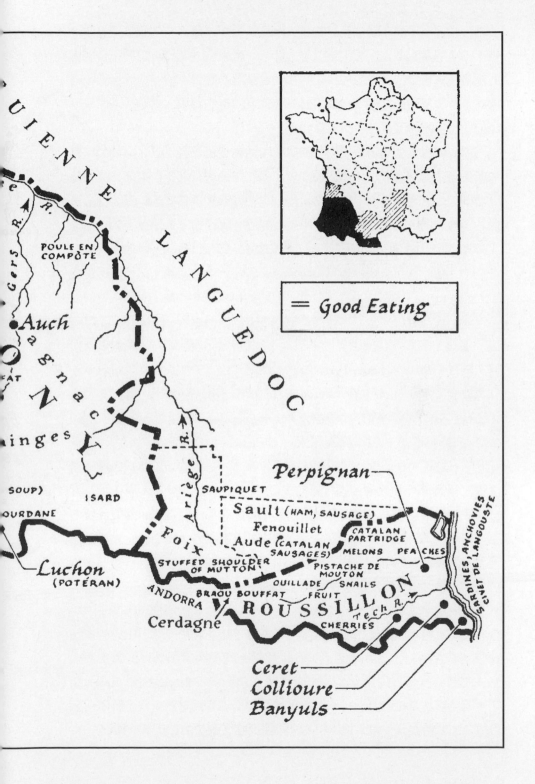

GUIENNE

LANGUEDOC

Gers R.

POULE EN
COMPÔTE

Auch

Aignac

ges

N

(SOUP)

ISARD

OURDANE

Ariège R.

SAUPIQUET

Perpignan

Sault (HAM, SAUSAGE)

Fenouillet

Aude (CATALAN
SAUSAGES)

CATALAN
PARTRIDGE

Foix

Luchon
(POTÉRAN)

STUFFED SHOULDER
OF MUTTON

MELONS

PEACHES

PISTACHE DE
MOUTON

SARDINES, ANCHOVIES
CIVET DE LANGOUSTE

OUILLADE

SNAILS

ANDORRA

BRAOU BOUFFAT

FRUIT

ROUSSILLON

Tech R.

Cerdagne

CHERRIES

Ceret
Collioure
Banyuls

= Good Eating

流轉於伯爵、子爵和君主股掌間，一片混亂撲朔迷離。它們的疆界並非平靜不變，忠誠也不是。數世紀以來，這裡的居民南征北討，它們在小規模的戰事裡各自締造了比組織良好的隊伍更傑出的壯舉。甚至就連法國和英國在爭奪這塊領土之際，仍是開創浪漫戰事的有利時機，或至少它們似乎是把二十世紀的望遠鏡拿反了看事情。

加斯科涅這個名稱是錯的。加斯科涅語就是巴斯克語（Basque）。但加斯科涅（Gascons）並不是巴斯克人。他們從西班牙北上而來時，被稱為巴斯克人；當時拼音為「Vascones」，以遵照印歐語系裡「b」和「v」可以互換的原則，因為他們原本的居住地普遍住著巴斯克人，而用年代區分並不妥當。「v」就變化成了「w」，但法國人厭惡「w」，就把它轉換成「g」，譬如「William」和「Guillaume」是同一字，因此，這個地區就成了「Gascony」，意謂巴斯克人之地，但的的確確並非如此。

要說它的現代領土和古代的加斯科涅公國（Duchy of Gascony）有關係，很難，因為古代的國界改動很大。在疆界最穩定時，它涵蓋了現在的上庇里牛斯山（Hautes-Pyrénées）、熱爾（Gers）和朗德（Landes），以及庇里牛斯－大西洋省（Pyrénées-Atlantiques）一部分，還有上加龍（Haute-Garonne）、洛特－加龍（Lot-et-Garonne）、塔恩－加龍（Tarn-et-Garonne）諸省。也就是從吉倫特（Gironde）河口到庇里牛斯山，包含其間許多地區，一路延伸到西班牙邊境。有時，它的疆域還包括巴斯克自治區，以及部分的波爾多區。首府是歐什（Auch），但它大約在十一世紀時被併入吉耶訥，雖然從那時起就很難將兩塊領土分開，可是這塊合併在一起的阿基坦族（Aquitainian）領域並未併入法國；吉耶訥－加斯科涅的北邊區域在1453年初就被法國國王納入囊中，可是，要再過一百三十六年，加斯科涅南境的南邊才會變成法國邊境。

基於本書的主旨使然，要將加斯科涅視為介於波爾多葡萄園區（因此它的北疆有些地區飲食如同波爾多，可省略不提）和庇里牛斯山間的狹長地帶；當我們到達高原地區（與北部食物不同）時，偶爾會進入那些山區，那裡的飲食不同於北部。加斯科涅菜和庇里牛斯山各門派都關係密切，而且有許多相同菜色，不過這兩者並非全然相同。飲食亦不脫離俠盜思想。加斯科涅有一道英雄佳餚，能保需要吃苦耐勞的戰士身強體健。

加斯科涅的西部地帶，沿著大西洋岸全是朗德行省，我們在布根地單元第一次提到過它。這裡的海岸是一片很長的沙灘，一路延伸到西班牙邊境，不過頗光禿禿一大片，乏人問津，度假遊客罕至。這處濱海地帶裡，奧斯戈爾（Hossegor）是少數為人熟知的海水浴場，但半點名氣也無。附近有名氣的度假勝地是比亞里茨（Biarritz），位於巴斯克自治區，也就是我們正在討論的這塊領域內。海岸外有一些潟湖阻絕沙灘的通道。大西洋的陣風將沙子颳進內陸，先是堆積成沙丘，陣風百年來不斷造就這些沙丘，成形又重塑，最後靠廣植松樹林和其他植栽防止土壤流失，才終獲改善。沙丘背後的草本沼澤水已乾涸，也使得現在朗德這片松林給人的最大印象是，不毛之地上大片森林過度繁茂，而非松樹發育不良。就這塊貧瘠之地的物產而言，飲饌之道令人期望不大，但所幸樹林掩體孕育了許多小型野味，潟湖也有豐富魚鮮，對此有所彌補。

　　除了在波爾多單元裡提及的圍鶇和野鴿之外，朗德較偏南的地帶也產丘鷸、鵪鶉、斑鶇和燕雀（Bec-Fins）。英文裡是否有燕雀一物或是否有同種野鳥，我不知道。那是一種小型鳥類，很像雲雀（Lark），但只比松露大一點，這個鳥名經常被用來稱呼同家族的許多種鳥類，好比沙丁魚被用來稱呼不同品種的小魚一樣。在更遠的東部，這的鳥名變成「繡眼鳥」（Bec-Figue）：無花果鳥喙（(Fig Beak），想必是因為此鳥以無花果為食。不論究竟是什麼，牠都是德高望重。拉丁詩人馬提亞爾（Marcus Valerius Martialis）對牠的評價非常高（馬提亞爾是西班牙人，住在燕雀生長區）。美食家薩瓦蘭太過迫切想一嚐牠的滋味，因此在他寫的食譜中，漏掉了烹煮細節，只簡單描述如何從鳥喙拿起鳥頭一口將鳥吞下肚。

　　「朗德式燕雀」（Bec-Fins à la Landaise）以培根裹住鳥，再包上一片葡萄葉，三隻成一串，每隻鳥之間串一塊抹了奶油的麵包，以鹽和胡椒調味，放入長型盤子裡，用高速烤箱烘製，再塗上肥肝的油脂。在烤鳥的同時，用肉高湯和雅馬邑白蘭地烹製醬汁，放入葡萄子後加熱，等鳥一離開烤箱就倒在鳥上。

　　在魚鮮方面，潟湖的主力產物是鰻魚、七鰓鰻、鰣魚（Shad）和梭子魚。

　　在貧瘠之地照樣能欣欣向榮的東西是馬鈴薯。朗德盛產馬鈴薯，也自

有獨門的朗德馬鈴薯烹飪之道。將洋蔥和巴約訥（Bayonne）火腿切丁，先以鵝油炒香，再加入切丁的馬鈴薯，用鹽和胡椒調味，接著加蓋燜煮，其間不時搖晃一下鍋子免得馬鈴薯黏在鍋底。快煮好時，撒上大蒜末和洋香菜末。朗德菜有大量保久食物。鵝或鴨的肥肝受到同等的推崇。油封鵝（Confits d'Oie）或油封鴨（Confits de Canard）皆有。以醃漬鵝烹製的朗德特色菜，在菜單上通常標示著「朗德油封鵝」（Confit d'Oie à la Landaise），但更常見寫成「豌豆油封鵝」（Confit d'Oie aux Petits Pois）。其作法是先以鵝油炒香小洋蔥和巴約訥火腿丁，再放入豌豆一起炒，撒上麵粉，倒入水淹沒材料，以一點糖、洋香菜、細葉香芹（Chervil）、百里香和月桂，倒入砂鍋加蓋慢火燜燉四十分鐘。然後，放入四分之一隻醃漬鵝，整鍋再燉煮四十分鐘。朗德的火腿是生醃的，直接吃。

　　濱海沿岸的沙質土壤出產葡萄，可釀造成知名的「沙酒」（Vin-de-Sable），酒精濃度很高，散發著海草氣息，有人形容它是「紫羅蘭色碘酒」。最出色的葡萄酒出自「休謝河沿岸流保護區」（Courant d'Huchet，河流出海口）；此地是里昂潟湖（Étang de Léon）排水入海的出口。從岸邊往陸上走，在位於阿杜爾河（Adour）兩岸的沙洛斯地區（Chalosse）可找到一些討人喜歡的本地餐酒。

　　離開海岸線往回走出朗德，食物的多樣性變得越來越豐富。這裡是「法式濃湯燉肉」之鄉，和某些波爾多區境內一樣，不過由於這道菜源自貝亞恩，我們先擺一邊，到那個區再談。

　　加斯科涅歐姆蛋（Omelette à la Gasconne）充分彰顯了本地菜分量十足的特質，給這道黯淡無光的雞蛋料理增添了一抹招搖的風姿。火腿丁和細切的洋蔥末分別以鵝油炒香。然後拌入蛋液中，連同大蒜末和洋香菜末，同時，煎歐姆蛋用的也是鵝油，煎成鬆餅狀。

　　鴿肉餡餅（Croustade de Pigeonneaux à la Gasconne）是本區的美味特色菜，不過「加斯科涅烤羊肩」（Épaule d'Agneau à la Gasconne）才是這裡更傳統的大菜。羊肩塞入綜合餡料：生火腿末、浸過肉類清湯的麵包、洋蔥、大蒜、洋香菜末、蛋、大量調味料。然後倒入火上鍋的肉湯，加入綠甘藍、胡蘿蔔、插上一顆丁香的洋蔥，還有綜合香料植物，放入烤箱燜燉，最後快煮好前放入一分為四的馬鈴薯塊。「加斯科涅豬排」（Côtes de

Porc à la Gasconne）也是頗為豐盛。豬排先以放入油醋醃料中醃漬一小時，醃料裡還放了捏碎的百里香、大蒜、鹽和胡椒；然後用奶油或鵝油煎至醃料水分剛好收乾，改放入有蓋的鍋中，加上大量大蒜，將它慢慢焐熟；等到豬排快熟時，放入去子的橄欖，最後倒入煎肉時的肉汁、小牛肉清湯和白葡萄酒，上桌時撒上洋香菜末。

看了這麼些膩重的肉食，恰恰適合來一道簡單的加斯科涅式沙拉。捲曲狀的生菜裡，大家最愛用的是皺葉苦苣（Curly Chicory）、闊葉苦苣（Escarole）諸如此類。先拿拍碎的大蒜在沙拉碗裡塗抹一番，然後在碗底放一片泡過油醋、大蒜的麵包，沙拉醬用的是經典簡單的油醋鹽胡椒。

本區是玉米之鄉，打從印第安人的玉米在十六世紀從美洲被帶來歐洲開始，就一直栽種在這裡。玉米並不整枝吃，當地的品種近似美洲的「大田玉米」（Field-corn，作為飼料、穀物和加工用），不是高度改良供食用的玉米品種，不過本區有很多玉米粉做成的菜。確實，玉米粉曾是主要的製麵包原料（玉米粉製成的麵包稱之為Meture），但如今小麥麵粉已經後來居上。可是，玉米粉仍會出現在玉米片（Miques），譬如在黑色佩里戈爾地區薩拉達斯（Sarladais）；還有玉米餅（Millas），以及用鵝油烹煮、更本土菜的玉米粥（Escauton）。玉米粉製成麵條也用於鵝隻增肥生產肥肝。

加斯科涅的核心地帶，在首府歐什周遭，這裡的美食格外出色，幾乎和同在本區的熱爾省區難分軒輊；雖然是加斯科涅的核心，但此處始終排拒法國皇室的勢力染指，直到1589年加斯科涅整個併入法國後，才於1607年接納了法國。這一點顯示了雅馬邑人不同凡響的韌性，他們以成為鐵血戰士為榮，經常被外國君王借調出征；但1445年之後再無借調，因為那年德國皇帝腓特烈三世（Frederick III, German Emperor）借助他們攻打瑞士卻慘敗，轟動一時。

雅馬邑的卓越美食或可歸功於，它出產了另一款白蘭地，對饕客有莫大吸引力。嚴格來說，世上只有兩款正宗的白蘭地，干邑白蘭地和雅馬邑白蘭地，雖然雅馬邑白蘭地可能因為產量少而名氣略遜一籌，但品質卻不亞於干邑白蘭地。兩者皆蓋世無敵。

和干邑酒區的葡萄酒一樣，雅馬邑的葡萄酒本身並不討喜，通常都是

些酒精濃度高的白葡萄酒，味道極其粗糙。可是，就像干邑陳年佳釀，經過蒸餾卻令人讚嘆。此處用的手法不同。干邑以單式蒸餾器產製，同批次須蒸餾二次以上獲得最終的白蘭地。雅馬邑白蘭地通常以半連續式蒸餾器產製。對雅馬邑而言，一如對干邑而言，陳放用的木桶非常關鍵。然而，在干邑酒區，木桶會重複一再使用，最老舊的小桶評價最高，但雅馬邑用的是新桶，這些小木桶是用當地紋理細密的橡木心材製成。我覺得雅馬邑白蘭地[1]的特色是蜜桃味，但顯然別人不覺得如此。至少我沒見過有人這樣形容過。

下雅馬邑區（Bas-Armagnac）堅持產製上等白蘭地，特別是這幾個市鎮：諾加羅（Nogaro）、卡祖邦（Cazambon）、加巴列特（Gabaret）。下雅馬邑區、上雅馬邑區（Haut-Armagnac），還有不相連的特納雷茲（Ténarèze）酒區，都盛產頂級的雅馬邑白蘭地，所使用的釀酒葡萄均為取得「Acquit d'Or」認證的專門品種，而採用其他品種產製的雅馬邑白蘭地標示的是「Acquit Blanc」。產自本區標示「Acquit Rose」的白蘭地並不是正宗的雅馬邑白蘭地，換句話說，不是葡萄白蘭地，而是水果白蘭地，其原料是黑醋栗（Currants）、榲桲（Quinces，又名木梨），甚至核桃之類的水果。

很自然地，本區很多菜色都會用雅馬邑白蘭地來烹飪。加上這裡依然是個野味之鄉，丘鷸、鷓鴣、陶罐燉兔肉的醬汁裡都會放雅馬邑白蘭地。「烤閹雞」（Chapon Rôti d'Artagnan）這道菜也用了雅馬邑白蘭地。你應該還記得，烤閹雞是加斯科涅菜，發源地在雅馬邑區的呂皮阿克（Lupiac）[2]，並非法國文豪大仲馬（Alexandre Dumas）發明的。

「果脯燉雞」（Poulet en Compôte）應該是某道貝亞恩菜的變身版。奶油甘藍是另一道很受歡迎的雅馬邑菜。最後一提，雅馬邑可能是「Estouffat」或「Estouffade」的發源地，這是一種加蓋鍋燉煮的湯菜，但又特別用來指這樣的燉湯菜所產生的湯汁。這種湯汁濃郁的調和物，將大

---

1. 雅馬邑白蘭地（Armagnac）主要使用Ugni Blanc葡萄，傳統使用Alembic Armagnacais半連續式蒸餾器處理，根據規定，雅馬邑的白蘭地可以蒸餾到酒精52%至72.4%。首先會置於新橡木桶中一段時間，之後轉入更舊的橡木桶中熟成。最後釀酒師會進行調配並減兌至酒精度40%。

2. Lupiac的葡萄酒今歸入波爾多產區。

量的材料煮到只剩下精華，譬如牛瘦肉、小牛腿肉、兩者的骨髓、爆豬皮、火腿、肥肉、胡蘿蔔、洋蔥、大蒜和綜合香料植物。

　　加斯科涅南部，西鄰大海，南抵西班牙邊界，地處法國極西南之隅，是奇特民族巴斯克人的國度。他們的起源成謎。一說他們來自西班牙某些地區，不是西班牙巴斯克現在所占領的區域，這支民族的後裔被羅馬人稱為伊比利人（Iberians），縱使這說法大家普遍接受，但無益於揭開巴斯克人的謎團，因為關於伊比利人的身世，幾乎同樣一無所悉。另一派認為，他們是膚色較淺的柏柏人（Berbers，非阿拉伯裔的北非民族），但即使如今對現代柏柏人做過研究，但他們的起源一樣成謎。第三種說法說他們跟亞特蘭提斯傳說有關，是亞特蘭提斯大陸或大島的倖存者，還說西班牙加納利群島（Canary Islands）原住民古安切人（Guanches），也是亞特蘭提斯人。這個假設相當可信，因為在西班牙發現原名極樂島（Fortunate Isles）的這座島嶼之後，古安切人沒多久就滅絕了，但是現代學者主張，古安切人是柏柏人，把第三種說法丟回第二種說法，使得亞特蘭提斯的假設變得毫無必要。最後一種說法是，有一群學者認為沒必要憂心巴斯克人的起源，這群學者主張他們不是從那裡來的，而是始終就一直住在現在所居住的地方。

　　巴斯克語似乎可作為最後一種說法的佐證，但不特別支持其餘說法，因為世上無人能證明巴斯克語和任何其他語言有關係。它不屬於印歐語系，或許這是有些學者企圖給它和「芬蘭－烏戈爾語族」（Finno-Ugric）建立親屬關係的原因；芬蘭－烏戈爾語族是印歐語系以外唯一的歐語家族，包括芬蘭語（（Finnis）、愛沙尼亞語（Estonian）、馬扎爾語（Magyar，亦即匈牙利語）。有一份日耳曼分類表將它列為高加索人種（Caucasian）。語文學家（Philologists，也稱歷史語言學家）當然毋須解釋，巴斯克人何以會從高加索遠赴庇里牛斯山，一路上竟未曾留下行蹤可循。還有一些主張努力在證明巴斯克語和柏柏有關，屬於含米特語族（Hamitic）。

　　不論是哪種情況，它是相當原始的語言，很符合有一說它在很久以前就已經成形，而在多番遷徙過程中，使用這種語言的民族並未因為受其他語系轉型所影響。就像美洲印第安語，它們建立語言的方式是在某個基本

字根上添加後綴字（Suffixes），因此，動詞的字尾可能代表主詞、直接受詞和間接受詞。詞裡的字若指涉到石頭，就表示這個語詞是成形於石器時代。巴斯克文化的其他標誌都很古老，不因遷徙而有所修改。譬如，他們至今始終堅持用兩叉的腳踏犁（laya）而非犁（plough），而且是所有西歐民族中唯一還會跳各式各樣原始民族舞蹈的部族，對他們而言，舞蹈往往是法術或宗教儀式的一環。

或許，因為千年以來，不是數百年，住在同一塊領域內，也使用對外地人與世隔絕的一種語言，使得巴斯克人緊密團結在一起，雖然被自有疆界以來就已經存在的天然屏障所阻隔，但他們始終維持他們的習俗和制度。西班牙的巴斯克人和法國的巴斯克人擁有相同的習慣和同一種語言，在法國邊界這邊，不容置疑的是法國民族形形色色，而巴斯克人極其成功頑抗更大文化入侵，在法國文明中保留了完整的巴斯克社會。巴斯克人稱他們的土地為「Zaspiakba」：七合一，表達了巴斯克人的一體，縱使事實上是七個省區，其中四個在西班牙：吉普茲科亞（Guipúzcoa）、阿拉瓦（Álava）、比斯開（Vizcaya或Biscay）和納瓦拉（Navarre）；只有三個在法國境內：拉波爾（Labourd）、下納瓦拉（Basse-Navarre）、索爾（Soule）。

巴斯克人最驚人的生理特徵大概就是他們身手矯健。關於他們的最早明文記載是在公元778年，提到了這項特徵，這點可從現代法國網球選手尚·伯勒特拉（Jean Borotra）[3]的綽號「跳躍巴斯克人」（Bounding Basque）再獲證實。全球通行的手球運動，尤其是其中最複雜的壁網球（Jai Alai）運動：壁網球又稱為「回力球」，以名為捧兜（Chistera）柳條籃杓子當成球拍接發球，是一種很激烈的體育活動，卻和另一項也公認是巴斯克人的活動——吃——差異懸殊：巴斯克人經常比賽誰吃得少。

在社會上，巴斯克人的優點大概是他們的民主傾向非常堅定。綜觀他們的歷史，巴斯克人始終維護人人平等，給予婦女法律上的獨立地位——這在近代的其他族群裡相當罕有；他們也維護民權、抗拒君主統治，而且

---

3. Jean Borotra是1920至1930年代前後法國最出名的男子網球選手，最高排名世界第二，生涯獲得大滿貫系列賽單打四次冠軍，雙打含混雙十四次冠軍。

素來就採自由選舉方式延攬官員。只有律師和傳教士兩類人禁止成為立法官員，理由是這兩類行業總自動站在苛政獨裁那一邊。巴斯克人對信仰很虔誠，但似乎他們把宗教和教權主義（Clericalism）分得很清楚。

巴斯克的保守主義未曾摻雜法國和西班牙文化裡的很多習慣和風俗，其特徵明顯不同於它所在的國家：灰泥粉飾的牆，有時候帶有都鐸（Tudor）式建築風格的木頭，有木造露台和傾斜的屋頂；儀式舞蹈（Ceremonial Dances）少有婦女參與；單一樂手演奏的三孔長笛「切蒂拉拉」（Tchirulä）要以右手演奏；響弦鼓（Snare Drum）「屯屯」（Ttun-Ttun）要以左手演奏；男人戴的貝雷帽（Berets），還有手執的棍棒是底部比包裹皮革的握把粗，往上縮小成一個尖頭鐵套圈；繩底帆布鞋（Espadrilles）人人皆可穿，這是一種布面繩子做底的拖鞋；走路慢吞吞的巴斯克公牛包了毛氈的牛軛，要戴在角上，而不是背在肩上，當然，還有食物。

巴斯克自治區幅員很小。它的三個省區[4]中，沿海地區首府是烏斯塔里茨（Ustaritz）；下納瓦拉位於它背後的群山裡，首府是聖讓皮耶德波爾（Saint-Jean-Pied-de-Port）；索爾隱身於深山，首府在莫萊翁（Mauléon）。這三個省區只占下庇里牛斯行省（Basses-Pyrénées）的三分之一。巴斯克致力於用相當多彩多姿的菜色，維持自己的飲饌差異化，盡量不受法國菜影響。它有西班牙菜的影子，特別是在大量使用西班牙辣椒（Pimento）上，這很自然不過，因為巴斯克的主要領域都在西班牙境內，很可能，法國的巴斯克人是因為原本侷限在南方，卻因民族不斷增長，溢流越過庇里牛斯山而來。雖然法國的巴斯克人，和西班牙的巴斯克人有其他共通的東西，但在個人的飲食習慣上迥異於對方。而西班牙的巴斯克人，本身的也有一道菜異於西班牙菜，不論對半島上廚藝最精湛的西部巴斯克人來說，當論及西班牙菜時，是否意味著經典的卡斯提爾菜（Castile）或加利西亞菜（Galicians）。西班牙的巴斯克自治區最有名的一道菜「安圭拉」（Angulas a la Bilbaína）——油炸幼鰻——不太可能出現在法國邊境那一頭；而且，雖然如我們前述所見，鹹鱈魚怪異地流行在地中海盛產鮮魚的沿岸一帶，但法國的巴斯克人喜歡自己的魚兒勝過鱈魚乾，

---

4. 現今此三個行政區歸屬於Pyrénées-Atlantiques大西洋庇里牛斯行省。

而西班牙的巴斯克人卻熱愛比斯開鹹鱈魚（Bacalao a la Vizcaína）：朗格多克或普羅旺斯鹹鱈魚料理的巴斯版本。就連葡萄酒也大不相同。西班牙巴斯克人的佳釀白葡萄酒「查克麗」（Chacoli，亦作Txakoli），和法國邊界那頭出產的紅葡萄酒，沒半點相同。

巴斯克人借用法國人的東西，多過西班牙人。雖然他們自家的菜餚特徵迥異於法國菜，但他們會師法庇里牛斯山鄰居貝亞恩的美食，把菜色歸化成自己的，加進菜單裡。貝亞恩像是個為人們打氣加油的重鎮，向四面八方輸出它的創意大作，也就很自然地巴斯克自治區都能分得一杯羹，尤其是兩地美食不論哪個方面親如一家。因此，貝亞恩知名的加爾布勒燉肉（Garbure）移步到了巴斯克自治區，也進了吉耶訥和朗格多克。雞肉鍋（Poule au Pot）也如此，我們在貝亞恩單元就會談到這道菜。

巴斯克的飲饌之道理所當然有意地運用大海的產物。這一點是臨海的結果，但不是絕對不變的。我們也看到了，上法蘭西大區的皮卡第想否定其海岸的可能性（確實它沒太多濱海區），而朗格多克並未如蔚藍海岸那般，竭力善用地中海的魚鮮。但巴斯克人不可能犯這樣的錯誤，他們一直都是傑出的漁夫。其實，巴斯克人是最早的捕鯨人。

比亞里茨（Biarritz）和聖讓德呂（Saint-Jean-de-Luz）是主要的捕鯨港。巴斯克人從十一世紀開始獵捕這類海中龐然哺乳動物。這裡是近海捕鯨，從海灘開出舢舨用魚叉捕鯨，這項技術如今大概已經消失了，只剩下亞述群島（Azores）還用這種方式獵捕。在比亞里茨，至今在紋章上放捕到的鯨魚圖；這裡每年鯨魚現身的季節，大約接近9月底時，就會設立瞭望台，當地港邊現在還有這類瞭望高台，一旦看見這種動物的蹤影，就會點起煙霧信號。鯨魚在英格蘭是歸類為皇室的動物，也就是說，理論上舉凡在大不列顛島近海捕獲的鯨魚都是皇室的財產，法國在中世紀時且有類似的作法；不論英法，捕到的每隻鯨魚都獻給國王。巴約訥（Bayonne）比國王睿智，想方設法確保在它的巴約訥獨立港捕獲的鯨魚，自己有特權可以得到所有鯨魚的舌頭——因為這是最美味的一小片肉，不論當年或今天，巴約訥對珍饈特別警覺。今天鯨魚並不被視為食物，但在那個年頭卻是。也因此，挪威至今偶爾也還吃鯨肉。

歷經數百年時光，鯨魚從巴斯克海岸消失了。比斯開灣最後捕獲鯨是

在1686年。放棄鯨魚之後，巴斯克人成了第一批揚帆橫渡大西洋到紐芬蘭（Newfoundland）捕鱈魚。當法國人失去紐芬蘭時，巴斯克人為他們的船隻找到新用途，改行當起海盜，效法布列塔尼人。今天，在人們記憶中他們並不是在與聖馬洛（Saint-Malo）的海盜爭名逐利，不過在當年他們肯定曾被視為可敬的對手。他們的蓋世武功為他們贏得不必在法王路易十四面前脫帽的權利。如今，巴斯克捕魚船隊回到較為平和的訴求上。這裡的近海追捕的是大型食用魚。戰後捕鮪魚成了新興產業，而鮪魚船隊的主要港口就在聖讓德呂。巴斯克沿岸一帶經常捕捉的另一些魚種是鰹魚（Bonito）、海鱸（Sea Perch）、鯔魚（Gray Mullet），還有康吉鰻。由於本區位於靠庇里牛斯山大西洋岸，是寒冷水域，因此這裡的甲殼類和軟體動物都比暖水域的地中海來得更美味。內陸有庇里牛斯山的山澗，一如處處皆有的山區溪流，盛產鱒魚；這裡是世上唯一還有美洲虹鱒的地方。阿杜爾河和比達索阿河（Bidassoa）、尼夫河（Nive）、尼維爾河（Nivelle）和許多溪流也都盛產鮭魚。

黃牛雖用做勞務動物，但此處的牧草並不特別適合養殖肉牛或乳牛，因此巴斯克人專注飼養體型較小的動物。這裡有一種凱爾特豬的巴約訥特有種，海岸背後的山區裡有羊。為了彌補沒有乳牛之憾，這裡飼養了一種馬涅克羊（Manech），是罕見為產乳而非供應羊毛或肉食而飼養的品種，不過另有一種巴斯克特有種羊隻能產製上等羊毛。巴斯克人是聞名遐邇的出色牧羊人，甚至因此被輸入美國，在西部牧場協助照料龐大的羊群。

至於土壤的產物，我們又再次來到了玉米之鄉。玉米是本區的主要糧食。儘管地處巴斯克偏遠的南部，但既有大西洋的冷空氣，又有背海庇里牛斯山的高海拔，使得這裡成為種植該緯度主要水果——蘋果的良田。甚至有一種說法：諾曼地和布列塔尼的蘋果園，最初栽種的蘋果樹是從本區移植過去的。

另外兩樣不特別侷限於巴斯克自治區，在此處也不格外突出的作物，卻和非常在地的特產結合在一起，組成各式各樣菜餚的配菜，特別是肉食，譬如「巴斯克辣醬」（à la Basquaise）。這道配菜是香煎牛肚菌，馬鈴薯切成規則的厚片和奶油放入烤箱烹製，最後撒上巴約訥火腿末。

最後這項材料同時也透露了巴斯克自治區最著稱的一樣特產：遠近馳

名的「巴約訥火腿」（Jambon de Bayonne）。本區最為盛產的一類食物是熟食肉品，而巴斯克自治區的美食之都，當然是巴約訥莫屬。

　　巴約訥之所以成為美食重鎮，多虧它一直都非常富庶，因此有能力負擔奢侈品。它的財富來自海港，雖然它離海16公里遠在尼夫河注入阿杜爾河處；但阿杜爾河十分之寬，就連吃水量高達7.6公尺的船隻都能停泊在巴約訥。古時候，這意謂著船運大量而頻繁。唯一中斷巴約訥繁榮的是阿杜爾河河口被汙泥阻塞，這是它注定得不斷面臨的威脅，因為河水入海，還有經過這裡的強勁洋流，都會攪動了濱海沿岸的沙子，更別提一波波襲來的潮汐。被捲起的漩渦令人嘆為觀止，吸引遊客特來阿杜爾河沙洲（Barthes de l'Adour）觀賞。如今有現代疏浚船常保渠道暢通，不像古代經常窒礙難行。

　　巴約訥的輝煌歲月是「百年戰爭」期間，當時涵蓋巴斯克地區在內的阿基坦郡（Aquitaine Country），隸屬金雀花王朝，而巴約訥的艦隊懸掛的是英國國旗；十六世紀末，經過一段時間河道阻塞後終於疏浚恢復，到了十八世紀末，巴約訥成了自由港，吸引了大量貿易活動，而它的海盜事業帶進贓物，讓這座城市富有起來，其致富程度更甚之前的鱈魚捕撈事業。在黃金年代裡，巴約訥是著名的打鐵城，特別是擅長打造武器。這座城市生產了一件名聞全球的東西，雖然幾乎沒什麼人會用到，但大家以產地名起了「Bayonet」（刺刀）這樣一個名稱。

　　這個富庶之城對珍饈佳餚自有一番品味，特色菜繁多。不過其中有一樣如今名滿天下，而且就在近年才誕生，很難說它的發源地是某個地方。巴約訥的巧克力非常出名。知情的少數人明瞭，在十七世紀時，巴約訥是法國巧克力的唯一生產地。巧克力的滋味迅速風靡了全世界，大家遂習以為常視為理所當然的東西。倘若你放下心理上熟悉的這個味道，將注意力轉移到巧克力的特質上——人們鮮少對熟知的事物這麼做——也就是巧克力的異國風情特質上，那麼，生活在溫帶的居民立刻就能體會到。巧克力從非洲北上西班牙，是摩爾人（Moor）帶來的，然後停留在西班牙直到猶太人被驅逐出境。有些猶太人來到了巴約訥，教導該城製作巧克力的技術。在那些時日裡，巧克力似乎是熱食。塞維涅夫人（Madame de Sévigné）[5]嚐過後去信給她女兒：「它讓你愉悅了好一會兒，但猝不及防

點燃你身體裡一股致命的滾燙。」這並未嚇阻一家現代公司為它的精緻巧克力品牌命名為「塞維涅夫人」。她這麼說不是沒理由的。不僅是因為巧克力本身在當時的製作過程很是粗糙，還因為裡面添加的辛香料增加了它的嗆味。西班牙人至今仍會在巧克力裡面加入大量肉桂。十七世紀時，顯然巧克力含有丁香和其他刺鼻的辛香料。

巴約訥其餘的特產裡還有一樣甜點「香櫞果泥」（Pâte de Cédrat），就是我們在科西嘉單元裡提過像檸檬的水果。巴約訥也盛產各式各樣的香腸和相關產品，其中血腸格外著稱。本地版的加爾布勒燉肉裡多加了油封鵝肉塊或醃豬肉；醃豬肉製法大概類似，也是另一項區域性產物。「巴約訥排骨」（Côtes de Porc à la Bayonnaise）的作法和加斯科涅版本的同一道菜相同，先醃漬豬肉塊，再用豬油稍微炸一下豬肉塊，再加入另外以油和新馬鈴薯烹製過的牛肚菌，最後將整鍋食物放入烤箱。

然而，巴約訥首屈一指的特色菜非它的火腿莫屬。巴約訥火腿[6]名聞遐邇，但巴約訥不能獨享這份功勞。絕大多數的巴約訥火腿都來自奧爾泰（Orthez），那裡不在巴斯克自治區的版圖內，而是在貝亞恩。但是，醃漬這些火腿所用的鹽巴產自巴約訥。此外，火腿是生的，也往往就這麼生食。「巴約訥吐司」（Canapés à la Bayonnaise）是麵包片抹上混入香料植物的奶油，上面再放薄薄一片巴約訥火腿。巴約訥火腿常用於做菜，為醬汁或燉菜增添風味，如果是以它自己為主做成菜餚，則非常適合搭配各種蛋料理。但若你想把巴約訥火腿煮來吃，幾乎不可能煮得比直接點來吃的當地的「酒燉火腿手抓飯」（Jambon à la Bayonnaise）更美味。先將火腿充分泡水，當中要更換好幾次水，以去除多餘的鹽分，然後氽煮至僅剩原來的四分之三大小。接著從水中取出火腿，修皮，刮乾淨表面的油，最後放入馬德拉酒裡燜燉。習慣上，在巴約訥火腿要搭配手抓飯一起吃；手抓飯是用番茄、鈕扣菇，還有一種小型的辣味「直布羅陀腸」（Chipolata）[7]與

---

5. 塞維涅夫人是法國書信作家。其尺牘生動、風趣，反映了路易十四時代法國的社會風貌，被奉為法國文學的瑰寶。

6. Jambon de Bayonne自古極負盛名，十六世紀法國作家拉伯雷的《巨人傳》中都曾提及此項美味。Jambon de Bayonne於1998年10月列入IGP管制，2012年升級為AOP管制。可說是法國產量最大也最出名的火腿。目前Jambon de Bayonne公會總部位於貝亞恩而非巴斯克自治區內。

7. Chipolata是譯音，源自義大利文Cipolla，意謂洋蔥，與直布羅陀無關。

奶油做成。最後，淋上以烹煮火腿最後剩餘湯汁烹製的馬德拉醬。

　　巴約訥的加工肉品種類繁多，但不是巴約訥特有的，整個巴斯克自治區都有這類加工肉品。最典型的兩款是「Loukinka」是蒜味小香腸，以及用小牛血製成的血腸。小牛身上柔軟的腸子和肺會切碎混在一起煮，加入洋蔥，以大量胡椒、鹽、西班牙辣椒、肉豆蔻和洋香菜調味。小牛血用來作黏合媒介把所有東西調成濃稠的糊狀，塞進腸衣裡。然後以加了蒜苗、胡蘿蔔和一束香料植物烹煮的肉湯，慢火細燉五個鐘頭。

　　巴斯克烹煮牛清湯，先用肉和蔬菜煮成普通清湯，在清湯裡加入蔬菜絲、紅椒、番茄、米飯和細菜香芹燉煮吸收精華。此湯已美味不可方物，卻還比不上巴斯克美食裡最傲視群倫的「大蒜魚湯」（Ttoro）。大蒜魚湯是濃郁的魚湯，用大西洋所產的小魚烹製，堪稱巴斯克版本的海龍王湯。

　　這片濱海地帶最典型的海鮮就是小卷（Chipirones）。小卷在西班牙的巴斯克自治區內也很受歡迎，牠們很可能會泡在自己的墨汁裡游來游去，很令人驚恐，這墨汁看似吃不得的物質。法國的巴斯克人要麼給小卷鑲餡，要麼做成某種砂鍋菜，稍微偽裝一下叫膽小的食客莫害怕。

　　另一道巴斯克特色菜是「番茄甜椒炒蛋」（Piperade）。這道菜通常被形容成歐姆蛋裡加了紅椒和番茄。可是我在每個地方吃到的都是炒蛋而非歐姆蛋，要麼獨立成一道菜，要麼當成其他主菜的配菜，而主菜就不配上蔬菜吃了。在那些使用上述巴約訥火腿烹製的諸多蛋料理裡，「蛋黃醬煎蛋」（Œufs Frits à la Bayonnaise）是一道有意思的菜。看食客能吃多少顆蛋，就炒多少顆蛋，然後全堆在以油煎過的一片麵包上，相間地放上用油煎過的巴約訥火腿片。這道菜也適合放牛肝菌。在菜單上是同一道主菜但標示著「炒而非煎」（sur le plat instead off frits），則只有火腿和蛋——但最後要再放入烤箱烘烤——火腿要用巴約訥火腿。也可以配上大蒜和洋香菜調味的香煎牛肚菌小菜。

　　如前所述，巴斯克自治區以加爾布勒燉肉來製作醃鵝肉。另一種製作醃鵝肉的方法「巴斯克油封鵝」（Confit d'Oie à la Basquaise）：將四分之一隻鵝以鵝油烹熟，配上以鵝油混合橄欖油香煎的牛肚菌，上桌時撒上蒜末和洋香菜末。比亞里茨有自己的方法料理雞肉「百里香炒雞肉」（Poulet Sauté à la Biarrotte）。將雞肉以油香煎，塗上用白葡萄酒、番茄

醬、大蒜末和煎肉湯汁調製成的醬料。同一時間以油香煎牛肚菌、馬鈴薯丁、去皮茄子和洋蔥丁，把每一樣都分別整成小堆，配上雞肉吃。

吃過家禽也來嚐嚐野味。和在朗德一樣，野鴿在巴斯克自治區也是津津樂道的美食，但巴斯克有一套自己的捕鴿手法。在遷徙季期間，當野鴿飛過山區路徑時，巴斯克人會從空中以網捕鳥；在野鴿飛過時，他們拿白色木圓盤嚇唬這些鳥，將牠們趕往特定方向。理由據說是鴿子以為這些圓盤是老鷹，倉皇逃走之際盲目飛進鳥網裡，這是個巧妙的理論，不過我一直覺得奇怪的是，野鴿內心是什麼心路歷程。我們很容易以為，鴿子可能會閃躲投擲到牠們身上的東西，就算牠們認為是白色木圓盤，但這個故事如雷貫耳，如此權威，讓人覺得加以否定太不禮貌。

值得一提的蔬菜料理是「巴斯克蔬菜炒馬鈴薯」（Pommes de Terre à la Basquaise）。做這道菜，要選用長型馬鈴薯，將長邊部分挖空，以水煮約五分鐘後撈起，接著在挖空部分塞入煮到濃縮的番茄汁，裡面的主材料是用油或奶油烹製的甘椒辣椒、巴約訥火腿末和洋香菜。然後將鑲餡的馬鈴薯放入塗抹厚厚奶油的平底鍋裡，調味後倒入奶油或其他油，放入烤箱慢烤。快烤好時，從烤箱取出平底鍋，鋪上麵包粉和奶油，再放回烤箱烤出酥皮。吃的時候配上小牛肉湯做成的醬汁。

最為無人不知的巴斯克甜點是「圖隆糖」（西Turrón／法Touron）：一種含有杏仁粒和榛果粒混合麵粉，裡面還放了開心果碎粒和蜜餞。這個玉米之鄉裡更傳統的一道料理「米拉索酥」（Milhassou），是給當地人而不是給遊客吃的。作法是將1公升鮮奶煮滾，鍋子離火，拌入225克的細玉米粉，等凝結成糊狀，半涼時，加入450克奶油和八顆蛋，以及450克粉糖或四大匙麥芽糖。然後用橙花汁、檸檬或香草調味，倒入模型，放入烤箱慢火烘烤。

巴斯克葡萄酒比較淡，但相當好喝。魚料理的好搭檔是這款不甜的白酒「Herrika-Arnoa」。巴約訥附近有一款很容易喝醉的白酒，是一種很像朗德酒的「沙酒」（Vin-de-Sable）。巴斯克葡萄酒裡最負盛名的一款是「伊魯萊吉」（Irouleguy），既有紅酒亦有白酒，有微微燧石氣息。最後一提，本區的蘋果樹提供了一種蘋果酒稱之為「皮塔拉」（Pittara）。喝不慣的話，會覺得它很酸。

Chapter 16

⚘

貝亞恩與富瓦
Béarn and the County of Foix

　　貝亞恩（Béarn）位於巴斯克地區的東部，占據了下庇里牛斯行省三分之二的面積，是行省中其他三個巴斯克省區面積總和的兩倍，也就是說，它是庇里牛斯所有省區中最大的一個。表面上它與巴斯克自治區很相似，但它的民族卻非巴斯克。深陷於高山峻嶺中，貝亞恩人表現出的高山民族特有的獨立個性，更甚於巴斯克人。和巴斯克人相同的是，他們也有自己的人權法案，即使他們自己的君主也必須遵守，而且當他們落入某些霸主統治時，不論是英國國王、法國國王、富瓦伯爵（Comté de Foix）或任何人，在他們眼中，只要是在他們自己的疆界內，他們就會始終保留自主權。即使在這塊疆土淪入法國皇室統領的家族手中，貝亞恩也能享有單獨的制度，有自己的立法機關，最重要的是，有權利透過自己的行政體系決定該給出多少稅賦，當作「自願捐獻」給國王的國庫。貝亞恩有自己的語言，是一種加斯科涅的方言，從這裡以北和以東的領土都使用這種方言。至於俠盜傳統，相較於貝亞恩人，加斯科涅人只能算膽小之徒。

　　最知名的貝亞恩人當然非亨利四世莫屬，他是法國皇室史上最傑出的

俠盜之士，生來就錦衣玉食，而且在其祖父納瓦拉國王（King of Navarre）恩里克二世（Henri d'Albret）一聲令下，在1553年12月13日他一出生，就特意用大蒜和當地的居宏頌（Jurançon）葡萄酒抹他的舌頭——不是任何居宏頌葡萄酒都行，只能用蓋伊酒莊（Clos de Gaye）公認最上等的產品。

貝亞恩的飲食奢華但不複雜，是老饕的食物。儘管嬰兒的雙唇被小心翼翼抹了特選的葡萄酒，亨利四世並未被當作小男生養育，而是幾經盤算把他變成美食家。確實，在七歲之前，亨利四世過的彷彿注定要當農夫的日子，而非贏得「大帝」渾名的法國國王。八歲前他幾乎沒穿過鞋子，八歲後才因要上學穿上鞋子。他不會法語，只會講當地方言。他以蛋、乳酪、大蒜和粗糙的鄉村麵包為生。這種健康卻枯槁的飲食，可能導致他日後對食物有先入為主的偏見，雖然他也能和當時最厲害的饕客一起狼吞虎嚥，但這偏見不只影響他自己，也影響了每一個人。你會記住，是亨利四世是第一個比較不虛張聲勢地說出我們時代目標的人，「家家鍋裡有隻雞。」——他希望農夫週日都能吃這樣的晚餐。

在需要顧及個人原因表現寬宏大量的場合裡，他也會關心別人是否溫飽。有一樁很有特色的突發事件，事關他未事先知會，拜訪情婦加布里埃爾（Gabrielle d'Estrées）位於巴黎基勒可街（Rue Gît-le-Cœur）十二號的寓所。亨利四世走進寓所時，加布里埃爾並非獨自一人，國王進門時，她的「伴侶」來不及離去只能躲在床下。亨利國王和藹可親地落了座，點了一份豐盛的餐點叫人送上樓，餐點送到時國王拿了一隻鷗鴣給渾身顫抖的加布里埃爾，自顧自吃起另一隻，然後朝床下丟了第三隻，「不能讓可憐的魔鬼餓肚子。」他說。

亨利四世和貝亞恩的背景相得益彰，這是個崎嶇不平的鄉村，更別提喝酒喧鬧作威作福之舉，很好住，許多菜餚來自輕鬆克服周遭領域而來，這些菜餚也助貝亞恩戰士征服了他們的仇敵。這些征戰功勳裡最大的成就是貝亞恩的加爾布勒燉肉（Garbure），這道菜遍布各處，從貝亞恩高山低谷到比戈爾（Bigorre）及其以東，還有巴斯克自治區以西，以及整個加斯科涅以北。

加爾布勒燉肉是眾多湯品之一，但它不僅是湯還可自成完整一餐。把所有東西全放進一只鍋子：湯、蔬菜、肉，必須滿滿都是好東西可吃，多

到湯杓可以直挺挺站在鍋中，被加爾布勒燉肉的材料撐著絕不左搖右晃。有一派學說主張，加爾布勒燉肉的靈魂是讓肉湯噴香的眾多芬芳的香料植物，這一點自不在話下，因此肉湯的名稱才會冠上「Gerbe」，意謂湯裡那一小把綜合香草束。他們指出，貝亞恩的「Gaburatye」一字，意思就是湯裡綜合新鮮綠色蔬菜，不過也很可能是反過來，這個字源自「Garbure」（醃肉菜湯）。這個理論未經證實，所以仍有空間可容第二種理論：這個字出自西班牙文「Garbias」，意謂燉湯。當然，也可能這個字翻越另一個方向的庇里牛斯山。這道菜本身似乎本地產物，雖然西班牙文的「雜燴肉菜鍋」（Cocido）也屬於肉湯家族一員，然後每個鄉野地區都沿著這條線發展出一些東西，對養殖食物的區域而言，不斷把田裡各式各樣作物統統丟進爐上一只鍋裡，是再自然不過的了。任何一種版本的肉湯是否成果都會很出色，要看混合和烹製多種材料的廚藝如何而定。

貝亞恩的醃肉菜湯[1]當然美味無比，這要歸功於悉心細緻將它煮得不偏不倚。首先，挑選炊具，貝亞恩的廚師堅持，一定要內部上釉的陶器。當地方言給它一個特別的名稱叫「陶丕」（Toupi）；鐵器或金屬鍋具會壞了味道。

要把醃肉菜湯煮得不偏不倚還有其他竅門。其一是讓水滾劇烈沸騰才能投入所有東西。之後，湯汁絕不能片刻停止沸騰。如果廚師擔心冷材料的數量放入湯內會使湯汁瞬間降溫掉到沸點以下，那麼他會將材料先加熱才放進去。

另一個重點是不同材料放入湯汁的順序。不同材料燒煮的時間亦不同，而讓它們同時到達熟透的技巧十分微妙。譬如，一般我們會假定馬鈴薯總是需要特定時間才能煮熟，但若你這樣想其實並不安全。因為確實的時間會因馬鈴薯的大小或軟硬程度而不同，也許還跟鍋裡其他食物的數量和種類息息相關。也可能和緯度有關，這一點舉凡山地鄉裡的廚師都不否認。醃肉菜湯要做得成功，端靠廚師本能，以平衡各種彼此之間各種難以預料的狀況，才能得出正確的解答。

一般說來，做醃肉菜湯要將去皮的馬鈴薯切成小塊，先放入滾水中。

---

1. 現今貝亞恩醃肉菜湯（Garbure Béarnaise）被視為本區的重點傳統菜式，上述的菜式統統被歸為這個名字。

接著放其他新鮮蔬菜，通常是蠶豆、豇豆和豌豆，不過這些因季節而異，也因廚師習慣而異。有時候，會將豆類過篩壓成泥讓湯汁更濃稠。最讓人料想不到的是，有些廚師會在秋季放栗子，當然要先烤熟才放入湯裡。

蔬菜之後通常才會調味：百里香、洋香菜和墨角蘭（Marjolaine）、大蒜、鹽和胡椒，有時候胡椒會以甘椒辣椒取而代之。然後要煮很久，一個小時多，再加入甘藍菜，只要葉子不要梗，切碎或細切成長條，放入湯裡蓋上鍋蓋，讓湯汁滾沸半小時，甘藍菜才會熟透。現在輪到「特雷布克」（Trebuc）──肉。若是普通日子，就是一塊火腿或培根，一條香腸，或甚至什麼都沒有只放一塊火腿骨頭，增加風味。倘若是節慶場合，「特雷布克」就會是醃鵝肉或醃豬肉（通常會抹上鵝油讓效果更出色）。鵝肉或豬肉，或可能是鴨肉，這在巴斯克自治區款待觀光客的餐館裡，實際上是不變的，甚至在貝亞恩更豐富的版本裡也如此。另一種版本則是家庭吃的，或是平價餐館供應給本地人的。

醃肉菜湯上桌時，澆在湯盤底的薄片乾癟麵包上，通常也會加上清湯和蔬菜，肉分開吃。有時候，特別是在夏季，肉放涼吃，而湯要保溫，吃完冷肉再喝熱湯。美食鑑賞家喜歡用波爾多方式拿醃肉菜湯做「夏布洛」（Faire Chabrot），也就是把一些紅葡萄酒倒進最後幾湯匙剩湯內喝掉。但在本區不稱「夏布洛」，稱「古代爾」（Goudale）。

醃肉菜湯無疑是貝亞恩菜當中唯一最重要的湯；湯是所有地方的經典農家菜，尤其是在山區裡。從農家的觀點來看，有一道相當奢華的湯是因亨利四世一句「火上鍋」金言，名滿天下，從此成了知名的「方言亨利火上鍋」（Lou Nouste Henric），白話就是「我們亨利的火上雞鍋」。這是雞塞入切碎的雞肝、巴約訥火腿、去皮麵包，還有蛋汁，以鹽、胡椒、肉豆蔻、香料植物，和一點大蒜，灑上雅馬邑白蘭地將材料弄濕，並且，如果很乾的話，再灑上一些溫熱的清湯。將鑲了餡的雞仔細縫起來，放入經典的小鍋湯（Petite Marmite）燜煮；小鍋湯是將牛肉、帶骨髓的牛骨、雞肝、雞心、雞胗、蕪菁、蒜苗、西芹、洋蔥和胡蘿蔔烹製而成。煮好前二十分鐘，將事先特地保留的一些餡料，以甘藍菜包起來如香腸狀，放入鍋中與雞肉同煮。這道菜有時也稱為「煮串雞」（Poulet à la Ficelle）。把煮好的雞從肉湯鍋中撈出得用釣魚的方式，拿一條繩子綁住雞腳拉出。

另一道貝亞恩湯是「烏利亞」（Ouliat）——是一款洋蔥湯，也可配上醋來吃。若在裡面加了大蒜和番茄，就成了人稱「圖林」（Tourin）的洋蔥大蒜蛋黃湯。若再加蒜苗和乳酪，就成了「牧羊人的湯」（Soupe du Berger）。「表哥湯」（Cousinette）是一款沙拉湯，也就是，全部以綠色蔬菜烹製而成：瑞士甜菜、菊苣、酸模（Sorrel）、紫色鐵線蓮（Mauve）；紫色鐵線蓮得名自其花色，雖它屬於香料植物錦葵家族，但應該和英文名是同一種東西。

坊間的巴約訥火腿絕大多數產自貝亞恩，前文曾提過。這裡的養豬規模不大，不過每戶農家都養著一些。家禽也以類似方式養殖，農家特色產物有醃豬、鵝、鴨和火雞肉。這裡也有一款貝亞恩油封鵝（Confit d'Oie Béarnaise），類似巴斯克的。但這裡的作法是鵝油烹製切成四分之一隻醃鵝，最後加入切碎的洋香菜，還有敲碎的一大顆蒜頭。這種大量使用鵝油的烹飪方式是貝亞恩的特色。高海拔山區飲食裡使用高比例油脂是很正常的，高海拔嚴酷的氣候需要這樣，可是貝亞恩人格外熱衷於此。法國諺語說，在貝亞恩吃一頓飯，手肘都泡到油。

家禽和豬隻由個別農家少量畜養在一起，但相反的，羊隻是一大群牧養的。貝亞恩和巴斯克自治區兩地所養殖的羊隻，總數超過法國其他地區，唯一例外只有魯埃格省。十分異乎尋常的是，貝亞恩的養羊戶，和某些巴斯克人一樣，最關心的不是羊毛也非羊肉，而是羊奶——羊奶被送去魯埃格製成了洛克福乳酪（Roquefort Cheese）。不過，貝亞恩也有很棒的肉羊（相較於乳羊，養來取毛的羊更適合成為好的羊肉來源），奧索（Ossau）山谷的羊肉尤其深獲老饕讚賞；牠的肉質十分之嫩，軟得可以用湯匙取食。

養牛在貝亞恩較不普遍（昔日該省獲得紋章時養牛較為普遍，紋章上的圖像就是戴著牛鈴的牛），但也不是罕見到無牛可烹，最受青睞的一道本地菜即是：「牛頰燉湯」（Estoufat），或稱「貝亞恩紅酒燉牛肉」（Daube de Bœuf à la Béarnaise）。貝亞恩人做這道菜時，先將牛肉切成大塊，每塊肉割開一條縫，塞進洋香菜末和蒜末、捏碎的百里香和月桂，灑上干邑白蘭地的培根。肉塊放入紅酒和干邑白蘭地混合成的汁液裡，加上切塊的胡蘿蔔、洋蔥、洋香菜、百里香和月桂，醃漬兩小時，將充分泡濕

的肉塊滾上麵粉，擺入鍋中一層肉，一層事先以鵝油或豬油煎過的巴約訥火腿、胡蘿蔔片、洋蔥片交替排好。將一束芬芳的香料植物插在鍋中央，然後倒入醃肉的醬汁，連同裡面的蔬菜，再加拍碎的大蒜和一些肉湯淹沒材料。接著煮大約半小時後，蓋上鍋蓋放入烤箱慢火再烤四小時。上桌時配上「Broyo」，這是以蔬菜湯煮成的濃濃玉米糊，可以熱食，也能放涼了變硬切片吃，通常紅酒燉牛肉都是這樣吃的，將大量肉汁澆在玉米糊上，把它變成主菜的美味配菜。

幸運的話，遊客在貝亞恩有機會嚐到庇里牛斯臆羚（法語為Izard或Isard，西班牙語為Rebeco或Sarrio），這是庇里牛斯山的羚羊（Chamois），但這種動物越來越稀有，不常出現在菜單上。食用這種羚羊的方式，若不是以濃濃的葡萄酒醬汁用陶罐燉煮（Jugging，法語為Civet），就製成肉醬。這裡鱒魚產量豐碩，山菇馨香甘美。貝亞恩羊奶並未全部給了洛克福，因此當地也產製一些貝亞恩羊奶乳酪。最出名的大概就是奧萊龍島（Oleron）乳酪[2]，別名叫奧索山谷（Vallée d'Ossau）乳酪。阿穆（Amou）乳酪也很卓越。這兩種乳酪最佳賞味時間都是10至5月。

在結束貝亞恩食物的主題之前，或許應該注意一事：菜單上標註「貝亞恩醬汁」（à la Béarnaise）字樣，未必就是貝亞恩菜。除非你剛好知道它和某道特色菜有關係，否則你會發現用這樣字眼形容的菜只不過是配上了貝亞恩醬汁而已；記住，這個醬汁不是貝亞恩發明的，其發源地是法蘭西島。

新生兒亨利四世和居宏頌白葡萄酒的故事，證實了這裡確是葡萄酒鄉。貝亞恩人喜歡甜味的葡萄酒，這種味道似乎和油脂豐厚的菜餚很相配，兩者皆是山區典型的愛好。提到葡萄酒，侏羅山區和貝亞恩山區有諸多相似處，所以這裡自然也長著名字與侏羅有關的葡萄品種。不過很奇怪的是，居宏頌紅酒並沒有使用居宏頌紅葡萄釀造，雖然居宏頌紅酒是一款混釀酒，含有多種不同葡萄的汁液──所有葡萄品種都用上，唯獨沒用到名稱上的那種。這款酒有時候被稱為「布奇」（Bouchy），免除了誤稱帶來疑惑。

---

2. Oleron乳酪今名Ossau-Iraty，名字源於Béarn的Ossau山谷和Basque地區的Iraty山地，是一款擁有千年歷史的綿羊乳酪。1980年列入AOP管制。

居宏頌紅酒一般是當地新鮮即飲的日常餐酒，但不像居宏頌白酒那般受到高度推崇，居宏頌白酒確實使用了「Jurançon」[3]葡萄，而作為該地區的代名詞，居宏頌這個名字也用在它附近不那麼有名的紅酒——產區在波城（Pau）南邊，介於波城與奧萊龍激流之間的區域。

它的顏色從金黃到琥珀非常多變。這是一款厚重、飽滿、糖漿般又香氣馥郁的酒，這些是經常被用來描述它的特質。這裡也產製一些不甜的居宏頌白酒，但通常被視為特例。「葡萄酒馬德拉化」（Maderization）[4]，嚴格說來是一種葡萄酒缺陷，可使葡萄酒產生一種似烈酒的質地，深受貝亞恩人喜愛，他們為了這樣的目的特地製造這種效果。但過程中可能有危險，多餘的糖分會覆蓋掉所有香氣，只留下甜味在這些酒裡，然而，在多數年分裡，即使糖分很高，香氣本身也夠強烈得不受影響。

在貝亞恩北境，就在雅馬邑下方，是所謂帕什漢杜維克比耶（Pacherenc du Vic-Bilh）——意為「老村之疆」——的區域。本區產製有兩款相似的葡萄酒：馬第宏（Madiran）[5]和玻特（Portet），曾經一度式微，如今又重獲喜愛。馬第宏葡萄酒是一款酒體非常厚重的紅酒，而且和大多數厚重的葡萄酒一樣，很慢才會熟成，又很耐久放，要貯放在木桶裡五至六年才能裝瓶，裝瓶後要再陳放十年。對馬第宏葡萄酒而言，十五年不算太老，因此1904年和1916年的卓越陳年佳釀應該仍非常好喝。這款酒素以具有通寧水的性質著稱，是幫助消化本區膩重的食物的絕佳輔助。

玻特酒[6]是另一款與侏羅有淵源的酒。玻特酒是一款白葡萄酒，要像蘇玳酒那樣在葡萄藤上風乾才採摘（形似葡萄乾），但由於要等到接近聖

3. Jurançon可指產區亦可指葡萄品種：Jurançon AOC於1932年建立，產區標示僅可用於干白酒與甜白酒，不得使用於紅酒。一般以風乾葡萄釀製的甜白酒更受尊崇；當Jurançon指涉葡萄品種時有黑居宏頌葡萄（Jurançon Noir）與白居宏頌葡萄（Jurançon Blanc）。但此二種葡萄現極少用於當地的葡萄酒生產。

4. Maderization意指葡萄酒在桶中陳年過程時被「加熱」使得風味被改變，導致顏色變深且產生強烈的氧化風格。干型酒若出現Maderization風味通常被視為缺陷，但甜型酒的Maderization風味則會被視為一種特定風格。

5. Madiran AOC於1948年成立，僅於用於紅葡萄酒，一般而言偏向濃重的風格，主要葡萄品種為Tannat。本區與Pacherenc du Vic-Bilh AOC有地域上的重疊。

6. 如今本區甜白酒已不再使用Portet此名，而與本地其他干型白葡萄酒共用Pacherenc du Vic-Bilh AOC。本區以遲摘方式釀製甜白酒。通常會遲至11月中旬才會開始採收，甚至可能延遲至聖誕節。

誕節時才收成，也就是要等這個世界一隅降霜之後。它更類似於侏羅的冰酒。其效果一如蘇玳酒和侏羅冰酒，可釀出濃郁甜美如糖漿般的酒液。

至於日常飲用，來到本區的觀光客或許會偏好清爽的「貝亞恩粉紅酒」（Rosé du Béarn），栽種於貝略克（Bellocq）和薩利耶德貝亞恩（Salies-de-Béarn），位於本區極西北角。它沒有其他貝亞恩葡萄酒壓倒性的個性，是一款宜人但孤僻的飲料，出於某種原因，十七世紀時格外盛行於荷蘭和北德，因此出口了相當多。

比戈爾公國（Comté de Bigorre），也就是今天的上庇里牛斯省（Hautes-Pyrénées），是此間最高的山脈。分隔本區和西班牙的山牆，幾乎不可能穿越。少得幾乎沒幾處的步道，幾乎與山巔一樣高。從法國那一面並非這般難以通行，儘管山勢險峻，對觀光客來說比貝亞恩更大更著稱，曾經地位更重要，因為這片通行受限的區域裡有多處相當有趣的地方。和比戈爾首府塔布（Tarbes）相比，貝亞恩的首府波城吸引的遊客更多，不過這只是地處偏西的領土唯一的優點。比戈爾裡有本區最精采的大自然奇觀之一，有大瀑布（Grand Cascade）的「加瓦爾尼冰斗」（Cirque de Gavarnie）。這裡也是冬令運動中心，和巴雷日（Bareges）一樣。庇里牛斯山區最重要的溫泉「呂雄」（Luchon）——嚴格說來是在科曼日（Comminges）境內，儘管始終是個獨立的國家，但也被併入比戈爾，沒有自己的特色。最出名的城鎮是盧爾德（Lourdes），全法最偉大的兩大神廟之一就在這裡。

早在盧爾德成為宗教之都前，它也和庇里牛斯山區的其他要塞一樣，史冊裡戰事連連。高踞於峭壁上的城堡，位置令人仰慕；薩拉森族遭到查里曼大帝攻打時，成了第一批來到這裡的人。查理曼大帝將城堡團團包圍，切斷敵人的補給，而薩拉森人陷入飢荒，就在快要投降之際，有一隻老鷹雙爪抓著一條肥美的鱒魚凌空飛過，將魚兒丟在峭壁上。薩拉森人的領袖思索著要給圍城者錯誤的城內糧食訊息，藉以挫敗對方，將魚兒當成禮物送去給查理曼大帝。

故事講到這裡，和卡爾卡松堡（Carcassonne）的情節如出一轍，也和歐洲許多其他優良要塞的差不多，但是這一則卻呈現了令人耳目一新的差別，迥異於其他所有版本：詭計沒有得逞，薩拉森人投降了。說不定查理

曼大帝從經驗中學到了教訓。倘若這場信心滿滿的賭賽四處都曾上演，頻率如傳說故事所言之多，遲早不可避免會功敗垂成。

可想而知的是，比戈爾山區越高的地帶，比貝亞恩更難大規模畜養大型動物。雖然如此，但這裡也是重要的羊群之鄉，也能養大一點的動物。一點也不讓人驚訝，這裡大範圍地養著騾子，牠們步履穩健，是高山裡用來負重很有價值的馱獸，但更令人覺得好奇的是，這裡也繁殖著純種馬匹。塔布這裡繁殖著一種名馬，有一百五十年歷史，牠是阿拉伯馬和英國馬的混血馬。這裡不是庇里牛斯山區唯一的馬匹育種處，這是薩拉森人引進阿拉伯馬留下的結果，不能僅因地勢不利而放棄機會。確實，介於塔布與盧爾德之間的地帶，並未不利於養馬。

這裡以北的深山地面變平成了高原，高原地帶一直以來都是牧場。因此，這裡也有一種乳牛「盧爾德斯」（Lourdaise），而山峰當中的奧雷河谷（Vallée d'Aure）出產一種山區品種，小而環境適應力佳，名叫「中庇里牛斯山乳牛」（Central Pyrenean Cow）。這種牛隻的出現讓比戈爾烹飪用的奶油增加了不少。

儘管如此，這裡的烹飪方式非常類似於貝亞恩，在這裡，鵝油無疑地也遭到鄙夷。貝亞恩洋蔥湯在比戈爾也很盛行，最大的差異是，現在名字不叫「Ouliat」而是「Toulia」。比戈爾在貝亞恩的菜單增加了一些自己的手法。比戈爾歐姆蛋（Omelette de la Bigoudène）是將蛋與松露丁混合均勻，摻入馬德拉醬（Madeira Sauce）。呂雄有一道特色菜「彼得安」（Pétéran）是羊肉、小牛肉和馬鈴薯燉湯。巴雷日地區最有名的是羊肉排，該區主要的乳酪是「比戈爾地區維克」（Vic-en-Bigorre），10至5月是最佳賞味時間。

今天難以想像，富瓦伯爵領地曾是舉足輕重之地，在十三至十四世紀時，它的統治者很習慣自詡為法國國王。這一方小小領域，如今只有阿列日省（Ariège）東部一小部分，但過去曾歷經睿智明君統治，這些君王同時治理著其他不如自己領地的小國，但如今除了歷史學家以外，「富瓦」一詞毫無意義。就連富瓦歷史記載中最漫長輝煌的歲月，轉眼虛無縹緲。富瓦伯爵加斯頓三世（Gaston III），也就是加斯頓・菲比斯（Gaston Phoebus），之所以得名「菲比斯」（Phoebus，字源意謂發光的）是因

為他的貌美，其中一個特徵就是一頭耀眼金髮堪比阿波羅[7]。尚·傅華薩（Jean Froissart，法國作家）如此描述他：「我從未見到有人如他這般美好，又如此勻稱。」這番估量應該很是精確。可是相當困難的是理解他接下來所說的：「他的一切都如此完美以至於不能給他太多稱讚。」由於他殺害自己的兒子，又謀害了親兄弟，這番話說得有點重，但確實不假，咸信前者在後者唆使下想毒害他。

1589年或1607年時，富瓦伯爵領被併入法國，成為三十三個郡縣的一員；究竟是哪一年，端看你覺得哪個確實可信。政治上的合併，伴隨著它主要獲利產業的衰落，其中一個是訓練熊。在庇里牛斯山捕捉的熊，被教會跳舞，在法國各地遊行。然而熊的數量越來越少，雖然在阿斯頓谷（Vallée d'Aston）偶爾仍可看到一些棕熊。但不可能吃得到熊肉。在巴黎坊間偶有熊肉販售，但都是進口的。

富瓦最負盛名的物產是它的火腿和香腸。這裡同時是本區仍有前文提過的古早味濃郁紅酒辣醬（Saupiquet），是特別用於搭配野兔肉吃的。但是在本區裡，若看到菜單上只寫著「阿列日辣醬」（Saupiquet Ariégeois）別無他字，很可能是配豆子吃，其用意是讓你有機會嚐到這種醬汁。

「阿列日鑲羊胸」（Poitrine d'Agneau Farcie à l'Ariégeoise）這道菜就比較充實些。羊胸肉裡塞了浸過肉湯的麵包、生火腿碎、蒜末和洋香菜、蛋和大量調味料。將餡料縫牢在肉裡面，然後放入抹了奶油的平底鍋，連同豬皮、胡蘿蔔和洋蔥，小火加熱約十五分鐘，再加入白葡萄酒、番茄汁和棕色的肉汁。接著將平底鍋加蓋放入烤箱，烤四十五分鐘至一小時。羊胸肉周邊放入以肉湯和奶油烹製的鑲甘藍和馬鈴薯，整盤菜淋上大量的燉肉汁。

「阿列日鑲雞」（Poulet Farci à l'Ariégeoise）是貝亞恩「一鍋雞」（Poule au Pot）的大分量版本。在一隻大型的小母雞膛內塞進浸了肉湯（有時是鮮奶）的麵包、火腿屑、以肉湯煮過，用鹽、胡椒、肉豆蔻和洋香菜調味的碎雞肝和雞胗，還有雞血。接著放入牛肉火上鍋的肉湯裡烹煮，連同一些鹹豬肉的背肉。等雞肉煮熟時，先撈起，在肉湯裡加入米飯

---

7. 拉丁文的Phoebus就是指太陽神。

或米粉，這是第一道主菜。接著再端上雞肉，連同鹹肉，並用在火上鍋裡同煮的鑲甘藍和馬鈴薯裝飾一番，吃的時候配上蒜味番茄醬，但不要淋在雞肉上，讓食客決定要或不要蘸醬。

富瓦郡（The County of Foix / 法Comté de Foix）是另一處可能嚐到臆羚的地方。而且好歹都應該能找得到大松雞（Coq au Bruyère）。這裡的溪流裡有虹鱒，當地最美味的蔬菜非蘆筍莫屬，還有乳酪，雖然名之為「呂雄的切爾普」（Cierp de Luchon），似是由科曼日（Comminges）所產，但產地其實是在阿列日省。

Chapter 17

魯西永大區
The Roussillon

　　富瓦伯爵領以東，迢迢一路直抵地中海，這裡是一片偏遠、如馬賽克拼花，由各個小區組成的區域，每一小塊和鄰區都被阻擋其間的群山隔斷開。這些小區大多數都無旅者聞問。各個小區的食物與習俗，和鄰區只有些微差異。唯有西班牙邊界沿線是例外。這裡是「加泰隆尼亞語區」（Catalans）；橫跨在法國與西班牙之間的庇里牛斯山的區域，第一個出現在這裡的巴斯克自治區在西部，像括弧的開頭，第二個就是加泰隆尼亞語區，它在東部，像括弧的結尾。

　　探討這個領域需要注重細節，在此之前，我們不妨迅速將北邊種種拋諸腦後。位於這個領域最上層處是索村省（Pays de Sault），與富瓦伯爵領接壤。它是庇里牛斯山邊緣的一個高海拔高原，林木森茂，氣候嚴酷凜冽，人煙罕至。這裡吃的是富瓦菜，但不那麼豐盛，因為是個窮鄉僻壤。本地特產裡除了火腿和香腸，別無值得注意的東西。

　　再繼續往東行就到了柯比耶（Corbières），這裡是庇里牛斯山最後一道壁壘，艱鉅而未開化的鄉村地帶，究其天性不難理解原因，因為直到路

易十四之前，此處是法國與西班牙的邊界。如今已成廢墟的五個堅不可摧的軍事堡壘連成一長串，就設立在卡爾卡松堡南側，捍衛著邊境；卡爾卡松堡曾是進入法國——或朗格多克大區——最主要的國防邊關。柯比耶菜也追隨富瓦伯爵領地的風格，它本身對飲食的貢獻，隨著牧羊產業式微也已經在最後幾年逐漸凋零。和的鄰區一樣，它也出產火腿與香腸。至於莊稼，土壤貧瘠，這個地區向來沒什麼農業可言。不過，柯比耶有一個值得注意的資產：它的葡萄酒。雖然在外地名氣不大，不過我頭一次品嚐到柯比耶葡萄酒[1] 是在巴黎，我發現它非常出色，即使離產地如此遙遠。它的葡萄酒品質歷經長途運送也無虞，在巴黎被當作餐酒廣為宣傳。這裡的葡萄酒酒體飽滿，色澤深紅香氣馥郁；這個山區的空氣與土壤使香料植物味道格外濃烈，或許是同樣原因使然。但是風土條件特別舒適的皮圖（Pitou），就是一款比較廣為人知的細緻葡萄酒。

在這個領域第二層的地區，首先是上奧德谷地（Haute Vallée de l'Aude），蒙路易鎮（Mont Louis）就位於它的山頭上，熱衷於冬令運動的人士會去到此鎮，而就在快到達時，你會先來到色丹尼亞地區（Cerdanya），若你繼續深入山區，就會來到不遠處的知名冬季度假勝地「豐羅默」（Font Romeu）。上奧德谷地和庇里牛斯山西部諸區都想要獨立，卻遲至1848年才企圖成立獨立共和國。它的飲食也和西部諸區沒兩樣，不過這裡現在開始有了一點變化。本區主要特產是香腸，然而這裡的香腸是加泰隆尼亞風格；揮軍南下的飲食影響，已經開始能感受得到。

奧德省以東是弗努耶鎮（Le Fenouillet），另一個乏人問津的地區，雖然愛樂人士會前往普拉德（Prades）參加西班牙大提琴家卡薩爾斯（Pablo Casals）音樂節時會路過此鎮。普拉德本身在加泰隆尼亞自治區內，座落在往來弗努耶鎮的主幹道上。同樣地，美食方向的貢獻寥寥無幾。唯一值得一提的是莫利葡萄酒（Maury）[2]，由格那希（Grenache）葡萄釀成的極甜葡萄酒，簡直把我的牙逼到絕境，但對喜歡糖漿飲料的愛好者來說，似乎毫無不利影響。所以在有些莫利葡萄酒會標上餐前酒的註冊商標

---

1. Corbières於1985年列入AOC管制，紅酒多半色澤深沉口感扎實。

2. Maury為法國一種甜型加烈酒，受AOC管制，分類上屬於Vin Doux Naturel自然甜酒。Maury AOC多以Grenache Noir釀製。

「Byrrh」[3]（加香葡萄酒開胃酒），這些酒窖是對外開放參觀的。

接著就來到第三層，也是本區的最後一層區域，西班牙邊界沿線迷人小區。雖然這裡還被劃分出次小區，但整個領域通常被規劃成一體，名之為「魯西永大區」（Roussillon）；若嚴格來講，魯西永大區只能指東端一帶，也就是地中海沿岸地帶。然而，1659年路易十四與西班牙簽署了《庇里牛斯條約》（Traité des Pyrénées），這片區域以同一個名義一起被併入法國。從那時至今，這裡就一直維持一體，因為它約莫等於現代的東庇里牛斯省（Pyrénées-Orientales）[4]。

在被割讓給法國之前，這整個區域曾一度同屬一個政治單位。那是十三世紀時，奇怪組成但如今早已被遺忘的馬約卡王國（Kingdom of Majorca）；當時它的幅員涵蓋了巴利阿里群島（Balearic Islands）、朗格多克的城鎮蒙彼利埃（Montpellier），以及後來一整個被割讓給法國的魯西永大區。它的首都在現代的法國城市佩皮尼昂（Perpignan），國祚很短：只有三任國王短暫主政，後來被亞拉岡王國（Kingdom of Aragon）攻下，成了加泰隆尼亞的一部分，是亞拉岡王國裡面的一個自治區。今天，在法國那一邊的邊境和西班牙這邊的邊境都一樣，當地仍使用加泰隆尼亞語。建築風格是西班牙式，習俗也是：佩皮尼昂有復活節聖週懺悔者遊行慶典，和塞維亞（Seville）的一樣。一路到地中海岸，橄欖又再次大量出現。加泰隆尼亞的烹飪和西班牙、普羅旺斯一樣，都以橄欖油為主。

魯西永大區的極西地帶是色丹尼亞地區（Cerdagne），是個跨越法西國界的山區高原，加泰隆尼亞語稱為「Meytal de França」（法國的一半）、「Meytal d'Espagne」（西班牙的一半）。歷史上色丹尼亞曾是獨立國家，不同於魯西永其他地區，色丹尼亞有自己的烹飪方式。因為色丹尼亞高山高原地帶的食物來源，截然不同於魯西永平原（當然，還有海產）。色丹尼亞自然吃的是山區食物，但由於在周遭群山之中相對平坦之處（據說它的所在地曾是史前湖泊形成的盆地），也出產一些非典型山區的食物。這塊平地位於高海拔，但高山氣候被充足的南方太陽給抵消掉一

---

3. Byrrh為一種紅色苦艾酒品牌，是葡萄酒再添加奎寧等藥材製成，在二十世紀初的法國非常流行，1977年由保樂力加公司併購。

4. Pyrénées-Orientales在歷史上曾是加泰隆尼亞的一部分，於今日是法國大陸領土的最南端。

些，因而得以種植穀物。色丹尼亞地區亦然，和另一處高原富瓦一樣，而且出產一種加斯科涅特有種乳牛，名之為卡羅萊茲牛（Carolaise）[5]，產自拉圖德卡羅村（Latour de Carol），字面意思是「查里曼大帝之塔」（The Tower of Charlemagne）。

色丹尼亞菜是包羅萬象的元素融合而成的綜合體。它的基礎是加泰隆尼亞菜，因為就在邊界對面，擁有很多和普羅旺斯一樣的特色。這裡最喜歡油炸，最受歡迎的食材是番茄、茄子和豆類，最愛的味道是大蒜、番紅花，以及甘椒辣椒和卡宴紅椒之類的辛辣調味。最喜歡用的油脂是橄欖油。在法國，這種西班牙菜受到朗格多克烹飪的影響和調整。不過仍保有海拔相對低的溫暖地帶的基本飲食。色丹尼亞高山高原必須加以調整，添加了一些借鏡西北邊富瓦等類似山區的元素。

在湯品方面，色丹尼亞有其自己版本的「燉菜」（Potée），也就是「布勞布法特白菜粉絲湯」（Braou Bouffat，字面意思是吃得健康）。本區是卓越的野味之鄉，特色菜是羊肚菌煮鷓鴣。想吃到「香料燉羊」（Civet d'Isard）[6]毫無問題。至於其他菜色，除了海鮮——我們很快就會提到——實際上所有加泰隆尼亞菜，幾乎都能在色丹尼亞吃到。但加泰隆尼亞喜歡使用大量水果的習慣，在色丹尼亞不太行得通，因為海拔使得水果侷限於蘋果、梨和一些葡萄。然而這裡的梨品質格外出色。

相反的，從海岸魯西永大區往色丹尼亞延伸的大片領域，水果產量豐富極了。這個區域就是瓦列斯皮（Vallespir）。與色丹尼亞毗鄰的上瓦列斯皮（Haut Vallespir），是法國大陸最南範圍，這裡沒什麼水果，這裡的海拔只能容得下在最深邃的山谷底開發一些葡萄園和菜園，雖然谷底還有栗子樹林，而牧場也很肥美。然而往大海方向走，進入下瓦列斯皮（Bas Vallespir），地中海的溫暖效應開始起作用，到了塞雷（Céret），也就到了加泰隆尼亞自治區的水果栽植區重鎮。

塞雷另有揚名立萬的特產。它是一個人口僅僅五千居民的小城，隱居在如今山勢趨緩的庇里牛斯山特恰谷地（Vallée du Tech），但它的本地博

---

5. Carolaise與Charolais為不同牛種。Charolais原產於弗朗什－康堤大區。
6. Isard臆羚，為庇里牛斯山區的特有種。外觀與山羊類似。

物館裡藏有畢卡索、杜菲（Raoul Dufy）、夏卡爾（Marc Chagall）和其他現代藝術家的大作，這些作品都是較大型的機構會很沾沾自喜掛出來示眾的。法國的一種雕塑形式「戰死者紀念碑」在別處似乎都會是最糟糕的官方雕像，但在這裡卻是由馬約爾（Aristide Maillol）這樣的藝術家操刀；這裡也有一座瓦爾黛絲（Manolo Valdes）[7]的雕像。這座小鎮豐富無可比擬，原因是大約在1910年時，有一群當年普遍被鄙視的青年藝術家發現了它的鄉村魅力。第一批前來的藝術家有畢卡索、布拉克（Georges Braque）[8]和馬諾羅。格里斯（Juan Gris）、基斯林（Moïse Kisling）、雅各布（Max Jacob）等人很快就加入他們。塞雷成為立體派的集散地，好比巴比松成為巴比松學院的發源地，聲名遠播。給了小鎮短暫名氣的這些藝術家，如今早已遺棄了它，或是仙逝，但他們的作品留了下來，而塞雷未曾絲毫受立體主義影響，如今一如從前仍出產正統對稱的櫻桃。法國第一批櫻桃來自這裡，甚至早於蔚藍海岸的櫻桃，4月就成熟。櫻桃是塞雷的主力產物，雖不是唯一特產（豌豆是另一項特產），不過周遭村鎮出產各式各樣水果蔬菜，譬如泰特河畔伊勒（Ille-sur-Têt）以水蜜桃著稱，也出產初春各種蔬菜。

從群山陡降到海岸，觀光客大開眼界。在庇里牛斯山西麓飽受大西洋壞天氣的影響，而在庇里牛斯山中部，由於海拔的關係，會讓人須臾忘記這裡是法國最南端地區。不過到了魯西永的濱海平原時，在地中海和煦的海邊，南方又重回懷抱。

在本區，加泰隆尼亞菜發揮得淋漓盡致；既有沃土的產物，也有內海的豐饒。佩皮尼昂的蔬果豐碩富饒，甜瓜、水蜜桃、杏桃、櫻桃、草莓，以及地勢高處的蘋果與梨。鰻魚、沙丁魚、紅鮨與龍蝦，是此處地中海裡主要漁獲。本區的烹飪使用大宗的大蒜和橄欖油。按加泰隆尼亞的習慣，早餐要向這兩樣美食致敬：一片抹了大蒜並滴上幾滴橄欖油的麵包。如果某道你剛好不知道有何特色的菜標註著「加泰隆尼亞式」（à la Catalane），大概就表示它是以油香煎後，配上茄子丁和浸泡在番茄醬裡

---

7. 瓦爾黛絲是西班牙普普藝術的領導人物。
8. 布拉克是法國立體主義畫家與雕塑家。

的手抓飯吃。

出名的加泰隆尼亞菜是砂鍋燉肉（Ouillade），亦即加泰隆尼亞式陶燉肉。這道菜名稱來自它所使用的鍋具——陶鍋（Ouilles）。你需要兩只鍋子，因為湯菜裡的主要部分，也就是燉菜，要用一只鍋子煮，而最後要加進去的豆類要用另一只鍋子煮，和加泰隆尼亞其他許多菜的作法一樣。陶鍋永遠不可以冷掉，也永遠不應該清洗。由於想來鍋子要一直填滿燉肉，所以從某種角度來說，也沒有機會變髒。洗鍋是多餘的。

和絕大部分的陶燉肉一樣，放什麼食材悉聽尊便。不論放了其他什麼東西，一只鍋裡的豆類，必須用另一只鍋子的甘藍來加以平衡。除了調味用的香料植物和大蒜以外，豆類要分開烹製。用來搭配甘藍的東西，就看廚師覺得哪些適合就放哪些，看是綜合蔬菜，或是放一些豬肉，當然也要放香料植物和大蒜。砂鍋燉肉的名字有時也用來稱呼本區的大蒜蛋湯。有些廚師則會跳出名稱的框框思考，將兩款湯結合在一起，在傳統砂鍋燉肉的甘藍菜那一鍋裡，加入蛋和多一點點的大蒜。

魯西永大區擁有一處海岸，自然也就有自己的海龍王湯版本，通常被稱為加泰隆尼亞海龍王湯。它不像馬賽海龍王湯，用不同的魚鮮，海鮮種類也不那般豐富，同時調味較不細膩。當地方言稱這道湯是「漁夫海龍王湯」（Bouillinade des Pêcheurs）。

加泰隆尼亞香腸比較像是薩拉米臘腸（Salami）：乾燥且放了大量辛香料，有濃濃的大蒜味。沿岸漁村最迷人的開胃菜是一兩尾科利烏爾鎮（Collioure）鯷魚料理成的一種魚醬（Pâté aux Anchois de Collioure）。蝸牛也是這裡常見的開胃菜，稱為「螺絲」（Cargolades），燒烤吃，但夏天不推薦，謹遵加泰隆尼亞諺語所說，「7月裡別碰蝸牛和女人。」

在這個樣樣受到西班牙啟發的地區，你可能會期待邂逅最有名的西班牙菜「海鮮燉飯」（Paella）。但是西班牙米並未越過邊界。不用懷疑，這是因為即使在西班牙，海鮮燉飯也不是加泰隆尼亞菜。雖然常見於加泰隆尼亞首府巴塞隆納，但其實在那裡海鮮燉飯也是異鄉客，是從瓦倫西亞（Valencia）進口來的。也因此它並未遷徙進入法國的加泰隆尼亞自治區。不過另一道西班牙人最愛的偉大菜色歐姆蛋卻以令人意外的組合方式，在此處大為盛行。歐姆蛋徹頭徹尾是法國菜，毋庸置疑，但是它出現在菜單

上占有一席之地，以及習慣將南方蔬菜與蛋混合在一起，令人嚴重地聯想到西班牙。歐姆蛋用番茄（西班牙特別愛它）、西班牙辣椒、野生蘆筍尖、紅椒、茄子、蘑菇、火腿，和這些材料的各式各樣組合烹製而成。加泰隆尼亞式炒蛋盛放在一堆對切的番茄和茄子片上，這些蔬菜事先以油炒過，撒上熱辣辣的紅椒粉，並以洋香菜末和蒜末調味。

在很多道冠上加泰隆尼亞名號的菜餚當中，有一道加泰隆尼亞香腸（Saucisses à la Catalane）並非以上述的加泰隆尼亞香腸製成，而是用一款很長的軟香腸，買的時候一大條盤起如澆花用水管。加泰隆尼亞烹飪手法的主要特色是壓倒性大量使用大蒜（大蒜在加泰隆尼亞非稀有物）：1公斤香腸要用掉二十四瓣大蒜。先用豬油把香腸煎焦香，取出香腸後在鍋中湯汁裡放入麵粉、白葡萄酒、牛肉清湯和番茄汁，攪拌煮約十五分鐘，起鍋過濾這鍋醬汁。接著將香腸重新放回鍋中，連同二十四瓣大蒜和一束綜合香料植物——正當中插入一點苦橙皮（在加泰隆尼亞烹飪中很常見的調味方式）。然後把醬汁倒在香腸上面，蓋上鍋蓋，慢火細燉半小時。

苦橙又出現了，這回是用在料理鷓鴣，一整個使用不是只用皮。「加泰隆尼亞式鷓鴣」（Perdreau à la Catalane）的作法是，在鷓鴣周圍塞滿小小的苦橙，一起煮。成果比諸「盧昂式苦橙鴨」（Rouennais）更令人垂涎三尺。這裡常見的野鳥有圃鵐和椋鳥（Étourneaux）；椋鳥大小如知更鳥。所有這些小鳥都是用完全沒有網眼的小鳥網（small stone blinds）捕捉的。

你會在加泰隆尼亞遇見「加泰隆尼亞羊肩肉」（Épaule de Mouton à la Catalane）這道菜，它有時候也稱為「燉羊肉」（Pistache de Mouton），但這道菜應該源自本區北邊的朗格多克，之所以這樣命名，是因為兩者都和加泰隆尼亞菜很類似：用了大量大蒜（一塊羊肩肉放了五十瓣大蒜），而且也在放入鍋中一起烹煮的綜合香料植物束裡插上苦橙皮。之所以質疑它不是道地加泰隆尼亞菜，是因為這道菜用鵝油烹製，而加泰隆尼亞菜理應用室溫下呈液狀的油脂[9]。如果回歸到朗格多克，即使不是發源地，那

---

9. 原文鵝油寫的是fat，油脂的原文是oil，兩者差別在於攝氏25度下，前者呈固體狀，後者是液狀。

就不奇怪，因為朗格多克的很多相鄰行省的創意菜都會這麼做（而且如我們所見，都在加泰隆尼亞菜裡揉合了西班牙菜的創意）。但對起源有疑無礙於品嚐它。這道菜是將帶骨羊肩肉用繩子捆起來，放入砂鍋與未煙燻生火腿、洋蔥和胡蘿蔔同煮，以葡萄酒肉湯醬調味，當然，少不了大蒜。在西南法其他地方，會見到同樣的這道菜標上開心果字樣，若是如此，你得注意那並不表示菜裡面有開心果，而它的唯一配菜就是大蒜，非常非常之多。大量使用大蒜最常見於羊肉料理，不過鷓鴣和鴿子料理也如此。「開心果山鷸（或鷓鴣）」（Perdreau aux Pistaches）則真有開心果；「en Pistache」字樣表示「配大蒜」。倘若兩款鳥料理任一種在菜單上標上「à la Catalane」，就意謂著和「en Pistache」一樣。

最流行的蔬菜料理是「加泰隆尼亞焗烤茄子」（Aubergine au Gratin à la Catalane）。這是鑲茄子，餡料是蔬菜切碎後加上一顆全熟水煮蛋、用橄欖油煮到化於無形的洋蔥、麵包、洋香菜和大蒜攪成的菜泥。為了成品有酥皮效果，將鑲餡的茄子留一半，撒上麵包粉並浸一浸橄欖油弄濕，再放入烤箱焗烤。

在濱海一帶，最具特色的海鮮料大概就是「燉龍蝦」（Civet de Langouste）。基本上這道菜和多有爭議的「美式螯龍蝦」（Homard à l'Américaine，在這種情況下是龍蝦非螯龍蝦）是同一道菜；將龍蝦尾肉沿著牠天生的環節紋路切成塊，以橄欖油炒香後取出，鍋中放入切碎的洋蔥、紅蔥頭、洋香菜、龍蒿、足量番茄和一大堆大蒜，將龍蝦肉重新放回鍋中，加白葡萄酒、魚高湯、一點干邑白蘭地和一點卡宴辣椒烹製。和美式螯龍蝦不同的是，加泰隆尼亞燉龍蝦用的番茄和大蒜比例增多。如果菜名寫成「班努斯燉龍蝦」（Civet de Langouste au Banyuls），就表示菜裡面放的是當地特地為這道菜產製的不甜班努斯葡萄酒（Banyuls），雖然我從未嚐過令人震撼真正不甜的班努斯[10]。我猜這是相對性的形容詞。

魯西永大區最常吃的兩種魚是沙丁魚和鯷魚。這裡雖有紅鯔，但不像普羅旺斯那般盛行，也似乎沒麼美味，說不定是因為加泰隆尼亞人的烹飪

---

10. Banyuls為法國最出名的甜型加烈酒，受AOC管制，分類上屬於Vin Doux Naturel自然甜酒。以甜味著稱，因此作者才會說從未嚐過真正不甜的班努斯。

方式不同所致。加泰隆尼亞人料理地中海鮪魚、鰻魚甚至貽貝都有其特殊手法，儘管前文提過地中海貽貝不如大西洋好。這些魚鮮都不是沙丁魚和鯷魚的對手。說到冷盤魚料理，「科利烏爾醬」（Sauce Collioure）是絕配。這款醬汁是美乃滋加上鯷魚醬、切碎的洋香菜和磨碎的蒜泥──除了鯷魚，很像前述提過的普羅旺斯的大蒜蛋黃醬（Aïoli）。

加泰隆尼亞人愛吃甜，他們的糕點是學自摩爾人傳入西班牙的甜食。牛軋糖（Nougat）是本區特產。托羅（Touron）是一種餅，通常做成環狀，原料是杏仁碎粒、蛋白和糖粉，還有開心果。杏仁也用來做成「羅斯奎拉斯」（Rosquillas，西班牙甜甜圈）。「布尼耶特」（Bunyetes）就只是加泰隆尼亞版的「法式貝涅餅」（Beignets），亦即法式油條「Fritters」。

加泰隆尼亞人嗜甜也延伸到葡萄酒上面。其結果就是此區愛好「煮過的」葡萄酒[11]，即使是沒有「煮過」的天然葡萄酒亦多此種風格。通常當作開胃酒，要不就是餐後甜點酒。尤其，班努斯（Banyuls）被視為葡萄牙波特酒的法國平價版。雖無波特酒的濃郁，不過歷任教宗在暫居亞維儂期間發現這款酒頗佳，因此大量班努斯被送往當地。

本區其他酒款[12]，譬如魯西永林西奧（Rancio de Roussillon）、麝香葡萄酒、黑瑪爾維薩（Malvoisie）、馬雷阿格那希（la Marea Grenache），絕大多數也都是甜的。它們非常接近天然開胃酒或利口酒，因此製程裡極少加工以維持原貌。佩皮尼昂（Perpignan）是釀造這些葡萄酒的重鎮。

本區還有一些葡萄酒可讓不欣賞糖漿酒款的人士能鬆一口氣。薩樂斯（Salces）出產一款粉紅酒稱為「聖可倫坡」（Sainte Colombe）。科利烏爾（Collioure）本身似乎並未出產上述任何一款酒，但它位於班努斯相鄰，可想見那裡應該也有甜酒，不過我記得曾在當地喝到一支相當不甜的酒，是好喝的餐酒，據說是當地栽種的。佩皮尼昂有個寶貴的建城傳說，據說是泰特河（Têt）指引建城者佩雷·皮尼亞（Pere Pinya）來到這裡

---

11. 過去製酒時若將葡萄汁先煮過濃縮再釀製，則最終酒的甜味就多。本區的甜型加烈酒Vin Doux Naturel，因此區氣候炎熱，在陳釀時也會造成酒中甜味的變化，變得像是煮過一樣。

12. 本區目前同類型的甜型加烈酒有：Rivesaltes AOC、Muscat de Rivesaltes AOC、Maury AOC、Banyuls AOC、Banyuls Grand Cru AOC。

的一處寶地開闢了他的葡萄園，釀造一款葡萄酒名曰「佩雷皮涅」（Pere Pigne），顯然是為了緬懷這則故事。此外別無名氣可言。

附錄 Appendix

法國AOP/AOC 「產區名稱保護制度」說明

文｜陳上智Patrick（本書審訂）

　　AOP原文為Appellation d'Origine Protégée，相同於歐盟的PDO標章（Protected Denomination Origin），此兩個縮寫是因語言別而不同，意義則相同，都是「產區名稱保護制度」。

　　AOC原文為Appellation d'Origine Contrôlée，專指1935年後法國INAO（Institut National de l'Origine et de la Qualité，舊名Institut National des Appellations d'Origine，國家產區與品質管制局）依國家需求制訂法律與管制的「產區名稱保護制度」，意義其實與AOP一樣。在實務上，法國生產的酒類使用的是AOC，法國其他認證農牧產品則使用AOP。不管是AOC還是AOP，在歐盟的位階效力皆相同。AOP是在法國加入歐盟後的AOC新名字。

　　從歷史上講，AOC是自二十世紀初逐漸建立起「原產地名稱」國家法律層級的概念。1935年起為保護葡萄酒市場而制定「產區名稱保護制度」。INAO為負責其定義，保護和管制的機構。此措施逐漸導入其他農牧產品，最終於1990年向所有農產品和食品開放。AOC政策也促進歐盟法

規的發展，歐盟於1992年確立了PDO，即為AOC意義的歐盟標準，2009年起用於除葡萄酒和水以外的其他產品。自2012年1月1日起，法國的產品一旦在歐盟註冊，則相關產品必須僅註明AOP/PDO，只有葡萄酒才具有法國AOC的授權。

「Terroir風土條件」這一概念是「產區名稱保護制度」的基礎。風土條件是一個特定的地理區域，生產直接源自其生產區域的特定性質。基於作物環境的特徵（氣候、氣溫分布、土壤類型、海拔、日照情況等）、歷史上人類在此區的生產活動與知識累積、通過集體生產知識所構建的明確場域，以上一系列自然與人為因素之間的相互作用的系統，統稱為風土條件，故AOC/AOP產品一般具有獨創性和典型風格。列入管制的農牧產品須遵守國家規範，規範中列明產地界定與生產方式要求等各項規則，生產者與產品受INAO監督。

另一個相關的標章稱為IGP（Indication Géographique Protégée），等同於歐盟的PGI，直譯為「受保護的地理標誌」，可用於農牧產品與酒類，相較於AOP，IGP的法規較為寬鬆，不那麼強調風土條件。目前法國農牧產品共有一百二十二個IGP產品，葡萄酒有七十四個IGP產品。

*注：標章為便於辨識，除字樣不同外，AOP標章為紅色，IGP標章為藍色

後記 Epilogue

美食的
絕對風土主義

文｜傅士玲（本書譯者、資深媒體人）

在即將告別2020年時，正翻譯著這部法國美食寶典如火如荼，因緣際會採訪了台灣優秀法菜名廚黎俞君主廚，而她竟為我演繹了法國國民「年」菜，也就是俗稱的火上鍋。一整條牛腱子加上一整條粗壯的牛舌，再豪邁萬千地添了整隻雞、整顆甘藍菜、蕪菁、黃蘿蔔、胡蘿蔔、大蔥與香料束，慢火細燉一整夜，湯醇味鮮豐腴迷人，百分之百展現出法國美食文化博大且精深的底韻，其滋味妙不可言令人折服。而這樣的蔬菜燉肉湯概念，就像本書所呈現的，在法國各城鎮鄉里又各自演變出絕對不可能一模一樣的風味與面貌，以一種個人主義的堅持，澈底實踐著烹飪上的風土主義，這樣的執拗使得旅行法國讓人始終「百吃」不厭，也常遇到過了這村就沒了這店的稀有性，總唯恐錯過哪座古城的味道與特產，絕不容自己空腹而返。

在台灣，法菜是顯學中的顯學，從酒、烘焙到料理，大家幾乎都能略熟諳一二。但也許直到你讀了本書，才終於明白，生性難搞又講個人主義的法國海龍王湯，竟有這麼多外地人意想不到的計較在裡面。從此，你不

敢再簡稱它是馬賽魚湯，雖說馬賽港的魚雜燴湯名聞遐邇，因為在其他城鎮的法國人心裡，必要與非必要的食材各有巧妙，絕無爭辯之可能。也許你曾到法國一遊再遊，但可能讀罷本書才發現，法國美食的神祕面紗一層又一層，彷彿揭也揭不完，再多遊歷幾次恐也意猶未盡。

風土（Terroir）廣義來說是指地理環境融合了地方風俗人情的產物。本書作者韋弗利‧魯特（Waverley Root）給了它更豐富的意義，用來涵蓋一方水土養一方人的所有飲食文化，於是，我們手上才有了這本內容扎實旁徵博引，堪稱最追根究柢的法國美食寶典。他慧眼獨具，祭出高招以「烹飪用油」來劃分法國飲食；這張「諸」油地圖，大多數吻合地理疆界與天然侷限，呈現出人與大自然競與合的歷史軌跡；在這份軌跡圖上，政治疆界與紛擾泰半成了配合演出的小角，讓人不由得捧書忍俊不住笑嘆一聲，美食當前人人平等，都得向蒼天俯首稱臣啊。高原若地勢平坦還能生長牧草，就有牛肉、奶油可吃，高山若狹隘難行，就只能窮盡山羊與山羊乳酪之能。既無牧草也無作物可供應家畜家禽飼料者流，還有吃什麼都行的豬與鵝，這也一點不委屈，作者回馬一鞭就告訴你，君不見，舉世聞名的法國肥鵝肝多矜貴啊。

不論你愛不愛吃，這都是一部值得細品的書，可以當作旅遊書，紙上神遊也可以按圖索驥，也可以視為通俗歷史書，回味一路香噴噴的法蘭西豐富建國歷程。作為資深媒體工作者，魯特洞察力驚人，既顧全客觀報導的價值，又保全自己品評餐飲的自尊，且照顧到褒與貶的平衡露出，時不時以冷面笑匠的詼諧將話鋒急轉直下又及時自踩煞車，行文節奏明快卻刻意留有餘裕，讓正襟危坐的你有時間捧腹大笑，稍事收斂情緒再繼續拜讀下去。

一部法國美食寶典，也幾乎是一部人類向大自然覓食，萬般無奈又不甘心就範的奮鬥史。然而，法國人為人類世界示範了餐桌上的傲然骨氣：資源環境再艱辛，也要為了活命，吃出精采的創意來。可不是，生命自會找尋出路，人畜皆然。高山有寬闊也有崎嶇，不能養綿羊就好好扶植山羊。海濱若僅剩鹹苦的沼澤，只要羊群能吃鹽草，便能成就舉世無雙的美味；鹽草能殺菌，羊隻不易罹病，加上閃閃躲躲潮起潮落，羊群肌肉有充分的運動，肉質格外美好。彼時交通不便，作者說，就是因為普遍不便，

也就無所謂不便，牲畜能走的路，人也能去，反而是毫無阻礙的自由自在。

　　回頭看大量以豬肉為主菜之一的台灣，誰曾想過，只消以三分之一公斤飼料，且幾乎是隨便什麼皆可，就能讓豬隻長出一公斤肉，這樣的家畜不啻天上掉下來的禮物，也是極其符合環保訴求的好家畜呢。

　　透過作者的體驗分享與深入剖析，我們看到法國帶給人類世界的美食啟發，簡直是文明迴廊裡的長明燈，燦爛得無與倫比。無怪乎，作者曾形容法國是他的美食初戀呢。

譯者

傅士玲

Ema Fu

筆名王約、穀雨，臺灣人，美國威斯康辛大學東亞語文所、喬治梅森大學宗教與文化研究所畢業，媒體出版經歷近30年。曾任職漢聲雜誌、商業週刊出版公司、壹週刊，2012-2014華府作家協會會長。譯有《威尼斯共和國：稱霸地中海的海上商業帝國千年史》、《新歐亞大陸：面對消失的地理與國土疆界，世界該如何和平整合》、《偷書賊：建構統治者神話的文化洗劫與記憶消滅》、《紙的世界史》、《重回馬可孛羅的世界》、《時光的禮物》、《叛逆的葡萄》等。著有《蔣公獅子頭》等。文章散見於商業週刊、世界日報等。（Email：emafu63@yahoo.com.tw）

審訂

陳上智

Patrick Chen DipWSET

2003年起致力於歐洲傳統食材的資訊中文化與推廣，目前是歐洲飲食文化講師、葡萄酒國際授證講師、法國乳製品協會CNIEL法國AOP乳酪手冊繁體中文譯者、美國乳製品出口協會美國乳酪專家認證教材審訂與國際授證講師。著作有《每日食酒誌》、《侍酒師幫幫忙》。

作者

韋弗利·魯特

Waverley Root

1903-1982

新聞記者和作家,企鵝出版社譽為「安東尼波登之前的美食冒險家」。出生在新英格蘭的作家、新聞記者。在巴黎生活了三十多年,先後工作於《芝加哥論壇報》、《華盛頓郵報》、《時代週刊》和其他媒體,並定期為《紐約時報雜誌》、國際先驅論壇報《美食家》撰稿。

喜好與鑽研法國和義大利菜餚以及任何其他有趣的食物和飲料。在三十多年的新聞記者生涯後,轉而成為美食作家,作品激勵許多後代的食評、旅行者、廚師和作家,並以食物界的權威而聞名。

本書1958年初版、1966年出典藏版,1986年又出新版。

是作者第一本書。作品包羅萬象,幾乎是史無前例的大部頭鉅作,他的作品激勵了許多後代的食評、旅行者、廚師和作家,進而塑造了現代美國人對真正的法國和義大利烹飪的概念。

著作:

1958《*The Food of France*》(法國美食傳奇)
1968《*The Cooking of Italy*》(義大利庖廚藝術)
1969《*Paris Dining Guide*》(吃在巴黎)
1971《*The Food of Italy*》(義大利美食)
1976《*Eating in America: A History*》與Richard De Rochemont合著(吃在美國)
1980《*Food, an Authoritative and Visual History and Dictionary of the Foods of the World*》(世界美食史)

法國美食傳奇/韋弗利.魯特(Waverly Root)作；傅士玲譯.陳上智審訂 -- 初版. -- 臺北市：大辣出版股份有限公司出版：大塊文化出版股份有限公司發行, 2021.06 面；15*23公分. -- (Food；9) 譯自：The food of France.

ISBN 978-986-99496-8-2(平裝)　　1.飲食風俗　2.烹飪　3.法國　　　538.7842　　　110005394

THE FOOD
OF
FRANCE